A N A L Y S E

MACRO
ÉCONOMIQUE

A N A L Y S E
MACRO ÉCONOMIQUE

FRANÇOIS GAUTHIER

LES PRESSES DE L'UNIVERSITÉ LAVAL
Québec, 1990

Données de catalogage avant publication (Canada)

Gauthier, François, 1936-

Analyse macro-économique

Comprend des références bibliograpiques et des index.

ISBN 2-7637-7237-4

1. Production. 2. Macro-économie. 3. Finances internationales.
4. Développement économique. I. Titre.

HB241.G39 1990   338'.001   C90-096460-X

Couverture: Joanne Ouellet

© Les Presses de l'Université Laval 1990
Tous droits réservés. Imprimé au Canada
Dépôt légal (Québec et Ottawa), 3e trimestre 1990
ISBN 2-7637-7237-4

TABLE DES MATIÈRES

Avant-propos   xi

Plan de l'ouvrage   xiii

Chapitre I: LA MACRO-ÉCONOMIE: GÉNÉRALITÉS   1

Section 1: Les phénomènes macro-économiques   1
Section 2: Méthodologie de la science économique   3
Section 3: La politique économique   10
Section 4: Comportement de quelques agrégats dans le contexte canadien   15

Exercices   20
Bibliographie   21

Chapitre II: LE SYSTÈME D'INFORMATION MACRO-ÉCONOMIQUE .   23

Section 1: Évolution des besoins d'information et esquisse du système
d'information canadien   24
Section 2: Les Comptes de la Nation   26
Section 3: Modification des données et taux de changement   45

Exercices   54
Bibliographie   59

Chapitre III: EXERCICES DE MODÉLISATION ET QUELQUES
CONCEPTS CLÉS DE LA MACRO-ÉCONOMIE   61

Section 1: Les hypothèses d'un modèle d'économie privée et fermée .   61
Section 2: La notion d'équilibre macro-économique dans une économie
privée et fermée   69
Section 3: Le multiplicateur   73
Section 4: Un modèle d'économie mixte et fermée   78
Section 5: Un modèle d'économie privée et ouverte   87

Exercices   92

Chapitre IV: LE MODÈLE IS-LM   97

    Section 1:   Les hypothèses   97
    Section 2:   L'équilibre général   108
    Section 3:   Les conséquences de perturbations   119

    Exercices   125
    Bibliographie   127

**Chapitre V: IMPACTS DES INTERVENTIONS DE L'ÉTAT
    ET DE LA BANQUE CENTRALE DANS LE CONTEXTE
    D'UNE ÉCONOMIE FERMÉE**   129

    Section 1:   Impacts des interventions de l'État et de la banque centrale   129
    Section 2:   Trois cas exceptionnels   147
    Section 3:   Incidences des achats de l'État et leur mode de financement   156

    Exercices   168
    Bibliographie   171

Chapitre VI: LES DÉPENSES PERSONNELLES DE CONSOMMATION .   173

    Section 1:   Généralités et rétrospective   174
    Section 2:   La fonction de consommation à court terme et à long terme   182

    Exercices   200
    Bibliographie   201

Chapitre VII: LA DÉPENSE D'INVESTISSEMENT   203

    Section 1:   Généralités et rétrospective   204
    Section 2:   Théories de l'investissement   211

    Exercices   231
    Bibliographie   232

Chapitre VIII: LE SYSTÈME BANCAIRE ET LA MONNAIE   233

    Section 1:   Nature et fonctions de la monnaie   234
    Section 2:   Raison d'être et fonctions de la banque centrale   238
    Section 3:   La création de la monnaie   240
    Section 4:   Les moyens de contrôle de la masse monétaire   253
    Section 5:   Le contrôle d'un agrégat monétaire: l'expérience canadienne
                au cours de la période 1975-1982   257
    Section 6:   La politique monétaire canadienne était vivement contestée en
                1989   272

    Exercices   281
    Bibliographie   283

Chapitre IX: DÉTERMINANTS DU NIVEAU GÉNÉRAL DES PRIX.. 285

Section 1:   La demande globale de biens et de services 285
Section 2:   L'offre globale de biens et de services 291

Exercices 304
Bibliographie 305

Chapitre X: GENÈSE DE L'INFLATION 307

Section 1:   Généralités et rétrospective 307
Section 2:   Causalité ultime de l'inflation 314

Exercices 321
Bibliographie 321

Chapitre XI: CHÔMAGE ET INFLATION 323

Section 1:   Portée du concept de chômage naturel 323
Section 2:   Lutte contre la coexistence de l'inflation et du chômage ... 346

Exercices 360
Bibliographie 360

**Chapitre XII: CONSÉQUENCES DE L'INFLATION
ET DE LA DÉSINFLATION** 363

Section 1:   Incidences de l'inflation 364
Section 2:   Conséquences d'une politique désinflationniste 376

Exercices 384
Bibliographie 385

Chapitre XIII: ÉLÉMENTS D'ÉCONOMIE INTERNATIONALE 387

Section 1:   La balance des paiements internationaux 387
Section 2:   Généralités 392
Section 3:   Déterminants des taux de change au comptant 398
Section 4:   Déterminants des taux de change à long terme 402
Section 5:   Conditions de réussite d'une dépréciation 404

Exercices 407
Bibliographie 409

Chapitre XIV: UN MODÈLE D'ÉCONOMIE OUVERTE 411

Section 1:   Les courbes IS et LM dans le contexte international 411
Section 2:   La courbe BP 414
Section 3:   Le modèle complet 417

Exercices 422
Bibliographie 423

**Chapitre XV: LES PROBLÈMES DE GESTION
D'UNE ÉCONOMIE OUVERTE** 425

Section 1:   Gestion macro-économique dans un système de taux de change
fixes 426

Section 2:   Gestion macro-économique dans un système de taux de change
complètement flexibles 428

Section 3:   Correction d'un déséquilibre externe par des moyens directs   431

Section 4:   Le problème des délais 434

Section 5:   Coordination internationale: un exercice difficile et risqué . 437

Conclusion 450

Exercices 455

Bibliographie 456

**Chapitre XVI: L'APPAREIL DE PRODUCTION
DANS UNE PERSPECTIVE À LONG TERME** 457

Section 1:   Les concepts clés 457

Section 2:   Croissance économique canadienne: rétrospective 459

Section 3:   Continuité de la croissance 463

Section 4:   Une théorie de la croissance du potentiel de production . . . 467

Section 5:   La productivité et l'expérience canadienne 472

Exercices 487

Bibliographie 487

Index analytique 489

AVANT-PROPOS

Cet ouvrage traite des phénomènes macro-économiques et des problèmes de gestion de l'appareil de production. Son objectif est d'être un instrument rigoureux d'analyse. Il s'agit donc d'un livre qui fait peu de place aux éléments descriptifs, ces derniers pouvant être intégrés aux exposés théoriques par des lectures complémentaires; nous avons cependant pris soin de présenter tous les éléments descriptifs essentiels à l'explication des mécanismes macro-économiques, notamment dans le domaine monétaire (création de monnaie et politique monétaire) et le domaine international (balance des paiements internationaux, marché des changes au comptant et à terme, coordination internationale des politiques nationales, etc.); ajoutons que la plupart des exemples sont tirés de l'expérience canadienne.

Les théories macro-économiques sont essentiellement un moyen de faciliter la compréhension et l'interprétation d'une réalité complexe et changeante.

La complexité de cette réalité découle de nombreux facteurs: l'information surabondante, mais en même temps partielle et entachée d'erreurs, les difficultés d'interprétation de celle-ci à la lumière de théories nombreuses et souvent concurrentes, la difficile prévision des réactions des agents à des stimuli, l'interdépendance économique et financière de plus en plus poussée des économies nationales, etc.

Cette réalité est également changeante, car le fonctionnement des appareils de production dépend de leur environnement technologique, démographique, sociologique, politique et commercial. Ainsi, les progrès des télécommunications, l'effacement progressif des obstacles aux échanges internationaux, le regroupement de plusieurs pays au sein de blocs commerciaux, la mondialisation des marchés financiers et l'internationalisation croissante des entreprises ont transformé l'environnement en accroissant la mobilité des ressources, en limitant la marge de manœuvre des gestionnaires de chaque économie nationale, et en incitant les plus puissants pays à tenter de coopérer pour éviter que la poursuite de politiques divergentes ne nuise finalement à l'intérêt national.

Le fait que le monde actuel soit à la fois complexe et changeant a deux conséquences.

D'une part, cette complexité rend nécessaire au progrès de la connaissance le recours à l'abstraction, donc à des modèles, c'est-à-dire à des constructions théoriques qui sont réductrices de cette complexité. Celle-ci explique d'ailleurs le caractère évolutif de l'analyse. Ainsi, le schéma d'une économie privée et fermée précède celui de modèles plus « réalistes » et par conséquent plus complexes (économie mixte et fermée, puis économie mixte et ouverte). Cette démarche progressive et convergente facilite la compréhension du fonctionnement de l'appareil de production. De plus, les hypothèses qui sous-tendent les modèles précèdent les « démonstrations », ce qui permet de situer le contexte et de délimiter la portée des conclusions.

D'autre part, les changements font que des modèles macro-économiques, jugés réalistes à un moment et dans un contexte donnés, peuvent être remis en question. En d'autres termes, il est normal que des théories aujourd'hui en vogue soient contestées et éventuellement remplacées par d'autres jugées plus conformes aux réalités nouvelles. Cela implique que la macro-économie est, et probablement restera, une science évolutive. Les schémas présentés dans cet ouvrage n'ont donc nullement la prétention de constituer un éclairage complet, permanent et universel des problèmes macro-économiques.

Les modèles sont expliqués par des développements discursifs, par des graphiques et, lorsqu'il se révèle approprié, par l'outil mathématique (soulignons que le langage mathématique utilisé permettra aux lecteurs qui ont une certaine formation en cette matière d'appréhender les phénomènes étudiés d'une façon qui leur semblera plus rigoureuse); néanmoins, les développements discursifs et les présentations graphiques permettront à tout lecteur d'assimiler l'analyse et les théories présentées.

Dans tout l'exposé, nous avons tenté de mettre l'accent sur l'interdépendance des variables économiques (taux d'inflation, taux de chômage, etc.), financières (taux d'intérêt, mouvements internationaux de fonds, etc.), psychologiques (crainte des portefeuillistes, incertitude à laquelle sont confrontés les responsables de la gestion macro-économique, etc.) et technologiques (productivité, offre globale de biens et de services, etc.).

Cet ouvrage est destiné aux étudiants de niveau universitaire, étant donné qu'il fait davantage appel à l'analyse et à l'abstraction qu'à la description. Chaque chapitre est suivi de questions qui permettent au lecteur de s'assurer qu'il a bien assimilé la matière présentée. Pour ceux qui désirent approfondir certains aspects, quelques lectures complémentaires sont également indiquées.

PLAN DE L'OUVRAGE

Cet ouvrage comprend seize chapitres. Dans le premier chapitre, nous présenterons des généralités: définition de la macro-économie, théorie et modèle économiques, notion de politique économique, concepts relatifs à la modélisation de l'appareil économique, etc.

Nous décrirons, dans le deuxième chapitre, le système d'information qui soustend l'analyse macro-économique et permet ainsi aux agents, privés et publics, de prendre des décisions plus éclairées.

Dans le troisième chapitre, nous exposerons d'abord quelques concepts clés de la macro-économie (multiplicateur, équilibre macro-économique, etc.), puis nous construirons des modèles « primitifs » — ils évolueront! — du fonctionnement de l'appareil de production.

Nous construirons, dans le chapitre IV, un schéma d'une économie privée et fermée, le modèle dit « IS-LM », qui mettra en évidence l'interaction du marché des biens et du marché monétaire, par exemple, le lien entre le taux d'intérêt et la dépense d'investissement.

Dans le chapitre V, nous élargirons le modèle précédent pour tenir compte de la présence des pouvoirs publics dans l'économie et pour être ainsi en mesure d'analyser les conséquences des interventions de l'État et de la banque centrale sur l'appareil de production.

Nous approfondirons, dans les trois chapitres suivants, des notions exposées de façon succincte dans le chapitre IV: les dépenses personnelles de consommation (chapitre VI); la dépense d'investissement (chapitre VII); le système bancaire et la monnaie (chapitre VIII).

Nous analyserons, dans le chapitre IX, les déterminants du niveau général des prix (la demande et l'offre globales de biens et de services), puis, dans le chapitre X, nous étudierons les causes de l'inflation. Dans les deux chapitres suivants, nous montrerons que la réduction durable du chômage « naturel » exige des interventions d'ordre micro-économique (chapitre XI) et que les conséquences de l'inflation et du ralentissement du rythme d'inflation sont importantes et multidimensionnelles (chapitre XII).

Nous prendrons en considération la dimension internationale des phénomènes macro-économiques dans les trois chapitres suivants. Après avoir exposé, dans le chapitre XIII, des généralités (balance des paiements, bilan international, marché des changes, etc.), nous élargirons le modèle IS-LM (chapitre XIV) afin d'être en mesure d'analyser les problèmes de gestion macro-économique à court terme d'une économie ouverte. Nous analyserons ensuite (chapitre XV) les répercussions des interventions de l'État et de la banque centrale sur l'appareil de production, d'abord dans un système de taux de change fixes, puis dans un système de taux de change complètement flexibles.

Dans le dernier chapitre, nous exposerons d'abord quelques notions fondamentales (niveau et qualité de vie, croissance et développement économiques, etc.). Nous montrerons ensuite que la continuité de la croissance économique dépend d'un équilibre très délicat entre le taux de croissance des dépenses des agents et le taux d'accroissement du potentiel de l'appareil de production. Nous analyserons enfin les déterminants à long terme du potentiel de production et de la productivité et les raisons avancées pour expliquer le ralentissement de cette dernière au Canada au cours des deux dernières décennies.

CHAPITRE I

LA MACRO-ÉCONOMIE: GÉNÉRALITÉS

L'analyse des phénomènes macro-économiques, c'est-à-dire l'étude de leurs causes et de leurs effets, ainsi que les problèmes de gestion de l'appareil de production constituent les deux objets de cet ouvrage. Avant d'entrer dans le vif du sujet, nous présenterons des notions générales qui sous-tendent tout l'exposé.

Dans la première section de ce chapitre, nous distinguerons la micro-économie de la macro-économie. Dans la deuxième section, nous présenterons des généralités: méthodologie de la science économique, théorie et modèle économiques, éléments d'un modèle mathématique, etc. Nous exposerons, dans la troisième section, la notion de politique économique, puis nous analyserons succinctement, dans la dernière section, le comportement de quelques variables macro-économiques dans le contexte canadien au cours de la période 1981-1983.

Section 1

Les phénomènes macro-économiques

La macro-économie et la micro-économie constituent deux divisions largement arbitraires de la science économique, comme nous le verrons dans ce qui suit.

La macro-économie

La macro-économie tente d'expliquer l'activité économique par l'étude des relations entre les quantités globales ou *agrégats*. Elle s'intéresse à des phénomènes aussi divers que le niveau du chômage, le taux d'inflation, les variations des taux d'intérêt et des taux de change, les fluctuations conjoncturelles de la production, la croissance économique, etc.

La macro-économie a une finalité éminemment pratique, car la découverte des causes d'un phénomène (par exemple, le chômage) et la prévision de son évolution future permettent d'orienter le choix des interventions, micro- ou macro-économiques, qui peuvent s'avérer souhaitables pour corriger une situation jugée socialement et économiquement inacceptable.

La micro-économie

La micro-économie étudie le comportement d'entités individuelles (par exemple, le consommateur et le producteur), de regroupements limités d'entités individuelles (par exemple, les producteurs œuvrant dans une industrie), ainsi que les problèmes liés à l'affectation optimale des ressources productives dans divers environnements concurrentiels (concurrence parfaite, concurrence imparfaite au sein d'une industrie oligopolistique, etc.).

L'approche de la micro-économie conduit à définir la science économique comme la science des choix, car elle tient pour acquis que les besoins humains sont virtuellement illimités[1] et que les ressources disponibles sont complètement utilisées. Ces deux postulats expliquent que la micro-économie s'intéresse essentiellement aux problèmes d'optimisation de l'affectation des ressources financières, matérielles et humaines.

Emprunts de la macro-économie

La macro-économie emprunte à la micro-économie plusieurs instruments d'analyse. Par exemple, l'étude des déterminants de la production globale fait intervenir le concept de produit marginal et les marchés des facteurs où sont déterminés leur taux de rémunération. Autre exemple: l'étude des causes de l'inflation fait appel aux concepts d'offre et de demande globales de biens et de services. Dernier exemple: le taux de change bilatéral, c'est-à-dire le prix en monnaie nationale d'une unité de monnaie étrangère, dépend, comme tout autre prix, des forces de l'offre et de la demande.

Autonomie de la macro-économie

Le fait que certains concepts et instruments de l'analyse micro-économique sous-tendent l'analyse macro-économique ne signifie pas que les comportements globaux peuvent être déterminés en généralisant à partir des caractères et des comporte-

---

1. La satisfaction de certains besoins humains (par exemple, se vêtir ou se nourrir) requiert du travail et l'emploi de biens de production (par exemple, le service éclairage requiert une source d'énergie), tandis que d'autres besoins (par exemple, le besoin de respirer) peuvent être satisfaits directement par des ressources de l'environnement (par exemple, l'air pur). Les ressources de l'environnement sont limitées, comme le sont le travail et les instruments matériels.

ments des éléments qui composent un ensemble ou agrégat. Ainsi, un individu peut certes épargner davantage en réduisant ses dépenses, mais une collectivité ne pourra le faire si la baisse des dépenses personnelles de consommation entraîne une récession généralisée et le recul du revenu disponible de l'ensemble des individus. L'autonomie de la macro-économie découle également du fait qu'elle étudie des phénomènes qui n'apparaissent pas au plan individuel. Par exemple, l'inflation se manifeste même lorsque les prix de certains biens et services diminuent. Autre exemple: la croissance économique, c'est-à-dire la hausse soutenue de la production globale, peut être accompagnée de reculs de l'activité dans certaines industries, ne serait-ce qu'en raison du fait qu'elle est dans son essence une source et une conséquence de changements qui apparaissent au niveau micro-économique.

Complémentarité de la macro-économie

La macro-économie s'intéresse à des problèmes que la micro-économie ignore. Par exemple, le plein-emploi, qui est un postulat de la micro-économie, constitue l'un des thèmes majeurs de la macro-économie: quelles sont les causes du chômage et par quels moyens ce fléau peut-il être durablement éliminé? Autre exemple: la macro-économie étudie le problème de l'inflation, c'est-à-dire la hausse continue du niveau général des prix, tandis que la micro-économie se préoccupe plutôt des forces de l'offre et de la demande qui déterminent le prix d'un produit ou d'un service singulier.

Section 2

Méthodologie de la science économique

La poursuite des objectifs macro-économiques (plein-emploi, croissance, stabilité des prix, etc.) présuppose la connaissance du fonctionnement de l'appareil de production et des moyens de contrôle des variables. La tâche de l'économiste n'est pas de définir les objectifs que devrait poursuivre une société, mais plutôt de rechercher les moyens d'atteindre efficacement certains buts prédéterminés. La vocation de l'économiste est donc de tenter de dégager de la masse des faits un ensemble cohérent de connaissances relatives aux causes et aux effets des phénomènes étudiés. La multitude des travaux consacrés à l'étude des causes et des conséquences du chômage, de l'inflation et de la croissance démontre clairement que la macro-économie s'intéresse aux problèmes qui préoccupent toute la société.

Théorie et modèle économiques

La complexité de l'appareil de production est telle que l'économiste est contraint d'avoir recours à des schémas ou à des modèles qui, s'ils négligent inévitablement une partie, souvent importante, de la réalité, ont l'avantage d'être plus faciles à maîtriser.

Les conclusions ou les prévisions d'un modèle sont donc conditionnelles, c'est-à-dire ne sont valables que si les hypothèses de départ sont vérifiées. Le test du modèle consiste à confronter ses prévisions avec les faits. Le modèle est accepté si ses prévisions sont conformes aux faits, tandis qu'il est rejeté dans le cas contraire, le concepteur devant alors repenser sa construction théorique et remettre ainsi en question toutes les étapes de sa recherche.

Dans cet ouvrage, nous nous limiterons à l'analyse théorique. Les modèles présentés sont donc des constructions de l'esprit, qui, même si elles risquent de donner l'impression d'une fausse simplicité, constituent essentiellement un moyen de structurer la pensée, de poser correctement les problèmes, donc de comprendre la réalité. Les modèles mathématiques ne doivent cependant pas séduire, car leur rigueur n'a d'égal que leur irréalisme, tant il est évident qu'ils ne peuvent tenir compte de toute la réalité.

Choix d'un modèle

Pour tirer profit de l'environnement économique ou financier ou encore pour s'y adapter, les agents doivent interpréter l'information disponible à la lumière de modèles, formalisés ou conceptuels. La pléthore des modèles, qui ne fait que refléter la multiplicité des facteurs et leur enchevêtrement presque inextricable, constitue une source majeure de confusion et d'incertitude, car les agents ne savent pas a priori quel modèle rendra compte de l'évolution du phénomène étudié.

Plusieurs éléments permettent d'orienter le choix d'un modèle: le pouvoir d'explication, l'aptitude à bien prévoir dans le passé, le nombre et le réalisme des hypothèses, les coûts et les difficultés d'utilisation, etc. Ainsi, le modèle A sera préféré au modèle B s'il met mieux en évidence les causes du phénomène étudié, s'il conduit à de plus faibles erreurs de prévision, si ses hypothèses sont moins nombreuses, plus générales, et peuvent plus facilement faire l'objet d'une vérification expérimentale directe, et si son utilisation se révèle moins coûteuse et plus aisée. Les agents (ménages, chefs d'entreprise, responsables de la gestion macro-économique) seront donc naturellement enclins à rechercher, parmi tous les modèles avancés par les économistes, ceux qui jouissent des trois attributs suivants: simplicité, économie et efficacité.

Éléments d'un modèle mathématique

Plusieurs modèles présentés dans cet ouvrage comportent des variables, des équations, des identités, des paramètres et la définition d'une condition d'équilibre.

Une équation

Une équation indique la relation entre une variable, c'est-à-dire une quantité susceptible de prendre diverses valeurs, et une ou plusieurs autres variables. Par exemple, l'équation $I_t = a\pi_t$ indique que l'ampleur des investissements courants (I_t) dépend de l'importance des profits courants (π_t) (le coefficient a est une fraction positive). Autre exemple: l'équation $C_t = cQ_{Dt} + \gamma F_{t-1}$ indique que les dépenses personnelles courantes des ménages (C_t) dépendent de leur revenu disponible courant (Q_{Dt}) et de leur fortune (F_{t-1}) au cours de la période précédente (les coefficients c et γ sont des fractions positives).

Une équation peut servir à décrire des relations fonctionnelles relatives:

- au comportement humain (par exemple, le montant des investissements projetés par les chefs d'entreprise),

- aux caractéristiques de la technologie de la production (par exemple, l'équation $Q = j(L,K)$ indique que le volume de la production dépend, dans un certain environnement technologique, économique et financier, des quantités utilisées de travail (L) et d'autres facteurs (K),

- et aux règles de la société (par exemple, l'équation $T_p = \tau Q$ indique que l'importance des impôts (T_p) perçus par l'État dépend du taux d'imposition $(\tau > 0)$ et du niveau de l'activité économique (Q).

Une identité

Une identité est une équation qui est toujours vérifiée. Par exemple, l'identité $\pi = RT - CT$ définit le profit (π) comme la différence entre le chiffre d'affaires ou la recette totale (RT) et le coût total (CT).

Condition d'équilibre

Une condition d'équilibre est une relation qui doit être satisfaite pour assurer l'égalité des forces en présence et la stabilité. Par exemple, l'égalité $O = D$ indique que le prix d'un bien vendu sur un marché concurrentiel est en situation d'équilibre lorsque la quantité demandée (D) est égale à la quantité offerte (O). Autre exemple: l'égalité entre la production globale (Q) et la somme des dépenses projetées par tous les agents (Q_p) définit la condition d'équilibre de l'appareil économique: un excédent de la production sur la dépense se traduit par une contraction de l'activité économique, car les chefs d'entreprise tentent alors de réduire leur production pour contrer l'accumulation involontaire de leurs stocks; un excédent de la dépense sur la production tend, au contraire, à stimuler l'activité économique, car les chefs d'entreprise souhaitent alors reconstituer leurs stocks involontairement dégarnis.

Variables

Les variables endogènes diffèrent des variables exogènes, qui portent également le nom de « paramètres ». Les valeurs des variables endogènes sont déterminées au sein du modèle et dépendent des interactions des variables endogènes et de l'influence exercée par les variables exogènes qui, elles, sont déterminées, par hypothèse, hors du modèle considéré. Par exemple, le concepteur d'une construction théorique pourrait considérer que le montant épargné par les ménages canadiens est une variable endogène, tandis que la dépense d'investissement au Canada est une variable exogène déterminée par des forces non prises en compte dans le modèle, telles la conjoncture économique aux États-Unis, l'évolution prévue du taux de change du dollar canadien par rapport au dollar américain, la situation politique en Europe, etc. Les variables exogènes seront identifiées par un trait horizontal placé au-dessus d'une lettre (par exemple, $\overline{I}$ sera la dépense d'investissement déterminée hors du modèle considéré).

Un premier modèle

Le modèle qui suit est une représentation fort simplifiée de l'appareil de production. Nous présenterons d'abord les hypothèses du modèle, puis nous montrerons qu'il peut aider les pouvoirs publics à définir la politique économique.

Les hypothèses

Nous supposerons d'abord que l'économie est fermée; les agents n'ont donc pas de relations commerciales (échanges de biens et de services) et financières (mouvements de capitaux monétaires ou de fonds) avec le reste du monde.

Nous supposerons, en second lieu, que le montant des dépenses projetées[2] par l'État (G_p) est une variable exogène ($\overline{G}$):

$$G_p = \overline{G} \tag{1}$$

Nous supposerons, en troisième lieu, que la dépense d'investissement projetée par les chefs d'entreprise (I_p) est une variable exogène ($\overline{I}$):

$$I_p = \overline{I} \tag{2}$$

Nous admettrons, en quatrième lieu, que l'État n'impose pas les agents, de sorte que le revenu national (Q) est alors égal au revenu disponible des ménages (Q_D), c'est-à-dire au revenu après impôts (donc $Q = Q_D$).

Cinquième et dernière hypothèse: les ménages consacrent à l'achat de biens et de services de consommation (C_p) une fraction de leur revenu (c est un coefficient paramétrique qui décrit leur comportement en matière de consommation):

$$C_p = cQ \tag{3}$$

La condition d'équilibre du modèle

Compte tenu des hypothèses précédentes et de la définition de la condition d'équilibre de l'appareil de production (équation (4)), c'est-à-dire l'égalité de la

2. Ci-après, l'indice p indiquera les projets ou les désirs des agents (par exemple, G_p sera la dépense projetée par l'État et affectée à l'achat de biens et de services).

valeur des dépenses projetées par les trois groupes d'agents (Q_p) et de la valeur de la production constatée (Q):

$$Q = Q_p \tag{4}$$

qui devient, par substitution:

$$Q = C_p + I_p + G_p$$

qui devient, par substitution:

$$Q = cQ + \bar{I} + \overline{G}$$

nous considérerons donc que la condition d'équilibre devient[3], par définition:

$$Q^* = \frac{\bar{I} + \overline{G}}{1 - c} \tag{5}$$

L'équation (5) révèle que le niveau d'équilibre de la production (Q^*) dépend dc la dépense d'investissement ($\bar{I}$) et des achats de l'État ($\overline{G}$).

L'équation (6) indique les dépenses des ménages (C_p^*) lorsque l'appareil de production est en situation d'équilibre:

$$C_p^* = cQ^* \tag{6}$$

qui devient, par substitution:

$$C_p^* = \frac{c(\bar{I} + \overline{G})}{1 - c} \tag{7}$$

L'équation (7) montre que les dépenses personnelles de consommation dépendent des achats de l'État et des investissements, deux déterminants du revenu des ménages (Q^*).

Si, par exemple, $c = 0,8$, $\overline{G} = 5$ et $\bar{I} = 10$, la production totale et les dépenses des ménages atteindront respectivement 75 et 60$:

$$Q^* = \frac{10 + 5}{1 - 0,8}$$

$$= 75$$

et

$$C_p^* = \frac{0,8 \,(10 + 5)}{1 - 0,8}$$

$$= 60$$

---

3. Ci-après, un astérisque indiquera que la valeur prise par la variable est une valeur d'équilibre.

La condition d'équilibre est respectée, puisque la production constatée (Q^*) est égale à la somme des dépenses projetées par les trois groupes d'agents ($Q_p = 75$):

$$Q^* = Q_p$$

qui devient, par substitution:

$$Q^* = cQ^* + \bar{I} + \overline{G}$$

soit:

$$75 = (0,8 \times 75) + 10 + 5$$
$$= 60 + 10 + 5$$
$$= 75$$

Conséquences de « chocs » exogènes

Une variation des investissements ou des achats de l'État (deux variables exogènes) modifie le niveau de la production et par conséquent l'ampleur des dépenses des ménages. Par exemple, une hausse[4] de la dépense d'investissement de 10\$ ($\bar{I}_0 = 10$) à 20\$ ($\bar{I}_1 = 20$) fait passer la production de 75\$ ($Q_0^* = 75$) à 125\$ ($Q_1^* = 125$):

$$Q_1^* = \frac{\bar{I}_1 + \overline{G}_0}{1 - c}$$
$$= \frac{20 + 5}{1 - 0,8}$$
$$= 125$$

Le modèle: un guide

Le modèle précédent peut servir à orienter la politique économique. Ainsi, l'utilisateur du modèle (par exemple, l'État) pourrait rechercher le montant des dépenses publiques ($\overline{G}_1$) permettant d'atteindre une valeur « cible » plus élevée de la production ($Q_1^* = 100$). Pour atteindre cet objectif, le montant des achats de l'État devrait doubler ($\overline{G}_1 = 10 > \overline{G}_0 = 5$):

$$Q_1^* = \frac{I_0 + \overline{G}_1}{1 - c}$$

---

4. Ci-après, l'indice inférieur zéro indiquera qu'il s'agit de la valeur initiale prise par une variable (par exemple, Q_0) ou, s'il s'agit d'une variable exogène, de la valeur qui lui est initialement attribuée (par exemple, $\overline{G}_0$).

soit:

$$100 = \frac{10 + \overline{G}_1}{1 - 0,8}$$

$$100(1 - 0,8) = 10 + \overline{G}_1$$

$$100 - 80 = 10 + \overline{G}_1$$

et

$$\overline{G}_1 = 10$$

Le test du modèle

Le concepteur d'un modèle peut tester sa construction théorique en tentant de prévoir l'avenir ou en essayant de reproduire le passé. L'aptitude d'un modèle à reproduire l'histoire est souvent supérieure à sa capacité de prévoir l'avenir, car les estimations des coefficients (par exemple, c) et le choix des relations fonctionnelles (par exemple, C = cQ) s'appuient sur des données passées, donc connues.

1) *La prévision « ex ante »*

La prévision des valeurs futures ou dite « ex ante » des variables endogènes (par exemple, le niveau de la dépense des ménages l'an prochain, C^*_{pt+1}), est hasardeuse, car elle nécessite d'abord la prévision des valeurs futures des variables exogènes (par exemple, l'ampleur de la dépense d'investissement l'an prochain, $\overline{I}_{t+1}$). Les erreurs de prévision sur les variables exogènes constituent donc une source d'erreurs sur les variables endogènes. Quatre autres sources d'erreurs contribuent à compliquer le test d'un modèle: les changements dans le comportement des agents (par exemple, le comportement des ménages indiqué par le coefficient c); l'utilisation de données entachées d'erreurs; l'emploi de méthodes inadéquates d'estimation des coefficients; la modification de la structure ou du fonctionnement de l'appareil de production (à cause, par exemple, du progrès technologique ou de changements dans la psychologie des agents).

2) *La reproduction du passé*

La reproduction des valeurs passées ou dite « ex post » des variables endogènes constitue une seconde voie de vérification expérimentale. Les valeurs des variables exogènes étant connues (par exemple, le niveau de la dépense d'investissement l'an passé), les erreurs de prévision peuvent être essentiellement rattachées au modèle. Ce type de prévision offre l'avantage de mettre à la disposition de l'expérimentateur un nombre élevé d'observations contrairement à la prévision ex ante, qui contraint le concepteur du modèle à attendre pour être en mesure de confronter ses prévisions avec les faits.

Section 3

La politique économique

Pour gérer d'une façon éclairée l'appareil de production, les pouvoirs publics doivent choisir les moyens susceptibles de faciliter la poursuite des objectifs recherchés. Par exemple, confrontés à un taux d'inflation élevé, les responsables de la gestion macro-économique peuvent rétablir la stabilité des prix seulement s'ils connaissent les causes de ce fléau et les instruments d'intervention appropriés. La macro-économie a donc une portée éminemment sociale, puisqu'elle cherche à expliquer le fonctionnement de l'appareil de production afin que l'État et la banque centrale puissent prévoir l'évolution des phénomènes étudiés et intervenir efficacement pour les contrôler.

Les trois concepts clés de la notion de politique économique, État, objectifs et moyens, appellent des précisions.

État

Le fait que l'État soit le responsable ultime de la définition et de l'application de la politique économique ne surprend guère. En effet, on conçoit mal que les destinées d'une société soient définies et recherchées efficacement par une multitude de personnes isolées ou par des groupes de pression ayant des intérêts divergents : l'individu est motivé par son intérêt personnel, tandis que le chef d'entreprise recherche le profit « maximum » plutôt que les grands desseins collectifs (le prestige national, la sécurité nationale, la répartition socialement acceptable des revenus, etc.).

Selon une vision largement répandue, l'État est la seule instance capable de réaliser l'union des volontés individuelles. Une autre raison explique le rôle important de l'État comme entité politique exerçant le pouvoir légal et présidant aux destinées collectives : il s'agit de la nécessité de centraliser le pouvoir de décision pour donner aux moyens d'intervention un degré d'efficacité élevé. Par exemple, l'établissement d'une banque centrale permet non seulement de contrôler la quantité de monnaie en circulation, mais aussi, dans son rôle de banque de dernier recours, de sauvegarder la santé du système financier privé lorsque des événements majeurs perturbent les marchés financiers (marché obligataire, marché des changes, etc.).

Objectifs

Les objectifs qu'une société est susceptible de rechercher sont multiples : le plein-emploi de toutes les personnes désireuses de travailler ; la stabilité du niveau général des prix et le maintien consécutif du pouvoir d'achat de l'unité monétaire nationale ; la stabilité économique à court terme, c'est-à-dire l'absence de fortes fluctuations de la production, de l'emploi et des prix (l'appareil de production ne peut cependant échapper complètement aux variations conjoncturelles); la croissance économique, c'est-à-dire l'accroissement à long terme de la production réelle; la hausse du niveau de vie de la population, c'est-à-dire l'augmentation séculaire de la production par habitant; le développement économique, c'est-à-dire l'acquisition évolutive de structures économiques, sociales et mentales qui favorisent l'enrichissement du tissu industriel, réduisent la vulnérabilité économique et créent un climat propice à l'émergence d'entrepreneurs audacieux; la sécurité nationale; la paix sociale; la répartition socialement acceptable du revenu national; l'amélioration de la qualité de vie par la gestion éclairée des biens de l'environnement (l'eau, l'air, la beauté des paysages, etc.).

Tous les objectifs ont une dimension économique dans un monde où les aspirations sont élevées et les ressources limitées. Par exemple, la sécurité nationale comporte des coûts, puisque les dépenses militaires doivent être financées par les impôts ou par des emprunts gouvernementaux. Autre exemple : la paix sociale dépend de la performance de l'appareil de production, notamment du taux de chômage et du taux d'inflation.

Les objectifs « économiques » ont également une dimension sociale. Par exemple, le plein-emploi réduit l'insécurité et les tensions entre les groupes sociaux. Autre exemple : la stabilité des prix permet de maintenir le pouvoir d'achat des épargnes accumulées par les personnes retraitées, inquiètes de leur sécurité financière.

La multiplicité des objectifs soulève le problème de leur compatibilité et celui de l'adéquation des ressources et des moyens disponibles. Est-il possible d'accroître les dépenses liées à la défense nationale et, simultanément, de maintenir la stabilité des prix si la capacité de production de l'appareil de production est pleinement utilisée? Est-il souhaitable de stimuler l'activité économique pour réduire le taux de chômage à un moment où le taux d'inflation est élevé et tend à augmenter? Est-il opportun de contraindre les chefs d'entreprise à affecter davantage de ressources à la protection de l'environnement si les profits diminuent et si la concurrence internationale s'intensifie?

Moyens

Les pouvoir publics peuvent agir directement ou indirectement sur le comportement de l'appareil de production. Les moyens indirects influencent les décisions des agents privés, tandis que les moyens directs sont coercitifs et ont par conséquent des effets plus aisément prévisibles.

Parmi les moyens indirects, on peut citer la politique *monétaire* (contrôle de la quantité de monnaie en circulation et du volume du crédit), la politique *fiscale* ou *budgétaire* (gestion des recettes fiscales et des dépenses publiques) et la politique *commerciale* (gestion des relations commerciales internationales). Par exemple, une augmentation des taux d'intérêt provoquée par la banque centrale affecte l'activité économique générale, car elle tend à déprimer les investissements qui sont sensibles à une hausse du loyer de l'argent. Autre exemple : la réduction des impôts est un moyen d'inciter les agents à travailler davantage et à consacrer moins de ressources à l'évasion fiscale. Dernier exemple : la libéralisation des échanges commerciaux est un germe de transformation, car elle tend non seulement à animer l'activité dans les industries exportatrices, mais aussi à contraindre les industries éprouvées par la pénétration accrue des produits étrangers sur le territoire national à augmenter leur efficacité.

Contrairement aux moyens indirects, qui orientent ou infléchissent le comportement des agents privés, les moyens directs limitent sévèrement leur liberté d'action. C'est le cas lorsque l'État a recours au contrôle des prix et des salaires, au contingentement[5] des importations de certains biens et au contrôle des changes[6].

Théorie et politique économiques

Les responsables de la gestion macro-économique doivent définir leurs objectifs et choisir les moyens appropriés à la lumière de l'information disponible la plus récente et des théories économiques existantes. Dans la réalité, la définition de la politique économique constitue un véritable défi, non seulement parce que l'information est toujours partielle et entachée d'erreurs, mais aussi parce que les modèles concurrents avancés par les économistes proposent parfois des thérapeutiques différentes.

La place de l'État dans l'économie

Avant 1930, la perception du rôle de l'État dans l'économie était influencée par la pensée dite « classique » qui affirmait l'existence de forces naturelles agissant spontanément et capables de maintenir durablement le plein-emploi. Ainsi, selon l'économiste écossais Adam Smith (1723-1790), la régulation automatique de l'appareil de production dépend fondamentalement de la recherche de l'intérêt personnel et du fonctionnement libre d'entraves gouvernementales des forces de l'offre et de la demande. Une société peut donc poursuivre ses objectifs plus efficacement en comptant sur les actions d'individus soucieux d'améliorer leurs conditions qu'en misant sur les interventions souvent inappropriées de l'État :

> The uniform, constant, and uninterrupted effort of every man to better his condition, the principle from which public and national as well as private opulence is originally derived, is frequently powerful enough to maintain the natural progress of things toward improvement, in spite of both the extravagance of government, and of the greatest errors of administration. Like the unknown principle of animal life, it frequently restores health

---

5. C'est-à-dire la quantité maximale d'un produit qui peut être légalement importée au cours d'une période donnée.
6. Le contrôle des changes limite les montants de monnaies étrangères que peuvent utiliser les agents pour importer des biens et des services, et exporter des capitaux.

and vigour to the constitution, in spite, not only of the disease, but of the absurd prescription of the doctor[7].

Pour Smith, la supériorité d'un système économique décentralisé réside dans le fait que les prix sont déterminés sur des marchés et reflètent toute l'information dont disposent les individus :

> The sovereign is completely discharged from a duty, in the attempting to perform which he must always be exposed to innumerable delusions, and for the proper performance of which no human wisdom or knowledge could ever be sufficient; the duty of superintending the industry of private people, and of directing it towards the employments most suitable to the interest of the society[8].

La foi profonde de Smith en l'économie de marché le conduit à souligner les dangers des interventions gouvernementales :

> Great nations are never impoverished by private, though they sometimes are by public prodigality and misconduct. [...] It is the highest impertinence and presumption, therefore, in kings and ministers, to pretend to watch over the economy of private people [...] They are themselves always, and without any exception, the greatest spendthrifts in the society. Let them look well after their own expense, and they may safely trust private people with theirs. If their own extravagance does not ruin the state, that of their subjects never will[9].

Pour Smith, l'enrichissement à long terme d'un pays dépend de la présence de la *main invisible*, c'est-à-dire du comportement d'individus libres de toute influence gouvernementale :

> He [chaque individu] generally, indeed, neither intends to promote the public interest, nor knows how much he is promoting it [...] by directing that industry in such a manner as its produce may be of the greatest value, he intends only his own gain, and he is in this, as in many other cases, led by an *invisible hand* to promote an end which was no part of his intention. Nor is it always the worse for the society that it was not part of it. By pursuing his own interest he frequently promotes that of the society more effectually than when he really intends to promote it[10].

Une remise en question

La Grande Dépression, qui frappa tous les pays industrialisés, débuta aux États-Unis au mois d'août 1929, soit deux mois avant le krach retentissant de la Bourse de New York survenu à la fin d'octobre (la baisse des cours des actions, qui avait

---

7. A. SMITH, *The Wealth of Nations*, New York, Modern Library Series, Random House, 1937, p. 326. Cette citation, ainsi que les deux suivantes, sont tirées de la publication *The Relevance of Adam Smith*, Federal Reserve Bank of Richmond, 1982.

8. *Ibid.*, p. 651.

9. *Ibid.*, pp. 325, 328-329.

10. *Ibid.*, p. 423. (L'italique est de nous.)

débuté au mois de septembre, comme en 1987, aurait dû normalement précéder le repli de l'activité économique mais, à cette époque, les portefeuillistes et les spécula- teurs disposaient d'une information très inadéquate). La baisse de la production fut brutale ($-26,8\%$ au Canada; $-35,5\%$ aux États-Unis), tenace (avril 1929 jusqu'en mars 1933, soit 47 mois au Canada) et généralisée (aucun pays industrialisé n'échappa à la mondialisation des forces de recul). Ses conséquences sociales et politiques furent encore plus tragiques: le taux de chômage atteignit 25% au Canada dans le creux de la vague; Hitler tira profit du mécontentement lié au marasme de l'économie alle- mande et du désarroi mondial pour devenir d'abord chancelier du Reich en 1933, puis chef suprême.

La sévérité, la durée et le caractère cumulatif et planétaire de la débâcle écono- mique et financière devaient fatalement conduire à une remise en question de la doc- trine libérale du laisser-faire avancée par Adam Smith et d'autres économistes. De toute évidence, l'optimisme était justifié uniquement par le modèle classique, qui s'appuyait sur des hypothèses irréalistes (mobilité interindustrielle parfaite des res- sources, flexibilité complète de tous les prix, concurrence parfaite, etc.) et conduisait à la conclusion que les interventions de l'État n'étaient ni nécessaires ni souhaitables pour contrer des replis aussi éphémères que négligeables de l'activité économique.

Sensible aux problèmes économiques, sociaux et politiques des années 30, et conscient de certaines faiblesses du modèle classique (notamment la flexibilité com- plète et symétrique de tous les prix), l'économiste britannique Keynes proposa un schéma explicatif du fonctionnement d'une économie industrialisée qui justifiait, dans certaines circonstances exceptionnelles, les interventions de l'État (par exemple, au cours d'une dépression économique). Pour ranimer une économie qui défaillait à cause d'une insuffisance persistante des dépenses des agents privés, la thérapeutique keynésienne consistait à renoncer temporairement à l'idéal classique de l'équilibre budgétaire et à activer la demande globale par le biais d'une hausse des dépenses publiques ou d'une réduction de la pression fiscale. La légitimité des interventions discrétionnaires de l'État découlait du profond scepticisme né de l'inaptitude appa- rente des mécanismes économiques à raviver spontanément l'appareil économique dans un délai jugé socialement acceptable. C'est ce scepticisme qui a inspiré la défini- tion de la politique économique de plusieurs pays au cours de l'après-guerre, notam- ment le recours aux politiques dites anti-cycliques, c'est-à-dire aux tentatives optimistes et hasardeuses de manipuler les instruments monétaires et budgétaires dans le but de limiter l'ampleur des fluctuations conjoncturelles de la production, de l'emploi et des prix.

Une autre remise en question

Pour beaucoup d'observateurs, la Deuxième Guerre apporta la « preuve » que la thérapeutique keynésienne était efficace: confrontés aux besoins impérieux de réar- mement, les pouvoirs publics (surtout en Amérique du Nord) ne pouvaient rester pas- sifs, de sorte que l'essor des dépenses publiques contribua puissamment à stimuler l'activité économique et à réduire le chômage. Cette « démonstration » influença l'orientation des travaux des économistes et la perception du rôle de l'État dans la gestion macro-économique (par exemple le gouvernement canadien se donnait, en 1945, dans un livre blanc, des objectifs ambitieux : le plein-emploi et la prospérité après la guerre).

Au cours des trois décennies qui ont suivi la fin du conflit, tous les gouvernements ont joué un rôle actif afin de maintenir des niveaux élevés de production et d'emploi, mais il est malheureusement impossible de séparer et de chiffrer rigoureusement l'influence exercée par les actions discrétionnaires des pouvoirs publics. Le fait que l'amplitude et la durée des récessions économiques ont été faibles et le fait que les dépenses publiques ont augmenté considérablement et continuellement auront eu pour effet, pendant un certain temps tout au moins, de donner raison (peut-être d'une façon purement fortuite) aux partisans de l'interventionnisme.

Cependant, si la performance de la plupart des économies industrialisées a été bonne jusqu'au milieu des années 60, la situation s'est ensuite dégradée non seulement à cause de la coexistence de taux de chômage et d'inflation souvent élevés et croissants, mais aussi en raison du ralentissement marqué de la croissance de la productivité et de la production en dépit (ou à cause ?) de l'explosion des dépenses publiques et des déficits budgétaires. Ces difficultés, dont l'explication a souvent été liée aux erreurs de gestionnaires impulsifs et trop préoccupés par le court terme, devaient fatalement conduire à une remise en question de la thérapeutique dite « keynésienne » même si Keynes n'a jamais préconisé la pratique des déficits budgétaires élevés et l'explosion de la dette publique, surtout en période d'expansion économique et d'inflation ! Conscients des faiblesses de modèles mettant l'accent sur la gestion à court terme de la demande, les économistes ont d'abord mis en évidence la futilité et le caractère hasardeux des politiques motivées par des considérations de courte période, puis ils ont tenté de démontrer que la résolution du problème de la coexistence du chômage et de l'inflation ainsi que du ralentissement de la croissance passait par la découverte des déterminants de l'offre de biens et de services (ou du potentiel de l'appareil de production), par le recours à des interventions de caractère micro-économique et par l'attachement à un horizon long.

Section 4

Comportement de quelques agrégats dans le contexte canadien

Les trois parties du graphique 1 illustrent le comportement de trois agrégats dans le contexte canadien au cours de la période 1981-1983.

La partie A met d'abord en évidence le recul de la production réelle, qui a débuté vers le milieu de l'année 1981 et a duré six trimestres consécutifs.

La partie B révèle que l'indice général des prix a continué sa montée en dépit du recul du niveau de l'activité économique. On constate également que le taux d'inflation a commencé à diminuer alors que la contraction économique était déjà engagée depuis plusieurs mois.

La partie C montre que le taux de chômage (partie de gauche), c'est-à-dire le pourcentage des personnes désireuses de travailler et cherchant un emploi, et le nombre de chômeurs (partie de droite) ont augmenté considérablement et rapidement au cours de la récession. Il ressort également que la réduction du chômage a été lente et faible au cours de la reprise économique.

L'expérience canadienne au cours de la récession de 1981-1982 et de la reprise de 1983 montre que les variations à court terme des agrégats ne sont pas indépendantes les unes des autres (le chômage a augmenté lorsque la production a diminué), que leur amplitude diffère (la hausse du taux de chômage a été plus considérable que la baisse de la production) et qu'elles ne sont pas toujours synchronisées (le taux d'inflation s'est d'abord accentué au début de la récession avant de ralentir, en même temps que la chute de la production est devenue plus sévère et le chômage, plus important).

GRAPHIQUE 1

**Évolution de la production, de l'emploi et des prix
au cours de la période 1981-1983[1]**

(A)
La valeur réelle de la production

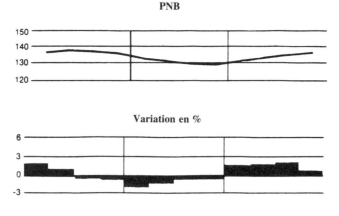

PNB

Variation en %

(B)
L'indice général des prix

Indice des prix (1971 = 100)

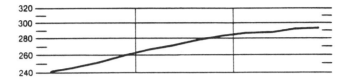

Variation en %

(C)
Le marché du travail

Taux de chômage en pourcentage

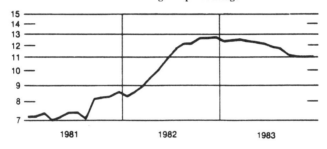

Nombre de chômeurs (milliers)

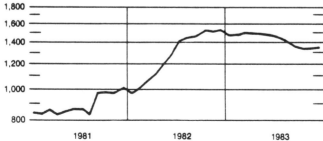

1.   Données corrigées pour tenir compte des variations saisonnières.

Source: *Revue statistique du Canada*, n° 11-003F, janvier et mars 1984.

Conclusion

La macro-économie a pour objet d'aider *tous* les agents à prendre des décisions plus éclairées : les pouvoirs publics ne peuvent définir la politique économique sans connaître préalablement l'état de l'appareil de production, son fonctionnement et ses réactions à la suite d'un changement dans l'un de ses éléments (par exemple, les taux d'imposition, la quantité de monnaie en circulation, etc.); avant d'effectuer des achats onéreux (voitures, appareils électroménagers, maisons, etc.), les ménages tiennent compte des perspectives du marché du travail (évolution des taux de rémunération réels, risque de licenciement, etc.); avant d'engager les profits non répartis aux actionnaires ou d'emprunter pour concrétiser des projets d'investissement, les chefs d'entreprise doivent prévoir l'évolution future des agrégats qui influencent leur chiffre d'affaires au Canada et à l'étranger ainsi que leurs coûts de production; les porte-feuillistes spéculent sur les conséquences probables des changements qu'ils prévoient dans l'orientation de la politique économique afin de tirer profit de la transformation de l'environnement financier (par exemple, en achetant des obligations en prévision d'une baisse des taux d'intérêt).

La prévision économique à court terme est un exercice difficile et hasardeux. Ainsi, le tableau 1 montre que les prévisions d'économistes américains sur la production, le taux d'inflation et les taux d'intérêt ont été souvent et fortement entachées d'erreurs au cours de la période 1971-1983 : ce groupe « d'experts » n'a pas prévu la récession économique de 1982 (la plus sévère de l'après-guerre, aussi bien aux États-Unis qu'au Canada!) et il a sous-estimé fréquemment les taux d'inflation et d'intérêt. Les erreurs de prévision découlent essentiellement des difficultés que comporte l'interprétation d'une information surabondante, imparfaite et constamment changeante, à la lumière de tentatives d'explication rivales; la diversité des modèles proposés par les économistes montre bien qu'aucun d'entre eux ne saurait à lui seul rendre compte de la complexité du fonctionnement des appareils de production, chaque appareil économique national ayant une structure et un fonctionnement qui lui sont propres.

Le fait que les pouvoirs publics interviennent souvent en retard, et parfois même maladroitement, pour infléchir la trajectoire des agrégats (production, emploi, etc.) et le fait que les variations des cours des actifs financiers (actions, obligations et taux de change) soient très accentuées témoignent des hésitations et de la grande nervosité de tous les décideurs, qui craignent de se tromper (les agents privés et les pouvoirs publics ont en mémoire leurs erreurs passées!).

TABLEAU 1

Prévisions[1] médianes[2]
(en pourcentage)

Année	Variation[3] de la production réelle[4]			Variation[3] de l'indice[5] des prix			Taux d'intérêt sur les bons du Trésor[6]		
	observée	prévue	erreur[7]	observée	prévue	erreur[7]	observé	prévu	erreur[7]
1971	4,7	3,8	0,9	4,7	3,6	1,1			
1972	7,0	5,6	1,4	4,3	3,2	1,1			
1973	4,3	6,0	1,7	7,0	3,3	3,7			
1974	−2,7	1,2	3,9	10,1	5,5	4,6	7,3	6,0	1,3
1975	2,2	−0,6	2,8	7,7	7,1	0,6	5,7	7,1	1,4
1976	4,4	6,0	1,6	4,7	5,4	0,7	4,7	7,1	2,4
1977	5,8	5,0	0,8	6,1	5,7	0,4	6,1	5,8	0,3
1978	5,3	4,2	1,1	8,5	5,9	2,6	8,7	6,5	2,2
1979	1,7	1,5	0,2	8,1	7,1	1,0	11,8	8,1	3,7
1980	−0,3	−0,8	0,5	9,8	8,2	1,6	13,7	8,6	5,1
1981	0,9	2,4	1,5	8,9	9,1	0,2	11,8	10,8	1,0
1982	−1,7	2,8	4,5	4,4	7,1	2,7	8,0	11,2	3,2
1983	6,1	3,9	2,2	4,1	5,4	1,3	8,8	8,1	0,7
Erreur moyenne			1,8			1,7			2,1

1. Les prévisions proviennent de : *Business Forecast*, Federal Reserve Bank of Richmond.
2. Médiane: terme qui, dans une série établie par ordre de grandeur, occupe la position centrale.
3. Les variations sont établies en comparant le quatrième trimestre de deux années successives.
4. Il s'agit de la production nationale brute (PNB) corrigée pour tenir compte des effets des variations des prix.
5. Il s'agit du dégonfleur du PNB, c'est-à-dire de l'indice du niveau général des prix de l'ensemble des biens et services.
6. Il s'agit du prix de l'argent emprunté à court terme par le gouvernement central des États-Unis (la valeur moyenne sur les billets dont l'échéance est de trois mois au cours du quatrième trimestre).
7. Erreur absolue, c'est-à-dire l'écart entre la valeur observée et la valeur prévue sans tenir compte du signe.

Source: *Economic Review*, Federal Reserve Bank of Richmond, vol. 70, n° 1, janvier-février 1984.

Exercices

1. « La prévision économique est un exercice difficile et hasardeux. » Quels commentaires cette assertion vous inspire-t-elle?

2. Quelles raisons Adam Smith avance-t-il pour étayer son scepticisme en ce qui a trait à l'aptitude de l'État à bien gérer l'appareil de production?

3. Si vous deviez choisir parmi plusieurs modèles proposés par les théoriciens du fonctionnement de l'appareil de production, quels éléments prendriez-vous en considération? Quels sont, selon vous, les plus importants? Pourquoi?

4. Pouvez-vous proposer des regroupements des instruments de la politique économique?

5. Quelle distinction faites-vous entre la micro-économie et la macro-économie?

6. Quelle est la méthodologie de la science économique?

7. Quelle est la finalité des modèles économiques?

8. Pourquoi l'économiste a-t-il recours à l'abstraction pour tenter d'expliquer le fonctionnement de l'appareil de production?

9. Quel est le rôle de « la main invisible » dans une économie de marché?

10. Quelle distinction faites-vous entre:
    a) une équation et une identité?
    b) une variable et une constante?
    c) une variable endogène et une variable exogène?
    d) une hypothèse et une conclusion?

11. Qu'est-ce que la politique économique?

12. Que signifie l'affirmation suivante: « Le gouvernement n'a pas une politique économique appropriée »?

13. Quels sont les principaux objectifs et moyens de la politique économique?

14. Quelles sont les variables macro-économiques présentées dans le dernier rapport annuel de la Banque du Canada? Distinguez les variables financières des variables qui décrivent l'évolution de la production et des prix. Quelles sont les variables qui décrivent l'influence des forces émanant de l'étranger?

15. Quels commentaires l'examen attentif du tableau 1 vous inspire-t-il?

Bibliographie

ABRAHAM-FROIS, G., *Keynes et la macro-économie contemporaine*, Paris, Économica, 1989.

BARTLEY, W.W., dir., « The Fatal Conceit: The Error of Socialism », *The Collected Works of F.A. Hayek*, vol. 1, Chicago, The University Press of Chicago, 1989.

BELONGIA, M.T., « Predicting Interest Rates: A Comparison of Professional and Market-Based Forecasts », *Review*, Federal Reserve Bank of St. Louis, vol. 69, n° 3, mars 1987.

KEYNES, J.M., *Théorie générale de l'emploi, de l'intérêt et de la monnaie*, Paris, Payot, 1985.

SCHUMPETER, J.A., *Capitalisme, socialisme et démocratie*, Paris, Payot, 1951.

CHAPITRE II

LE SYSTÈME D'INFORMATION
MACRO-ÉCONOMIQUE

*La méthode de la recherche économique est la même que
celle de toute science. La science économique étudie les
faits et cherche à les agencer de façon à ce qu'il soit
possible d'en tirer des conclusions. Comme toujours,
c'est cet arrangement qui constitue l'opération délicate.
Présentés comme il faut, les faits parlent d'eux-mêmes,
sinon ils sont parfaitement inutiles[1].*

Un système d'information macro-économique est utile pour au moins trois
raisons:

– La multiplicité ainsi que la diversité des agents et des activités économiques
requièrent une classification cohérente et un regroupement des données. Par
exemple, il importe de distinguer les agents qui achètent des biens et des services
de consommation (les particuliers ou les ménages) des agents qui investissent
(les chefs d'entreprise) ou de ceux qui prélèvent des impôts (les administrations
publiques);

– La définition et l'estimation des agrégats précèdent l'analyse des phénomènes
macro-économiques nationaux (par exemple, le chômage ou l'inflation) et internationaux (par exemple, l'importance des échanges internationaux de marchandises, de services et de capitaux);

– Pour prendre des décisions éclairées, les agents économiques, aussi bien privés
que publics (les administrations gouvernementales et la banque centrale), ont
besoin d'information.

---

1. J.R. Hicks, A.G. Hart, *The Social Framework of the American Economy*, New York,
Oxford University Press, 1955, p. 5.

Nous présenterons, dans ce chapitre, le système d'information macro-économique canadien et nous définirons les concepts qui sous-tendent l'analyse du fonctionnement de l'appareil économique. Dans une première section, nous esquisserons les facteurs et les événements historiques qui ont influencé les besoins d'information et les éléments constitutifs du système d'information actuel. Dans la deuxième section, nous présenterons d'abord les Comptes de la Nation et les concepts clés de l'activité économique globale, puis nous dégagerons quelques identités fondamentales. Dans la troisième et dernière section, nous montrerons que les données doivent être corrigées pour tenir compte des effets liés aux changements de prix et aux facteurs saisonniers.

Section 1

Évolution des besoins d'information et esquisse du système d'information canadien

Plusieurs facteurs ont provoqué l'émergence et influencé le développement du système d'information économique canadien:

– Les gestionnaires de l'économie canadienne étaient très mal informés de *l'acuité de la « crise »* des années 30, puisque, « en 1933, il n'y avait pas une seule personne responsable de la politique économique au Canada qui était en mesure d'évaluer l'ampleur du fléchissement de la production et du revenu depuis 1929, ou même d'estimer le nombre de chômeurs[2] »;

– La *révolution dite « keynésienne »* stimula la définition et l'estimation des agrégats qui jouaient un rôle de premier plan dans le « nouveau » schéma explicatif (par exemple, les dépenses des diverses catégories d'agents: ménages, chefs d'entreprise, État);

– La *Deuxième Guerre* créa des problèmes de mobilisation et de gestion des ressources (optimisation de l'effort de guerre et planification de la reconversion à une économie de paix) qui élargirent les besoins d'information de quelques ministères fédéraux. Mais ce n'est qu'après la guerre que l'on vit « se dessiner une tentative vraiment sérieuse d'établir les Comptes de la Nation au Canada[3] »;

– La fin des années 40 et les années 50 furent d'abord marquées par la recherche de la *stabilité économique*, car la majorité des économistes craignait que le retour à une économie de paix ne ranime les forces dépressives qui avaient dominé les années 30;

_____

2. *Les Comptes de la Nation*, vol. 3, nº 13-549F, p. 24.
3. *Ibid.*, p. 24.

–   La vague exceptionnelle de prospérité au cours des années 60 contribua à réduire les craintes d'une nouvelle dépression et stimula du même coup l'analyse des déterminants de la *croissance* économique à long terme ;

–   Les *chocs* d'origine externe (par exemple, les fortes augmentations du prix mondial du pétrole) et les *déceptions* des années 70 (pollution, taux de chômage et d'inflation élevés, etc.) ont augmenté les besoins d'information en matière de conservation des ressources, de qualité de vie et de gestion de l'offre globale de biens et de services.

Esquisse du système d'information économique

Les six éléments suivants du système d'information économique du Canada reflètent les transformations dans le domaine de la théorie économique et le caractère changeant de l'environnement et des problèmes auxquels ce pays a été confronté :

–   Les *Comptes de la Nation* constituent le premier ensemble de statistiques élaborées après la Deuxième Guerre. Les premières estimations officielles annuelles de la production (période 1926-1950) parurent en 1952, tandis que les premières estimations trimestrielles (période 1947-1952) furent publiées en 1953 ;

–   Les estimations officielles de la *balance des paiements internationaux*[4] sont antérieures (1926) à celles des Comptes de la Nation et constituent la source principale d'information sur les relations économiques (échanges de marchandises et de services) et financières (mouvements de fonds) du Canada avec les non-résidents ;

–   Les *Comptes des flux financiers*[5] décrivent les opérations financières et présentent les sources et les emplois de fonds de diverses catégories d'agents (ménages et entreprises non incorporées, firmes non financières et financières, administrations publiques et reste du monde) ;

–   Les *Indices du produit intérieur réel*[6] mesurent le volume de la production par industrie (sur une base mensuelle, trimestrielle et annuelle) et constituent les estimations globales les plus à jour de l'état général de l'économie ;

---

4. Le numéro de ces publications commence par le chiffre 67-. Des exemples : 67-506, *The Canadian Balance of International Payments and International Investment Position : A Description of Sources and Methods* ; 67-201, *La balance canadienne des paiements internationaux* ; 67-001, *Estimations trimestrielles de la balance canadienne des paiements internationaux.*

5. Le numéro de ces publications commence par le chiffre 13-. Des exemples : 13-530 (hors série), *Financial Flow Accounts, 1926-1967, A preliminary Report* ; 13-002, *Comptes des flux financiers.*

6. Le numéro de ces publications commence par le chiffre 61-. Des exemples : 61-505 (hors série), *Indexes of Real Domestic Product by Industry of Origin* ; 61-005, *Indices du produit intérieur réel par industrie, 1961-1969.*

– Les *Indices de productivité*[7] indiquent l'évolution de la production par personne employée;

– Les *tableaux d'« entrées-sorties »*[8] (en anglais: *input-output*) décrivent la structure de l'appareil de production, mettent en évidence l'interdépendance des relations entre les diverses industries et permettent, entre autres, de chiffrer l'impact d'une variation des dépenses des ménages ou de l'État sur le niveau de la production des différentes industries.

Le fait que tous les éléments du système d'information économique reposent sur des définitions et des critères de classification identiques assure la cohérence des données.

Section 2

Les Comptes de la Nation

Les Comptes de la Nation constituent un ensemble organisé de statistiques économiques qui s'inspirent des concepts clés de la macro-économie (production, consommation, etc.) et dont la finalité ultime est la description et l'explication du système économique. Ils s'appuient sur la ventilation des agents en *quatre groupes distincts*:

– *Les particuliers* regroupent toutes les personnes, les ménages et les organismes privés (institutions de bienfaisance, syndicats ouvriers, universités, etc.) qui n'ont pas pour but de réaliser un profit (les organismes privés sont assimilés à des « associations de particuliers »);

– *Les administrations* comprennent les ministères et les organismes publics généraux aux niveaux fédéral, provincial ou local, les hôpitaux, le Régime de pensions du Canada et le Régime de rentes du Québec ainsi que les entreprises publiques à but non lucratif (par exemple, Radio-Canada);

– *Les entreprises* regroupent tous les agents qui exercent leur activité en vue d'un gain: corporations, entreprises individuelles, personnes exerçant à titre individuel une profession libérale, entreprises publiques à but lucratif (par exemple, Hydro-Québec), toute formation de capital (les dépenses des ménages affectées

---

7. Le numéro de ces publications commence par le chiffre 14-. Des exemples: 14-201, *Tendances de la productivité des agrégats*; 14-501F (hors série), *Indices de l'extrant par personne employée et par heure-homme au Canada, industries commerciales non agricoles, 1947-1963*.
8. Le numéro de ces publications commence par le chiffre 15-. Un exemple: 15-501, *The Input-Output Structure of the Canadian Economy*, 1961, vol. 1 et 2.

à la construction d'habitations sont donc censées être effectuées par les « entreprises ») ;

– *Les non-résidents* constituent la catégorie des agents étrangers qui transigent avec des entités canadiennes, c'est-à-dire les particuliers, les organismes publics, les corporations, les institutions à but non lucratif qui résident normalement au Canada ainsi que les succursales et les filiales canadiennes des firmes étrangères.

Cette répartition des agents facilite l'analyse du fonctionnement de l'appareil de production, car elle regroupe les entités qui ont des motivations et des comportements essentiellement similaires :

– Les particuliers achètent des biens et des services afin de satisfaire leurs besoins individuels de consommation (transport, loisir, alimentation, etc.) ;

– Les administrations publiques dépensent afin de satisfaire les besoins collectifs (santé, sécurité, etc.) ;

– Les entreprises fixent leur prix de vente de façon à couvrir le coût de production et dégager un bénéfice ;

– La catégorie des non-résidents permet de distinguer les relations économiques intérieures des relations extérieures.

Concepts et mesures de l'activité économique

Les différentes mesures de l'activité économique prennent surtout en considération la production des biens et des services qui font l'objet de transactions sur un marché et se traduisent par un paiement ou une recette monétaire. Cependant, certains biens et services sont pris en compte même s'ils ne donnent pas naissance à des transactions, en raison de la similitude de la production hors marché et sur le marché. Des exemples : le loyer que se paie implicitement le propriétaire occupant ; la consommation de produits agricoles à la ferme (l'autoconsommation) ; la rémunération que l'employeur verse à ses employés en leur offrant le déjeuner « gratuit ». La prise en compte de certaines transactions hors marché permet d'éviter que des changements de comportement ou de structure n'affectent les données (par exemple, une diminution du ratio locataires/propriétaires ou de la valeur de l'autoconsommation n'affecte pas les estimations de la production).

Les mesures de l'activité économique excluent un certain nombre de transactions. C'est le cas des transactions portant sur le transfert d'un actif préexistant, c'est-à-dire produit au cours d'une période antérieure (voiture d'occasion, maison ancienne, etc.) ; seuls les coûts de transfert (par exemple, les commissions perçues par les vendeurs) constituent une valeur ajoutée ou une activité de production. Les transactions résultant d'activités socialement inacceptables ou illégitimes (par exemple, la vente de stupéfiants) sont également exclues lorsqu'elles sont décelées.

La production des ménages

La production des ménages est la valeur des services rémunérés et rendus aux ménages à domicile. Elle exclut donc tout le travail effectué au foyer qui n'est pas rémunéré (travaux ménagers effectués par l'homme ou la femme au foyer). Ceci signifie que la valeur de la production nationale est sous-estimée, notamment dans les pays en voie de développement où la production non rémunérée est proportionnellement plus importante que dans les pays industrialisés (les comparaisons internationales des niveaux de vie sont de ce fait hasardeuses et souvent peu significatives).

La valeur de la production des administrations publiques

La valeur des activités non commerciales de l'État (tous les paliers de gouvernement) est mesurée par la rémunération salariale de ses employés (fonctionnaires et militaires). Ce mode d'évaluation s'explique par l'absence de marchés et donc de prix permettant de déterminer la valeur des services collectifs (instruction publique, sécurité nationale, etc.).

La valeur de la production des entreprises

La valeur de la production des entreprises peut être estimée dans l'optique des revenus, des dépenses et des valeurs ajoutées à partir d'une économie fort simplifiée qui comprend seulement trois entreprises (1, 2 et 3). Chaque entité vend sa production à une autre entreprise ou à des utilisateurs finals. Par exemple, l'entreprise 1 transforme le caoutchouc brut qu'elle importe et le vend à l'entreprise 2 qui fabrique des pneus. La production de l'entreprise 2 est ensuite achetée par des utilisateurs finals (individus, État, entreprises, etc.) et par le constructeur d'automobiles, l'entreprise 3, qui écoule sa production auprès d'acheteurs finals.

L'optique des revenus

La partie gauche du tableau 1 révèle que les activités de chaque entreprise donnent naissance à deux catégories de revenus: salaires et bénéfices (le bénéfice est la rémunération des facteurs « esprit de risque » et « capacité d'organisation »). La somme des revenus engendrés par l'ensemble des entreprises mesure la valeur de la production totale dans l'optique des revenus (tableau 2).

TABLEAU 1

**Une économie fictive constituée de trois entreprises
(en dollars)**

Coûts de production		Valeur brute de la production	
Entreprise 1 (fabricant de caoutchouc)			
Importation (caoutchouc brut)	35	Ventes à l'entreprise 2	
Salaires	60	(caoutchouc traité)	100
Bénéfice	5		
Total	100	Total	100
Entreprise 2 (fabricant de pneus)			
Achats auprès de l'entreprise 1		Ventes aux utilisateurs finals (pneus destinés	
(caoutchouc traité)	100	aux consommateurs, administrations, etc.)	30
Salaires	40	Ventes à l'entreprise 3 (pneus destinés	
Bénéfice	10	au fabricant d'automobiles)	120
Total	150	Total	150
Entreprise 3 (constructeur d'automobiles)			
Achats auprès de l'entreprise 2		Ventes aux utilisateurs finals	
(pneus)	120	(automobiles destinées aux consommateurs,	
Salaires	900	aux administrations, etc.)	1 100
Bénéfice	80		
Total	1 100	Total	1 100

Source: *Les Comptes de la Nation*, vol. 3, n° 13-549F, p.72.

TABLEAU 2

**La valeur de la production dans l'optique des revenus
(en dollars)**

Entreprise 1	60 + 5 =	65
Entreprise 2	40 + 10 =	50
Entreprise 3	900 + 80 =	980
Valeur de la production totale		1 095

Source: *Les Comptes de la Nation*, vol. 3, n° 13-549F, p. 72.

L'optique de la dépense

La somme des dépenses (tableau 3) des utilisateurs finals est la valeur de la production dans *l'optique de la dépense*. Les importations sont soustraites afin d'exclure des dépenses des résidents la valeur des biens et des services fabriqués à l'étranger. La valeur de la production finale (1 095 $) exclut par définition les ventes interentreprises.

TABLEAU 3

**La valeur de la production dans l'optique de la dépense finale
(en dollars)**

Entreprise 1	—
Entreprise 2	30
Entreprise 3	1 100
Total partiel	1 130
Moins: importations	− 35
Somme des ventes aux utilisateurs finals	1 095

Source: *Les Comptes de la Nation*, vol. 3, n° 13-549F, p. 73.

L'optique des valeurs ajoutées

La troisième méthode d'évaluation de la production consiste à faire la somme des valeurs ajoutées (tableau 4), c'est-à-dire la somme des différences entre la valeur des ventes de chaque entreprise et le montant de ses achats auprès d'autres entreprises (y compris les importations). Ce mode d'évaluation de la production mesure donc les contributions des entreprises à l'activité économique, puisqu'il se traduit par l'élimination des « répétitions » que constituent les achats interentreprises ou intermédiaires.

TABLEAU 4

**La valeur de la production dans l'optique des valeurs ajoutées
(en dollars)**

	Valeur brute de la production (1)	Achats auprès d'autres entreprises, ou importations (2)	Valeur nette ajoutée à la production (3) = (1) − (2)
Entreprise 1	100	35	65
Entreprise 2	150	100	50
Entreprise 3	1 100	120	980
Total	1 350	255	1 095

Source: *Les Comptes de la Nation*, vol. 3, n° 13-549F, p. 73.

Trois approches mais un même résultat

Les tableaux précédents démontrent que la valeur de la production est la même (1 095 $), quel que soit le mode d'évaluation. Au Canada, l'optique des revenus soustend l'estimation du produit national brut (PNB) et du produit intérieur brut (PIB), tandis que la dépense nationale brute (DNB) est mesurée à partir des dépenses finales ; le niveau de l'indice de la production industrielle (une mesure de la production excluant les services) est déterminé à partir des valeurs ajoutées.

Le produit national brut

Le PNB est une estimation de la valeur au marché de la production nationale totale et finale au cours d'une certaine période.

Une estimation

L'évaluation de la production est une tâche ardue pour des raisons aussi diverses que la présence d'une économie souterraine, le recours à des échantillons, l'exclusion de certaines activités de production (par exemple, les travaux ménagers au foyer), etc.

Valeur au marché

La valeur des biens et des services peut être établie en utilisant les prix courants : on obtient alors la valeur dite « nominale » de la production. Étant donné que le niveau des prix tend à augmenter d'une année à l'autre, il importe donc de corriger la valeur nominale de la production pour tenir compte des effets de l'inflation et obtenir ainsi la valeur dite « réelle » de la production (ce problème sera traité dans la troisième section).

Production nationale

Le PNB est estimé en prenant en considération la production des facteurs de production canadiens, qu'ils soient situés au Canada ou à l'étranger.

Production totale

En réalité, la valeur de la production est partielle puisque certaines activités de production sont ignorées (par exemple, la production au foyer), volontairement exclues (par exemple, les activités illégales) ou inconnues (par exemple, la production de l'économie souterraine).

Production finale

Les achats intermédiaires étant exclus, seuls les achats finals sont pris en compte (biens de consommation, biens de production, etc.). Cependant, les stocks de biens accumulés par les entreprises (matières premières, biens en voie de fabrication et biens finis) sont assimilés sur le plan comptable à des ventes finales de marchandises que les entreprises se font à elles-mêmes (par exemple, la valeur des motoneiges, produites et stockées en 1988, puis éventuellement vendues en 1989, fait partie de la production de 1988).

Au cours d'une certaine période

La valeur du PNB est définie par rapport à une unité de temps particulière (un trimestre, un semestre ou une année).

Le PNB canadien en 1982

Le tableau 5 présente la valeur des divers éléments (numérotés de 1 à 13) du PNB du Canada en 1982.

TABLEAU 5

Le PNB en 1982 aux prix courants
(en milliards de dollars)

1.	Rémunération des salariés	208,2
2.	Solde et indemnités des militaires	2,2
3.	Bénéfices des corporations avant impôts	21,1
4.	Moins: dividendes versés aux non-résidents	− 3,3
5.	Intérêts et revenus divers de placement	28,9
6.	Revenu net des agriculteurs	4,2
7.	Revenu net des entreprises individuelles non agricoles et loyers	14,3
8.	Ajustement de la valeur des stocks	− 4,0
9.	Revenu national net aux coûts des facteurs	271,6
10.	Impôts indirects moins les subventions	40,8
11.	Amortissement	44,4
12.	Erreur résiduelle (− 93 millions)	
13.	PNB	356,7

Source: *Revue statistique du Canada*, n° 11-003F, janvier 1984.

Élément 1: rémunération des salariés

La rémunération des salariés comprend la rémunération monétaire (salaires, commissions, pourboires, etc.) ou matérielle (logement, autoconsommation, soins médicaux, etc.) du travail des résidents canadiens, ainsi que certains déboursés des employeurs qui sont considérés comme des paiements de services du travail (contributions aux régimes de pension, d'assurance-chômage et d'indemnisation des accidents du travail).

Élément 2: solde et indemnités des militaires

La rémunération des membres des forces armées résulte de services rendus (le service « sécurité nationale »).

Élément 3: bénéfices des corporations avant impôts

Certaines modifications sont apportées au montant des bénéfices déclarés par les entreprises. Par exemple, les mauvaises créances et les redevances provinciales sont ajoutées, tandis que les dividendes reçus d'autres corporations canadiennes ainsi que les gains et les pertes de capital sont soustraits.

Élément 4: dividendes versés aux non-résidents

Si, en principe, tous les revenus des non-résidents (par exemple, les bénéfices répartis et non répartis aux actionnaires) doivent être exclus du PNB, en pratique, seuls les dividendes sont déduits; les bénéficcs non répartis résultant de l'emploi du capital étranger font donc partie du PNB canadien, qui est de ce fait surestimé.

Élément 5: intérêts et revenus divers de placement

Les intérêts et les divers revenus de placement des Canadiens excluent les intérêts sur la dette publique pour deux raisons: une partie importante des emprunts fédéraux a servi à assurer la couverture des dépenses supplémentaires engendrées par le deuxième conflit mondial; les emprunts servent souvent à financer la consommation publique plutôt que les investissements collectifs.

Élément 6: revenu net des agriculteurs

Le revenu net des exploitants agricoles est égal à la somme de leurs recettes et de leur autoconsommation, moins les frais d'exploitation.

Élément 7: revenu net des entreprises individuelles non agricoles et loyers

Cet élément mesure le revenu net d'un ensemble d'entités hétérogènes: entreprises individuelles, entreprises non constituées en corporation, membres des professions libérales, etc., ainsi que la valeur du service logement (paiements explicites et implicites).

Élément 8: ajustement de la valeur des stocks

Cet « ajustement » vise à éviter que les gains ou les pertes de capital, résultant des variations de prix et des méthodes de comptabilisation des stocks des entreprises, n'influencent la valeur du PNB. Par exemple, lorsque les prix augmentent continuellement et lorsque les entreprises utilisent la méthode « premier entré, premier sorti[9] », les firmes enregistrent des profits « comptables » plus élevés parce que les stocks en début de période et les prélèvements sont enregistrés au coût initial ou d'acquisition, tandis que les achats destinés à reconstituer les stocks sont comptabilisés à des prix croissants. La correction apportée à la valeur des stocks permet d'éviter que la hausse arbitraire des bénéfices, issue de la vente d'unités à des prix croissants, ne provoque la surévaluation du PNB.

Élément 9: revenu national net aux coûts des facteurs

Le revenu national (RN) mesure la somme de tous les revenus des facteurs de production nationaux (terre, travail, capital, esprit d'entreprise, etc.). La répartition des revenus par facteur pose des problèmes théoriques et statistiques considérables, puisque, par exemple, le revenu net des entreprises individuelles comprend des éléments de rémunération du capital et du travail qui ne peuvent être aisément dissociés.

Éléments 10 à 13: passage du revenu national au PNB

Les impôts indirects (taxes de vente et d'accise, droits de douane sur les biens importés, impôts fonciers, etc.) sont d'abord ajoutés au revenu national parce qu'ils se répercutent sur les coûts des producteurs et les prix de vente (ils étaient exclus des revenus des facteurs de production). Les subventions, c'est-à-dire les montants versés par l'État pour stimuler certaines activités de production ou de consommation, sont ensuite soustraites des revenus des facteurs parce qu'elles donnent naissance à des prix de vente inférieurs aux coûts de production.

Les biens de production, à l'exception des terrains, se dégradent à cause de l'usure entre le moment où ils sont acquis et celui où ils ne sont plus utilisables. Cette perte de valeur porte le nom, selon le cas, de dépréciation, de désuétude ou d'épuisement : la dépréciation découle de l'usage au cours des années ; la désuétude résulte de l'apparition d'outillage rendu plus efficace par le progrès technologique (la désuétude se traduit donc par la mise à la ferraille prématurée puisqu'elle réduit la durée d'utilisation prévue) ; l'épuisement découle de l'exploitation des richesses naturelles (minières, pétrolières, forestières, etc.), de sorte que le producteur doit tenir compte, à mesure qu'elles sont « produites » et commercialisées, de leur coût initial pour déterminer ses coûts et ses bénéfices.

L'amortissement étant un élément du coût de production pendant la durée utile des biens de production, les entreprises imputent un montant aux profits (avant les frais d'intérêts, les impôts et les dividendes) de l'exercice courant et l'enregistrent dans un compte particulier afin de calculer le profit net. L'amortissement est donc une pratique qui vise à répartir le coût des biens de production (diminué de la valeur de la mise à la ferraille) pendant leur durée d'utilisation et ne se traduit généralement

---

9. En anglais : *FIFO* ou *First-in First-out*.

pas par la constitution de liquidités pouvant assurer le remplacement (une entreprise peut réaliser des bénéfices très importants et faire face à un problème de liquidités!).

Les Comptes de la Nation prennent en considération l'amortissement du stock de capital des secteurs privé et public.

L'« erreur résiduelle d'estimation » (élément 12) reflète le désir du comptable de rapprocher ses estimations du PNB et de la DNB. La différence entre le PNB et la DNB est d'abord divisée par deux, puis une moitié est soustraite de l'agrégat dont la valeur est la plus élevée, tandis que l'autre moitié est ajoutée à l'agrégat le plus faible. On constate que l'erreur résiduelle était « négligeable » en 1982 puisqu'elle atteignait seulement 93 millions de dollars.

La dépense nationale brute

Le tableau 6 présente la valeur des divers éléments (numérotés de 1 à 8) de la dépense nationale brute (DNB) au Canada en 1982.

TABLEAU 6

**La dépense nationale brute au Canada en 1982
(en milliards de dollars)**

1.	Dépenses personnelles en biens et services de consommation	209,8
2.	Dépenses publiques courantes en biens et services	77,2
3.	Formation brute de capital fixe	
	Administrations publiques	10,6
	Entreprises	
	Construction d'habitations	13,0
	Construction commerciale et industrielle	27,6
	Machinerie, équipement	26,4
4.	Valeur de la variation physique des stocks	− 9,7
5.	Exportations de biens et de services	101,4
	Moins:	
6.	Importations de biens et de services	− 99,9
	Plus:	
7.	Erreur résiduelle d'estimation (93 millions de dollars)	
8.	Dépense nationale brute	356,7

Source: *Revue statistique du Canada*, n° 11-003F, janvier 1984.

Élément 1: dépenses personnelles en biens et services de consommation

Les dépenses personnelles de consommation comprennent les achats de biens de consommation durables (automobiles, appareils électroménagers, etc.), semi-durables (vêtements, chaussures, etc.) et non durables (aliments, boissons, etc.), ainsi que les achats de services (transport, logement, etc.).

La valeur des achats de biens et de services de consommation diffère de la valeur de la « consommation » au sens strict ou économique à cause du caractère durable ou semi-durable de certains biens. Par exemple, la consommation économique courante d'une voiture qui a une vie utile de cinq ans et qui est amortie d'une façon linéaire est égale à 20 % de son prix d'achat.

Élément 2: dépenses publiques courantes en biens et services

Les dépenses publiques « courantes » en biens et services excluent les paiements de transfert aux particuliers (allocations familiales, prestations d'assurance-chômage, etc.), aux non-résidents (par exemple, les dons aux pays en développement) et les subventions versées aux entreprises, car tous ces déboursés ne sont pas la contrepartie de services rendus.

Élément 3: formation brute de capital fixe

La formation brute de capital[10] fixe comprend les achats courants de biens de production dont la vie utile est d'au moins une année et la valeur des modifications importantes des biens de production préexistants (par exemple, la rénovation domiciliaire). La formation de capital est dite brute lorsqu'il n'est pas tenu compte de l'amortissement courant des biens de production. La formation nette de capital (ou l'investissement net) est égale à la différence entre l'investissement brut et l'amortissement:

Investissement brut = Investissement net + Amortissement

Investissement net = Investissement brut − Amortissement

La prise en compte de l'amortissement conduit à définir *le produit national net* (PNN) comme la différence entre le PNB et l'amortissement:

PNN = PNB − Amortissement

Le PNN est forcément moins élevé que le PNB puisqu'une partie des biens de production nouveaux (l'investissement de remplacement) sert en réalité à reconstituer ou à maintenir le stock de capital. Si l'investissement de remplacement permet à une société de maintenir sa capacité de satisfaire ses besoins futurs, l'investissement net permet de l'augmenter. Lorsque l'amortissement excède l'investissement brut (comme ce fut exceptionnellement le cas en 1933 au Canada), l'investissement net est négatif et la réduction consécutive du stock de capital technique diminue la capacité de production de l'appareil économique.

---

10. L'investissement est un *acte de création* de biens de production, contrairement au *placement* qui est un transfert d'un actif financier (actions, obligations...) ou physique (un timbre rare, un tableau de Picasso...) préexistant.

Élément 4: valeur de la variation physique des stocks

Les administrations publiques et les entreprises détiennent à tout moment un certain volume de marchandises sous forme de biens finals, de biens en voie de fabrication et de matières premières. La soustraction d'un montant de 9,7 milliards de dollars en 1982 sous la rubrique « valeur de la variation physique des stocks » (évaluée à partir de prix moyens) découle du fait qu'une partie des dépenses finales des agents portait sur l'achat de marchandises préalablement produites et stockées ; cette déduction permet d'éviter une surévaluation des dépenses finales.

Une contraction des stocks est assimilée à un investissement négatif (ou à un « désinvestissement »), tandis qu'une accumulation des stocks est considérée comme un investissement, car les marchandises détenues sont destinées à satisfaire les besoins futurs.

Éléments 5 et 6: exportations et importations de biens et de services

La valeur des exportations de marchandises et de services est ajoutée aux dépenses des résidents canadiens, puisque ces biens et services ont été produits au Canada. La valeur des importations est, au contraire, soustraite des dépenses des Canadiens, puisque ces biens et services ont été fabriqués à l'étranger ; cette déduction permet donc d'éviter que la somme des dépenses finales ne surévalue la valeur de la production nationale.

Élément 7: erreur résiduelle d'estimation

L'estimation de la DNB étant moins élevée que celle du PNB en 1982, le montant de l'erreur résiduelle (93 millions de dollars) est ajouté pour obtenir la DNB.

Élément 8: dépense nationale brute

L'égalité des estimations de la DNB et du PNB (356,7 milliards de dollars) montre bien que la valeur de la production peut être établie aussi bien dans l'optique de la dépense (DNB) que dans celle des revenus (PNB).

Le produit intérieur brut

Le produit intérieur brut (PIB) est la valeur de la production sur le territoire national. Pour passer du PNB au PIB, il suffit (tableau 7) de soustraire les paiements de dividendes et d'intérêts versés par les non-résidents à des entités canadiennes et d'ajouter les dividendes et les intérêts versés aux non-résidents par des entités canadiennes.

Les paiements de dividendes et d'intérêts versés par les non-résidents à des entités canadiennes résultent de la rémunération des services rendus par les actifs extérieurs des Canadiens (actions, obligations, immeubles, usines, etc.). Par exemple, les dividendes reçus par les détenteurs canadiens d'actions de la firme Nestlé sont assimilés à une exportation de services rendus par le capital canadien. Autre exemple : les dividendes et les intérêts payés aux non-résidents représentent la rémunération des services rendus par le capital étranger et sont assimilés à une importation de services.

TABLEAU 7

Le produit intérieur brut du Canada en 1982
(en milliards de dollars)

Produit national brut	356,7
Moins : Dividendes et intérêts versés par les non-résidents	− 1,6
Plus : Dividendes et intérêts versés aux non-résidents	10,6
Produit intérieur brut	365,7

Source : *Revue statistique du Canada*, n° 11-003F, janvier 1984.

Le fait que la valeur du PIB canadien soit supérieure à celle du PNB reflète la situation internationale débitrice nette du Canada, c'est-à-dire le fait que les actifs extérieurs des Canadiens sont moins importants que les actifs canadiens appartenant aux non-résidents. La valeur du PNB d'un pays débiteur net est moins élevée que celle de son PIB, parce qu'il doit effectuer un prélèvement sur sa production territoriale pour rémunérer les actifs nets placés et investis par le reste du monde.

Le revenu personnel

Le revenu personnel (élément 4 du tableau 8) comprend tous les revenus perçus par les particuliers. Il inclut les revenus (élément 1) qui résultent des activités de production (salaires, intérêts, dividendes, etc.) et certains revenus (élément 2) qui n'en découlent pas (intérêts sur la dette publique, allocations familiales, mauvaises créances des entreprises, etc.). Les éléments du revenu national qui ne sont pas perçus par les particuliers (élément 3) sont exclus (profits non répartis aux actionnaires, impôts directs payés par les corporations, etc.).

Le revenu personnel disponible

Le revenu personnel disponible (élément 7) est le revenu dont disposent les particuliers après avoir acquitté leurs impôts directs (élément 5) et après certaines déductions (élément 6), tels les droits de succession et les cotisations patronales et ouvrières à l'assurance sociale et aux régimes publics de pension.

TABLEAU 8

**Le passage du revenu personnel à
l'épargne personnelle des Canadiens (1982)
(en milliards de dollars)**

1.	Revenu national aux coûts des facteurs	271,6
	Plus:	
2.	Paiements de transfert courants aux particuliers	
	Moins:	(net) 44,7
3.	Revenus non versés aux particuliers	
4.	Revenu personnel	316,3
	Moins:	
5.	Impôts directs frappant les particuliers	43,6
6.	Autres transferts des particuliers aux administrations publiques	17,4
	Égale:	
7.	Revenu personnel disponible	255,3
	Moins:	
8.	Dépenses personnelles en biens et services	209,8
9.	Autres transferts aux corporations et aux non-résidents	7,0
	Égale:	
10.	Épargne personnelle	38,5

Source: *Revue statistique du Canada*, n° 11-003F, janvier 1984.

L'affectation du revenu personnel disponible

Le revenu personnel disponible est affecté essentiellement[11] aux dépenses personnelles de consommation (élément 8) et à l'épargne (élément 10).

L'épargne et l'investissement

Le tableau 9 présente la formation brute de capital et son financement en 1982. L'investissement total brut (élément 5) est la somme de l'investissement intérieur brut (élément 3) et de l'investissement extérieur (élément 4). L'égalité de l'investissement total brut (élément 5) et de l'épargne intérieure brute (élément 14) est une nécessité d'ordre comptable: l'investissement constaté est égal par définition à l'épargne constatée.

L'investissement extérieur (élément 4) est la différence entre les exportations et les importations de biens et de services (éléments 5 et 6 du tableau 6). Un solde positif ou un « surplus » (ou encore un excédent) est un investissement extérieur, car il se traduit par un accroissement de la valeur des actifs extérieurs appartenant à des

---

11. Les transferts des particuliers aux corporations sont les paiements d'intérêts liés au crédit
à la consommation.

entités canadiennes, privées (par exemple, une hausse des dépôts en livres sterling) ou publiques (par exemple, une augmentation des avoirs en dollars américains détenus par le Fonds des changes que gère la Banque du Canada). L'excédent de 1,5 milliard de dollars enregistré en 1982 peut donc être considéré comme un prêt consenti par des entités canadiennes au reste du monde. Un solde déficitaire est considéré comme un « désinvestissement » extérieur, car les Canadiens peuvent le financer en réduisant leurs actifs extérieurs. Un déficit peut également être financé en empruntant à l'étranger.

TABLEAU 9

La formation brute de capital et son financement en 1982
(en milliards de dollars)

Formation brute de capital ou investissement total brut		
1. Formation brute de capital fixe	77,7	
2. Valeur de la variation des stocks	− 9,7	
3. Investissement intérieur brut	68,0	
4. Investissement extérieur	1,5	
5. Investissement total	69,5	
Financement		
6. Épargne personnelle		38,5
7. Épargne nette des entreprises		1,2
8. Bénéfices non répartis des sociétés	4,4	
9. Entreprises publiques	− 1,0	
10. Subventions d'équipement	1,8	
11. Ajustement de la valeur des stocks	− 4,0	
12. Administrations publiques		− 14,4
13. Amortissement		44,2
14. Épargne intérieure brute		69,5

Source: *Revue statistique du Canada*, n° 11-003F, janvier 1984.

L'épargne personnelle

L'épargne personnelle (élément 10 du tableau 8 ou élément 6 du tableau 9) est la différence entre le revenu personnel disponible et les dépenses personnelles de consommation.

L'épargne nette des sociétés

L'épargne nette des sociétés (élément 7) est obtenue en additionnant les éléments 8, 9, 10 et 11. Les bénéfices après impôts non répartis aux actionnaires sous forme de dividendes (élément 8) ont atteint 4,4 milliards de dollars en 1982. Toutefois, l'épargne nette des sociétés n'a atteint que 1,2 milliard de dollars à cause de la déduction de l'ajustement de la valeur des stocks (− 4,4 milliards de dollars); cette année-là, une partie importante des bénéfices a donc découlé des plus-values sur les stocks liées à l'inflation.

Les entreprises publiques canadiennes ont dégagé, en 1982, un déficit global d'exploitation (élément 9) totalisant 1 milliard de dollars. Les subventions d'équipement émanant des administrations publiques (élément 10) ont, en revanche, constitué une source importante de financement (1,8 milliard de dollars).

L'épargne des administrations publiques

Le déficit des administrations publiques (élément 12), c'est-à-dire l'excédent des dépenses sur les recettes, est une épargne négative. L'État assure la couverture de son impasse budgétaire en empruntant auprès des groupes d'agents qui épargnent.

L'amortissement

L'amortissement du stock de capital technique, privé et public, a constitué, en 1982, la plus importante source de financement de la formation brute de capital au Canada.

Quelques identités

Nous présenterons maintenant des définitions comptables et des identités qui seront fort utiles dans les prochains chapitres.

La DNB

La valeur de la production aux prix courants peut être exprimée dans l'optique de la dépense finale :

$$\text{DNB} = Y = C + I^{\text{int}} + G + X - Z \tag{1}$$

où

Y est la valeur nominale de la DNB,

C est les dépenses personnelles de consommation,

I^{int} est l'investissement intérieur brut (élément 3 du tableau 9),

G est les achats de l'État de biens et de services,

X est les exportations de biens et de services,

Z est les importations de biens et de services.

La différence entre X et Z est essentiellement le solde du compte courant de la balance des paiements internationaux[12]. Le terme équilibre est fréquemment utilisé pour exprimer l'égalité des exportations et des importations ($X - Z = 0$) ; cet

---

12. La balance des paiements enregistre toutes les transactions internationales, recettes et paiements, qui résultent des échanges de marchandises (éléments visibles) et de services (éléments invisibles), des transferts et des mouvements de capitaux.

équilibre comptable n'a rien de vertueux en soi et ne doit pas être confondu avec la notion beaucoup plus générale d'équilibre externe qui sera développée ultérieurement.

Le PNB

La valeur aux prix courants de la production peut également être exprimée dans l'optique des revenus (consommation, épargne et paiements nets d'impôts):

$$\text{PNB} = Y = C + E^{int} + T \tag{2}$$

où

Y est la valeur nominale du PNB,

E^{int} est l'épargne intérieure brute privée des ménages et des entreprises,

T est les recettes nettes de l'État, c'est-à-dire la différence entre les taxes totales[13] et la somme des transferts et des subventions (TR)[14]:

$$T = \text{Taxes totales} - TR \tag{3}$$

L'identité (4) exprime l'égalité de la valeur nominale de la production (Y) dans l'optique de la dépense (membre gauche) et dans celle de l'affectation des revenus (membre droit):

$$C + I^{int} + G + X - Z = Y = C + E^{int} + T \tag{4}$$

Lorsque Y est le PNN, c'est-à-dire le PNB moins l'amortissement du stock de capital, I^{int} est l'investissement intérieur net, tandis que E^{int} est l'épargne intérieure nette privée.

L'égalité ou l'équilibre comptable de l'épargne et de l'investissement

Pour mettre en évidence l'égalité de l'épargne et de l'investissement constatés (identité (5)), il suffit de supprimer le symbole C qui apparaît dans les deux membres de l'identité (4) et de retrancher le symbole G des deux membres de l'identité (4):

$$I^{int} + X - Z = Y = E^{int} + T - G \tag{5}$$

Si I^{ext} est l'investissement extérieur ($X - Z > 0$) ou le désinvestissement extérieur ($X - Z < 0$), l'identité (5) devient:

$$I^{int} + I^{ext} = E^{int} + (T - G) \tag{6}$$

---

13. Les recettes totales de l'État comprennent les impôts directs sur les revenus des particuliers et sur les profits des entreprises, ainsi qu'une grande variété de taxes indirectes (taxes de vente, licences, droits de douane, taxes d'accise, etc.).
14. Les paiements de transfert et les subventions sont assimilés à des taxes négatives.

Les deux termes du membre droit de l'identité (6) sont respectivement l'épargne privée (E^{int}) et l'épargne publique (T − G). L'État épargne lorsque ses recettes sont plus élevées que ses achats (T − G > 0). Dans le cas d'un déficit budgétaire (T − G < 0), l'État réalise une épargne négative et doit emprunter sur les marchés financiers pour assurer la couverture complète de ses achats. Les deux termes du membre gauche sont respectivement l'investissement intérieur (I^{int}) et l'investissement extérieur (I^{ext}).

Nous présenterons maintenant l'identité (6), d'abord dans le contexte d'une économie privée et fermée, puis dans celui d'une économie mixte et fermée, et enfin dans celui d'une économie mixte et ouverte.

Une économie privée et fermée

Dans une économie privée et fermée, les activités de l'État et les relations internationales sont inexistantes (T = G = X = Z = 0), de sorte que l'épargne privée intérieure (E^{int}) est égale à l'investissement intérieur (I^{int}) :

$$I^{int} = E^{int} \qquad (7)$$

Une économie mixte et fermée

Lorsque l'État est présent, l'identité (6) devient l'identité (8) :

$$I^{int} = E^{int} + (T - G) \qquad (8)$$

On constate que l'investissement intérieur est alors égal à la somme de l'épargne intérieure privée et de l'épargne publique (T − G). Trois scénarios possibles en matière budgétaire peuvent être distingués. Dans le cas où le budget de l'État est équilibré, (T − G = 0), l'investissement intérieur est alors égal à l'épargne intérieure privée :

$$I^{int} = E^{int} \qquad (9)$$

Dans le cas d'un déficit budgétaire (T − G < 0), l'épargne intérieure privée est affectée au financement de l'impasse budgétaire et de l'investissement intérieur privé :

$$I^{int} = E^{int} + (-) \qquad (10)$$

ou

$$I^{int} + \text{Déficit budgétaire} = E^{int} \qquad (11)$$

Dans le cas d'un surplus budgétaire (T − G > 0), l'investissement intérieur est alors plus élevé que l'épargne intérieure privée, car l'épargne publique est canalisée vers les emprunteurs privés par le biais des marchés financiers ; l'État joue le rôle de prêteur plutôt que celui d'emprunteur comme dans le scénario précédent :

$$I^{int} = E^{int} + (+) \qquad (12)$$

$$= E^{int} + \text{Surplus budgétaire} \qquad (13)$$

Une économie ouverte

Pour simplifier, nous supposerons que le budget de l'État est équilibré (T − G = 0), de sorte que l'identité (6) devient l'identité (14):

$$I^{int} + I^{ext} = E^{int} \qquad (14)$$

L'ampleur de l'investissement extérieur dépend du solde des échanges internationaux de biens et de services.

Le solde est nul

Lorsque le solde courant est nul (X = Z ⇛ I^{ext} = 0), l'investissement intérieur est alors entièrement financé par le biais de l'épargne intérieure privée:

$$I^{int} = E^{int} \qquad (15)$$

Le solde est déficitaire

Lorsque le solde courant est déficitaire (X < Z ⇛ I^{ext} < 0), l'investissement intérieur est égal à l'épargne intérieure privée majorée de l'épargne émanant de l'étranger (− I^{ext} = E^{ext}); tout se passe alors comme si le pays finançait son déficit en empruntant à l'étranger, c'est-à-dire en prélevant sur les ressources du reste du monde:

$$I^{int} + (- I^{ext}) = E^{int} \qquad (16)$$

et

$$I^{int} = E^{int} + E^{ext} \qquad (17)$$

Le solde est excédentaire

Lorsque le solde courant est excédentaire (X > Z ⇛ I^{ext} > 0), l'épargne intérieure est plus élevée que l'investissement intérieur, car le pays excédentaire exporte une partie de son épargne pour financer le déficit du reste du monde, ce qui constitue son investissement extérieur:

$$I^{int} + I^{ext} = E^{int} \qquad (18)$$

Une parenthèse: le PNB et la « qualité de vie »

Les mesures traditionnelles de la production nationale sont souvent l'objet de plusieurs critiques qui peuvent se résumer ainsi: le PNB ou la DNB ne permet pas de mesurer le bien-être ou la qualité de vie d'une société.

La notion de qualité de vie a une dimension physique (beauté des paysages, propreté de l'environnement), une dimension psychique (joie de vivre dans un milieu où la sécurité et la confiance mutuelle règnent), économique (optimisme engendré par la stabilité des prix et la croissance), une dimension sociale (sérénité des rapports sociaux, absence de racisme, etc.), une dimension biologique (état de santé de la population) et culturelle (présence d'un grand orchestre, de bibliothèques, etc.). Étant donné que la notion de qualité de vie a une extension très large, elle ne peut être mesurée adéquatement par des indicateurs appartenant à une discipline particulière (espérance de vie, quantité de mercure dans l'eau, revenu par habitant, qualité des rapports sociaux, infrastructures culturelles, etc.). La détermination du niveau d'un indice de la qualité de vie soulèverait de nombreux problèmes : le choix des variables jugées importantes, les difficultés de mesure, le poids attribué à chaque indicateur, etc.

Une mesure appropriée de la qualité de vie ou du bien-être devrait tenir compte des conséquences involontaires et indésirables de plusieurs activités de consommation et de production, tels la dégradation des biens mésologiques (pollution de l'eau et de l'air, dégradation des paysages, réduction de la diversité des milieux naturels, érosion des terres, etc.) et les maux liés à l'urbanisation (congestion urbaine, insécurité, bruit, etc.). Ainsi, une mesure « améliorée » du PNB nécessiterait, entre autres, les corrections suivantes :

–   une *déduction* reflétant les conséquences négatives de l'urbanisation, tels l'engorgement et la criminalité ;

–   la *déduction* des dépenses à caractère *défensif*, qui sont des intrants plutôt que des services ou des biens finals (soins de santé, protection civile, sécurité nationale, protection contre les incendies, protection de l'environnement, etc.) ;

–   une *addition* pour tenir compte de l'augmentation du temps affecté aux *loisirs* ;

–   une *addition* pour refléter la valeur de la production au foyer.

Le fait que le concept actuel du PNB n'ait jamais été conçu pour mesurer le bien-être ne signifie pas qu'il soit sans valeur comme le prétendent ses détracteurs. Au contraire, cet indicateur est utile, car, révisé et corrigé des effets de l'inflation et des variations saisonnières, il chiffre la valeur d'une partie importante de la production et permet d'analyser le fonctionnement de l'appareil de production.

Section 3

Modification des données et taux de changement

Pour analyser les phénomènes macro-économiques, les données doivent être souvent corrigées pour tenir compte des effets des *changements de prix* et des *variations saisonnières*. Il est également souvent utile de connaître le taux de changement d'une variable. Nous examinerons tour à tour ces divers points.

Changements de prix

La valeur nominale de la production dépend des *quantités* produites et des *prix courants*. Le fait que la variation de la valeur de la production résulte de changements de volume et de prix signifie que la *valeur nominale* de la production diffère de sa *valeur réelle*, et qu'elle doit donc être corrigée pour éliminer les effets des variations des prix. Cette correction est importante pour les responsables de la gestion macro-économique qui prennent leurs décisions à la lumière de l'évolution réelle de la production et d'autres agrégats.

Le « panier de provisions » d'un individu représentatif et le montant de ses achats au cours de l'année de base (0)[15] et des trois années suivantes (1, 2 et 3) sont présentés dans le tableau 10.

TABLEAU 10

**Les prix et les quantités achetées
et la dépense d'un consommateur représentatif**

Panier de provisions	Année 0		Année 1		Année 2		Année 3	
	p_0	q_0	p_1	q_1	p_2	q_2	p_3	q_3
Une voiture	2 000,00	1	2 200,00	1	2 500,00	0	2 500,00	1
Loyer mensuel	80,00	12	85,00	12	100,00	12	130,00	12
Un litre de lait	0,20	250	0,22	275	0,25	275	0,23	300
Un billet de cinéma	0,75	10	1,00	6	1,25	10	1,35	10
Un veston	85,00	4	95,00	4	115,00	3	135,00	1
Dépense totale	3 357,50		3 666,50		1 626,25		4 277,50	

Source: *Measuring Price Changes*, Federal Reserve Bank of Richmond, 4ᵉ éd., 1981, p. 19.

L'indice des prix de Laspeyres

L'indice des prix de Laspeyres (I^L) est un rapport entre deux montants de dépense: le dénominateur est la dépense du consommateur au cours de l'année de base (0), tandis que le numérateur indique ce que ce dernier devrait débourser au cours de l'année 1 pour se procurer le panier de l'année de base:

$$I_{01}^L = \frac{\Sigma p_1 q_0}{\Sigma p_0 q_0} = 109,2$$

15. L'année de base (0) est retenue parce que les conditions économiques sont jugées « normales », c'est-à-dire non marquées par de fortes fluctuations de la production et des prix.

La première colonne du tableau 11 montre que l'indice de Laspeyres atteint 109,2 au cours de l'année 1: le consommateur devrait donc débourser, pour se procurer le panier de l'année de base, 9,2 % de plus au cours de l'année 1 qu'au cours de l'année de base.

TABLEAU 11

**Évolution des indices de Laspeyres et de Paasche
(Année 0 = 100)**

Année	Indice de Laspeyres	Indice de Paasche
0	100,0	100,0
1	109,2	109,1
2	126,1	127,3
3	139,1	137,4

Source: *Measuring Price Changes*, Federal Reserve Bank of Richmond, 4ᵉ éd., 1981, p. 22.

L'indice des prix de Paasche

L'indice des prix de Paasche (I^P) est un rapport entre deux montants de dépense: le numérateur est la dépense du consommateur au cours de l'année 1, tandis que le dénominateur indique ce que ce dernier devrait débourser, si la chose était possible, pour se procurer les quantités de l'année 1 (ou le panier courant) aux prix de l'année de base:

$$I^P_{01} = \frac{\Sigma p_1 q_1}{\Sigma p_0 q_1} = 109,1$$

La deuxième colonne du tableau 11 montre que le consommateur devrait débourser, pour se procurer le panier de l'année 1, 9,1 % de plus au cours de l'année 1 qu'au cours de l'année de base.

L'indice des prix à la consommation (IPC) utilisé au Canada est un indice de Laspeyres. Cet indice tend à surestimer le taux d'inflation car les ménages réagissent généralement aux variations de prix en altérant la composition du panier de provisions: ils réduisent les quantités achetées des biens et des services dont les prix ont le plus augmenté et acquièrent plus de biens et de services dont les prix ont moins augmenté. La surévaluation du taux d'inflation découle également du fait qu'une partie de la hausse des prix des biens et des services qui entrent dans la composition du panier de provisions de l'année de base peut résulter de l'amélioration de la qualité de certains biens et services.

L'indice des prix de la DNB

Les variations des prix sont une source majeure de distorsions : l'inflation (une hausse soutenue des prix) gonfle arbitrairement la valeur nominale des agrégats, tandis que la déflation (une baisse continue des prix) déforme également les données puisque les quantités sont évaluées avec des prix décroissants.

Le passage de la valeur nominale d'un agrégat à sa valeur réelle est effectué en divisant d'abord la valeur nominale par l'indice des prix approprié (P), puis en multipliant par 100. Par exemple, la valeur réelle de la production nationale est établie comme suit :

$$Q = \frac{Y}{P} \times 100$$

où P désigne le « dégonfleur »[16] de la DNB ou du PNB, c'est-à-dire l'indice général des prix de l'ensemble des biens et des services produits au cours d'une période (par exemple, un trimestre ou une année). Pour estimer le niveau du dégonfleur, le statisticien corrige d'abord des variations des prix chaque catégorie de dépenses (par exemple, C, I, G, etc.) au moyen d'un indice de prix approprié (par exemple, les dépenses personnelles de consommation sont corrigées au moyen d'un indice des prix à la consommation, tandis que la dépense d'investissement est corrigée au moyen d'un indice des prix des biens de production). Il fait ensuite la somme des valeurs réelles de chaque agrégat afin de dégager la valeur réelle de la production totale. Le dégonfleur est finalement estimé en divisant la valeur nominale de la production par sa valeur réelle.

L'illustration suivante (tableau 12) montre que le niveau du dégonfleur est une moyenne pondérée des indices des prix des deux catégories de dépenses retenues (par souci de simplification), la pondération étant déterminée par l'importance relative de chaque catégorie de dépenses corrigées des effets des variations de prix. Les éléments de la dépense sont les dépenses personnelles de consommation (C) et la dépense d'investissement (I). Les indices de prix de ces deux catégories de dépenses atteignent respectivement 106,0 et 104,0 au cours de l'année 1, dans les deux scénarios considérés. Le dégonfleur de la DNB est plus élevé dans le second scénario (105,6) que dans le premier (105,39), car les dépenses réelles des ménages en pourcentage de la DNB sont plus considérables dans le second scénario (79,69 %) que dans le premier (69,59 %). On constate que le dégonfleur est un indice pondéré :

Scénario I

$$(106,0 \times 0,6959) + (104,0 \times 0,30403) = 105,39$$

---

16. Le terme « déflateur » est souvent utilisé. Il s'agit d'une traduction du terme anglais *deflator*.

Scénario II

$$(106,0 \times 0,7969) + (104,0 \times 0,2031) = 105,60$$

Le fait que les variations du dégonfleur de la DNB reflètent à la fois les changements dans l'importance relative des diverses composantes de la dépense et les variations des prix signifie que le dégonfleur ne permet pas d'estimer l'évolution des prix lorsque l'importance relative des divers éléments de la production ou de la dépense change considérablement.

TABLEAU 12

**Les variations du dégonfleur de la DNB dépendent des variations de prix
et des changements dans l'importance relative de la production
ou de la dépense nationale**

Année 1	Valeur nominale (en dollars)	Indice des prix (année 0 = 100)	Valeur réelle (en dollars)	Dégonfleur de la DNB
	(1)	(2)	$(3) = \dfrac{(1)}{(2)} \times 100$	$(4) = \dfrac{(1)}{(3)} = P$
Scénario I	C = 70	106,0	66,04	
	I = 30	104,0	28,85	
	Y = 100		Q = 94,89	105,39
Scénario II	C = 80	106,0	75,47	
	I = 20	104,0	19,23	
	Y = 100		Q = 94,70	105,60

Le tableau 13 indique l'évolution du dégonfleur de la DBN (troisième colonne) et de la DNB canadienne nominale (première colonne) et réelle (deuxième colonne) au cours de la période 1970-1984.

On constate que le dégonfleur a considérablement augmenté entre 1971 (100) et 1984 (299,3). Cette forte progression témoigne de la vigueur des forces inflationnistes et de la mauvaise gestion de l'économie canadienne. Les deux premières colonnes montrent aussi que la hausse de la DNB réelle a été modeste (46,1 milliards de dollars) comparativement à celle de la DNB nominale (326,3 milliards de dollars) au cours de la période 1971-1984.

Variations saisonnières

L'analyse d'une série de données hebdomadaires, mensuelles, trimestrielles soulève le problème des variations saisonnières, c'est-à-dire des variations qui reviennent périodiquement ou à intervalles fixes. Leurs causes sont diverses : les changements de saison (par exemple, la production agricole et la construction fléchissent au cours de

TABLEAU 13

Évolution de l'indice des prix de la DNB et de la DNB nominale et réelle, 1970-1984

Année	DNB nominale (milliards de dollars) (1)	DNB réelle (milliards de dollars) (2)	Dégonfleur de la DNB 1971 = 100 $(3) = \frac{(1)}{(2)} \times 100$
1970	85,7	88,4	96,9
1971	94,5	94,5	100,0
1972	105,2	100,2	105,0
1973	123,6	107,8	114,6
1974	147,5	111,7	132,1
1975	165,3	113,0	146,3
1976	192,0	119,6	160,4
1977	210,0	122,0	172,3
1978	232,2	126,3	183,8
1979	264,3	130,4	202,7
1980	297,5	131,7	225,8
1981	339,8	136,1	249,7
1982	356,6	130,1	274,2
1983	390,3	134,4	290,5
1984	420,8	140,6	299,3

Source: *Revue économique*, Ottawa, Ministère des Finances, avril 1985, p. 70 et 72.

l'hiver canadien), les pratiques commerciales (par exemple, la production de voitures diminue avant l'arrivée des nouveaux modèles), les manifestations culturelles (par exemple, les fêtes nationales), les événements religieux (par exemple, les achats des ménages augmentent considérablement à l'occasion de Noël et de Pâques).

La première colonne du tableau 14 indique les données trimestrielles de la DNB réelle non corrigées des variations saisonnières pour l'année 1982. La somme des quatre montants trimestriels est de 130,2 milliards de dollars. La deuxième colonne présente les « indices saisonniers ». Le fait que le niveau de l'indice saisonnier soit inférieur à l'unité au premier trimestre (0,9433) reflète les effets déprimants des facteurs saisonniers (par exemple, la rigueur du climat hivernal) sur le niveau de l'activité; en l'absence de facteurs saisonniers, le niveau de la production aurait atteint 33,07 milliards de dollars. Les données corrigées des effets des variations saisonnières sont obtenues en divisant les données non corrigées (première colonne) par l'indice saisonnier (deuxième colonne). La dernière colonne du tableau 14 indique les taux annuels de la DNB réelle; chaque taux annuel est obtenu en multipliant par quatre les données trimestrielles corrigées des variations saisonnières (par exemple, au quatrième trimestre, le taux annuel de la DNB atteint 128,44 milliards de dollars = 4 × 32,11 milliards de dollars). Le taux annuel est le niveau qu'atteindrait la production au cours d'une année entière si le niveau constaté de la production au cours d'un certain trimestre se maintenait au cours des trois trimestres suivants. L'élimination des effets des facteurs saisonniers et les taux annuels mettent bien en évidence le déclin continuel de l'activité économique au cours de l'année 1982.

TABLEAU 14

**Facteurs saisonniers et taux annuels
de la DNB réelle au Canada, 1982**

Trimestre	Données non corrigées des variations saisonnières (milliards de dollars) (1)	Indices saisonniers (2)	Données corrigées des variations saisonnières (milliards de dollars) $(3) = \dfrac{(1)}{(2)}$	Taux annuels (milliards de dollars) $(4) = 4 \times (3)$
1	31,2	0,9433	33,07	132,28
2	32,3	0,9899	32,62	130,48
3	34,5	1,0659	32,36	129,44
4	32,2	1,0028	32,11	128,44

Source: *Revue statistique du Canada*, n° 11-003F, juillet 1983 et janvier 1984.

Calcul du taux de changement

Le taux annuel moyen de variation d'un agrégat (par exemple, le taux de croissance de la production ou le taux d'inflation au cours d'une période) peut être calculé à partir de l'équation suivante:

$$V_n = V_0 (1 + r)^n$$

où V_0, V_n et r sont respectivement la valeur initiale de la variable, sa valeur après n années et le taux de variation au cours des n années.

On isole le taux de changement comme suit:

$$\frac{V_n}{V_0} = (1 + r)^n$$

ou

$$\sqrt[n]{\frac{V_n}{V_0}} = (1 + r)$$

et

$$r = \sqrt[n]{\frac{V_n}{V_0}} - 1$$

On constate que le taux de changement du PNB réel était négatif entre 1980 et 1982 (tableau 15):

TABLEAU 15

Évolution de la production réelle au Canada, 1980-1982

Année	PNB réel (milliards de dollars)	Variation (pourcentage)
1980	131,7	
1981	136,1	3,37
1982	130,1	− 4,44

Source: *Revue économique*, Ottawa, Ministère des Finances, avril 1985, p. 72.

$$r = \sqrt{\frac{130,069}{131,675}} - 1 = -0,0061$$

Il était cependant positif entre 1970 et 1982 (tableau 13):

$$r = \sqrt[12]{\frac{130,069}{88,390}} - 1 = 0,0338$$

Entre 1970 et 1982, le taux d'inflation mesuré par le dégonfleur de la DNB était de 9% annuellement:

$$r = \sqrt[12]{\frac{274,2}{96,9}} - 1 = 0,0905$$

tandis que le PNB nominal enregistrait une hausse annuelle moyenne de 12,6%:

$$r = \sqrt[12]{\frac{356,600}{85,685}} - 1 = 0,126$$

Conclusion

Le système d'information macro-économique canadien a essentiellement pour objet de répondre aux besoins d'information de tous les agents (ménages, chercheurs, chefs d'entreprise et gestionnaires de l'économie). Une information adéquate permet de diminuer l'incertitude, d'éclairer les prises de décision et d'améliorer ainsi le fonctionnement de l'appareil économique.

Pour être utile, l'information doit être fréquemment modifiée pour tenir compte des changements de prix et des facteurs saisonniers. C'est le cas lorsqu'on étudie un phénomène dans une perspective à long terme (effets de l'inflation) ou dans une perspective à court terme (effets de l'inflation et des facteurs saisonniers).

Exercices

1. Quelle est la finalité d'un système d'information économique?

2. À quels facteurs peut-on lier l'évolution du système d'information macro-économique canadien?

3. Quelle distinction faites-vous entre les transactions intermédiaires et les transactions finales?

4. Définissez et expliquez le concept de produit national brut (PNB).

5. Quelle distinction faites-vous entre l'investissement et le placement?

6. Quel est l'investissement extérieur dans les Comptes de la Nation?

7. Quelles sont les sources de financement de l'investissement national total?

8. Écrivez les identités indiquant l'égalité entre l'épargne et l'investissement dans une économie:

   a) privée et fermée,
   b) mixte et fermée,
   c) privée et ouverte.

9. Pourquoi le concept de PNB est-il souvent remis en question?

10. Pourquoi est-il souvent important de tenir compte de l'influence des facteurs saisonniers?

11. Quelle distinction faites-vous entre le produit national brut (PNB) et le produit intérieur brut (PIB)?

12. Certains observateurs jugent que l'indice canadien des prix à la consommation tend à surestimer l'inflation. Citez deux raisons.

13. À partir des données suivantes, calculez la valeur de la dépense nationale brute (DNB) et du produit national brut (PNB):

Dépenses personnelles de consommation	108 000
Achats de biens et de services de l'État	38 000
Salaires	106 000
Revenu national net aux coûts des facteurs	144 000
Dividendes payés aux non-résidents	2 000
Formation brute de capital fixe privée et publique	43 100
Importations de biens et de services	50 000
Bénéfices des sociétés avant impôts	19 000
Ajustement de la valeur des stocks	− 2 000

Valeur de la variation physique des stocks	1 500
Intérêts et revenus divers de placements	10 000
Impôts indirects moins subventions	21 000
Revenu agricole net	3 000
Exportations de biens et de services	45 000
Revenu net des entreprises individuelles	10 000
Amortissement	18 000

14. À partir des données suivantes, calculez la valeur de la dépense nationale nette (DNN):

Dépenses personnelles de consommation	280
Investissements bruts	65
Paiements de transfert émanant de l'État	30
Profits des corporations avant impôts	45
Variation des stocks	10
Amortissement	35
Achats de l'État	80
Taxes indirectes	120

15. À partir des données suivantes:

Investissement net privé	25
Revenus de placements et loyers	20
Taxes indirectes	35
Dividendes	10
Impôts sur les profits des corporations	25
Paiements de transfert émanant de l'État	15
Achats de biens et de services des ménages	250
Revenu net des entreprises individuelles	45
Impôts sur le revenu des ménages	35
Achats de biens et de services de l'État	90
Salaires	220
Profits des corporations non répartis aux actionnaires	10
Taxes de sécurité sociale	5
Amortissement	30

calculez la valeur des agrégats suivants:

a) la DNN,
b) la DNB,
c) le PNB,
d) le RNN,
e) le revenu personnel disponible,
f) l'épargne des ménages,

g) l'épargne nette des entreprises,
h) l'épargne nette privée,
i) vérifiez l'identité suivante :

$$E^{int\ (nette)} = I^{int\ (net)} + (G - T)$$

16. À partir des données suivantes :

Amortissement	20
Investissement privé brut	50
Achats de biens et de services des ménages	200
Paiements de transfert émanant de l'État	20
Impôts sur le revenu des particuliers	40
Achats de biens et de services de l'État	75
Impôts sur les profits des corporations	25
Taxes de sécurité sociale	5
Taxes indirectes	10
Profits des corporations non répartis aux actionnaires	15

calculez la valeur des agrégats suivants :

a) le PNB,
b) le montant des taxes nettes (T),
c) le revenu national net,
d) le revenu disponible,
e) l'épargne des ménages,
f) l'épargne brute des entreprises,
g) vérifiez l'identité suivante :

$$E^{int\ (brute)} = I^{int\ (brut)} + (G - T)$$

17. À partir des données suivantes :

Dépenses personnelles de consommation	110
Achats de biens et de services de l'État	40
Dividendes payés aux non-résidents	2
Formation brute de capital fixe privée et publique	44
Importations de biens et de services	50
Bénéfices des sociétés avant impôts	20
Ajustement de la valeur des stocks	− 3
Valeur de la variation physique des stocks	2
Intérêts et revenus divers de placements	10
Impôts indirects moins subventions	21
Revenu agricole net	4
Exportations de biens et de services	48
Revenu net des entreprises individuelles	10
Amortissement	20

calculez la valeur :

a) de la DNB,
b) du RNN,
c) du PNB,
d) de l'erreur résiduelle (er).

18. À partir des données suivantes :

Intérêts et revenus divers de placements	26,3
Achats des ménages	200,0
Investissement brut privé et public	81,7
Achats de l'État	66,2
Exportations de biens et de services	99,0
Revenu net des agriculteurs	4,8
Salaires	186,7
Revenu net des entreprises individuelles et loyers	12,6
Impôts indirects moins les subventions	38,2
Amortissement	35,8
Profits des corporations avant impôts	33,9
Ajustement de la valeur des stocks	− 6,7
Dividendes versés aux non-résidents	4,3
Importations de biens et de services	110,9

calculez la valeur des agrégats suivants :

a) le revenu national net aux coûts des facteurs,
b) le PNB,
c) le PNN,
d) la DNB.

19. À partir des données suivantes :

Impôts sur le revenu des particuliers	38,7
Paiements de transfert reçus par les particuliers	34,8
Impôts sur les profits des corporations	10,3
Revenu national net	205,0
Profits des corporations non répartis aux actionnaires	18,6

calculez le revenu disponible.

20. À partir des données suivantes :

Achats des ménages	150,0
Achats de biens de production des entreprises	59,4
Accumulation des stocks	4,6
Achats de l'État	50,0

Amortissement	30,0
Impôts sur le revenu des particuliers	38,7
Revenu personnel	210,9
Importations de biens et de services	80,0
Exportations de biens et de services	76,0

calculez la valeur des agrégats suivants:

a) le PNB,
b) le PNN,
c) le revenu personnel disponible,
d) l'épargne personnelle.

21. Calculez le niveau de l'indice des prix à la consommation en 1990, l'année 1980 constituant l'année de base ou de référence (1980 = 100). Utilisez d'abord un indice de Laspeyres, puis un indice de Paasche.

Biens	Quantité		Prix	
	1980	1990	1980	1990
A	40	60	2,00	3,00
B	800	1 100	0,20	0,40
C	12	20	10,00	12,00

22. Le salaire hebdomadaire nominal moyen passait de 175,34 $ en 1970 à 380,25 $ en 1978, alors que l'indice des prix atteignait 175,2 (1970 = 100). Quel était le salaire réel en 1978?

23. Comment peut-on expliquer que l'investissement net canadien totalisait − 300 millions de dollars en 1933?

24. La valeur nominale de la production nationale brute passe de 100 $ en 1970 à 280 $ en 1984, alors que l'indice général des prix atteint 160 (1970 = 100). À partir de cette information, quelle proposition parmi les suivantes vous semble acceptable:

a) la valeur réelle de la production a diminué de 75 %,
b) l'indice des prix a progressé de 75 %,
c) la valeur réelle de la production a augmenté plus fortement que la valeur nominale de la production,
d) la valeur réelle de la production a augmenté de 75 %.

25. Le taux de chômage non corrigé des effets des variations saisonnières atteignait 13,77 % en janvier 1983, tandis que le taux de chômage corrigé des effets des

variations saisonnières était de 12,4 % au cours de la même période. Quelle était la valeur de l'indice saisonnier en janvier 1983? Quelle est la signification du niveau atteint par l'indice saisonnier?

26. Les économistes de la Banque Canadienne Impériale de Commerce ont-ils bien prévu l'évolution des agrégats présentés dans le tableau suivant?

Prévisions sur l'économie canadienne
(en milliards de dollars et variations annuelles en pourcentage)

	Valeur nominale			Valeur réelle[1]		
	1989	**1990**	**1991**	**1989**	**1990**	**1991**
Dépenses personnelles de consommation	379,4 (8,3)	404,2 (6,5)	440,8 (9,1)	256,0 (3,3)	260,5 (1,8)	276,5 (2,7)
Investissements privés:						
Construction de logements	47,8 (9,4)	49,5 (3,4)	53,4 (8,0)	31,5 (2,7)	31,1 (−1,3)	31,5 (1,4)
Autres	83,4 (12,8)	88,0 (5,5)	92,2 (4,7)	78,2 (10,1)	79,8 (2,0)	81,2 (1,8)
Achats de l'État	133,7 (7,5)	142,0 (6,2)	152,1 (7,2)	93,1 (2,6)	94,4 (1,4)	95,7 (1,4)
Stocks[2]	3,0	1,9	1,2	2,8	1,3	0,5
Produit intérieur brut	646,6 (7,5)	687,6 (6,3)	746,2 (8,5)	459,3 (2,6)	467,7 (1,9)	478,3 (2,3)
Indice des prix du PIB	140,8 (4,9)	147,0 (4,4)	155,4 (6,1)			
Solde du compte courant	− 18,6	− 15,6	− 11,3			

1. L'année de référence des indices des prix est 1981.
2. Valeur de la variation physique.

Source: *La Conjoncture canadienne, division économique*, Banque Canadienne Impériale de Commerce, 24 janvier 1990.

Bibliographie

CARLSON, K.M., « Do Price Indexes Tell us About Inflation? A Review of the Issues », *Review*, Federal Reserve Bank of St. Louis, vol. 71, n° 6, novembre-décembre 1989.

MASS, M., édit., « The Measurement of Economic and Social Performance », *Studies in Income and Wealth*, n° 38, National Bureau of Economic Research, 1973.

MCNEES, S.K., « Estimating GNP: The Trade-Off Between Timelines and Accuracy », *New-England Economic Review*, Federal Reserve Bank of Boston, janvier-février 1986.

STEWART, K., « National Income Accounting and Economic Welfare: The Concepts of GNP and MEW », *Review*, Federal Reserve Bank of St-Louis, vol. 56, n° 4, avril 1974.

CHAPITRE III

EXERCICES DE MODÉLISATION ET QUELQUES CONCEPTS CLÉS DE LA MACRO-ÉCONOMIE

Même si les agents économiques disposaient d'un système d'information complet, cohérent et fiable, ils ne pourraient prendre des décisions éclairées en l'absence de modèles (ou du moins de schémas conceptuels) capables de relier et d'expliquer les faits et d'en prévoir l'évolution. C'est le rôle de la macro-économie d'analyser les relations de cause à effet susceptibles de permettre aux agents *d'interpréter l'information*.

Dans la première section de ce chapitre, nous exposerons les hypothèses d'un modèle économique fort simple. Dans les deux sections suivantes, nous étudierons les concepts d'équilibre macro-économique et de multiplicateur. Dans les deux dernières sections, nous présenterons la notion d'équilibre macro-économique, d'abord dans le contexte d'une économie mixte, puis dans celui d'une économie ouverte.

Section 1

Les hypothèses d'un modèle d'économie privée et fermée

Le premier modèle que nous présenterons se situe dans le contexte d'une économie privée et fermée. Il sous-tendra l'exposé des concepts d'équilibre macro-économique et de multiplicateur. Il constituera également notre scénario de référence dans les deux dernières sections, lorsque nous l'élargirons afin d'explorer les conséquences économiques des interventions de l'État et des échanges commerciaux internationaux. Ce schéma repose sur les sept hypothèses qui suivent.

Hypothèse I

Nous supposerons, en premier lieu, que le niveau général des prix (P) est stable et atteint l'unité (P = $\overline{P}$ = 1), de sorte que la valeur nominale de la production (Y) est égale à sa valeur réelle (Q):

$$Y = PQ = Q \tag{1}$$

La stabilité du niveau général des prix implique que l'appareil économique est très déprimé et le chômage très élevé, de sorte que la production peut augmenter sans provoquer de hausses des coûts et des prix.

Hypothèse II

Nous supposerons, en second lieu, que l'État ne joue aucun rôle dans l'économie: il n'achète pas de biens ou de services ($G_p = 0$); il n'effectue aucun paiement de transfert ($TR_p = 0$); il n'impose pas les agents ($T_p = 0$):

$$G_p = TR_p = T_p = 0 \tag{2}$$

En l'absence d'impôts sur le revenu, le revenu disponible des ménages est égal au revenu national (donc $Q_D = Q$).

Hypothèse III

Nous admettrons, en troisième lieu, que les résidents n'ont pas de relations commerciales avec le reste du monde:

$$X_p = Z_p = 0 \tag{3}$$

Hypothèse IV

Nous supposerons, en quatrième lieu, que les entreprises ne sont pas incorporées, de sorte que tous les profits sont versés aux ménages (il n'y a pas de profits non répartis) et que ces derniers prennent toutes les décisions en matière d'épargne.

Hypothèse V

Nous supposerons, en cinquième lieu, que la dépense d'investissement (construction d'usines, achats de machines, accumulation des stocks, etc.) est déterminée hors du modèle:

$$I_p = \overline{I} \tag{4}$$

soit:

$$= 20$$

La droite tracée parallèlement à l'axe des abscisses (graphique 1) montre que le niveau des investissements est invariable, quel que soit le niveau de la production.

GRAPHIQUE 1

**Absence de lien entre la dépense
d'investissement et le niveau de la production**

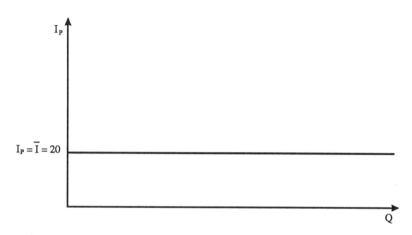

Hypothèse VI

Nous supposerons, en sixième lieu, que les dépenses personnelles de consommation dépendent uniquement du revenu disponible des ménages :

$$C_p = \overline{C} + cQ \tag{5}$$

soit :

$$= 10 + 0,8Q$$

où

$\overline{C}$ est un montant indépendant du revenu disponible et déterminé hors du modèle,

c est la propension marginale à consommer, c'est-à-dire la pente de la droite représentative de la fonction de consommation (équation (5)),

cQ est la dépense dite « induite » des ménages, car elle dépend du revenu disponible.

La partie A du graphique 2 illustre la droite représentative de la fonction de consommation ; les valeurs du revenu disponible sont portées en abscisses, tandis que les valeurs des dépenses personnelles de consommation sont portées en ordonnées. La valeur des dépenses des ménages est égale à la distance (mesurée perpendiculairement à l'axe des abscisses) séparant la droite de consommation C_p de l'axe des abscisses. La valeur de l'épargne des ménages est égale à la distance (mesurée perpendiculairement à l'axe des abscisses) séparant la bissectrice de la droite de consommation.

Le point de rencontre (V) de la fonction de consommation et de la bissectrice constitue un seuil critique car l'épargne est nulle en ce point; l'épargne est négative à gauche de ce point, puisque tous les points de la bissectrice sont moins élevés que les points correspondants de la fonction de consommation; à droite de ce point, les ménages épargnent puisque la bissectrice est plus élevée que la droite de consommation. La partie B du graphique 2 illustre la droite représentative de la fonction d'épargne (E_p). On constate que le point V' correspond au point V dans la partie A (les ménages n'épargnent pas lorsque leur revenu est de 50 $).

Une parenthèse

Dans le contexte d'une économie *privée* et fermée, la valeur de la production nationale nette (PNN = Y = Q) est égale au revenu disponible des ménages (Q_D). Cette égalité est mise en évidence comme suit:

– l'identité suivante indique d'abord que le PNB est la somme des dépenses des ménages et des investissements bruts:

$$PNB = Y = C + I^{bruts}$$

– l'identité suivante révèle que le PNN, c'est-à-dire le PNB moins l'amortissement, est la somme des dépenses des ménages et des investissements nets:

$$PNN = C + I^{nets}$$

– l'identité suivante révèle que le PNN est égal au revenu national (RN) en l'absence de taxes indirectes:

$$PNN - \text{taxes indirectes} (= 0) = RN$$

– l'identité suivante montre que le RN est égal au revenu personnel disponible en l'absence d'impôts sur le revenu des ménages:

$$RN - \text{impôts sur le revenu personnel} (= 0) = Q_D$$

Il s'ensuit donc que l'égalité suivante est vérifiée dans le contexte du présent modèle:

$$Y = Q = PNN = RN = Q_D = Q$$

Hypothèse VII

Nous admettrons, en septième lieu, que l'épargne des ménages dépend de leur revenu disponible et de leurs dépenses:

$$E_p = Q_D - C_p \tag{6}$$

GRAPHIQUE 2

Les fonctions de consommation et d'épargne

(A)
La fonction de consommation

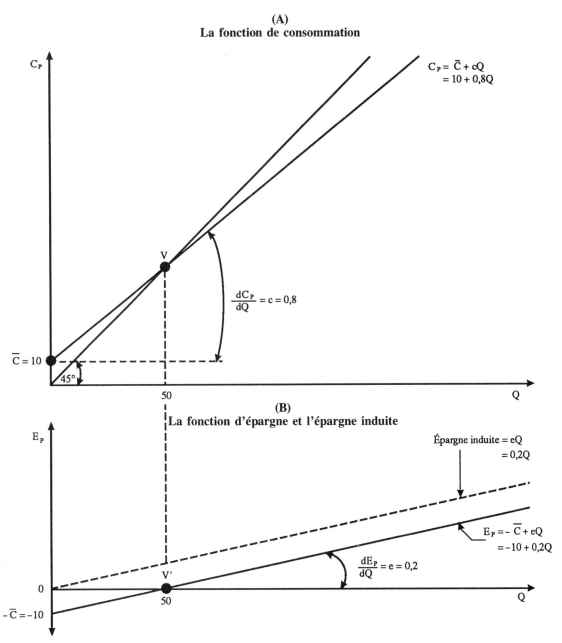

$C_P = \overline{C} + cQ$
$= 10 + 0,8Q$

$\frac{dC_P}{dQ} = c = 0,8$

$\overline{C} = 10$

45°

50

Q

(B)
La fonction d'épargne et l'épargne induite

Épargne induite $= eQ$
$= 0,2Q$

$E_P = -\overline{C} + eQ$
$= -10 + 0,2Q$

$\frac{dE_P}{dQ} = e = 0,2$

V'

50

Q

$-\overline{C} = -10$

qui devient, par substitution:

$$E_p = Q_D - (\overline{C} + cQ_D)$$
$$= -\overline{C} + (1 - c)Q_D$$

soit:

$$= -10 + (1 - 0,8)Q_D$$
$$= -10 + 0,2Q_D$$

Le coefficient $(1 - c)$ est la propension marginale à épargner ou la pente de la droite représentative de la fonction d'épargne illustrée dans la partie B du graphique 2. Le premier terme du membre droit est un montant d'épargne négatif[1], tandis que le deuxième terme est l'épargne induite dont l'ampleur dépend du revenu disponible. On constate que l'épargne totale est négative lorsque la production nationale est inférieure à 50 \$, tandis que l'épargne induite est toujours positive (sauf, bien entendu, au point où la droite de l'épargne induite croise l'axe des ordonnées).

Pour démontrer que la somme des propensions marginales à épargner et à consommer est égale à l'unité et que, par conséquent, la propension marginale à épargner (e) est égale à 1 moins la propension marginale à consommer (c), constatons d'abord qu'une variation du revenu disponible (ΔQ_D) donnera naissance à une variation des dépenses personnelles de consommation (ΔC_p) et à une variation de l'épargne des ménages (ΔE_p):

$$\Delta Q_D = \Delta C_p + \Delta E_p$$

En divisant chaque terme de l'équation ci-dessus par ΔQ_D, on constate que la somme des propensions marginales à consommer et à épargner est égale à l'unité:

$$\frac{\Delta Q_D}{\Delta Q_D} = \frac{\Delta C_p}{\Delta Q_D} + \frac{\Delta E_p}{\Delta Q_D}$$

ou

$$1 = c + e$$

Une parenthèse

Ultérieurement, nous ferons appel au concept de propension *moyenne* à consommer (c'), c'est-à-dire le rapport entre le niveau des dépenses des ménages et le niveau de leur revenu disponible au cours de la même période ou, en d'autres termes, la fraction du revenu disponible affectée aux dépenses personnelles de consommation.

---

1. Ce montant est indépendant du revenu disponible et (dans ce modèle) du niveau de l'activité économique générale. Cette épargne négative, qui est assimilable à un prélèvement sur l'épargne antérieurement accumulée, apparaît lorsque le revenu disponible est nul.

La propension moyenne à consommer diffère donc de la propension marginale à consommer, puisque cette dernière est le rapport entre la variation des dépenses personnelles de consommation et la variation du revenu disponible ($\Delta C_p / \Delta Q_D = c$).

Lorsque la fonction de consommation est de la forme $C_p = \overline{C} + cQ_D$, la propension moyenne à consommer (c') est toujours plus élevée que la propension marginale à consommer (c):

$$c' = \frac{C_p}{Q_D}$$

qui devient, par substitution:

$$c' = \frac{\overline{C} + cQ_D}{Q_D}$$

$$= \frac{\overline{C}}{Q_D} + c$$

Les colonnes 2 et 9 du tableau 1 montrent que l'écart entre ces deux propensions diminue lorsque le revenu augmente.

La propension *marginale* à épargner (e) diffère également de la propension moyenne à épargner (e'): la première est le rapport entre la variation de l'épargne et celle du revenu disponible ($\Delta E_p / \Delta Q_D = e$), tandis que la seconde est la fraction du revenu disponible consacrée à l'épargne:

$$e' = \frac{E_p}{Q_D}$$

qui devient, par substitution:

$$e' = \frac{-\overline{C} + eQ_D}{Q_D}$$

$$= \frac{-\overline{C}}{Q_D} + e$$

Lorsque la fonction d'épargne est de la forme $E_p = -\overline{C} + eQ_D$, la propension moyenne à épargner (e') est inférieure à la propension marginale à épargner (e). Les colonnes 6 et 10 du tableau 1 montrent que la différence entre ces deux propensions diminue lorsque le revenu disponible augmente.

TABLEAU 1

Les propensions marginale et moyenne à consommer et à épargner

Revenu hypothétique	Propension marginale à consommer	Dépenses personnelles de consommation			Propension marginale à épargner	Épargne induite	Épargne totale	Propension moyenne	
		induites	indépendantes du revenu	totales				à consommer	à épargner
Q_D	c	cQ_D	$\overline{C}$	$\overline{C} + cQ_D$	e	eQ_D	$E_p = -\overline{C} + eQ_D$	$c' = C_p/Q_D$	$e' = E_p/Q_D$
(1)	(2)	(3)	(4)	(5)	(6)	(7)	(8)	(9)	(10)
0	0,80	0	10	10	0,20	0	− 10	∞	− ∞
20	0,80	16	10	26	0,20	4	− 6	1,3	− 0,3
50	0,80	40	10	50	0,20	10	0	1,0	0,0
80	0,80	64	10	74	0,20	16	6	0,925	0,075
100	0,80	80	10	90	0,20	20	10	0,90	0,1
120	0,80	96	10	106	0,20	24	14	0,8833	0,1166

Section 2

La notion d'équilibre macro-économique dans une économie privée et fermée

L'appareil de production est, par définition, en situation d'équilibre lorsque les valeurs des variables ne changent plus. Dans le contexte d'une économie privée et fermée, ceci signifie que la production nationale est stable lorsque les dépenses souhaitées par tous les agents (Q_p) sont égales à la valeur de la production constatée (Q) ou, en d'autres termes, lorsque l'épargne désirée par les ménages (E_p) est égale aux investissements projetés par les chefs d'entreprise (I_p). Nous expliciterons maintenant cette définition de la condition d'équilibre.

Égalité de la dépense projetée et de la production constatée

L'équation suivante indique l'égalité de la dépense projetée (Q_p) et de la production constatée (Q):

$$Q = Q_p \tag{7}$$

qui devient, par substitution:

$$Q = C_p + I_p$$

qui devient, par substitution:

$$Q = \overline{C} + cQ + \overline{I}$$

Compte tenu des hypothèses présentées dans la section 1 et de la définition précédente (équation (7)), nous considérerons donc que la condition d'équilibre de la production (ou de l'appareil économique) devient, par définition:

$$Q^* = \frac{\overline{C} + \overline{I}}{1 - c}$$

soit:

$$= \frac{10 + 20}{1 - 0{,}8}$$

$$= 150$$

La partie A du graphique 3 révèle que le niveau d'équilibre de la production atteint 150$ au point A, où se croisent la bissectrice et la droite représentative de la dépense totale projetée ($Q_p = C_p + I_p = 30 + 0{,}8Q$).

Égalité de l'épargne et de l'investissement projetés

L'équation suivante indique l'égalité de l'épargne projetée et de l'investissement projeté :

$$E_p = I_p$$

qui devient, par substitution :

$$- \overline{C} + eQ = \overline{I}$$

et

$$Q^* = \frac{\overline{C} + \overline{I}}{e}$$

soit :

$$= \frac{10 + 20}{0,2}$$

$$= 150$$

La partie B du graphique 3 montre que l'épargne et l'investissement projetés sont égaux (20) au point A', où la droite représentative de la fonction d'épargne croise la droite de l'investissement. On constate que le niveau de la production compatible avec l'égalité de l'épargne projetée et de l'investissement projeté est de 150 $.

Équilibre et déséquilibre

Si l'appareil économique est en situation d'équilibre au point A (ou A'), la situation est tout autre au point B (ou B') et au point C (ou C'), comme le révèlent le graphique 3 et les tableaux 2 et 3.

Accumulation involontaire des stocks au point B ou B'

La partie A du graphique 3 révèle que les stocks s'accumulent au point B, car la production (Q = 160) est supérieure à la dépense totale projetée (Q_p = 158). La partie B révèle que l'épargne projetée (I_p = 22) est alors plus élevée au point B' que l'investissement projeté (I_p = 20), de sorte que les stocks augmentent involontairement de 2 $ (I_{np} = 2) :

$$I = I_p + I_{np}$$

soit :

$$= 20 + 2$$

$$= 22$$

L'accroissement indésiré des stocks incite les chefs d'entreprise à réduire la production.

GRAPHIQUE 3

**Le niveau d'équilibre de la production
dans le contexte d'une économie privée et fermée**

(A)

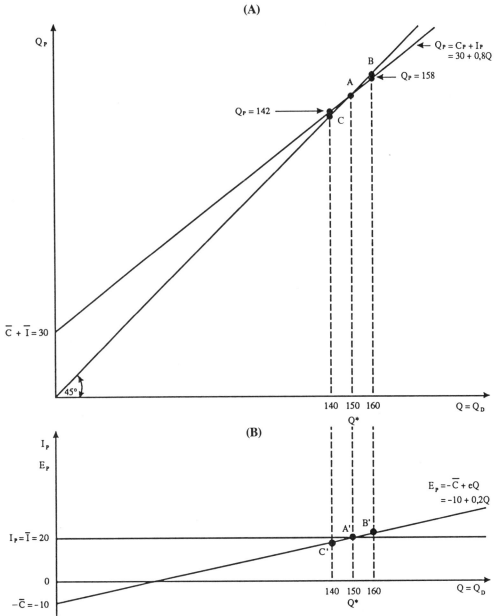

Liquidation involontaire des stocks au point C ou C′

La partie A du graphique 3 montre que les stocks diminuent au point C, car la production est alors inférieure (Q = 140) à la dépense projetée (Q_p = 142). La partie B du graphique révèle que l'épargne projetée au point C′ (E_p = 18) est plus faible que l'investissement souhaité (I_p = 20), de sorte que les stocks régressent involontairement de 2 $ (I_{np} = − 2):

$$I = I_p + I_{np}$$

soit:

$$= 20 - 2$$

$$= 18$$

La liquidation involontaire des stocks incite les chefs d'entreprise à augmenter leur production afin de les reconstituer.

Le tableau 2 présente les trois scénarios précédents (A ou A′, B ou B′, C ou C′). Les colonnes 3 et 6 mettent en évidence le fait que les déséquilibres en B et B′ ou en C et C′ résultent des incompatibilités entre le comportement des ménages en matière d'épargne et celui des chefs d'entreprise en matière d'investissement. Le tableau 3 confirme que l'appareil économique est toujours en situation d'équilibre sur le plan comptable, quel que soit le scénario envisagé: l'épargne constatée (E, deuxième colonne) est toujours égale à l'investissement constaté (I, dernière colonne).

TABLEAU 2

Équilibre et déséquilibre

Scénario	(1) Q	=	(2) C_p	+	(3) E_p	$\gtreqless$	(4) Q_p	=	(5) C_p	+	(6) I_p
A ou A′	150	=	130	+	20	=	150	=	130	+	20
B ou B′	160	=	138	+	22	>	158	=	138	+	20
C ou C′	140	=	122	+	18	<	142	=	122	+	20

TABLEAU 3

Les faits dans l'optique du comptable

Scénario	(1) C	+	(2) E	=	(3) Q	=	(4) C	+	(5) I
A ou A′	130	+	20	=	150	=	130	+	20
B ou B′	138	+	22	=	160	=	138	+	22
C ou C′	122	+	18	=	140	=	122	+	18

Le tableau 4 montre que la somme des investissements projetés et non projetés (colonnes 1 et 2) est égale à l'investissement constaté (dernière colonne).

TABLEAU 4

Investissement projeté, non projeté et constaté

Scénario	(1) I_p	+	(2) I_{np}	=	(3) I
A ou A'	20	+	0	=	20
B ou B'	20	+	2	=	22
C ou C'	20	−	2	=	18

Section 3

Le multiplicateur

L'équation suivante, $Q^* = (\overline{C} + \overline{I})/e$, montre que le niveau d'équilibre de la production dépend des dépenses indépendantes des agents $(\overline{C} + \overline{I})$ et du ratio $1/1-c = 1/e$. Ce ratio est le multiplicateur (m), c'est-à-dire le nombre par lequel les éléments exogènes de la dépense sont « multipliés » afin de déterminer le niveau de l'activité économique en situation d'équilibre.

Le multiplicateur d'une variable exogène est obtenu en calculant la dérivée première de l'équation ci-dessus; il indique donc l'impact sur la production d'une très faible variation, positive ou négative, d'un élément de la dépense indépendante:

$$m^{\overline{C}} = \frac{dQ}{d\overline{C}}$$

$$= \frac{1}{e}$$

et

$$m^{\overline{I}} = \frac{dQ}{d\overline{I}}$$

$$= \frac{1}{e}$$

L'illustration du tableau 5, qui présente le fonctionnement du multiplicateur, s'appuie sur les quatre hypothèses suivantes :

– la propension marginale à épargner est de 0,2,

– la dépense d'investissement indépendante augmente de 10 \$ au cours de la période 1 ($\Delta I_p = \Delta \bar{I} = \bar{I}_1 - \bar{I}_0 = 10$) et le nouveau montant des investissements projetés ($I_1 = I_0 + \Delta \bar{I} = 20 + 10 = 30$) se maintient ultérieurement,

– la production constatée (Q) au cours d'une période (par exemple, un mois ou un trimestre) est égale à la dépense totale projetée (Q_p) au cours de la période précédente ($Q_0 = Q_{p-1}$; $Q_1 = Q_{p0}$; $Q_2 = Q_{p1}$; ...),

– l'appareil économique est initialement (période 0) en situation d'équilibre (tableau 5), alors que la production constatée est égale à la dépense projetée par les agents ($Q_0^* = 150$ au point A ou A' dans le graphique 4).

La période 1 est marquée par une vague d'optimisme qui se traduit par une hausse des « intentions » d'investir ($\Delta I_p = 10$) sous forme de machines additionnelles, donc par un prélèvement sur les stocks de machines, puisque la production courante ($Q_0 = Q_1 = 150$) est inférieure à la dépense totale projetée ($Q_{p1} = 160$). La liquidation consécutive et involontaire des stocks incite les chefs d'entreprise à hausser leur production afin de reconstituer leurs stocks au cours des périodes suivantes.

Au cours de la période 2, la production passe de 150 à 160\$, tandis que les dépenses des ménages augmentent de 8\$ ($\Delta C_{p2} = c\Delta Q_2 = 0,80 \times 10$), de sorte que la part de la production additionnelle (10) qui n'est pas achetée par les particuliers (2) permet de reconstituer partiellement les stocks (l'investissement constaté passe ainsi de 20 à 22\$).

TABLEAU 5

**Le concept du multiplicateur dans le contexte
d'une économie privée et fermée**

Période	C_p	+	I_p	+	ΔC_p	+	ΔI_p	=	Q_p	$\geq$	Q	=	Q	$+\Delta Q$	I_p	$\geq$	I
0	130	+	20	+	0,0	+	0	=	150,0	=	150,0	=	150	+ 0,0	20	=	20,0
1	130	+	20	+	0,0	+	10	=	160,0	>	150,0	=	150	+ 0,0	30	>	20,0
2	130	+	20	+	8,0	+	10	=	168,0	>	160,0	=	150	+10,0	30	>	22,0
3	130	+	20	+	14,4	+	10	=	174,4	>	168,0	=	150	+18,0	30	>	23,6
4	130	+	20	+	19,52	+	10	=	179,52	>	174,4	=	150	+24,4	30	>	24,88
5	130	+	20	+	23,616	+	10	=	183,616	>	179,52	=	150	+29,52	30	>	25,904
...																	
n	130	+	20	+	40,0	+	10	=	200,0	=	200,0	=	150	+50,0	30	=	30,0

GRAPHIQUE 4

Le multiplicateur et ses conséquences

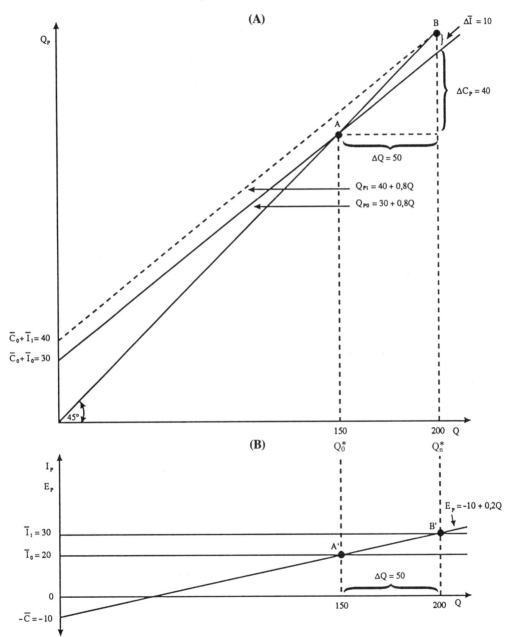

Au cours de la période 3, la production augmente de 18 $ par rapport à la période initiale ; cette hausse résulte de l'accroissement, au cours de la période 2, des dépenses des particuliers (8) et des entreprises (10). Les dépenses des particuliers atteignent alors 144,40 $, soit une augmentation de 14,40 $ par rapport à la période initiale (cet accroissement reflète une première hausse de 8 $ au cours de la période 2, et une deuxième augmentation de 6,40 $ au cours de la période 3). La hausse additionnelle de 8 $ de la production au cours de la période 3 permet une reconstitution supplémentaire et partielle des stocks de 1,60 $ (= 8 − 6,40), de sorte que l'écart entre l'investissement projeté (I_p = 30) et l'investissement constaté (I = 23,60) diminue de nouveau.

Au cours de la période 4 et des périodes suivantes, on constate que les augmentations successives de la production (10, 8, 6,4, 5,12,...) et des dépenses personnelles de consommation (8, 6,4, 5,12, 4,096,...) sont de plus en plus faibles, et que l'écart entre les investissements projetés et constatés diminue progressivement. Au cours de la période n, l'appareil économique est de nouveau en situation d'équilibre, alors que la production constatée et la dépense totale projetée atteignent un niveau plus élevé (Q^* = Q_p = 200) et que l'épargne projetée est égale à l'investissement projeté (E_p = I_p = 30). La dernière ligne du tableau 5 révèle que l'accroissement ultime de la production (ΔQ = 50) est égal à la somme des dépenses additionnelles des ménages (ΔC_p = 40) et de la hausse des investissements projetés (ΔI_p = 10).

L'illustration précédente démontre donc qu'un changement dans une variable exogène donne naissance à une augmentation « disproportionnée » de la production à cause des effets secondaires qu'il engendre, c'est-à-dire des hausses successives et décroissantes des dépenses des ménages.

Dans la situation initiale d'équilibre, la production atteignait 150 $ alors que l'investissement était de 20 $:

$$Q_0^* = \frac{\overline{C}_0 + \overline{I}_0}{e}$$

soit :

$$= \frac{10 + 20}{0,2}$$

$$= 150$$

Dans la nouvelle situation d'équilibre, la production atteint 200 $:

$$Q_n^* = \frac{\overline{C}_0 + \overline{I}_1}{e}$$

soit :

$$= \frac{10 + 30}{0,2}$$

$$= 200$$

L'accroissement ultime de la production atteint donc 50$:

$$\Delta Q = Q_n^* - Q_0^*$$

$$= \frac{\overline{C}_0 + \overline{I}_1}{e} - \frac{\overline{C}_0 + \overline{I}_0}{e}$$

$$= \frac{\overline{I}_1 - \overline{I}_0}{e}$$

soit:

$$= \frac{30 - 20}{0,2}$$

$$= 50$$

et constitue un multiple ($m^{\overline{I}} = 1/0,2 = 5$) de la perturbation initiale ($\Delta\overline{I} = 10$). La partie A du graphique 4 montre que la droite représentative de la dépense totale majorée (Q_{p1}) croise désormais la bissectrice en un point plus élevé (B). La partie B du graphique 4 montre que la nouvelle droite de la dépense d'investissement (I_1) croise la droite représentative de la fonction d'épargne au point B'.

Expression mathématique du multiplicateur

L'accroissement ultime de la production ($\Delta Q = 50$) est égal à la somme des n premiers termes de la progression géométrique[2] suivante:

$$\Delta Q = \Delta I_p + c\Delta I_p + c^2\Delta I_p + \ldots + c^n\Delta I_p + \ldots$$

Cette somme est:

$$\Delta Q = \Delta I_p \frac{1 - c^n}{1 - c}$$

Étant donné que la raison de cette progression est, par hypothèse, une fraction positive ($1 > c > 0$), il s'ensuit que le numérateur de l'équation ci-dessus est proche de l'unité (c^n est négligeable lorsqu'un horizon éloigné est pris en compte) et que la somme de l'ensemble des termes de la progression a pour limite:

$$\Delta Q = \Delta I_p \frac{1}{1 - c}$$

---

2. Une progression géométrique est une suite de nombres dans laquelle le quotient de chaque terme par le précédent est une quantité constante, appelée raison.

soit:

$$= 10 \times \frac{1}{1 - 0,8}$$

$$= 50$$

Section 4

Un modèle d'économie mixte et fermée

Dans une économie mixte et fermée, trois groupes d'agents doivent être distingués: les ménages, les chefs d'entreprise et l'État. La valeur de la production dans l'optique de la dépense est définie par l'identité suivante:

$$Q = C + I + G$$

tandis qu'elle est indiquée par l'identité suivante dans l'optique des revenus:

$$Q = C + E + T$$

Étant donné que les deux équations précédentes définissent la valeur de la production, on peut donc écrire:

$$I + G = E + T$$

ou

$$I = E + (T - G)$$

Cette dernière équation montre que l'investissement constaté est égal à l'épargne émanant du secteur privé (E) et du secteur public (T − G).

Dans le contexte d'une économie mixte, le revenu national diffère du revenu disponible des ménages ($Q_D = Q - T$) à cause des recettes fiscales nettes (T = taxes − paiements de transfert).

L'État influence le niveau de l'activité économique par ses achats, ses paiements de transfert et ses prélèvements d'impôts.

L'État achète des biens et des services

Compte tenu des hypothèses présentées dans la section 1 et de la définition de la condition d'équilibre (équation (7)), nous considérerons donc que la condition d'équilibre de l'appareil économique devient, par définition, dans le contexte actuel:

$$Q^* = \frac{\overline{C} + \overline{I} + \overline{G}}{1 - c}$$

Les conséquences des achats de l'État ($\Delta G_p = \overline{G} = 10$) sont illustrées dans le graphique 5. Par rapport au niveau initial ($Q_0^* = 150$ au point A), l'essor de la production est de 50 \$ ($\Delta Q = Q_1^* - Q_0^* = 200 - 150 = 50$). Cet accroissement résulte de la perturbation initiale ($\Delta\overline{G} = 10$) et du multiplicateur des achats de l'État ($m^{\overline{G}} = 1/1 - c = 1/1 - 0,8 = 5$):

$$\Delta Q = m^{\overline{G}} \cdot \Delta\overline{G}$$

soit:

$$= 5 \times 10$$

$$= 50$$

La partie B du graphique 5 révèle (point B') que l'épargne privée des particuliers ($E_p = 30$) permet de financer l'investissement projeté ($I_p = \overline{I} = 20$) et le déficit budgétaire de l'État ($T - G = 0 - 10 = -10$):

$$I = E + (T - G)$$

soit:

$$20 = 30 + (0 - 10)$$

$$20 = 20$$

L'État effectue des paiements de transfert

Lorsque l'État effectue uniquement des paiements de transfert, le revenu disponible est égal au revenu national majoré des paiements de transfert ($Q_D = Q - T = Q - (T_p - \overline{TR}) = Q - (0 - \overline{TR}) = Q + \overline{TR}$) et la condition d'équilibre de l'appareil économique devient, par définition:

$$Q^* = \frac{\overline{C} + c\overline{TR} + \overline{I}}{1 - c}$$

Les paiements de transfert ($\Delta TR_p = \overline{TR} = 10$) stimulent la production, ce qui explique le passage du point A au point B dans le graphique 6:

$$\Delta Q = m^{\overline{TR}} \cdot \overline{TR}$$

soit:

$$= 4 \times 10$$

$$= 40$$

GRAPHIQUE 5

Incidence des achats de l'État
$$\Delta G_p = \overline{G} = 10$$

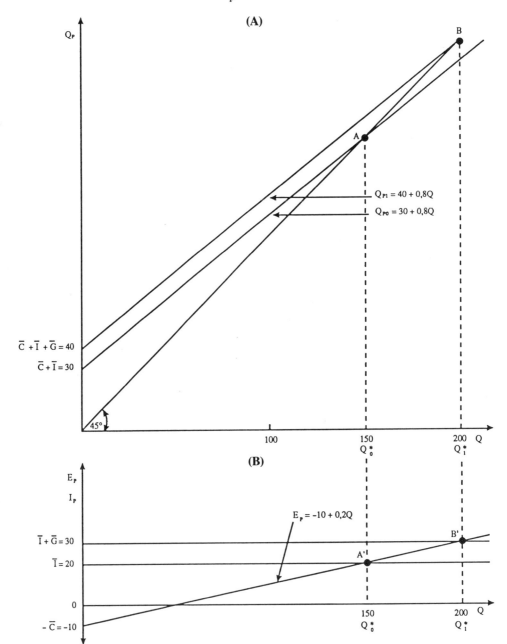

GRAPHIQUE 6

Incidence d'un paiement de transfert
$$\Delta TR_p = \overline{TR} = 10$$

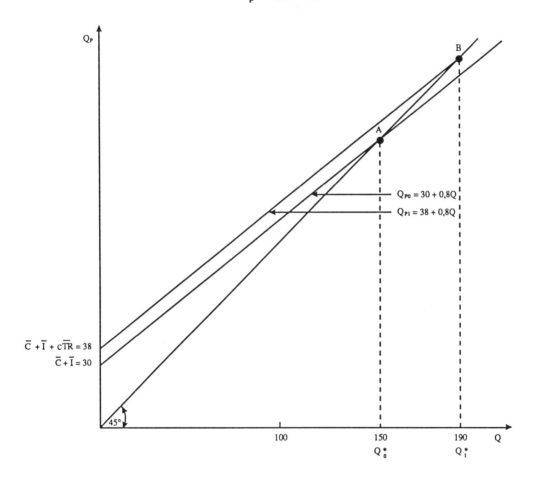

On constate que le multiplicateur des paiements de transfert ($m^{\overline{TR}}$) est inférieur à celui des achats de l'État ($m^{\overline{G}}$):

$$m^{\overline{TR}} < m^{\overline{G}}$$

$$\frac{c}{1-c} < \frac{1}{1-c}$$

soit:

$$\frac{0,8}{1-0,8} < \frac{1}{1-0,8}$$

$$4 < 5$$

Le déficit budgétaire de l'État atteint 10\$:

déficit = T − G

soit:

$$= -10 - 0$$

$$= -10$$

et est financé par des emprunts contractés auprès des particuliers qui projettent d'épargner 30\$:

$$E_{p1} = -\overline{C} + e(Q^* + \overline{TR})$$

soit:

$$= -10 + 0,2(Q^* + 10)$$

$$= -8 + 0,2\,Q^*$$

$$= -8 + (0,2 \times 190)$$

$$= 30$$

L'épargne résiduelle des particuliers est donc affectée au financement des investissements (I = 20):

$$E = I + (G - T)$$

soit:

$$30 = 20 + (0 + 10)$$

$$30 = 30$$

L'État effectue un prélèvement fiscal

Les recettes fiscales de l'État peuvent être indépendantes de l'activité économique ($T_p = \overline{T}$) ou varier avec cette dernière $T_p = \tau Q$ (τ est la propension marginale à taxer ou la pente de la droite représentative de la fonction de taxation). Les rentrées d'impôts peuvent également résulter d'un élément exogène et d'un élément variable ($T_p = \overline{T} + \tau Q$).

Incidence d'un impôt fixe

Lorsque l'État prélève uniquement un montant d'impôt déterminé d'une façon exogène ($T = T_p - TR_p = T_p - 0 = \overline{T}$), la condition d'équilibre de l'appareil économique devient, par définition:

$$Q^* = \frac{\overline{C} - c\overline{T} + \overline{I}}{1 - c}$$

Le graphique 7 révèle qu'un montant fixe d'impôt de 10\$ provoque un recul de la production de 40\$:

$$\Delta Q = m^{\overline{T}} \cdot \Delta \overline{T}$$

soit:

$$= -4 \times 10$$

$$= -40$$

GRAPHIQUE 7

Incidence d'un montant fixe d'impôt
$\Delta T_p = \overline{T} = 10$

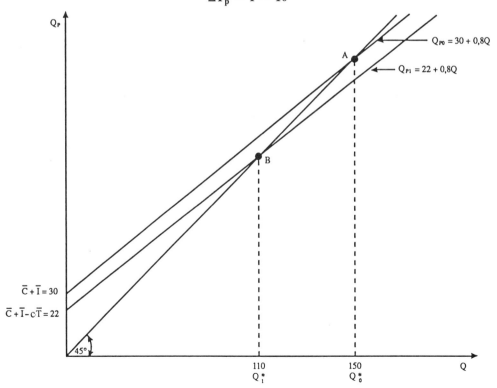

Le surplus budgétaire de l'État (T − G = 10 − 0 = 10) contribue au financement des investissements privés (I = 20):

$$I = E + (T - G)$$
$$= - \overline{C} + e(Q^* - \overline{T}) + (T - G)$$

soit:

$$= - 10 + 0{,}2(110 - 10) + (10 - 0)$$
$$= 10 + 10$$
$$= 20$$

Incidences d'un impôt proportionnel

Lorsque les impôts varient avec le niveau de l'activité économique ($T = T_p - TR_p = \tau Q$), la condition d'équilibre de l'appareil de production devient, par définition:

$$Q^* = \frac{\overline{C} + \overline{I}}{e + c\tau}$$

Le graphique 8 montre qu'un taux proportionnel d'imposition de 0,25 provoque un repli de l'activité économique de 75\$:

$$\Delta Q = Q_1^* - Q_0^*$$
$$= \frac{\overline{C} + \overline{I}}{e + c\tau} - \frac{\overline{C} + \overline{I}}{e}$$
$$= \frac{10 + 20}{0{,}2 + (0{,}8 \times 0{,}25)} - \frac{10 + 20}{0{,}2}$$
$$= 75 - 150$$
$$= - 75$$

Le financement de l'investissement ($\overline{I} = 20$) est assuré par le surplus budgétaire (18,75) et l'épargne des particuliers (1,25):

$$I = E + (T - G)$$
$$= - \overline{C} + eQ_D + (\tau Q - 0)$$
$$= - \overline{C} + e(Q - T) + \tau Q$$
$$= - \overline{C} + e(Q - \tau Q) + \tau Q$$
$$= - \overline{C} + eQ^* - e\tau Q^* + \tau Q^*$$

soit:

$$= 1,25 + 18,75$$

$$= 20$$

Incidences des achats de l'État et des impôts

Lorsque l'État achète des biens et des services ($G_p = \overline{G} = 20$) et prélève des impôts ($T_p = \overline{T} + \tau Q = 10 + 0,25Q$), la condition d'équilibre de l'appareil économique devient, par définition:

$$Q^* = \frac{\overline{C} - c\overline{T} + \overline{I} + \overline{G}}{e + c\tau}$$

GRAPHIQUE 8

Incidence d'un montant d'impôt variable
$$\Delta T_p = \tau Q = 0,25Q$$

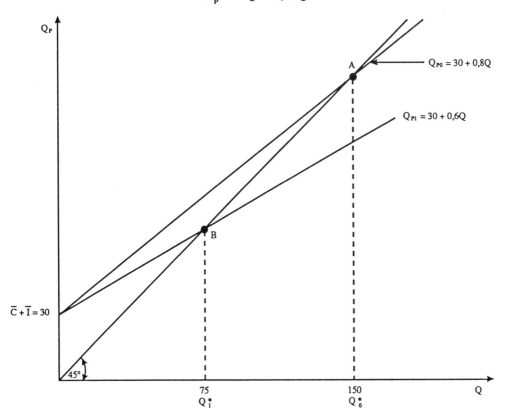

Le graphique 9 révèle que les impôts et les achats de l'État se traduisent par un recul de la production de 45 $:

$$\Delta Q = Q_1^* - Q_0^*$$

$$= \frac{\overline{C} - c\overline{T} + \overline{I} + \overline{G}}{e + c\tau} - \frac{\overline{C} + \overline{I}}{e}$$

soit:

$$= \frac{10 - (0,8 \times 10) + 20 + 20}{0,2 + (0,8 \times 0,25)} - \frac{10 + 20}{0,2}$$

$$= 105 - 150$$

$$= -45$$

GRAPHIQUE 9

**Incidence des achats
de l'État et de la pression fiscale**
$$T_p = \overline{T} + \tau Q = 10 + 0,25Q; \; G_p = \overline{G} = 20$$

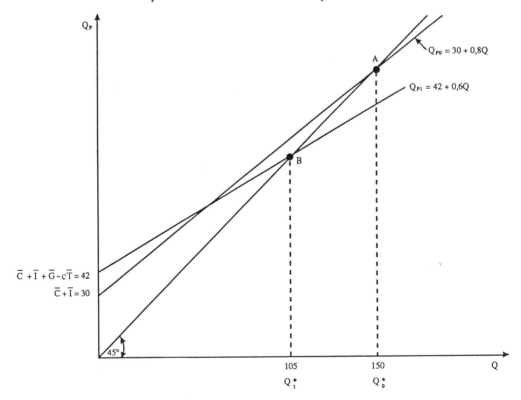

L'investissement est alors financé ($\bar{I} = 20$) par l'épargne publique ($T - G = 16,25$) et par l'épargne privée ($E_p = 3,75$):

$$I = E + (T - G)$$
$$= -\bar{C} + eQ_D + \bar{T} + \tau Q - \bar{G}$$
$$= -\bar{C} + e(Q - T) + \bar{T} + \tau Q - \bar{G}$$
$$= -\bar{C} + e(Q^* - \bar{T} - \tau Q^*) + \bar{T} + \tau Q^* - \bar{G}$$

soit:

$$= 3,75 + 16,25$$
$$= 20$$

Section 5

Un modèle d'économie privée et ouverte

Dans une économie ouverte, les exportations et les importations de marchandises et de services influencent le niveau de l'activité économique.

Incidence des exportations

Lorsque les exportations sont déterminées d'une façon exogène ($X_p = \bar{X} = 10$), la condition d'équilibre de l'appareil économique devient, par définition:

$$Q^* = \frac{\bar{C} + \bar{I} + \bar{X}}{1 - c}$$

Le graphique 10 illustre les conséquences expansionnistes d'un volume d'exportation de 10\$ (la production passe de 150\$ au point A à 200\$ au point B):

$$\Delta Q = m^{\bar{X}} \cdot \Delta\bar{X}$$

soit:

$$= 5 \times 10$$
$$= 50$$

Dans ce scénario, le pays a un solde courant (S) excédentaire de 10\$:

$$S = X_p - Z_p$$
$$= \bar{X} - Z_p$$

soit :

$$= 10 - 0$$

$$= 10$$

L'épargne privée atteint 30 $:

$$E_p^* = - \overline{C} + eQ^*$$

soit :

$$= - 10 + (0,2 \times 200)$$

$$= 30$$

Elle permet donc de financer l'investissement intérieur ($I_p = \overline{I} = 20$) et l'investissement extérieur ($S = I^{ext} = X_p - Z_p = \overline{X} - 0 = 10 - 0 = 10$).

Incidence des importations

Lorsque la valeur des importations (Z_p) varie avec le niveau de l'activité économique nationale :

$$Z_p = zQ$$

soit :

$$= 0,05Q$$

où z représente la propension marginale à importer ou la pente de la droite représentative de la fonction d'importation, la condition d'équilibre de l'appareil économique devient, par définition :

$$Q^* = \frac{\overline{C} + \overline{I} + \overline{X}}{e + z}$$

Le graphique 10 montre que les importations provoquent un fléchissement de l'activité économique de 200 à 160 $ (passage de B à C), car une partie de la dépense nationale est alors affectée à l'achat de biens et de services fabriqués à l'étranger. Ainsi, en situation d'équilibre, les importations atteignent 8 $:

$$Z_p = zQ^*$$

soit :

$$= 0,05 \times 160$$

$$= 8$$

GRAPHIQUE 10

**Incidence des exportations
et des importations**
$$X_p = \overline{X} = 10; \; Z_p = zQ = 0,05Q$$

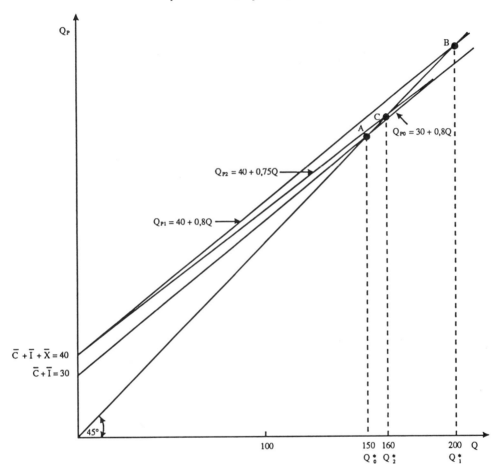

Le pays a un solde commercial excédentaire de 2 \$ lorsque la production atteint 160 \$:

$$S = X_p - zQ^*$$
$$= \overline{X} - zQ^*$$

soit :

$$= 10 - 8$$
$$= 2$$

L'épargne intérieure atteint 22 $:

$$E_p^* = -\overline{C} + eQ^*$$

soit :

$$= -10 + (0{,}2 \times 160)$$

$$= 22$$

et permet donc de financer l'investissement intérieur (I = 20) et l'investissement extérieur (S = I^{ext} = 2).

Conclusion

Abstraits et certes irréalistes, les modèles précédents ont néanmoins évolué puisque nous avons élargi le schéma initial pour tenir compte de la présence de l'État dans l'économie et du commerce international. Les schémas présentés ne sont évidemment pas des descriptions adéquates du fonctionnement réel des appareils économiques, mais plutôt des constructions de l'esprit qui nous ont permis d'appréhender quelque peu la réalité trop complexe et d'exposer la notion d'équilibre macro-économique et le concept de multiplicateur.

Le caractère abstrait et irréel d'une économie privée est une évidence puisque, dans la réalité, les pouvoirs publics jouent un rôle très important, non seulement dans les pays à économie planifiée, où le pouvoir de décision est fortement centralisé, mais aussi dans les pays à économie dite « de marché », où la majorité des entreprises appartiennent à des entités privées et sont fortement influencées par les forces impersonnelles du marché. De même, poser qu'une économie est fermée est une hypothèse qui déforme la réalité caractérisée par l'interdépendance économique et financière de plus en plus poussée des nations, comme en témoignent les données suivantes : la valeur à l'échelle planétaire du commerce international de marchandises atteindra presque 3 400 milliards de dollars en 1990 ; le Canada se situait, en 1988, au neuvième rang dans la hiérarchie des grandes nations exportatrices, la valeur des exportations de ce pays étant de 117 milliards de dollars américains, soit 4 % du commerce mondial ; la valeur des transactions sur les marchés des changes, c'est-à-dire sur les marchés où s'échangent les différentes monnaies nationales, se situe quotidiennement entre 300 et 400 milliards de dollars ; les créances des banques actives sur le plan international — principalement constituées par les prêts moins les remboursements — ont augmenté de 286 milliards de dollars au cours du premier trimestre de 1989, soit 20 % de plus que pendant la même période en 1988.

Le concept de multiplicateur permet d'analyser les conséquences économiques d'un changement dans les variables exogènes ($\Delta\overline{C}$, $\Delta\overline{I}$, $\Delta\overline{G}$, $\Delta\overline{T}$, $\Delta\overline{TR}$, $\Delta\overline{X}$, $\Delta\overline{Z}$) sur les variables endogènes. Le tableau 6 montre que la valeur du multiplicateur dépend du contexte économique pris en considération (économie privée et fermée, économie mixte et ouverte, etc.) et de la variable exogène prise en compte (par exemple,

$m^{\overline{C}} \neq m^{\overline{TR}}$). Ces multiplicateurs sont dits instantanés, car ils n'explicitent pas le fait fondamental que les réactions de l'appareil économique à un choc initial ne sont jamais immédiates, mais plutôt étalées sur plusieurs périodes en raison de délais, par exemple, d'ordre psychologique (les ménages ne réagissent pas instantanément à une réduction de leurs impôts) ou d'ordre physique (par exemple, une hausse de la production présuppose des approvisionnements suffisants en matières premières).

TABLEAU 6

La valeur d'un multiplicateur
dépend du contexte économique
et de la variable exogène considérée

Multiplicateur	Économie				
	fermée et privée	mixte et fermée		mixte et ouverte	
		avec $\overline{G}$ et $\overline{T}$	avec $\overline{G}$, $\overline{T}$ et τ	sans τ	avec τ
$m^{\overline{C}}$	$\dfrac{1}{e}$	$\dfrac{1}{e}$	$\dfrac{1}{e + c\tau}$	$\dfrac{1}{e + z}$	$\dfrac{1}{e + c\tau + z}$
$m^{\overline{I}}$	$\dfrac{1}{e}$	$\dfrac{1}{e}$	$\dfrac{1}{e + c\tau}$	$\dfrac{1}{e + z}$	$\dfrac{1}{e + c\tau + z}$
$m^{\overline{G}}$		$\dfrac{1}{e}$	$\dfrac{1}{e + c\tau}$	$\dfrac{1}{e + z}$	$\dfrac{1}{e + c\tau + z}$
$m^{\overline{T}}$		$\dfrac{-c}{e}$	$\dfrac{-c}{e + c\tau}$	$\dfrac{-c}{e + z}$	$\dfrac{-c}{e + c\tau + z}$
$m^{\overline{X}}$				$\dfrac{1}{e + z}$	$\dfrac{1}{e + c\tau + z}$
$m^{\overline{TR}}$	$\dfrac{c}{e}$	$\dfrac{c}{e + c\tau}$	$\dfrac{c}{e + z}$	$\dfrac{c}{e + c\tau + z}$	

Exercices

1. Quelle distinction faites-vous entre l'investissement volontaire et l'investissement involontaire?

2. Le recours à la pression fiscale proportionnelle réduit la valeur du multiplicateur des dépenses indépendantes. Expliquez ce phénomène.

3. Pourquoi le multiplicateur des paiements de transfert est-il plus faible que celui des achats de l'État?

4. Quels commentaires les hypothèses du modèle présenté dans la première section vous inspirent-elles?

5. À partir des données suivantes:

$$\overline{C} = 100$$

$$I_p = \overline{I} = 100$$

$$c = 0,8$$

$$T = \overline{G} = \overline{X} = \overline{Z} = 0 \text{ (l'économie est donc privée et fermée)}$$

   a) représentez au moyen de deux graphiques le niveau d'équilibre de la production, d'abord par le biais de la courbe de la dépense projetée (Q_p), puis par le biais de la courbe d'épargne totale.

   b) complétez le tableau suivant:

Q (niveau hypothétique)	Q_p	Δ Stock	Comportement de la production
800			
1 000			
1 200			

   c) quel niveau la production atteindrait-elle si la dépense d'investissement augmentait de 100 à 110$?

   d) quel serait l'impact d'une hausse des dépenses des ménages de 100 à 200$ sur le montant de l'épargne dans la nouvelle situation d'équilibre? (Pour répondre à cette sous-question, ignorez la sous-question précédente.)

6. À partir des données suivantes:

$$\overline{C} = 100$$

$$I_p = \overline{I} = 100$$

$$c = 0,6$$

a) représentez, au moyen de deux graphiques, le niveau d'équilibre de la production par le biais de la dépense totale projetée et par le biais de la courbe de l'épargne totale projetée.

b) complétez les trois tableaux suivants:

Les intentions

Scénario	C_p	+	E_p	=	Q	$\begin{array}{c}>\\=\\<\end{array}$	Q_p	=	C_p	+	I_p
A					500						
B					400						
C					600						

Les faits

Scénario	C	+	E	=	Q	=	C	+	I
A					500				
B					400				
C					600				

Les faits et les intentions

Scénario	I_p	+	I_{np}	=	I
A	100				
B	100				
C	100				

7. À partir des données suivantes:

$$\overline{C} = 70$$

$$c = 0,80$$

$$T_p = \tau Q = 0,2Q$$

$$I_p = \overline{I} = 45$$

$$G_p = \overline{G} = 55$$

$$TR_p = \overline{TR} = 40$$

a) complétez la première colonne du tableau suivant,

b) indiquez, dans les deux dernières colonnes, les répercussions d'une hausse de 40 $ des achats de biens et de services de l'État.

	Situation initiale	Situation nouvelle	Variation
Q			
C			
G			
I			
T			
Q_D			
E			
T − G			

8. Complétez le tableau suivant:

Q_D	c 0,75	cQ_D 0,75Q	$\overline{C}$ 100	$C_p = \overline{C} + cQ_D$ 100 + 0,75Q	e	eQ_D	$E_p = -\overline{C} + eQ_D$	c′	e′
0									
100									
200									
300									
400									
500									

9. À partir des données suivantes:

$$\overline{C} = 2$$

$$c = 0,6$$

$$I_p = \overline{I} = 10$$

$$\overline{T} = 4$$

$$\tau = 0,25$$

$$G_p = \overline{G} = 20$$

a) déterminez les valeurs des variables suivantes en situation d'équilibre: Q^*; E_p^*; T_p^*,

b) vérifiez l'identité suivante: $E^{int} = I^{int} + (G - T)$,

c) quel doit être l'accroissement des achats de l'État si celui-ci souhaite que la production atteigne 70$?

d) quelle doit être la diminution des impôts indépendants si l'État désire que la production atteigne 70$?

10. À partir de l'information suivante:

$$C_p = \overline{C} + cQ = 5 + 0,75Q$$

$$I_p = \overline{I} = 15$$

a) complétez les trois tableaux suivants:

Les intentions

Scénario	C_p	+	E_p	=	Q	$\begin{array}{c}>\\=\\<\end{array}$	Q_p	=	C_p	+	I_p
A											
B											
C											

Les faits

Scénario	C	+	E	=	Q	=	C	+	I
A									
B									
C									

Les faits et les intentions

Scénario	I_p	+	I_{np}	=	I
A					
B					
C					

b) illustrez graphiquement les scénarios A, B, C en utilisant la courbe de la dépense totale ($Q_p = C_p + I_p$) et la courbe de l'épargne totale.

CHAPITRE IV

LE MODÈLE IS-LM

Nous présenterons dans ce chapitre un modèle macro-économique plus réaliste que les précédents, car nous tiendrons compte de l'interdépendance entre le niveau de l'activité économique et certaines variables financières. Ce schéma, qui porte le nom de modèle IS-LM, nous permettra, en l'élargissant, d'explorer les conséquences économiques et financières des interventions de l'État (chapitre V) et des relations commerciales et financières internationales (chapitres XIV et XV).

Nous présenterons, dans la première section de ce chapitre, les hypothèses d'un modèle d'une économie privée et fermée, puis, dans la deuxième section, nous exposerons sa structure. Dans la troisième section, nous analyserons d'abord les sources et les effets de perturbations (ou de chocs exogènes) et nous exposerons ensuite la notion d'éviction.

Section 1

Les hypothèses

Le modèle IS-LM présenté dans ce chapitre se situe dans le contexte d'une économie *privée* et *fermée*. Il s'appuie sur les sept hypothèses suivantes.

Hypothèse I

Nous supposerons, en premier lieu, que l'activité économique est très déprimée et que, par conséquent, le niveau général des prix est constant et égal à l'unité $(P = \bar{P} = 1)$. Dans un tel contexte, toute variation de la valeur nominale de la production (ΔY) reflète uniquement une variation de la valeur réelle ou du volume de la production (donc $\Delta Y = \Delta Q$).

Hypothèse II

Nous supposerons, en second lieu, que l'État n'intervient guère dans l'économie (donc $T = T_p = G_p = TR_p = 0$, et $Q_D = Q$ puisque $Q_D = Q - T = Q - 0 = Q$ dans le contexte d'une économie privée).

Hypothèse III

Nous ignorerons les relations économiques et financières internationales (échanges de biens et de services ainsi que les mouvements de capitaux).

Hypothèse IV

Nous admettrons, en quatrième lieu, que les dépenses et l'épargne des ménages dépendent de leur revenu disponible :

$$C_p = \overline{C} + cQ \tag{1}$$

$$E_p = -\overline{C} + eQ \tag{2}$$

Hypothèse V

Nous supposerons, en cinquième lieu, que la dépense d'investissement (I_p) est influencée par le taux d'intérêt :

$$I_p = \overline{I} - bi \tag{3}$$

où :

I_p est la dépense totale d'investissement projetée,

$\overline{I}$ est un montant d'investissement déterminé d'une façon exogène,

b est un coefficient paramétrique qui exprime la variation de la dépense d'investissement engendrée par un changement de niveau du taux d'intérêt; b est la pente de la droite représentative de la fonction d'investissement (équation (3)) ou la dérivée première de cette fonction.

Le graphique 1 illustre la droite représentative de la fonction d'investissement. Les valeurs de l'investissement sont portées en abscisses, celles du taux d'intérêt en ordonnées.

Une variation du taux d'intérêt se traduit graphiquement par un glissement sur la courbe d'investissement (représentée ici par une droite par souci de simplification), tandis qu'un changement dans les autres facteurs susceptibles d'influencer la dépense d'investissement (degré d'optimisme, progrès technologique, élargissement du marché, etc.) modifie la position de la courbe. Par exemple, un degré d'optimisme plus marqué déplacerait la courbe d'investissement vers la droite ($I_{p0} \rightarrow I_{p1}$), reflétant ainsi le désir des chefs d'entreprise d'investir davantage, même lorsque le taux d'intérêt ne fléchit pas (par exemple, $I_{p1} > I_{p0}$ lorsque $i = i_0$).

GRAPHIQUE 1

**Le comportement des chefs d'entreprise
en matière d'investissement**

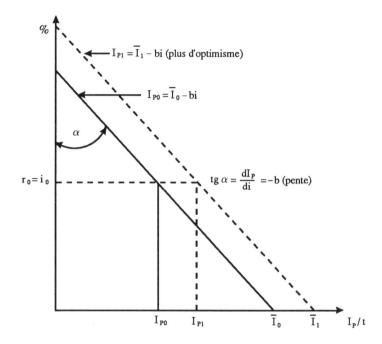

Nous supposerons que le taux d'intérêt est unique même si, dans la réalité, il existe plusieurs taux d'intérêt (le taux d'intérêt dépend, entre autres, de la durée d'un emprunt ou d'un prêt et du risque de non-paiement des intérêts et de non-remboursement à l'échéance). Étant donné que la monnaie n'est pas rémunérée (contrairement aux obligations qui dégagent des intérêts), la détention de monnaie comporte donc un coût de renonciation (ou un sacrifice). Le taux d'intérêt peut également être perçu comme la compensation exigée par les épargnants pour accepter de renoncer à la satisfaction immédiate susceptible de découler d'achats courants de biens et de services de consommation.

Le lien entre la dépense totale d'investissement et le taux d'intérêt peut être schématisé en analysant la rentabilité du projet (l'achat d'une machine) présenté dans le tableau 1 : la durée de vie *attendue* de la machine est d'un an et son coût est de 100 $; la valeur des ventes *attendues* totalise 180 $ et résulte du volume *prévu* de production de 90 unités et du prix de vente unitaire *attendu* de 2 $; les coûts d'exploitation *prévus*, autres que l'amortissement et les intérêts liés à un emprunt de 100 $, atteignent 70 $ (main-d'œuvre, énergie, matières premières, assurances, etc.) ; le bénéfice *brut attendu*, c'est-à-dire la différence entre la recette totale et les frais d'exploitation excluant les intérêts et l'amortissement, atteint 110 $; la dernière ligne montre que le bénéfice brut *prévu* atteint 10 $ après déduction de l'amortissement (100 $).

TABLEAU 1

Étude de rentabilité d'un projet

1. Durée *attendue* du projet	1 an
2. Coût du projet	100 $
3. Volume *attendu* de la production	90 unités
4. Prix de vente unitaire *attendu*	2 $
5. Recette totale *attendue*: 90 × 2 $	180 $
6. Frais d'exploitation *attendus* à l'exception des intérêts et de l'amortissement	70 $
7. Bénéfice brut *attendu avant déduction des intérêts et de l'amortissement*	110 $
8. Amortissement	100 $
9. Bénéfice brut *attendu avant déduction des intérêts*	10 $

La rentabilité de ce projet dépend du taux d'intérêt pratiqué sur le marché: le projet est *potentiellement* (l'avenir est incertain!) rentable seulement si le coût des intérêts est inférieur à 10 $. Par exemple, si le taux d'intérêt est de 8 %, le bénéfice net est de 2 $, puisque le coût des intérêts est alors de 8 $ ($= 0,08 \times 100$). Le bénéfice brut de 10 $, estimé avant de soustraire les intérêts, dégage un *rendement brut* (r^{brut}) de 10 % lorsqu'il est exprimé par rapport au coût du projet:

$$r^{brut} = \frac{\text{Bénéfice brut}}{\text{Coût du projet}}$$

soit:

$$= \frac{10}{100}$$

$$= 10 \%$$

Le bénéfice net prévu de 2 $ dégage un *rendement net* (r^{net}) de 2 %:

$$r^{net} = \frac{\text{Bénéfice net}}{\text{Coût du projet}}$$

soit:

$$= \frac{2}{100}$$

$$= 2 \%$$

Chaque point de la courbe de la dépense d'investissement représente le rendement brut attendu d'un projet singulier. La pente de cette courbe est négative parce que les taux de rendement de plusieurs projets sont pris en compte et hiérarchisés (chaque projet additionnel a une rentabilité attendue plus faible que le précédent).

Dans un monde où les chefs d'entreprise sont rationnels et tentent donc de maximiser leurs profits globaux, le taux d'intérêt agit comme un filtre. Le graphique 1 révèle, en effet, que la dépense optimale d'investissement est de I_{p0} lorsque le taux d'intérêt est de i_0, c'est-à-dire lorsque le dernier projet réalisé (le projet dit « marginal ») a une rentabilité nette nulle ($r^{net} = 0$): investir davantage aurait pour effet de réduire les profits globaux, puisque la rentabilité nette attendue d'un projet additionnel est négative; investir un peu moins aurait le même effet, puisque la rentabilité nette du projet en question est positive à gauche de I_{p0}.

Hypothèse VI

Nous supposerons, en sixième lieu, que la quantité de monnaie en circulation (ou la « masse monétaire ») comprend le numéraire détenu par le public (pièces de monnaie et billets de banque) ainsi que les dépôts à vue non rémunérés auprès des banques commerciales. En l'absence d'inflation ($P = \overline{P} = 1$), la masse monétaire *nominale* (M^O) est égale à la masse monétaire *réelle* (M^O/P).

$$M^O = \frac{M^O}{P} = \frac{M^O}{\overline{P}} = \frac{M^O}{1} = M^O$$

Nous supposerons que la masse monétaire nominale et réelle est une variable exogène déterminée uniquement par la banque centrale:

$$M^O = \overline{M}^O \tag{4}$$

Hypothèse VII

Nous supposerons que la demande de monnaie (M^D) reflète le désir des agents de financer leurs transactions (M^{DT}) et de spéculer (M^{DS}):

$$M^D = M^{DT} + M^{DS} \tag{5}$$

La demande de monnaie liée au motif de transaction résulte du fait que les agents ont besoin d'encaisses monétaires pour financer leurs transactions prévisibles (par exemple, le paiement du loyer et des autres dépenses courantes) et imprévisibles (par exemple, le coût de la réparation d'une maison). Plus fondamentalement, cette demande résulte non seulement du fait qu'un certain délai s'écoule entre le moment où le revenu est encaissé et le moment où il est décaissé, mais aussi du fait que la détention de monnaie permet d'éviter les inconvénients et les coûts liés à des dépenses imprévues (par exemple, la vente à perte d'un titre ou encore le coût élevé d'un emprunt pour financer une dépense inattendue).

La demande d'encaisses monétaires liée au motif de spéculation résulte de l'incertitude quant à l'évolution du niveau du taux d'intérêt. La détention d'obligations (dans ce schéma, il y a deux actifs financiers : la monnaie et les obligations) comporte en effet des risques, car leurs cours dépendent du taux d'intérêt courant. Si un individu place aujourd'hui un montant de 1 000 $ (V_0 = 1 000) dans une nouvelle émission d'obligations, il recevra un montant de 1 100 $ (V_1 = 1 100) dans un an (à l'échéance) si le taux d'intérêt contractuel est de 10 % :

$$V_1 = V_0 (1 + i)$$

soit :

$$1\ 100 = 1\ 000\ (1 + 0{,}10)$$
$$= 1\ 100$$

V_0 est la valeur dite « actualisée » du placement, c'est-à-dire le montant que l'épargnant doit placer aujourd'hui pour obtenir 1 100 $ dans un an :

$$V_0 = \frac{V_1}{1 + i}$$

soit :

$$= \frac{1\ 100}{1 + 0{,}10}$$
$$= 1\ 000$$

La valeur actualisée ou valeur courante du titre dépend du taux d'intérêt pratiqué sur le marché. Ainsi, une hausse du taux d'intérêt de 10 à 12 %, qui surviendrait immédiatement après l'émission, provoquerait un fléchissement du cours de l'obligation :

$$\text{Valeur courante} = \frac{1\ 100}{1 + 0{,}12}$$
$$= 982{,}14$$

Un recul aussi rapide du taux d'intérêt de 10 à 7 % provoquerait, au contraire, une hausse de cours :

$$\text{Valeur courante} = \frac{1\ 100}{1 + 0{,}07}$$
$$= 1\ 028{,}04$$

Le fait que le cours d'une obligation *en circulation* dépend du taux d'intérêt courant signifie que sa vente avant l'échéance comporte le risque d'une perte de capital et la possibilité d'un gain de capital : les agents seront enclins à détenir de la monnaie plutôt que des obligations s'ils jugent que le taux d'intérêt courant est faible et craignent sa remontée, une baisse des cours et une perte de capital dans le cas d'une liquidation forcée avant l'échéance; les agents seront, au contraire, enclins à détenir des obligations s'ils croient que le taux d'intérêt est élevé et qu'ils pourront tirer profit de son repli éventuel et de la hausse consécutive des cours.

L'équation suivante explicite la demande de monnaie:

$$M^D = kQ + \overline{D} - gi \tag{6}$$

Le premier terme du membre est la demande de monnaie pour motif de transaction: cette demande dépend du niveau de l'activité économique ($M^{DT} = kQ$); le coefficient paramétrique k est la fraction de la production ou de la dépense totale (Q) que les agents souhaitent détenir sous forme de monnaie:

$$1 > k = \frac{M^{DT}}{Q} > 0$$

Les deux derniers termes expriment la demande de monnaie liée au motif de spéculation ($M^{DS} = \overline{D} - gi$); le paramètre $\overline{D}$ est un montant fictif qui permet d'illustrer graphiquement la droite représentative de la fonction de demande spéculative de monnaie, tandis que le coefficient paramétrique g est la pente de cette droite; g est aussi la dérivée première de la fonction M^{DS} (ce coefficient indique donc l'impact d'une très faible variation du taux d'intérêt sur la demande de monnaie pour motif de spéculation):

$$\frac{dM^{DS}}{di} = -g$$

Le signe négatif du coefficient g indique que les portefeuillistes sont d'autant plus enclins à détenir de la monnaie que le taux d'intérêt est faible et le risque consécutif d'une perte de capital, élevé.

La droite représentative de la fonction de demande de monnaie liée au motif de transaction (M^{DT}) est illustrée dans le graphique 2: dans la partie A, elle est verticale par rapport à l'axe des abscisses, car cette demande est indépendante, par hypothèse, du taux d'intérêt (dont les valeurs sont portées en ordonnées). La position de la droite en abscisse dépend du niveau de la production (M_1^{DT} est à droite de M_0^{DT}). La partie B du graphique 2 montre que la demande de monnaie liée au motif de transaction dépend du niveau de l'activité économique.

La droite représentative de la fonction de demande de monnaie pour motif de spéculation est illustrée dans le graphique 3. La partie A et le segment oblique L de la partie B montrent que cette demande dépend du taux d'intérêt: elle est faible lorsque le taux d'intérêt est élevé, tandis qu'elle est forte lorsque le taux d'intérêt est faible. Dans la partie B, le segment vertical (V) indique que la quantité de monnaie demandée liée à la spéculation est nulle lorsque le taux d'intérêt est élevé, tandis que le segment horizontal (H) indique que les agents préfèrent détenir une quantité illimitée ou infinie

GRAPHIQUE 2

**Par hypothèse, la demande de monnaie
pour motif de transaction**

(A)	**(B)**
est indépendante du taux d'intérêt	**mais dépend du niveau de la production**

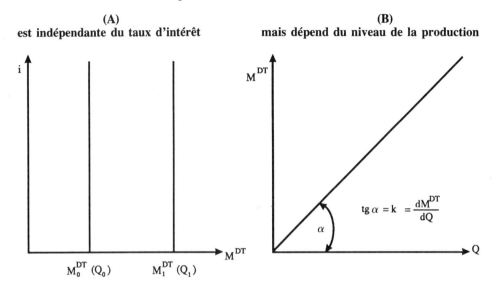

de monnaie plutôt que d'acquérir des obligations lorsque le taux d'intérêt est très faible et atteint un niveau critique (i^{cr}), c'est-à-dire jugé unanimement risqué (les cours des titres sont alors très vulnérables).

La partie C du graphique 4 illustre la droite représentative de la fonction de demande totale de monnaie (M^D) dans le contexte dit « keynésien » (chaque point de cette droite est obtenu en prenant en considération ses deux composantes présentées dans les parties A et B).

Une première parenthèse

La fonction de demande de monnaie précédente fait intervenir une demande de monnaie pour motif de transaction (M^{DT}) et une demande de monnaie *désirée pour elle-même* (M^{DS}) dans un monde simplifié où coexistent seulement deux actifs financiers : la *monnaie*, qui ne comporte aucun risque lorsque les prix sont stables (la valeur nominale d'un dollar est fixe), et des *obligations*, qui comportent uniquement le risque d'une variation de cours lorsqu'elles sont émises et garanties par l'État. Ainsi, l'équation suivante montre que le cours d'une obligation sans échéance (elle est alors dite « perpétuelle ») dépend du montant fixe des intérêts annuels (R), déterminés par le taux d'intérêt contractuel, et du taux d'intérêt courant (i) :

Valeur courante $= R/i$

GRAPHIQUE 3

**La demande de monnaie liée à la spéculation
et le taux d'intérêt**

(A)   **(B)**

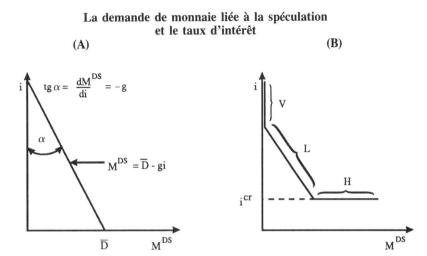

Le cours de ce titre fluctue avec le taux d'intérêt: il augmente lorsque celui-ci fléchit, tandis qu'il régresse dans le cas contraire. *Chaque individu a sa perception* du niveau « normal » et du niveau futur du taux d'intérêt: il sera enclin à détenir des titres s'il juge que le taux d'intérêt courant est anormalement élevé et que son repli probable lui permettra de réaliser un gain de capital, tandis qu'il sera incité, s'il craint une remontée du taux d'intérêt, à échanger ses titres contre de la monnaie, non seulement pour éviter une perte de capital jugée *certaine*, mais aussi pour être en mesure de tirer profit de cours éventuellement plus faibles. Le taux d'intérêt jugé normal par un individu constitue un *seuil critique*, car le moindre fléchissement du taux d'intérêt l'incite à vendre tous ses titres et, par conséquent, à détenir uniquement de la monnaie. Étant donné que les décisions d'un portefeuilliste dépendent des rendements courants des titres et de la variation attendue de leurs cours, il préférera détenir des titres, plutôt que de la monnaie, s'il prévoit que les intérêts seront supérieurs à la perte de capital, tandis qu'il sera indifférent si, le taux d'intérêt courant étant jugé anormalement bas, la perte de capital attendue est égale au montant des intérêts.

Le passage de la demande pour motif de spéculation d'un individu à celle de tous les agents se fonde sur le fait que chaque agent a sa perception propre du taux d'intérêt normal et sur le fait qu'un déclin continu du taux d'intérêt incite un nombre croissant d'individus à détenir uniquement de la monnaie. Lorsque *tous* les agents sont unanimes quant à l'évolution future du taux d'intérêt et prévoient une hausse, l'appareil économique est pris dans le *piège de la liquidité* ($i = i^{cr}$), car le moindre recul du taux d'intérêt ne peut qu'être éphémère à cause des ventes illimitées de titres. Dès lors, la banque centrale ne peut réduire le taux d'intérêt et stimuler l'activité économique, puisque tous les agents préfèrent détenir uniquement de la monnaie plutôt que des titres jugés non rentables (la droite de demande de monnaie est alors horizontale).

GRAPHIQUE 4

La demande totale de monnaie

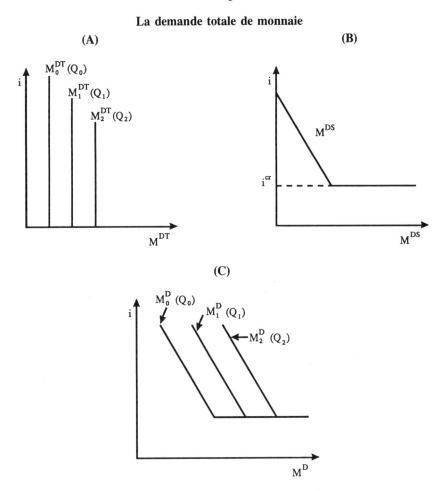

Dans la réalité, les agents sont confrontés non pas à seulement deux actifs, mais plutôt à une gamme très étendue d'actifs financiers, certains d'entre eux ne comportant aucun risque de cours (par exemple, les dépôts à vue rémunérés et les certificats de dépôts). Les agents qui prévoient une remontée des taux d'intérêt et une perte consécutive de capital peuvent donc vendre leurs obligations et effectuer temporairement des placements très liquides et portant intérêts, dans l'espoir de racheter des titres à moindre prix.

L'existence de substituts presque parfaits de la monnaie signifie également que la demande de monnaie dépend du taux d'intérêt, étant donné que les agents sont sensibles au coût de renonciation (les revenus de placements) lié à la détention pour motif de transaction d'encaisses monétaires; en d'autres termes, la demande de monnaie dépend du niveau de l'activité et du taux d'intérêt courant, comme dans le contexte keynésien, mais pour des raisons différentes (le coût de renonciation plutôt que le motif de spéculation).

Une deuxième parenthèse

Le graphique 5 illustre le marché monétaire. Dans la situation initiale, le taux d'intérêt atteint i_0^* au point A où se croisent la droite de demande de monnaie, $(M^D(Q_0))$, et la masse monétaire initiale ($\overline{M}_0^O$). Un taux d'intérêt différent de i_0^* ne pourrait se maintenir: si le taux d'intérêt courant était plus élevé, l'excédent consécutif de la quantité offerte sur la quantité demandée de monnaie (mesurée, par exemple, par la distance V_1V_2) provoquerait une baisse du loyer de l'argent; si le taux d'intérêt était plus faible que le taux d'équilibre, l'excédent consécutif de la quantité demandée sur la quantité offerte de monnaie (mesurée par la distance V_3V_4) engendrerait une hausse du loyer de l'argent.

Le graphique 5 met en évidence le fait qu'une variation de la masse monétaire influence le taux intérêt. Ainsi, on constate que la hausse de la masse monétaire de $\overline{M}_0^O$ à $\overline{M}_1^O$, illustrée par le déplacement vers la droite de la verticale représentant l'offre de monnaie, provoque une baisse du taux d'intérêt de i_0^* à i_1^* (illustrée par le passage du point A au point B). Étant donné que la banque centrale détermine, par hypothèse, l'ampleur de la masse monétaire, elle peut donc influencer le niveau des dépenses sensibles aux variations du taux d'intérêt: une hausse de la masse monétaire réduit

GRAPHIQUE 5

**Le taux d'intérêt dépend de l'offre
et de la demande de monnaie**

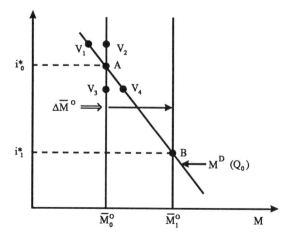

le taux d'intérêt, stimule la dépense d'investissement et anime donc le niveau de l'activité économique générale; une réduction de la quantité de monnaie en circulation déprime, au contraire, la production parce que la hausse du taux d'intérêt provoque une baisse de la dépense d'investissement.

Section 2

L'équilibre général

L'appareil économique est en situation d'équilibre général lorsque le marché des biens et des services (ou, d'une façon plus concise, le marché des biens) et le marché monétaire sont simultanément en situation d'équilibre.

Le marché des biens

Compte tenu des hypothèses présentées dans la section précédente et de la définition de la condition d'équilibre (équation (7)), c'est-à-dire l'égalité de la production constatée (Q) et de la dépense projetée (Q_p) par les ménages (C_p) et par les chefs d'entreprise (I_p),

$$Q = Q_p \tag{7}$$

qui devient, par substitution:

$$Q = C_p + I_p$$

qui devient, par substitution:

$$= \overline{C} + cQ + \overline{I} - bi$$

nous considérerons donc que la condition d'équilibre du marché des biens, exprimée en fonction de la production, devient, par définition:

$$IS = Q = \frac{\overline{C} + \overline{I}}{e} - \frac{b}{e} \cdot i \tag{8}$$

Exprimée en fonction du taux d'intérêt, cette condition d'équilibre s'écrit:

$$IS = i = \frac{\overline{C} + \overline{I}}{b} - \frac{e}{b} \cdot Q \tag{9}$$

L'équation (8) indique que le niveau de la production dépend du niveau du taux d'intérêt courant, tandis que l'équation (9) montre que le niveau du taux d'intérêt courant dépend du niveau de la production. La droite représentative de ces deux dernières équations, qui porte le nom de courbe IS, révèle (graphique 6) que plusieurs combinaisons de taux d'intérêt et de niveaux de production sont compatibles avec l'équilibre du marché des biens.

Le premier terme du membre droit de l'équation (9) détermine la valeur du point d'intersection de la courbe IS et de l'axe vertical, tandis que le coefficient négatif du deuxième terme est la pente ($-$ e/b) de cette courbe.

GRAPHIQUE 6

La courbe IS

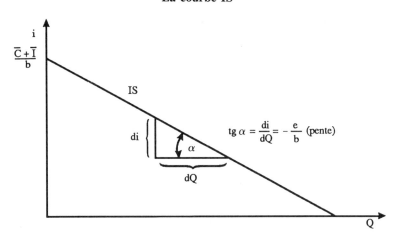

Le graphique 7 met en évidence le fait que tous les points qui ne se situent pas sur la courbe IS traduisent des situations de déséquilibre. Ainsi, les stocks ne peuvent que s'accumuler au point B, puisque la production (Q_0) est la même qu'au point A, et puisque la hausse du taux d'intérêt ($i_1 > i_0$) déprime les investissements et la dépense totale. Autre exemple : au point D, les stocks diminuent puisque la production est la même qu'au point A, et puisque le recul du taux d'intérêt ($i_2 < i_0$) stimule la dépense d'investissement et par conséquent la dépense totale.

Le marché monétaire

Le marché monétaire est en situation d'équilibre lorsque les agents souhaitent détenir (M^D) la quantité de monnaie en circulation ($\overline{M}^O$) :

$$\overline{M}^O = M^D \qquad\qquad (10)$$

ou

$$= M^{DT} + M^{DS}$$
$$= kQ + \overline{D} - gi$$

GRAPHIQUE 7

**Équilibre et déséquilibre
sur le marché des biens**

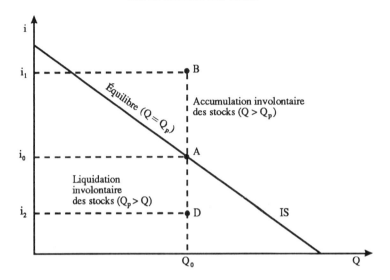

Compte tenu des hypothèses et de la définition de la condition d'équilibre (équation (10)), nous considérerons donc que la condition d'équilibre du marché monétaire, exprimée en fonction de la production, devient, par définition:

$$LM = Q = \frac{\overline{M}^O - \overline{D}}{k} + \frac{g}{k} \cdot i \qquad (11)$$

Exprimée en fonction du taux d'intérêt, cette condition d'équilibre s'écrit:

$$LM = i = \frac{\overline{D} - \overline{M}^O}{g} + \frac{k}{g} \cdot Q \qquad (12)$$

La droite représentative de ces deux dernières équations, qui porte le nom de courbe LM, montre (graphique 8) que plusieurs combinaisons de taux d'intérêt et de niveaux de production sont compatibles avec l'équilibre du marché monétaire.

Le graphique 8 révèle que le premier terme du membre droit de l'équation (12) détermine la valeur du point d'intersection de la courbe LM et de l'axe vertical, tandis que le coefficient du deuxième terme est la pente (k/g) de cette courbe.

Le graphique 9 met en évidence le fait que tous les points qui ne se situent pas sur la courbe LM traduisent des situations de déséquilibre. Ainsi, au point B, où le taux d'intérêt est le même qu'au point A, la quantité demandée de monnaie est nécessairement supérieure à la masse monétaire, puisque l'accroissement de la production

GRAPHIQUE 8

La courbe LM

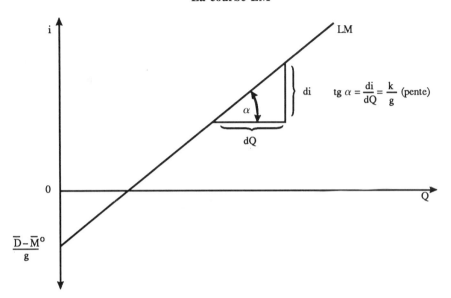

$(Q_1 > Q_0)$ augmente la quantité demandée de monnaie pour motif de transaction. Autre exemple : au point D, où le taux d'intérêt est le même qu'au point A, la quantité offerte de monnaie est plus importante que la quantité demandée de monnaie, puisque le fléchissement de la production $(Q_2 < Q_0)$ réduit la quantité demandée de monnaie pour motif de transaction.

Structure du modèle IS-LM

Le tableau 2 décrit le modèle IS-LM d'une façon détaillée. La partie supérieure présente les équations et les valeurs numériques qui sous-tendent les graphiques 10 et 11. La partie inférieure regroupe les valeurs numériques des variables exogènes et endogènes ainsi que celles des coefficients paramétriques.

Genèse de la courbe IS

Le graphique 10 révèle que chaque point de la courbe IS représente une combinaison de taux d'intérêt et de niveaux de production compatibles avec l'équilibre du marché des biens. Ainsi, au point A (i = 4 et Q = 60), l'épargne projetée est égale à l'investissement souhaité (20). Autre exemple : au point B (i = 2 et Q = 80), l'épargne projetée par les ménages est égale à la dépense d'investissement souhaitée par les chefs d'entreprise (30).

GRAPHIQUE 9

**Équilibre et déséquilibre
sur le marché de la monnaie**

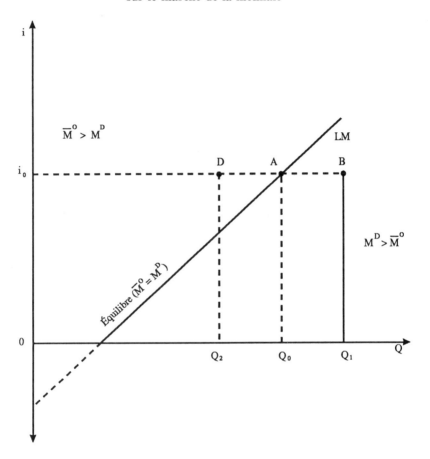

TABLEAU 2

Le modèle IS-LM

Équations	Numéro de l'équation	Type d'équations	Valeurs numériques	Objet
$C_p = \overline{C} + cQ$	(1)	Comportement des ménages	$10 + 0,5Q$	Description du marché des biens
$I_p = \overline{I} - bi$	(3)	Comportement des chefs d'entreprise	$40 - 5i$	
$Q = Q_p$	(7)	Condition d'équilibre	$IS = i = 10 - \dfrac{Q}{10}$	
$M^O = \overline{M}^O$	(4)	Comportement de la banque centrale	50	Description du marché de la monnaie
$M^D = kQ + \overline{D} - gi$	(6)	Comportement des agents privés sur le marché monétaire	$0,5Q + 40 - 5i$	
$\overline{M}^O = M^D$	(10)	Condition d'équilibre	$LM = i = -2 + \dfrac{Q}{10}$	

Variables	Type de variables	Valeurs numériques
$\overline{C}$	Paramètres (variables exogènes)	10
$\overline{I}$		40
$\overline{M}^O$		50
$\overline{D}$		40
C_p	Variables endogènes	40
E_p		20
I_p		20
i		4 %
M^{DT} $\big\}$ M^D		30
M^{DS}		20
Q		60
c	Coefficients paramétriques (variables exogènes)	0,5
e		0,5
b		5,0
g		5,0
k		0,5

Valeurs en situation d'équilibre

GRAPHIQUE 10

Le marché des biens

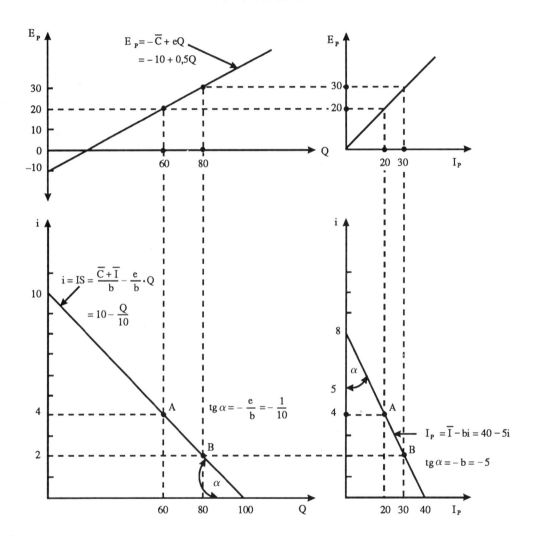

Genèse de la courbe LM

Le graphique 11 montre que chaque point de la courbe LM est une combinaison de taux d'intérêt et de niveaux de production compatibles avec l'équilibre du marché monétaire. Ainsi, au point A (i = 4 et Q = 60), la masse monétaire (50) est égale à la quantité demandée de monnaie liée au motif de spéculation (M^{DS} = 20) et au motif de transaction ($M^{DT} = 30$). Autre exemple: au point B ($i = 5$ et $Q = 70$), le marché monétaire est également en situation d'équilibre ($M^{DS} = 15$, $M^{DT} = 35$ et $\overline{M}^O = 50$).

GRAPHIQUE 11

Le marché de la monnaie

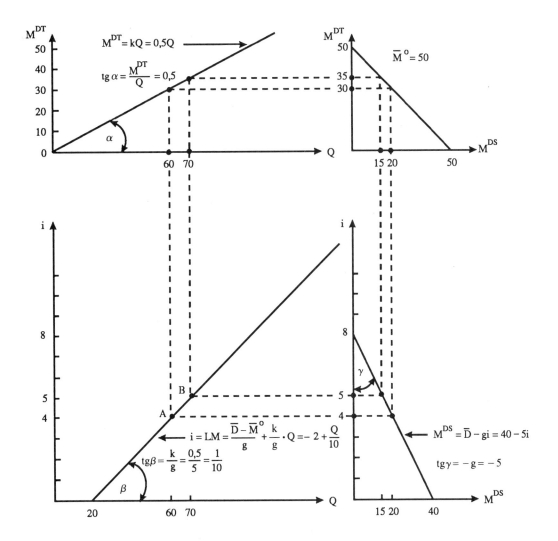

L'appareil économique en situation d'équilibre général

Le graphique 12 montre que l'appareil économique est en situation d'équilibre général au point d'intersection (V_1) des courbes IS et LM, alors que le taux d'intérêt et le niveau de la production atteignent respectivement 4 % et 60 $.

Le niveau d'équilibre de la production (Q^*) peut être dégagé mathématiquement en posant l'égalité des équations (9) et (12) :

$$\frac{\overline{C} + \overline{I}}{b} - \frac{e}{b} \cdot Q = \frac{\overline{D} - \overline{M}^O}{g} + \frac{k}{g} \cdot Q \tag{13}$$

ou

$$\frac{\overline{C} + \overline{I}}{b} - \frac{\overline{D} - \overline{M}^O}{g} = \left(\frac{k}{g} + \frac{e}{b}\right) Q$$

GRAPHIQUE 12

Équilibre et déséquilibre

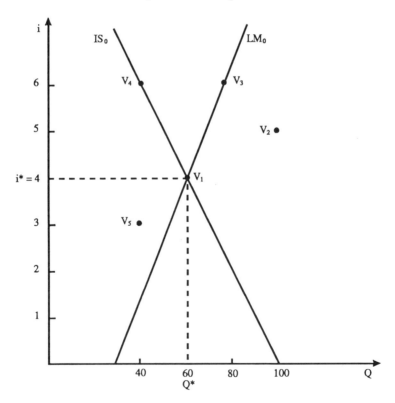

Après avoir multiplié par b chaque terme de l'équation ci-dessus, cette dernière devient:

$$\overline{C} + \overline{I} + (\overline{M}^O - \overline{D})\,\frac{b}{g} = \left(\frac{bk}{g} + \frac{eb}{b}\right) Q$$

et

$$Q^* = \frac{\overline{C} + \overline{I} + (\overline{M}^O - \overline{D})\,\dfrac{b}{g}}{e + \dfrac{bk}{g}} \qquad (14)$$

Le niveau d'équilibre du taux d'intérêt (i*) est obtenu en remplaçant Q par Q* dans le membre droit de l'équation (9):

$$i^* = \frac{\overline{C} + \overline{I}}{b} - \frac{e}{b} \cdot Q^* \qquad (15)$$

Équilibre et déséquilibre

La première ligne du tableau 3 décrit la situation d'équilibre au point V_1 (4, 60), tandis que les autres lignes présentent des situations de déséquilibre général. Ainsi, aux points V_2 (5, 100) et V_5 (3, 40), les deux marchés sont en situation de déséquilibre, tandis qu'aux points V_3 et V_4 le déséquilibre général résulte d'un déséquilibre sur un seul marché, le marché monétaire au point V_4 (6, 40) et le marché des biens au point V_3 (6, 80).

La distinction entre la réaction à court terme (colonne 8) et à moyen terme (colonne 13) du taux d'intérêt se fonde sur le fait que les agents réagissent plus rapidement à un déséquilibre sur le marché monétaire (les portefeuillistes peuvent presque instantanément substituer de la monnaie à des titres en vendant des titres sur le marché financier) qu'à un déséquilibre sur le marché des biens (par exemple, il faut du temps pour se procurer les approvisionnements supplémentaires en matières premières et former la main-d'œuvre additionnelle que requiert l'essor de la production). Ainsi, au point V_2, le taux d'intérêt augmente d'abord brutalement à cause de l'excédent de la quantité demandée de monnaie sur la masse monétaire ($M^D = 65 > \overline{M}^O = 50$), puis il se replie éventuellement avec le niveau de l'activité économique. Autre exemple: au point V_5, le taux d'intérêt diminue d'abord à cause de l'excédent de la masse monétaire sur la quantité demandée de monnaie ($\overline{M}^O = 50 > M^D = 45$), puis il augmente éventuellement avec l'essor de l'activité économique.

TABLEAU 3

Équilibre et déséquilibre de l'appareil économique

Situation	Q	i	Masse monétaire $\overline{M}^{O}$		Quantité demandée de monnaie M^{D}		$=M^{DT}$	$+M^{DS}$	Réaction à court terme de i	Q		Q_p	Réaction à court terme des stocks	de la production Q	du taux d'intérêt i
(1)	(2)	(3)	(4)		(5)		(6)	(7)	(8)	(9)		(10)	(11)	(12)	(13)
V_1	60	4	50	=	50	=	30	+ 20		60	=	60			
V_2	100	5	50	<	65	=	50	+ 15	↑	100	>	75	↑ + 25	↓	↓
V_3	80	6	50	=	50	=	40	+ 10		80	>	60	↑ + 20	↓	↓
V_4	40	6	50	>	30	=	20	+ 10	↓	40	=	40		↑	↑
V_5	40	3	50	>	45	=	20	+ 25	↑	40	<	55	↓ − 15	↑	↑

Section 3

Les conséquences de perturbations

Le tableau 4 indique les diverses sources de perturbations sur le marché des biens (partie A) et sur le marché monétaire (partie B). Les colonnes décrivent les conséquences d'une variation positive des huit sources possibles de changement prises en compte dans ce modèle. Par exemple, une hausse de l'optimisme des ménages ($\Delta\overline{C}$) provoque un déplacement vers la droite de la courbe initiale IS (IS$_0$ → IS$_1$), tandis qu'un accroissement de la propension marginale à épargner augmente la pente de la courbe IS. Autre exemple: une hausse de la masse monétaire ($\Delta\overline{M}^O$) provoque un déplacement vers la droite de la courbe LM (LM$_0$ → LM$_1$), tandis qu'une augmentation du coefficient k entraîne une rotation vers la gauche de la courbe LM (LM$_1$ ← LM$_0$).

L'impact d'une variation d'une variable exogène peut être dégagé directement de l'équation suivante, qui reproduit sous une autre forme l'équation (14):

$$Q^* = \mu^{\text{ind}} (\overline{C} + \overline{I}) + \mu^{\overline{M}^O} (\overline{M}^O - \overline{D})$$

où μ^{ind} est le multiplicateur (μ) des dépenses indépendantes ($\overline{C}$ et $\overline{I}$ dans ce modèle):

$$\mu^{\text{ind}} = \mu^{\overline{C}} = \mu^{\overline{I}} = \frac{1}{e + \dfrac{bk}{g}}$$

et où $\mu^{\overline{M}^O}$ est le multiplicateur de la masse monétaire:

$$\mu^{\overline{M}^O} = \frac{\dfrac{b}{g}}{e + \dfrac{bk}{g}}$$

Les multiplicateurs m et μ diffèrent

Les multiplicateurs des dépenses indépendantes sont plus faibles dans le modèle IS-LM que dans les modèles plus primitifs qui ont été présentés dans le chapitre III, car ces derniers ne prenaient pas en considération l'interaction entre le marché des biens et le marché monétaire:

$$m^{\text{ind}} > \mu^{\text{ind}}$$

$$\frac{1}{e} > \frac{1}{e + \dfrac{bk}{g}}$$

TABLEAU 4

Effets de perturbations sur la position des courbes IS et LM

(A) Marché des biens

$$\left(i = IS = \frac{\overline{C} + \overline{I}}{b} - \frac{e}{b} \cdot Q \right)$$

	Déplacement	Intersection	Pente	Graphique
1. $\Delta\overline{C}$	parallèle	modifiée (+)	inchangée	
2. $\Delta\overline{I}$	parallèle	modifiée (+)	inchangée	
3. Δb	rotation	modifiée (−)	modifiée (−)	
4. Δe	rotation	inchangée	modifiée (+)	

(B) Marché de la monnaie

$$i = LM = \frac{\overline{D} - \overline{M}^o}{g} + \frac{k}{g} \cdot Q$$

1. $\Delta\overline{M}^o$	parallèle	modifiée (−)	inchangée
2. $\Delta\overline{D}$	parallèle	modifiée (+)	inchangée
3. Δk	rotation	inchangée	modifiée (+)
4. Δg	rotation	modifiée (+)	modifiée (−)

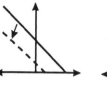

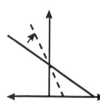

soit :

$$\frac{1}{0,5} > \frac{1}{0,5 + 5 \left(\dfrac{0,5}{5} \right)}$$

$$2 > 1$$

Tout se passe donc, dans le modèle IS-LM, comme si une hausse de la dépense indépendante des ménages ($\Delta\overline{C}$) ou des chefs d'entreprise ($\Delta\overline{I}$) tendait à limiter l'essor de l'activité économique, parce que l'augmentation de la quantité demandée de monnaie, liée au motif de transaction, provoque une hausse du taux d'intérêt et une baisse consécutive des dépenses sensibles à l'augmentation du loyer de l'argent. Ainsi, le graphique 13 montre qu'un accroissement de 20 \$ des dépenses des ménages ($\Delta\overline{C} = 20$) augmente la production de 20 \$ (distance AC) :

$$\Delta Q = \mu^{\overline{C}} \cdot \Delta\overline{C}$$

soit :

$$= 1 \times 20$$
$$= 20$$

plutôt que de 40 \$ (distance AB) comme dans le modèle présenté dans le chapitre précédent (section 3) :

$$\Delta Q = m^{\overline{C}} \cdot \Delta\overline{C}$$

soit :

$$= 2 \times 20$$
$$= 40$$

On constate que l'essor de la production ($\Delta Q = 20$) provoque une hausse du taux d'intérêt de 4 à 6 % :

$$i_1^* = \frac{\overline{C}_1 + \overline{I}_0}{b} - \frac{e}{b} \cdot Q_1^*$$

soit :

$$= \frac{30 + 40}{5} - \frac{0,5}{5} \times 80$$
$$= 6$$

GRAPHIQUE 13

Le phénomène de l'éviction

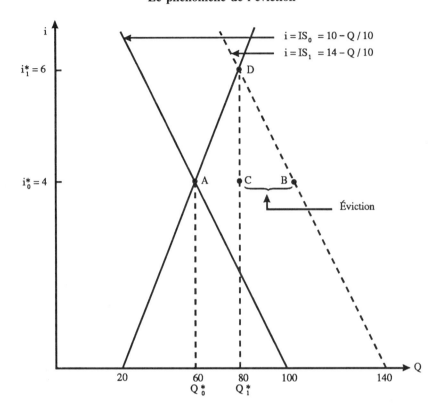

La hausse du loyer de l'argent provoque un recul des investissements de 20 à 10 $. La distance CB illustre le phénomène de l'éviction, c'est-à-dire l'accroissement de la production ($\Delta Q = 20$) qui s'avère irréalisable à cause de la réduction des dépenses sensibles à la hausse du taux d'intérêt ($\Delta i = 2$)[1].

---

1. Dans ce modèle, le phénomène de l'éviction peut résulter aussi bien d'une hausse de la consommation indépendante que de l'investissement indépendant.

Conclusion

Le modèle IS-LM présenté dans ce chapitre marque une étape importante dans l'effort de modélisation de l'appareil économique. Ainsi, plusieurs éléments importants, précédemment ignorés, sont désormais pris en compte explicitement :

–   la masse monétaire,

–   la demande de monnaie et les motifs qui la sous-tendent,

–   le taux d'intérêt,

–   l'existence d'un marché de titres portant intérêts et dont les cours varient avec le taux d'intérêt courant, donc susceptibles de donner naissance à un gain ou à une perte de capital,

–   la présence d'individus sensibles au risque inhérent aux fluctuations du taux d'intérêt,

–   la présence d'une banque centrale, qui détermine la quantité de monnaie en circulation et qui peut ainsi influencer le taux d'intérêt, donc la dépense optimale d'investissement et le niveau global de l'activité économique,

–   la présence de chefs d'entreprise qui tiennent compte du niveau du taux d'intérêt pour déterminer le volume optimal de leurs investissements,

–   l'existence d'interactions entre le marché des biens et celui de la monnaie.

Même si le modèle IS-LM présenté dans ce chapitre est plus réaliste que les précédents, il a d'évidentes faiblesses car il fait abstraction, entre autres, de l'État et des relations économiques et financières internationales. Dans le chapitre suivant, nous comblerons une première lacune, en élargissant le schéma précédent pour tenir compte d'une réalité, la présence de l'État dans l'économie.

Exercices

1. La valeur des obligations fluctue avec les taux d'intérêt pratiqués sur les marchés financiers. Expliquez cette constatation.

2. Quels sont les déterminants du taux d'intérêt sur le marché monétaire dans le contexte du modèle IS-LM?

3. Quelle est la signification des courbes IS et LM?

4. Illustrez les répercussions sur les courbes IS et LM des changements suivants:

   a) $\Delta\overline{C} = 10$
   b) $\Delta\overline{I} = -20$
   c) $\Delta b = 1$
   d) $\Delta e = 0,2$
   e) $\Delta\overline{M}^O = 20$
   f) $\Delta\overline{D} = -10$
   g) $\Delta k = -0,1$
   h) $\Delta g = 1$

5. Le modèle IS-LM présenté dans le chapitre IV est-il plus réaliste que le modèle d'une économie privée et fermée présenté dans la première section du chapitre III?

6. Comment peut-on expliquer le fait que la courbe IS ait une pente négative?

7. Comment peut-on expliquer le fait que la courbe LM ait une pente positive?

8. Expliquez pourquoi l'ampleur de la dépense d'investissement tend à fléchir lorsque le taux d'intérêt s'accroît?

9. Quelle distinction faites-vous entre le taux de rendement interne et le taux de rendement externe?

10. Expliquez pourquoi l'investissement est une activité hasardeuse.

11. Complétez le tableau suivant en indiquant, à l'aide du signe + (une augmentation) et du signe − (une réduction), les répercussions sur la production et le taux d'intérêt des changements indiqués dans la première colonne. Indiquez également les conséquences de ces changements sur la courbe IS et la courbe LM.

	ΔQ	Δi	Déplacement de la courbe					
			IS			LM		
			à gauche	à droite	aucun	à gauche	à droite	aucun
$\Delta \overline{M}^O$								
$\Delta \overline{G}$								
$\Delta \tau$								
$-\Delta \overline{T}$								
$\Delta \overline{X}$								
$-\Delta \overline{C}$								
$-\Delta \overline{I}$								
$-\Delta e$								

12. À partir des données suivantes:

$$\overline{C} = 50$$

$$k = 0,5$$

$$\overline{M}^O = 125$$

$$g = 25$$

$$b = 25$$

$$\overline{I} = 125$$

$$e = 0,5$$

$$\overline{D} = 100$$

a) écrivez les équations IS et LM en fonction du taux d'intérêt,
b) déterminez le niveau d'équilibre de la production et du taux d'intérêt,
c) représentez graphiquement les courbes IS et LM,
d) représentez, par le biais de quatre graphiques, le marché des biens (à titre d'exemple, voir le graphique 10 du chapitre IV),
e) représentez, par le biais de quatre graphiques, le marché monétaire (à titre d'exemple, voir le graphique 11, du chapitre IV),
f) complétez le tableau suivant:

	Q	i	$M^O \overset{>}{\underset{<}{=}} M^D = M^{DT} + M^{DS}$	Q_p	Sens de la variation ultime	
					i	Q
V_0	200	3 %				
V_1	100	8 %				
V_2	300	2 %				

g) quel est l'impact d'une hausse des achats de l'État de 10 \$ ($\Delta \overline{G} = 10$) sur la production et le taux d'intérêt? Représentez graphiquement les répercussions de ce changement (utilisez le graphique de la sous-question c).

13. Exposez la notion d'éviction et représentez le phénomène de l'éviction graphiquement.

14. Pourquoi les multiplicateurs sont-ils moins puissants dans le contexte du modèle IS-LM que dans celui du chapitre III?

Bibliographie

HICKS, J.R., « Mr. Keynes and the Classics: A Suggested Interpretation », *Econometrica*, avril 1937.

CHAPITRE V

IMPACTS DES INTERVENTIONS DE L'ÉTAT ET DE LA BANQUE CENTRALE DANS LE CONTEXTE D'UNE ÉCONOMIE FERMÉE

Le modèle IS-LM présenté dans le chapitre IV se situait dans le contexte fort simplifié d'une économie privée et fermée. Le moment est venu d'élargir le modèle précédent pour tenir compte de la présence de l'État et être ainsi en mesure d'analyser les répercussions économiques et financières de ses interventions. Dans la première section de ce chapitre, nous construirons d'abord le schéma d'une économie mixte qui sous-tendra toute l'analyse ultérieure. Dans la deuxième section, nous nous pencherons sur trois contextes économiques exceptionnels. Dans la troisième section, nous montrerons que les incidences économiques et financières d'une hausse des achats de l'État dépendent de leur mode de financement (taxation, emprunt) et de la politique monétaire pratiquée par la banque centrale.

Section 1

Impacts des interventions de l'État et de la banque centrale

L'État achète des biens et des services (G_p), effectue des paiements de transfert (TR_p) et prélève des impôts (T_p), tandis que la banque centrale peut modifier la masse monétaire ($\Delta \overline{M}^O$). Avant d'analyser les conséquences de ces diverses interventions, nous présenterons d'abord le modèle d'une économie *mixte* et *fermée* qui constituera notre scénario de référence dans cette section et dans la section 3.

Le marché des biens

Le marché des biens, dans une économie mixte, diffère de celui d'une économie privée parce que l'État achète des biens (G_p), effectue des paiements de transfert (TR_p)

et a recours à la pression fiscale indépendante et proportionnelle ($T_p = \overline{T} + \tau Q$).
Les sept équations suivantes sous-tendent le marché des biens:

$$C_p = \overline{C} + cQ_D \tag{1}$$

$$Q_D = Q - T \tag{2}$$

$$T = T_p - TR_p \tag{3}$$

$$T_p = \overline{T} + \tau Q \tag{4}$$

$$TR_p = \overline{TR} \tag{5}$$

$$I_p = \overline{I} - bi \tag{6}$$

$$G_p = \overline{G} \tag{7}$$

Par souci de simplification, nous admettrons, par hypothèse, que les achats de l'État, ses paiements de transfert et une partie de ses recettes fiscales sont des variables exogènes, donc déterminées par des facteurs non pris en compte dans ce modèle ($G_p = \overline{G}$; $TR_p = \overline{TR}$; $\overline{T}$).

Dans une économie mixte, le marché des biens est, par définition, en situation d'équilibre lorsque la production constatée (Q) est égale aux dépenses projetées par les ménages (C_p), par les chefs d'entreprise (I_p) et par l'État (G_p):

$$Q = Q_p \tag{8}$$

qui devient, par substitution:

$$Q = C_p + I_p + G_p$$

En effectuant les substitutions nécessaires, l'équation de la courbe IS s'écrit:

$$IS = i = \frac{\overline{C} - c\overline{T} + c\overline{TR} + \overline{I} + \overline{G}}{b} - \frac{e + c\tau}{b} \cdot Q \tag{9}$$

Le premier terme du membre droit de l'équation (9) détermine la valeur du point d'intersection de la courbe IS et de l'axe des ordonnées, tandis que le coefficient du second terme est la pente de cette courbe. Il ressort du premier terme qu'une *réduction* des impôts indépendants ($-\Delta\overline{T}$) et qu'une *hausse* des achats de l'État ($\Delta\overline{G}$) se traduisent par un déplacement vers la droite de la courbe IS.

Le marché monétaire

Par souci de simplification, nous supposerons que les interventions de l'État sur le marché des biens n'affectent pas le marché monétaire. Dès lors, l'équation de la courbe LM est identique à celle du chapitre précédent:

$$LM = i = \frac{\overline{D} - \overline{M}^O}{g} + \frac{k}{g} \cdot Q \tag{10}$$

Compte tenu des hypothèses retenues (équations (1) à (7)) et de la définition de la condition d'équilibre (équation (8)), nous considérerons donc que la condition d'équilibre devient, par définition :

$$Q^* = \frac{\overline{C} - c\overline{T} + c\overline{TR} + \overline{I} + \overline{G} + (\overline{M}^O - \overline{D})\left(\frac{b}{g}\right)}{e + c\,\tau + \frac{bk}{g}} \qquad (11)$$

L'équation (11) montre que le niveau de la production dépend, entre autres, des variables-instruments contrôlées par l'État ($\overline{T}$, $\overline{TR}$, $\overline{G}$) et par la banque centrale ($\overline{M}^O$). Le calcul de la dérivée première de l'équation (11) par rapport aux variables-instruments permet de dégager la valeur du multiplicateur des achats de l'État ($\mu^{\overline{G}}$), des paiements de transfert ($\mu^{\overline{TR}}$), des impôts indépendants ($\mu^{\overline{T}}$) et de la masse monétaire ($\mu^{\overline{M}^O}$) :

–   le multiplicateur des achats de l'État[1],

$$\mu^{\overline{G}} = \frac{dQ}{d\overline{G}} = \frac{1}{e + c\,\tau + \frac{bk}{g}} \qquad (12)$$

–   le multiplicateur des paiements de transfert,

$$\mu^{\overline{TR}} = \frac{dQ}{d\overline{TR}} = \frac{c}{e + c\,\tau + \frac{bk}{g}} \qquad (13)$$

–   le multiplicateur des impôts indépendants,

$$\mu^{\overline{T}} = \frac{dQ}{d\overline{T}} = \frac{-c}{e + c\,\tau + \frac{bk}{g}} \qquad (14)$$

–   le multiplicateur de la masse monétaire,

$$\mu^{\overline{M}^O} = \frac{dQ}{d\overline{M}^O} = \frac{\frac{b}{g}}{e + c\,\tau + \frac{bk}{g}} \qquad (15)$$

---

1.   Dans le présent contexte, le multiplicateur des achats indépendants de l'État ($\mu^{\overline{G}}$) est égal à celui des achats indépendants des ménages ($\mu^{\overline{C}}$) et de la dépense d'investissement indépendante ($\mu^{\overline{I}}$).

Le scénario de référence

Le tableau 1 et le graphique 1 présentent le scénario de référence, c'est-à-dire la situation initiale de l'appareil économique lorsque l'État n'intervient pas. Ultérieurement, nous analyserons les changements dans les valeurs des variables endogènes engendrés par les interventions de l'État.

Les deux premières colonnes du tableau 1 décrivent le modèle initial, tandis que la troisième colonne indique les valeurs des variables endogènes dans la situation initiale d'équilibre. Les valeurs numériques présentées dans la deuxième colonne sous-tendent le graphique 1, qui illustre la genèse de la courbe IS et la situation initiale d'équilibre de l'appareil économique. On constate, au point A, que la production et le taux d'intérêt atteignent respectivement 72,5 \$ ($Q_0^* = 72,5$) et 5,25 % ($i_0^* = 5,25$).

TABLEAU 1

**L'appareil économique dans le contexte initial
d'une économie privée et fermée**

Description du modèle		Valeur des variables endogènes en situation d'équilibre
$C_p = \overline{C} + cQ$	$10 + 0,6Q$	53,5
$E_p = -\overline{C} + eQ$	$-10 + 0,4Q$	19
$I_p = \overline{I} - bi$	$40 - 4i$	19
$IS_0 = i = \dfrac{\overline{C} + \overline{I}}{b} - \dfrac{e}{b} \cdot Q$	$12,5 - 0,1Q$	
$\overline{M}^O$	50	
$M^{DT} = kQ$	$0,5Q$	36,25
$M^{DS} = \overline{D} - gi$	$40 - 5i$	13,75
$M^D = kQ + \overline{D} - gi$	$0,5Q + 40 - 5i$	50
$LM_0 = i = \dfrac{\overline{D} - \overline{M}^O}{g} + \dfrac{k}{g} \cdot Q$	$-2 + 0,1Q$	
$Q_0^* = \mu^{ind}(\overline{C} + \overline{I}) + \mu^{\overline{M}^O}(\overline{M}^O - \overline{D})$	$1,25(10 + 40) + 1(50 - 40)$	72,5
$i_0^* = \dfrac{\overline{C} + \overline{I}}{b} - \dfrac{e}{b}Q_0^*$	$12,5 - 0,1Q_0^*$	5,25 %

Dans ce modèle, le multiplicateur des achats indépendants (μ^{ind}) des agents privés est de 1,25 :

$$\mu^{ind} = \mu^{\overline{C}} = \mu^{\overline{I}} = \cfrac{1}{e + \dfrac{bk}{g}} = 1,25 \qquad (16)$$

tandis que celui de la masse monétaire atteint l'unité :

$$\mu^{\overline{M}^O} = \frac{\dfrac{b}{g}}{e + \dfrac{bk}{g}} = 1 \tag{17}$$

GRAPHIQUE 1

**L'appareil économique dans le contexte initial
d'une économie privée et fermée**

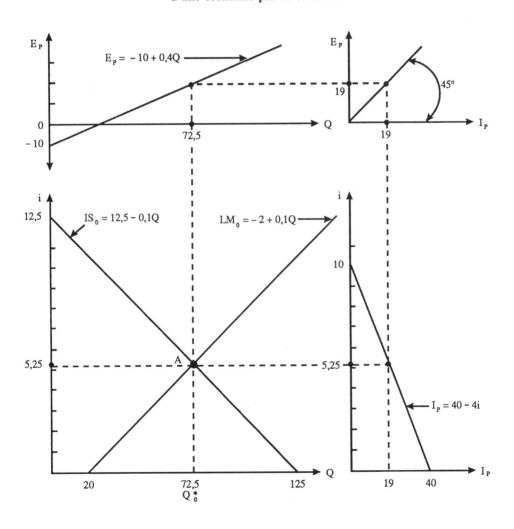

L'équation (18) permet de calculer rapidement le niveau d'équilibre de la production :

$$Q^* = \mu^{ind} (\overline{C} + \overline{I}) + \mu^{\overline{M}^O} (\overline{M}^O - \overline{D}) \tag{18}$$

soit :

$$= 1,25 (10 + 40) + 1 (50 - 40)$$

$$= 72,50$$

Incidences des achats de l'État (tableau 2 et graphique 2)

Les deux premières colonnes du tableau 2 présentent le modèle d'un appareil économique lorsque l'État achète des biens et des services. Dans ce scénario, $G_p = \Delta \overline{G} = \overline{G}_1 - \overline{G}_0 = 10 - 0 = 10$. Cette initiative des pouvoirs publics explique le déplacement (graphique 2) vers la droite de la courbe IS ($IS_0 \rightarrow IS_1$)[2]. L'ampleur de ce déplacement est égal à la distance AB, c'est-à-dire à l'accroissement de la production (25) qui s'ensuivrait si le taux d'intérêt restait inchangé (5,25).

Le graphique 2 et l'avant-dernière colonne du tableau 2 décrivent la nouvelle situation d'équilibre de l'appareil économique, tandis que la dernière colonne de ce tableau indique les changements dans les variables endogènes émanant de la hausse des achats de l'État. Il ressort que la production augmente ($\Delta Q = 12,5$) et que la dépense d'investissement diminue ($\Delta I_p = - 5$) à cause de la montée du taux d'intérêt ($\Delta i = 1,25$). L'éviction partielle de la dépense d'investissement privée explique que la hausse ultime de la production (distance AC = 12,5) soit inférieure à celle qui eût découlé de la hausse des achats de l'État (distance AB = 25) si le taux d'intérêt n'avait pas augmenté.

Le phénomène de l'éviction peut être préjudiciable dans une perspective à long terme. C'est le cas lorsque, par exemple, les investissements privés évincés peuvent renforcer l'efficacité de l'appareil de production et lorsque la hausse des achats de l'État vise la satisfaction de « besoins » courants (par exemple, les hausses des salaires des fonctionnaires) plutôt que l'amélioration des infrastructures collectives (installations portuaires, réseau routier, etc.) ou du capital humain (instruction, formation professionnelle, etc.).

Dans ce modèle, le phénomène de l'éviction réduit la part de la production globale qui est affectée à l'investissement de 26,2 à 16,5 %.

	Situation		
	initiale (A)	nouvelle (D)	Variation
$I^*(\$)$	19	14	− 5
$\dfrac{I^*}{Q^*}$ (%)	26,2	16,5	− 9,7

---

2. Une flèche orientée vers la droite ($\rightarrow$) indiquera qu'une courbe se déplace vers la droite, tandis qu'une flèche orientée vers la gauche ($\leftarrow$) signifiera qu'une courbe se déplace vers la gauche.

TABLEAU 2

Incidences d'une hausse des achats de l'État

$$\Delta G_p = \Delta \overline{G} = \overline{G}_1 - \overline{G}_0 = 10 - 0 = 10$$

	Description du modèle d'une économie fermée lorsque l'État achète des biens et des services	Valeur des variables endogènes en situation d'équilibre		Variation
		initiale	nouvelle	
$C_p = \overline{C} + cQ$	$10 + 0{,}6Q$	53,5	61	7,5
$E_p = -\overline{C} + eQ$	$-10 + 0{,}4Q$	19	24	5
$I_p = \overline{I} - bi$	$40 - 4i$	19	14	− 5
$G_p = \Delta\overline{G} = \overline{G}_1 - \overline{G}_0$	$10 - 0 = 10$			
$IS_1 = \dfrac{\overline{C} + \overline{I} + \overline{G}_1}{b} - \dfrac{e}{b}Q$	$15 - 0{,}1Q$			
$\overline{M}^O$	50			
$M^{DT} = kQ$	$0{,}5Q$	36,25	42,5	6,25
$M^{DS} = \overline{D} - gi$	$40 - 5i$	13,75	7,5	− 6,25
$M^D = kQ + \overline{D} - gi$	$0{,}5Q + 40 - 5i$	50	50	
$LM_0 = i = \dfrac{\overline{D} - \overline{M}^O}{g} + \dfrac{k}{g}Q$	$-2 + 0{,}1Q$			
$Q_1^* = \mu^{ind}(\overline{C} + \overline{I} + \overline{G}_1) + \mu^{\overline{M}^O}(\overline{M}^O - \overline{D})$	$1{,}25(10 + 40 + 10) + 1(50 - 40)$	72,5	85	12,5
$i_1^* = IS_1 = \dfrac{\overline{C} + \overline{I} + \overline{G}_1}{b} - \dfrac{e}{b}Q_1^*$	$15 - 0{,}1Q_1^*$	5,25	6,5	1,25

GRAPHIQUE 2

Incidences d'une hausse des achats de l'État

$$\Delta G_p = \Delta \overline{G} = \overline{G}_1 - \overline{G}_0 = 10 - 0 = 10$$

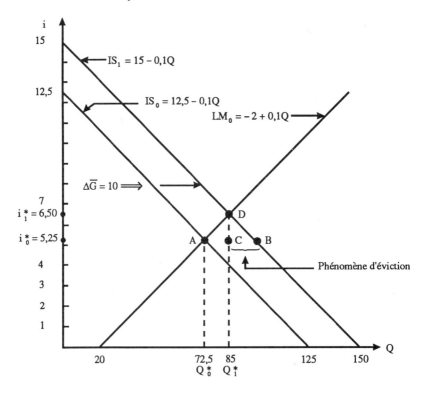

Dans ce scénario, l'épargne des ménages assure le financement des investissements privés et du déficit budgétaire de l'État :

$$E = I + (G - T)$$

soit :

$$24 = 14 + (10 - 0)$$

$$24 = 24$$

Incidences de la pression fiscale indépendante (tableau 3 et graphique 3)

Les deux premières colonnes du tableau 3 présentent un modèle de l'appareil économique lorsque l'État a recours à la pression fiscale indépendante. Dans ce scénario, $\overline{T} = \Delta \overline{T} = \overline{T}_1 - \overline{T}_0 = 10 - 0 = 10$.

TABLEAU 3

Incidences d'une hausse des impôts indépendants

$$\Delta T_p = \Delta \overline{T} = \overline{T}_1 - \overline{T}_0 = 10 - 0 = 10$$

Description du modèle de l'appareil économique lorsque l'État a recours à la pression fiscale indépendante		Valeur des variables endogènes en situation d'équilibre		Variation
		initiale	nouvelle	
$C_p = \overline{C} + cQ_D$	$4 + 0,6Q$	53,5	43	$-10,5$
$E_p = -\overline{C} + eQ_D$	$-14 + 0,4Q$	19	12	-7
$T = T_p - TR_p = \overline{T} - 0 = \overline{T}$	10			
$Q_D = Q - T = Q - \overline{T}$	$Q - 10$	72,5	55	$-17,5$
$I_p = \overline{I} - bi$	$40 - 4i$	19	22	3
$IS_1 = i = \dfrac{\overline{C}+\overline{I}-c\overline{T}}{b} - \dfrac{e}{b}Q$	$11 - 0,1Q$			
$\overline{M}^o$	50			
$M^{DT} = kQ$	$0,5Q$	36,25	32,5	$-3,75$
$M^{DS} = \overline{D} - gi$	$40 - 5i$	13,75	17,5	3,75
$M^D = kQ + \overline{D} - gi$	$0,5Q + 40 - 5i$	50	50	
$LM_0 = i = \dfrac{\overline{D} - \overline{M}^o}{g} + \dfrac{k}{g}Q$	$-2 + 0,1Q$			
$Q_1^* = \mu^{ind}(\overline{C} + \overline{I} - c\overline{T}) + \mu^{\overline{M}^o}(\overline{M}^o - \overline{D})$	$1,25\,(10 + 40 - 6) + 1\,(50 - 40)$	72,5	65	$-7,5$
$i_1^* = IS_1 = \dfrac{\overline{C}+\overline{I}-c\overline{T}}{b} - \dfrac{e}{b}Q_1^*$	$11 - 0,1Q_1^*$	5,25	4,5	$-0,75$

Cette intervention des pouvoirs publics explique le déplacement (graphique 3) vers la gauche de la courbe IS ($IS_1 \leftarrow IS_0$). L'importance de ce déplacement (distance AB) est égale au recul de la production ($\Delta Q = \mu^{\overline{T}} \cdot \Delta\overline{T} = -0,75 \times 10 = -7,5$) qui s'ensuivrait si le taux d'intérêt ne changeait pas.

Les interactions des marchés des biens et de la monnaie peuvent être mises en évidence comme suit:

– la hausse des impôts réduit le revenu disponible des ménages ($\Delta Q_D = -17,5$), et le montant de leurs achats ($\Delta C_p = -10,5$),

– la baisse du taux d'intérêt ($\Delta i = -0,75$) stimule la dépense d'investissement ($\Delta I_p = 3$),

– la baisse de la production globale ($\Delta Q = -7,5$), qui reflète le fait que la hausse des investissements compense seulement une partie du repli des dépenses des ménages, explique la réduction de la quantité de monnaie demandée pour motif de transaction ($\Delta M^{DT} = -3,75$) et du taux d'intérêt ($-0,75$).

GRAPHIQUE 3

Incidences d'une hausse des impôts indépendants

$$\Delta T_p = \Delta\overline{T} = \overline{T}_1 - \overline{T}_0 = 10 - 0 = 10$$

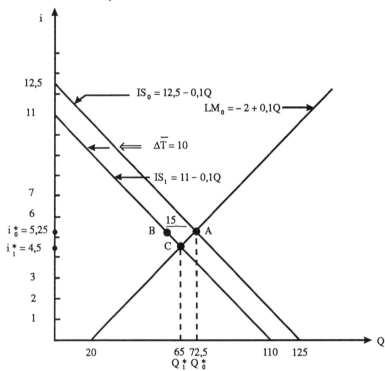

La baisse du loyer de l'argent a des effets bénéfiques à long terme sur l'appareil économique, car la part de la production affectée à l'investissement est plus élevée :

	Situation		
	initiale (A)	nouvelle (C)	Variation
I*($)	19	22	3
$\dfrac{\text{I*}}{\text{Q*}}$ (%)	26,2	33,8	7,6

Dans ce scénario, l'épargne des ménages est plus faible que dans la situation initiale ($\Delta E_p = -7$) à cause de la réduction du revenu disponible ($\Delta Q_D = -17,5$), ce qui est de nature à inciter les contribuables à modifier leurs choix en matière de travail et de loisir[3].

Dans le présent contexte, l'État a un surplus budgétaire ($T - G = 10 - 0 = 10$), de sorte que les pouvoirs publics peuvent contribuer au financement de l'investissement privé en achetant, par exemple, des titres (actions, obligations, etc.) émis par des entités privées sur les marchés financiers :

$$I = E + (T - G)$$

soit :

$$22 = 12 + 10 - 0$$

$$22 = 22$$

Incidences de la pression fiscale proportionnelle (tableau 4 et graphique 4)

Les deux premières colonnes du tableau 4 décrivent le modèle de l'appareil économique lorsque l'État a recours à la pression fiscale indépendante et proportionnelle. Dans ce scénario, $T_p = \Delta T_p = T_{p1} - T_{p0} = (\overline{T} + \tau Q) - 0 = 10 + 0,1Q$.

Cette initiative des pouvoirs publics explique le déplacement (non parallèle) vers la gauche (graphique 4)) de la courbe IS ($IS_1 \leftarrow IS_0$). Les conséquences économiques et financières ne surprennent guère : la production régresse de 72,5 $ au point A à 60,5 $ au point B, tandis que le fléchissement du taux d'intérêt de 5,25 à 4,05 % stimule la dépense d'investissement ($\Delta I_p = 4,8$).

Le tableau 4 montre que l'alourdissement du fardeau fiscal ($T_p^* = 16,05$) provoque le fléchissement du revenu disponible ($\Delta Q_D = -28,05$) et de la dépense des

---

3. Ainsi, certains travailleurs pourraient décider de consacrer moins de temps au travail désormais moins bien rémunéré après impôts, tandis que d'autres pourraient préférer travailler davantage et réduire ainsi le nombre d'heures affectées aux loisirs, afin de maintenir leur revenu disponible et leur train de vie, c'est-à-dire la valeur de leurs achats de biens et de services.

TABLEAU 4

Incidences de la pression fiscale proportionnelle

$$T_p = \Delta T_p = T_{p1} - T_{p0} = (\overline{T} + \tau Q) - 0 = 10 + 0,1Q$$

Description du modèle de l'appareil économique lorsque l'État a recours à la pression fiscale indépendante et proportionnelle	Valeur des variables endogènes en situation d'équilibre		Variation
	initiale	nouvelle	
$C_p = \overline{C} + cQ_D$	$4 + 0,54Q$	53,5	36,67	− 16,83
$E_p = -\overline{C} + e\,(Q - T)$	$- 14 + 0,36Q$	19	7,78	− 11,22
$T = T_p - TR_p = \overline{T} + \tau Q$	$10 + 0,1Q$		16,05	16,05
$Q_D = Q - T = Q - \overline{T} + \tau Q$	$- 10 + 0,9Q$	72,5	44,45	− 28,05
$I_p = \overline{I} - bi$	$40 - 4i$	19	23,80	4,80
$IS_1 = i = \dfrac{\overline{C} + \overline{I} - c\overline{T}}{b} - \dfrac{e + c\,\tau}{b}Q$	$11 - 0,115Q$			
$\overline{M}^O$	50			
$M^{DT} = kQ$	$0,5Q$	36,25	30,25	− 6
$M^{DS} = \overline{D} - gi$	$40 - 5i$	13,75	19,75	6
$M^D = kQ + \overline{D} - gi$	$0,5 + 40 - 5i$	50	50	
$LM_0 = i = \dfrac{\overline{D} - \overline{M}^O}{g} + \dfrac{k}{g}Q$	$- 2 + 0,1Q$			
$Q^* = \dfrac{\overline{C} - c\overline{T} + \overline{I} + (\overline{M}^O - \overline{D})\,(b/g)}{e + c\,\tau + bk/g}$		72,5	60,5	− 12
$i_1^* = IS_1 = \dfrac{\overline{C} + \overline{I} - c\overline{T}}{b} - \dfrac{e + c\,\tau}{b}Q_1^*$	$11 - 0,115Q_1^*$	5,25	4,05	− 1,2

ménages ($\Delta C_p = 16,83$). On constate également que la hausse de la dépense d'investissement augmente la part de la production affectée à la fabrication de biens de production de 26,2 à 39,3 % :

	Situation		
	initiale (A)	nouvelle (B)	Variation
$I^*(\$)$	19	23,8	4,8
$\dfrac{I^*}{Q^*}$ (%)	26,2	39,3	13,1

Tout comme dans le scénario précédent, l'État réalise un surplus budgétaire ($T - G = 16,05 - 0 = 16,05$). L'épargne publique contribue donc, avec l'épargne des ménages, au financement de la formation de capital privée:

$$I = E + (T - G)$$

soit:

$$23,83 = 7,78 + 16,05$$
$$23,83 = 23,83$$

GRAPHIQUE 4

Incidences d'une hausse de la pression fiscale proportionnelle

$$\mathbf{T_p = \Delta T_p = T_{p1} - T_{p0} = (\overline{T} + \tau Q) - 0 = 10 + 0,1Q}$$

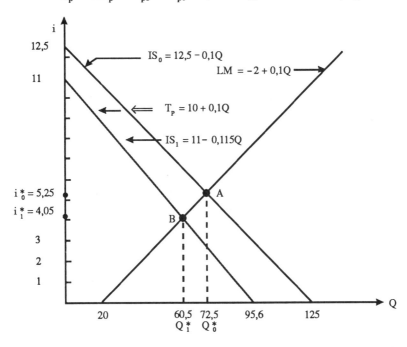

Incidences d'une hausse de la masse monétaire (tableau 5 et graphique 5)

La seule différence entre les deux premières colonnes des tableaux 1 et 5 (il s'agit dans les deux cas d'un appareil économique privé) réside dans le fait que la banque centrale tente, dans le deuxième scénario, de stimuler la production en augmentant la quantité de monnaie en circulation ($\Delta \overline{M}^O = 20$).

TABLEAU 5

Incidences d'une hausse de la masse monétaire

$$\Delta \overline{M}^o = \overline{M}_1^o - \overline{M}_0^o = 70 - 50 = 20$$

Description du modèle de l'appareil économique privé	Valeur des variables endogènes en situation d'équilibre		Variation
	initiale	nouvelle	
$C_p = \overline{C} + cQ$	$10 + 0,6Q$	53,5	65,5	12
$E_p = -\overline{C} + eQ$	$-10 + 0,4Q$	19	27	8
$I_p = \overline{I} - bi$	$40 - 4i$	19	27	8
$IS_0 = i = \dfrac{\overline{C}+\overline{I}}{b} - \dfrac{e}{b}Q$	$12,5 - 0,1Q$			
$\overline{M}_1^o = \overline{M}_0^o + \Delta M^o$	$50 + 20 = 70$			
$M^{DT} = kQ$	$0,5Q$	36,25	46,25	10
$M^{DS} = \overline{D} - gi$	$40 - 5i$	13,75	23,75	10
$M^D = kQ + \overline{D} - gi$	$0,5Q + 40 - 5i$	50	70	20
$LM_1 = i = \dfrac{\overline{D} - M_1^o}{g} + \dfrac{k}{g}Q$	$-6 + 0,1Q$			
$Q_1^* = \mu^{ind}(\overline{C}+\overline{I}) + \mu^{\overline{M}^o}(\overline{M}_1^o - \overline{D})$	$1,25(10+40) + 1(70-40)$	72,5	92,5	20
$i_1^* = IS_0 = \dfrac{\overline{C}+\overline{I}}{b} - \dfrac{e}{b}Q_1^*$	$12,5 - 0,1Q_1^*$	5,25	3,25	-2

Cette intervention explique le déplacement (graphique 5) vers la droite de la courbe LM ($LM_0 \rightarrow LM_1$), et le passage consécutif du point A au point B. La chute consécutive du taux d'intérêt ($\Delta i = -2$) stimule la dépense d'investissement ($\Delta I_p = 8$) et l'activité économique globale ($\Delta Q = 20$); le fait que le multiplicateur de la monnaie atteint l'unité explique que l'essor de la production soit égal à l'accroissement de la quantité de monnaie en circulation:

$$\Delta Q = \mu^{\overline{M}^O} \cdot \Delta \overline{M}^O$$

soit:

$$= 1 \times 20$$
$$= 20$$

GRAPHIQUE 5

Incidences d'une hausse de la masse monétaire

$$\Delta \overline{M}^O = \overline{M}_1^O - \overline{M}_0^O = 70 - 50 = 20$$

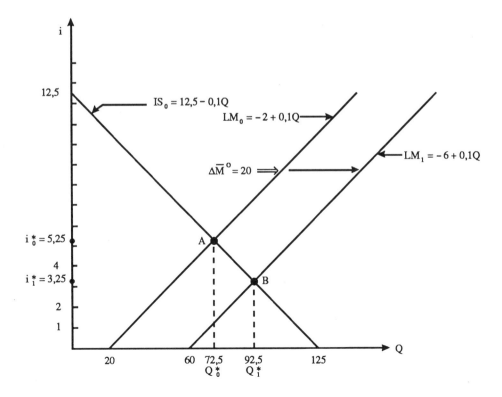

Dans le contexte actuel, caractérisé par la stabilité des prix (P = $\overline{P}$ = 1), la politique expansionniste pratiquée par la banque centrale a uniquement des conséquences réjouissantes, puisqu'elle augmente non seulement la production (ΔQ = 20), mais aussi la formation du capital en valeur absolue (ΔI_p = 8) et en pourcentage de la production totale de 26,2 à 29,2 % :

	Situation		
	initiale (A)	nouvelle (B)	Variation
I*($)	19	27	8
$\dfrac{I^*}{Q^*}$ (%)	26,2	29,2	3

Conclusion

Les incidences économiques et financières des interventions de l'État et de la banque centrale que nous avons mises en évidence découlent des hypothèses des modèles utilisés (économie fermée, absence d'inflation, comportement parfaitement prévisible des agents privés, etc.). Dans la réalité, les conséquences ne sont jamais évidentes, car le comportement de chaque appareil économique national dépend de sa structure particulière et de la multiplicité des facteurs, nationaux et internationaux (politiques, sociaux, technologiques, économiques et financiers), qui altèrent continuellement l'environnement. Ainsi, l'augmentation des achats du gouvernement peut stimuler la dépense d'investissement plutôt que la déprimer, en dépit d'une hausse du taux d'intérêt ; c'est le cas lorsque la hausse des dépenses publiques améliore les perspectives de rentabilité du secteur privé, réduit le risque d'une récession économique et améliore le capital collectif, matériel et humain. Autre exemple : dans une économie ouverte, les conséquences des interventions de l'État dépendent non seulement des réactions de l'appareil économique national, mais aussi des décisions des portefeuillistes, nationaux et étrangers, qui placent des fonds sur plusieurs marchés monétaires et financiers nationaux. Dernier exemple : une hausse de la quantité de monnaie en circulation peut, lorsque les agents prévoient une hausse des prix, provoquer une hausse des taux d'intérêt plutôt qu'une baisse du loyer de l'argent.

Le tableau 6 présente les multiplicateurs des achats indépendants des agents privés ($\mu^{\overline{C}}$ et $\mu^{\overline{I}}$) et les multiplicateurs des instruments d'intervention de l'État et de la banque centrale ($\mu^{\overline{G}}$, $\mu^{\overline{T}}$, $\mu^{\overline{TR}}$, $\mu^{\overline{M}^O}$). Il ressort que les multiplicateurs diffèrent selon que l'État a recours, ou non, à l'imposition proportionnelle (« sans τ » ou « avec τ »).

On constate également que les multiplicateurs sont plus faibles lorsque les marchés des biens et de la monnaie sont interdépendants (par exemple, $\mu^{\overline{I}}$ < $m^{\overline{I}}$) ; la sensibilité des chefs d'entreprise à une variation du taux d'intérêt en matière d'investissement (b) est un facteur important, car l'État stimule d'autant plus l'activité économique en augmentant ses achats que la dépense d'investissement est peu sensible à la hausse du loyer de l'argent.

TABLEAU 6

**La valeur des multiplicateurs des achats indépendants des agents privés
et des instruments d'intervention de l'État en situation de sous-emploi
et de stabilité complète du niveau général des prix**

Multiplicateurs	En faisant abstraction de l'interaction des deux marchés		Dans le contexte du schéma IS-LM	
	sans τ	avec τ	sans τ	avec τ
$m^{ind} = m^{\overline{C}} = m^{\overline{I}} = m^{\overline{G}}$	$\dfrac{1}{e}$	$\dfrac{1}{e + c\tau}$		
$m^{\overline{T}}$	$\dfrac{-c}{e}$	$\dfrac{-c}{e + c\tau}$		
$m^{\overline{TR}}$	$\dfrac{c}{e}$	$\dfrac{c}{e + c\tau}$		
$\mu^{ind} = \mu^{\overline{C}} = \mu^{\overline{I}} = \mu^{\overline{G}}$			$\dfrac{1}{e + \dfrac{bk}{g}}$	$\dfrac{1}{e + c\tau + \dfrac{bk}{g}}$
$\mu^{\overline{T}}$			$\dfrac{-c}{e + \dfrac{bk}{g}}$	$\dfrac{-c}{e + c\tau + \dfrac{bk}{g}}$
$\mu^{\overline{TR}}$			$\dfrac{c}{e + \dfrac{bk}{g}}$	$\dfrac{c}{e + c\tau + \dfrac{bk}{g}}$
$\mu^{\overline{M}^O}$			$\dfrac{\dfrac{b}{g}}{e + \dfrac{bk}{g}}$	$\dfrac{\dfrac{b}{g}}{e + c\tau + \dfrac{bk}{g}}$

Le tableau 7 montre que « l'efficacité » des variations des achats de l'État et de la masse monétaire dépend du contexte économique. Dans l'exposé qui suit, un instrument sera dit « efficace » s'il a un impact à court terme sur le niveau de l'activité économique; s'il n'altère pas le niveau de la production, il sera dit « inefficace ».

La partie supérieure du tableau 7 décrit le « cas normal », alors que la dépense d'investissement est sensible aux variations du taux d'intérêt (b > 0) et que la demande de monnaie dépend du taux d'intérêt (g > 0). Dans ce scénario, les deux instruments sont « normalement efficaces » car, par exemple, une hausse des achats de l'État ou de la masse monétaire renforce l'activité économique. Dans la section suivante, nous esquisserons les trois cas exceptionnels (I, II et III) présentés dans la partie inférieure du tableau 7.

TABLEAU 7

Le degré d'efficacité des politiques fiscale et monétaire lorsque le niveau des prix est stable

Cas	b	g	Illustration graphique	Politique — fiscale (sans τ)					Politique — monétaire			
				$\bar{\mu}^{G}$	Éviction	ΔQ	Δi	Efficacité	$\bar{\mu}^{M^{O}}$	ΔQ	Δi	Efficacité
Normal	+	+		$\dfrac{1}{e+\dfrac{bk}{g}}$	partielle	↑	↑	normale	$\dfrac{\dfrac{b}{g}}{e+\dfrac{bk}{g}}$	↑	↓	normale
Exceptionnels												
I (plein-emploi ou récession éphémère)	+	$M^{DS}=0$ $\bar{g}=\bar{D}=0$		0	totale	0	↑	nulle	$\dfrac{1}{k}$	↑	↓	maximale
II (dépression)	+	$i=i^{cr}$		$\dfrac{1}{e}$		↑	↑	maximale	0	↑		nulle
III (dépression)	0	+		$\dfrac{1}{e}$		↑	↑	maximale	0		↑	nulle

Section 2

Trois cas exceptionnels

Les deux premiers cas exceptionnels peuvent théoriquement apparaître sur le marché monétaire, tandis que le troisième peut surgir sur le marché des biens. Nous les examinerons tour à tour.

Premier scénario exceptionnel: la quantité demandée de monnaie dépend uniquement du motif de transaction

Dans ce scénario dit « classique », présenté dans le graphique 6 et le tableau 8, l'appareil économique est pleinement utilisé et les agents souhaitent détenir de la monnaie uniquement pour effectuer des transactions; la demande spéculative de monnaie étant, par hypothèse, inexistante, il s'ensuit que $M^D = M^{DT}$. Dans un tel contexte, la courbe de demande de monnaie est verticale par rapport au taux d'intérêt (voir le segment V dans la partie B du graphique 3, chapitre 4, page 105), tandis que la courbe LM est verticale (LM_0) et croise l'axe des abscisses au point $Q_0^* = \overline{M}^O/k$:

$M^D = \overline{M}^O$ en chaque point de la courbe LM qui devient, par substitution:

$M^{DT} + M^{DS} = \overline{M}^O$

$M^{DT} + 0 = \overline{M}^O$ puisque $M^{DS} = 0$

$kQ = \overline{M}^O$ puisque $M^{DT} = kQ$

et

$$Q^* = \frac{\overline{M}^O}{k}$$

L'équation ci-dessus exprime le niveau d'équilibre de la production. On dégage la même conclusion si on multiplie le numérateur et le dénominateur de l'équation suivante par g:

$$Q^* = \frac{\overline{C} + \overline{I} + \overline{G} - c\overline{T} + (\overline{M}^O - \overline{D})\left(\dfrac{b}{g}\right)}{e + \dfrac{bk}{g}}$$

$$= \frac{g\,(\overline{C} + \overline{I} + \overline{G} - c\overline{T}) + (\overline{M}^O - \overline{D})\,b}{g\left(\dfrac{eg + bk}{g}\right)}$$

GRAPHIQUE 6

Premier scénario exceptionnel, dit « classique », sur le marché de la monnaie ($M^{DS} = 0 \Rightarrow M^D = M^{DT}$): en situation de plein-emploi, les politiques fiscale et monétaire sont inefficaces et inappropriées ($\mu^{\overline{G}} = \mu^{\overline{M}^O} = 0$); dans la situation improbable du sous-emploi, la politique fiscale est inefficace ($\mu^{\overline{G}} = 0$), tandis que la politique monétaire est très efficace ($\mu^{\overline{M}^O} = 1/k$)

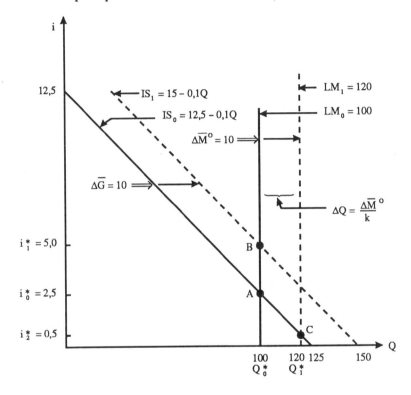

Étant donné que $g = \overline{D} = 0$ dans le contexte actuel ($M^{DS} = 0$), il s'ensuit donc que le niveau de la production dépend uniquement de la masse monétaire et de la fraction de la production que les agents souhaitent détenir sous forme de monnaie:

$$Q^* = \frac{g\,(\overline{C} + \overline{I} + \overline{G} - c\overline{T}) + (\overline{M}^O - \overline{D})\,b}{eg + bk}$$

$$= \frac{b\overline{M}^O}{bk}$$

$$= \frac{\overline{M}^O}{k}$$

TABLEAU 8

Premier scénario exceptionnel, dit « classique », sur le marché de la monnaie ($M^{DS} = 0 \Rightarrow M^D = M^{DT}$) : en situation de plein-emploi, les politiques fiscale et monétaire sont inefficaces et inappropriées ($\mu^{\bar{G}} = \mu^{\bar{M}^O} = 0$) ; dans la situation improbable du sous-emploi, la politique fiscale est inefficace ($\mu^{\bar{G}} = 0$), tandis que la politique monétaire est très efficace ($\mu^{\bar{M}^O} = 1/k$)

Description du modèle classique		Valeur des variables endogènes dans la situation initiale d'équilibre	Variation lorsque	
			$\Delta G_p = \bar{G}_1 = 10$	$\Delta\bar{M}^O = 10$
$C_p = \bar{C} + cQ$	$10 + 0,6Q$	70		12
$E_p = -\bar{C} + eQ$	$-10 + 0,4Q$	30		8
$I_p = \bar{I} - bi$	$40 - 4i$	30	-10	8
$\bar{G}_0$	0			
$\Delta\bar{G} = \bar{G}_1 = \bar{G}_0 + \Delta\bar{G}$	$0 + 10 = 10$			
$IS_0 = i = \dfrac{\bar{C} + \bar{I}}{b} - \dfrac{e}{b}Q$	$12,5 - 0,1Q$			
$IS_1 = i = \dfrac{\bar{C} + \bar{I} + \bar{G}_1}{b} - \dfrac{e}{b}Q$	$15 - 0,1Q$			
$\bar{M}_0^O$	50			
$\bar{M}_1^O = \bar{M}_0^O + \Delta\bar{M}^O$	$50 + 10 = 60$			
$M^D = M^{DT} = kQ$	$0,5k$	50		10
M^{DS}	0			
$LM_0 = Q_0^* = \dfrac{\bar{M}_0^O}{k}$	$\dfrac{50}{0,5} = 100$	100		20
$LM_1 = Q_1^* = \dfrac{\bar{M}_1^O}{k}$	$\dfrac{60}{0,5} = 120$			
$i_0^* = IS_0 = \dfrac{\bar{C} + \bar{I}}{b} - \dfrac{e}{b}Q_0^*$	$12,5 - 0,1Q_0^*$	2,5	2,5	
$i_1^* = IS_1 = \dfrac{\bar{C} + \bar{I} + \bar{G}_1}{b} - \dfrac{e}{b}Q_0^*$	$15 - 0,1Q_0^*$			
$i_2^* = IS_0 = \dfrac{\bar{C} + \bar{I}}{b} - \dfrac{e}{b}Q_1^*$	$12,5 - 0,1Q_1^*$			-2

La politique fiscale est inefficace et inappropriée

Le fait que toutes les ressources productives soient, par hypothèse, complètement utilisées dans le modèle classique signifie qu'une hausse des achats de l'État ($\Delta\overline{G} = 10$) est non seulement inefficace, la production ne pouvant augmenter, mais aussi inappropriée, puisqu'elle provoque l'éviction d'un montant égal d'investissement ($\Delta I_p = -10$). Le graphique 6 montre que cette initiative des pouvoirs publics se traduit par le déplacement vers la droite de la courbe IS ($IS_0 \rightarrow IS_1$), de sorte que la nouvelle situation d'équilibre est illustrée par le point B. On constate que le passage du point A au point B provoque une hausse du taux d'intérêt de 2,5 à 5 %, une baisse (tableau 8) des investissements ($\Delta I_p = -10$), mais laisse inchangée la valeur de la production ($Q_0^* = 100$). La réduction consécutive de la part de la production affectée à l'investissement de 30 à 20 % est regrettable si les projets évincés sont socialement plus productifs à long terme que les achats courants de l'État.

	Situation		
	initiale (A)	nouvelle (D)	Variation
I*($)	30	20	− 10
$\dfrac{I^*}{Q^*}$ (%)	30	20	− 10

La politique monétaire est très efficace dans une situation improbable de sous-emploi

Dans une situation de plein-emploi, toute tentative de la banque centrale de stimuler l'appareil économique ($\Delta\overline{M}^O = 10$) est inefficace et inappropriée, puisqu'elle aurait uniquement pour effet d'augmenter le niveau général des prix. Par exemple, si l'appareil économique fonctionne à pleine capacité lorsque la production atteint 100 $ (graphique 6), le point C est inaccessible ($Q_1^* = 120$) et la banque centrale ne peut réduire le taux d'intérêt de 2,5 à 0,5 % et stimuler ainsi la production.

C'est uniquement lorsque l'appareil de production est sous-utilisé (une situation aussi improbable qu'éphémère dans ce scénario classique) que la politique monétaire s'avère très efficace. Par exemple, si on suppose que le chômage est important lorsque la production est inférieure à 120 $, la hausse de la masse monétaire ($\Delta\overline{M}^O = 10$), qui explique le déplacement vers la droite de la courbe LM ($LM_0 \rightarrow LM_1$), provoque le recul du taux d'intérêt de 2,5 à 0,5 % et stimule les investissements ($\Delta I_p = 8$) et la production ($Q_1^* - Q_0^* = 120 - 100 = 20$).

Deuxième scénario exceptionnel: la demande de monnaie est hypersensible à une variation du taux d'intérêt

Dans ce second scénario exceptionnel (tableau 9), dit keynésien, les agents veulent détenir uniquement de la monnaie parce qu'ils jugent unanimement que le taux d'intérêt courant est incompressible lorsqu'il atteint le seuil critique de 1,5 % ($i^{cr} = 1,5$) (graphique 7); les cours des titres sont très vulnérables, de sorte que les portefeuillistes préfèrent détenir uniquement des liquidités dès lors qu'ils constatent une hausse des cours ou, en d'autres termes, un très léger recul du taux d'intérêt courant. Dans un tel contexte, la courbe LM est horizontale et croise l'axe vertical au point où le

TABLEAU 9

Deuxième scénario exceptionnel, dit keynésien, sur le marché de la monnaie ($i = i^{cr} = 1,5$): en situation de dépression économique, la politique fiscale est très efficace ($\mu^{\overline{G}} = m^{\overline{G}} = 1/e$), tandis que la politique monétaire est totalement inefficace ($\mu^{\overline{M}^O} = 0$)

Description du modèle	Valeur des variables dans la situation initiale d'équilibre	Variation lorsque	
		$\Delta G_p = \overline{G}_1 = 10$	$\Delta \overline{M}^O = 10$
$C_p = \overline{C} + cQ$ $10 + 0,6Q$	76	15	
$E_p = -\overline{C} + eQ$ $-10 + 0,4Q$	34	10	
$I_p = \overline{I} - bi$ $40 - 4i$	34		
$\overline{G}_0$	0		
$\overline{G}_1$	10		
$IS_0 = \dfrac{\overline{C} + \overline{I} + \overline{G}_0}{e} - \dfrac{b}{e}i$ $125 - 10i$			
$IS_1 = \dfrac{\overline{C} + \overline{I} + \overline{G}_1}{e} - \dfrac{b}{e}i$ $150 - 10i$			
Marché monétaire:			
$i_0^* = i^{cr}$ $1,5$	1,5		
$Q_0^* = \dfrac{\overline{C} + \overline{I} + \overline{G}_0}{e} - \dfrac{b}{e}i_0^*$	110	25	
$Q_1^* = \dfrac{\overline{C} + \overline{I} + \overline{G}_1}{e} - \dfrac{b}{e}i_0^*$			
$= \dfrac{10 + 40 + 10}{0,4} - \dfrac{4}{0,4} \times 1,5$			
$= 135$			

GRAPHIQUE 7

**Deuxième scénario exceptionnel, dit keynésien, sur le marché de la monnaie
(i = i^{cr} = 1,5): en situation de dépression économique, la politique fiscale
est très efficace ($\mu^{\overline{G}} = m^{\overline{G}} = 1/e$), tandis que la politique
monétaire est totalement inefficace ($\mu^{\overline{M}^o} = 0$)**

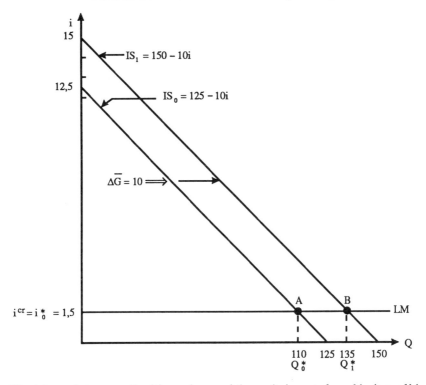

taux d'intérêt atteint son seuil critique; le marché monétaire est alors décrit par l'équation $i^{cr} = 1,5$.

Dans la situation initiale d'équilibre décrite par le point A (graphique 7), la production atteint 110 $, un niveau qui, par hypothèse, est très déprimé et est caractérisé
par la sous-utilisation importante du potentiel de l'appareil économique.

La politique monétaire est totalement inefficace

Dans un tel contexte, la banque centrale ne peut stimuler l'activité économique
($\mu^{\overline{M}^o} = 0$), car l'appareil de production est alors pris dans « le piège de la liquidité »[4]: la production se maintient à 110 $, car le taux d'intérêt ne peut fléchir en
deçà de 1,5 %.

---

4. En anglais: *liquidity trap*.

La politique fiscale est très efficace

Le graphique 7 met en évidence la très grande efficacité de la politique fiscale ($\mu^{\overline{G}} = m^{\overline{G}} = 1/e$). Ainsi, l'augmentation des achats de l'État ($\Delta\overline{G} = 10$), qui se traduit par le déplacement vers la droite de la courbe IS ($IS_0 \rightarrow IS_1$), stimule la production ($\Delta Q = Q_1^* - Q_0^* = 135 - 110 = 25$), mais n'affecte par le taux d'intérêt ($i^{cr} = i_0^* = 1,5$) et la dépense d'investissement ($I_{p1} = I_{p0} = 34$).

Troisième scénario exceptionnel: la dépense d'investissement est totalement insensible à une variation du taux d'intérêt

Ce troisième scénario exceptionnel (tableau 10) d'inspiration keynésienne se situe, comme le précédent, dans le contexte d'une conjoncture économique très déprimée; l'appareil économique est donc fortement sous-utilisé, de sorte que les chefs d'entreprise renoncent à investir davantage ($b = 0$), quel que soit le taux d'intérêt courant. Cet état de choses signifie que la demande de biens de production est illustrée par une droite verticale lorsqu'elle est exprimée en fonction du taux d'intérêt; il s'ensuit également que la courbe IS est verticale, puisque le second terme du membre droit de l'équation suivante est nul (par exemple, IS_0 ou IS_1 dans le graphique 8):

$$IS = Q = \frac{\overline{C} + \overline{I} + \overline{G}}{e} - \frac{b}{e} i$$

$$= \frac{\overline{C} + \overline{I} + \overline{G}}{e} \quad \text{avec } b = 0$$

Les deux équations suivantes montrent que le niveau de la production en situation d'équilibre dépend uniquement des éléments indépendants de la dépense, puisque $b = 0$ dans le contexte actuel:

$$Q^* = \frac{\overline{C} + \overline{I} + \overline{G} + (\overline{M}^O - \overline{D})\dfrac{b}{g}}{e + \dfrac{bk}{g}}$$

$$= \frac{\overline{C} + \overline{I} + \overline{G}}{e} \quad \text{avec } b = 0$$

Le taux d'intérêt dépend de la masse monétaire:

$$i^* = LM$$

$$= \frac{\overline{D} - \overline{M}^O}{g} + \frac{k}{g} Q^*$$

TABLEAU 10

Troisième scénario exceptionnel, dit keynésien, sur le marché des biens (b = 0): en situation de dépression économique, la politique monétaire est totalement inefficace ($\mu \overline{M}^O = 0$), tandis que la politique fiscale est très efficace ($\mu^{\overline{G}} = m^{\overline{G}} = 1/e$)

Description du modèle	Valeur des variables endo-gènes dans la situation initiale d'équilibre (point A)	Variation lorsque	
		$\Delta G_p = \overline{G}_1 = 10$ (point B)	$\Delta \overline{M}^O = 10$ (point C)
$C_p = \overline{C} + cQ$	$10 + 0,6Q$	40	15	
$E_p = -\overline{C} + eQ$	$-10 + 0,4Q$	10	10	
$I_p = \overline{I}$	10			
$\overline{G}_0$	0			
$\overline{G}_1$	10			
$IS_0 = Q_0^* = \dfrac{\overline{C} + \overline{I} + \overline{G}_0}{e}$	$\dfrac{10 + 10 + 0}{0,4}$	50	25	
$IS_1 = Q_1^* = \dfrac{\overline{C} + \overline{I} + \overline{G}_1}{e}$	$\dfrac{10 + 10 + 10}{0,4}$			
$\overline{M}_0^O$	50			
$\overline{M}_1^O$	60			
$M^{DT} = kQ$	$0,5Q$	25	$12,5$	
$M^{DS} = \overline{D} - gi$	$40 - 5i$	25	$-12,5$	10
$M^D = kQ + \overline{D} - gi$	$0,5Q + 40 - 5i$	50		
$LM_0 = i = \dfrac{\overline{D} - \overline{M}_0^O}{g} + \dfrac{k}{g}Q$	$-2 + 0,1Q$	3	$2,5$	-2
$LM_1 = i = \dfrac{\overline{D} - \overline{M}_1^O}{g} + \dfrac{k}{g}Q$	$-4 + 0,1Q$			
$i_1^* = LM_0$	$-2 + 0,1Q_1^*$			
$i_2^* = LM_1$	$-4 + 0,1Q_0^*$			
$i_0^* = LM_0$	$-2 + 0,1Q_0^*$			

Dans la situation initiale d'équilibre décrite par le point A (graphique 8), la production et le taux d'intérêt atteignent respectivement 50 \$ et 3 %. La sous-utilisation du potentiel de production est alors telle que les chefs d'entreprise renoncent à investir davantage, même lorsque le taux d'intérêt fléchit et devient ainsi plus attrayant.

GRAPHIQUE 8

Troisième scénario exceptionnel, dit keynésien, sur le marché des biens (b = 0): en situation de dépression économique, la politique monétaire est totalement inefficace ($\mu^{\overline{M^0}} = 0$), tandis que la politique fiscale est très efficace ($\mu^{\overline{G}} = m^{\overline{G}} = 1/e$)

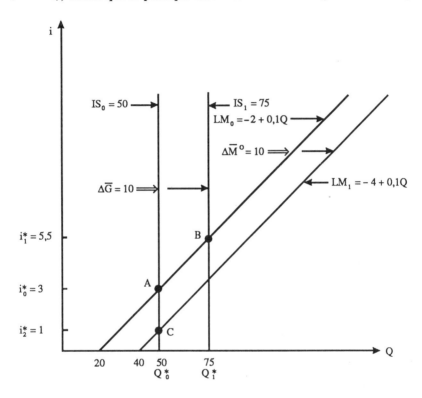

La politique fiscale est très efficace

Le graphique 8 révèle que la politique fiscale est alors très efficace ($\mu^{\overline{G}} = m^{\overline{G}} = 1/e$). Ainsi, la hausse des achats de l'État ($\Delta\overline{G} = 10$), qui se traduit par le déplacement vers la droite de la courbe IS ($IS_0 \rightarrow IS_1$), stimule la production ($\Delta Q = Q_1^* - Q_0^* = 75 - 50 = 25$), en dépit de la hausse du taux d'intérêt de 3 % au point A à 5,5 % au point B.

La politique monétaire est totalement inefficace

Le graphique 8 met en évidence l'inefficacité totale de la politique monétaire ($\mu^{\overline{M^0}} = 0$). Ainsi, la hausse de la masse monétaire ($\Delta\overline{M}^O = 10$), qui se traduit par le déplacement vers la droite de la courbe LM ($LM_0 \rightarrow LM_1$), entraîne certes la baisse du taux d'intérêt de 3 % au point A à 1 % au point C, mais elle ne réussit guère à stimuler la dépense d'investissement ($I_{p0}^* = I_{p1}^* = 10$) et la production ($Q_0^* = 50$); toute la quantité additionnelle de monnaie en circulation est alors détenue sous forme d'encaisses spéculatives.

Conclusion

Dans les trois cas exceptionnels, l'efficacité des politiques fiscale et monétaire dépend, entre autres, du comportement des chefs d'entreprise sur le marché des biens (b) et de celui des portefeuillistes sur le marché de la monnaie ($\overline{D}$, g, i^{cr}). Ainsi, dans le scénario classique, seule la politique monétaire est efficace, tandis que dans les deux autres contextes de souche keynésienne, seule la politique fiscale est susceptible de ranimer l'appareil économique défaillant.

Dans des conditions « normales », l'État et la banque centrale peuvent théoriquement influencer à court terme le niveau de l'activité économique, non seulement parce que le niveau de production n'est pas déprimé au point où les chefs d'entreprise ne se préoccupent plus du niveau du taux d'intérêt, mais aussi parce que ce dernier n'atteint pas un seuil tel que tous les portefeuillistes désirent liquider tous leurs titres en même temps. Étant donné que l'appareil économique est rarement très déprimé, le cas classique est le plus intéressant, car il met en évidence, non seulement la futilité d'une politique économique expansionniste lorsque les capacités de production sont totalement ou presque complètement utilisées, mais aussi l'effet d'éviction lié à la hausse des achats de l'État.

Section 3

Incidences des achats de l'État et leur mode de financement

Nous analyserons, dans cette troisième section, les répercussions d'une hausse des achats de l'État dans trois contextes différents: dans le premier, la couverture intégrale des achats est assurée par l'impôt; dans le second, l'État finance ses achats supplémentaires par l'impôt et l'emprunt; dans le troisième, le recours à l'impôt et à l'emprunt est accompagné d'une hausse de la masse monétaire.

Première stratégie: la couverture complète des achats de l'État par les impôts indépendants

Dans ce premier scénario (tableau 11), les achats de biens et de services de l'État sont intégralement financés par les impôts indépendants ($\Delta\overline{G} = \Delta\overline{T} = 10$).

Le graphique 9 montre que les achats, considérés isolément, se traduisent par le déplacement vers la droite de la courbe IS ($IS_0 \rightarrow IS_1$), tandis que la pression fiscale indépendante provoque le déplacement vers la gauche de la courbe IS_1

TABLEAU 11

Incidences d'une hausse des achats de l'État entièrement financée par les impôts indépendants

$$\Delta \overline{G} = \Delta \overline{T} = 10$$

Description du modèle lorsque $\Delta \overline{G} = \Delta \overline{T}$		Valeur des variables endo-gènes en situa-tion d'équilibre	Variation par rapport au modèle initial (tableau 1)
$C_p = \overline{C} + cQ_D$	$4 + 0{,}6Q$	$50{,}5$	-3
$E_p = -\overline{C} + eQ_D$	$-14 + 0{,}4Q$	17	-2
$Q_D = Q - T$	$Q - 10$	$67{,}5$	-5
$\overline{T}_0$	0		
$\overline{T}_1$	10		
$T = T_p - TR_p = \overline{T}$			
$I_p = \overline{I} - bi$	$40 - 4i$	17	-2
$\overline{G}_0$	0		
$\overline{G}_1$	10		
$IS_0 = i = \dfrac{C + I}{b} - \dfrac{e}{b} Q$	$12{,}5 - 0{,}1Q$		
$IS_1 = i = \dfrac{\overline{C} + \overline{I} + \overline{G}_1}{b} - \dfrac{e}{b} Q$	$15 - 0{,}1Q$		
$IS_2 = i = \dfrac{\overline{C} + \overline{I} + \overline{G}_1 - c\overline{T}_1}{b} - \dfrac{e}{b} Q$	$13{,}5 - 0{,}1Q$		
$\overline{M}^O$	50		
$M^{DT} = kQ$	$0{,}5Q$	$38{,}75$	$2{,}5$
$M^{DS} = \overline{D} - gi$	$40 - 5i$	$11{,}25$	$-2{,}5$
$M^D = M^{DT} + M^{DS}$	$0{,}5 + 40 - 5i$	50	
$LM_0 = \dfrac{\overline{D} - \overline{M}^O}{g} + \dfrac{k}{g} Q$	$-2 + 0{,}1Q$		
$Q_1^* = \dfrac{\overline{C} + \overline{I} + \overline{G}_1 - c\overline{T} + (\overline{M}^O - \overline{D})\left(\dfrac{b}{g}\right)}{e + b\dfrac{k}{g}}$		$77{,}5$	5
$i_1^* = LM_0 = \dfrac{\overline{D} - \overline{M}^O}{g} + \dfrac{k}{g} Q_1^*$	$-2 + 0{,}1Q_1^*$	$5{,}75$	$0{,}5$

GRAPHIQUE 9

**Incidences d'une hausse des achats de l'État entièrement financée
par les impôts indépendants**

$$\Delta \overline{G} = \Delta \overline{T} = 10$$

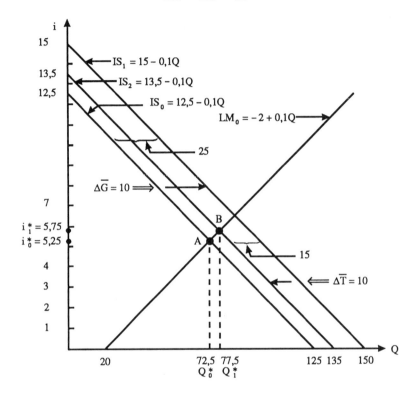

$(IS_2 \leftarrow IS_1)$. Il s'ensuit donc que l'appareil économique est en situation d'équilibre au point B, où la courbe IS_2 coupe la courbe LM_0. On constate que la production et le taux d'intérêt ont augmenté respectivement de 5 \$ et de 0,5 %.

L'essor de la production peut être déterminé en faisant la somme des effets séparés des achats et des impôts comme suit. Étant donné que le multiplicateur des achats de l'État atteint 1,25 :

$$\mu^{\overline{G}} = \frac{dQ}{d\overline{G}} = \frac{1}{e + \dfrac{bk}{g}}$$

soit:

$$= \frac{1}{0,4 + \left(4 \times \dfrac{0,5}{5}\right)}$$

$$= 1,25$$

il s'ensuit que la hausse des achats se traduit par une augmentation de la production de 12,5 \$:

$$\Delta Q = \mu^{\overline{G}} \cdot \Delta\overline{G}$$

soit:

$$= 1,25 \times 10$$

$$= 12,5$$

Les impôts indépendants ont un multiplicateur différent de celui des achats de l'État:

$$\mu^{\overline{T}} = \frac{dQ}{d\overline{T}} = \frac{-c}{e + \dfrac{bk}{g}}$$

soit:

$$= \frac{-0,6}{0,4 + \left(4 \times \dfrac{0,5}{5}\right)}$$

$$= -0,75$$

La pression fiscale provoque un fléchissement de l'activité économique de 7,5 \$:

$$\Delta Q = \mu^{\overline{T}} \cdot \Delta\overline{T}$$

soit:

$$= -0,75 \times 10$$

$$= -7,50$$

En additionnant les multiplicateurs des achats et des impôts indépendants, nous obtenons le multiplicateur d'une hausse des achats totalement couverte ou financée par les impôts ($\mu^{\overline{G} = \overline{T}}$):

$$\mu^{\overline{G} = \overline{T}} = \frac{\Delta Q}{\Delta\overline{G}} + \frac{\Delta Q}{\Delta\overline{T}}$$

$$= \cfrac{1}{e + \cfrac{bk}{g}} + \cfrac{-c}{e + \cfrac{bk}{g}}$$

$$= \cfrac{1 - c}{e + \cfrac{bk}{g}}$$

soit:

$$= 0,5$$

Il s'ensuit donc que l'accroissement de la production émanant de cette première stratégie gouvernementale atteint 5 $:

$$\Delta Q = \mu^{\overline{G} \,=\, \overline{T}} \cdot \Delta \overline{G}$$

$$= 0,5 \times 10$$

$$= 5$$

Le tableau 11 révèle que cette politique gouvernementale provoque une hausse du taux d'intérêt ($\Delta i = 0,5$) et la chute de la dépense d'investissement ($\Delta I_p = -2$) et de la part de la production affectée à la formation du capital (I^*/Q^*) de 26,2 à 22 %.

Deuxième stratégie: la couverture des achats par l'impôt et l'emprunt

Dans cette deuxième stratégie, l'État finance ses achats supplémentaires ($\Delta \overline{G} = 25$) en ayant recours aux impôts indépendants et proportionnels ($T_p^* = \overline{T} + \tau Q^* = 10 + 0,1 Q^* = 18,95$) ainsi qu'à l'emprunt (6,05). Le passage du point A au point B, dans le graphique 10, illustre les conséquences de cette politique sur la production et le taux d'intérêt, tandis que le tableau 12 présente le modèle et les répercussions d'une façon détaillée.

Le déplacement vers la droite de la courbe IS ($IS_0 \rightarrow IS_1$) reflète les initiatives des pouvoirs publics en matière d'achats et de taxation. Le passage consécutif du point initial A au point B montre que la production et le taux d'intérêt augmentent ($\Delta Q = Q_1^* - Q_0^* = 89,53 - 72,5 = 17,03$ et $\Delta i = i_1^* - i_0^* = 6,95 - 5,25 = 1,7$).

Le déficit budgétaire de l'État qui atteint 6,05 $:

$$T - G = \overline{T} + \tau Q^* - \overline{G}$$

soit:

$$= 10 + (0,1 \times 89,53) - 25$$

$$= -6,05$$

est financé par l'épargne des ménages:

$$E = I + (G - T^*)$$

$$(- C + eQ_D^*) = (\bar{I} - bi^*) + (G - T^*)$$

$$[- C + e (Q^* - \bar{T} - \tau Q^*)] = (\bar{I} - bi^*) + (G - T^*)$$

soit:

$$18,24 = 12,19 + 6,05$$

GRAPHIQUE 10

Incidences d'une hausse des achats de l'État lorsqu'elle est partiellement financée par l'emprunt (passage du point A au point B) et lorsqu'elle est accompagnée de création de monnaie (passage du point B au point C)

A: Situation initiale d'équilibre

B: Situation d'équilibre avec $\Delta\bar{G} = 25$ et $T_p = 10 + 0,1Q$

C: Situation d'équilibre avec $\Delta\bar{G} = 25$, $T_p = 10 + 0,1Q$ et $\Delta\bar{M}^o = 10$

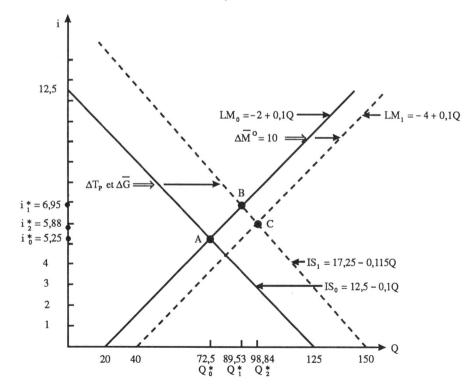

TABLEAU 12

Incidences d'une hausse des achats de l'État partiellement financée par l'emprunt

Description du modèle		Valeur des variables endo-gènes en situa-tion d'équilibre (point A)	Variation par rapport au modèle initial (tableau 1)
$C_p = \overline{C} + cQ_D$	$4 + 0{,}54Q$	52,35	$-1{,}15$
$E_p = -\overline{C} + eQ_D$	$-14 + 0{,}36Q$	18,23	$-0{,}77$
$Q_D = Q - T$	$-10 + 0{,}9Q$	70,58	$-1{,}92$
$\overline{T}_0$	0		
$\overline{T}_1$	10		
$T = T_p - TR_p = \overline{T} + \tau Q$	$10 + 0{,}1Q$	18,95	18,95
$I_p = \overline{I} - bi$	$40 - 4i$	12,19	$-6{,}81$
$\overline{G}_0$	0		
$\overline{G}_1$	25		
$IS_0 = \dfrac{\overline{C} + \overline{I}}{b} - \dfrac{e}{b} Q$	$12{,}5 - 0{,}1Q$		
$IS_1 = \dfrac{\overline{C} + \overline{I} + \overline{G}_1 - c\overline{T}_1}{b} - \dfrac{e + c\tau}{b}$	$17{,}25 - 0{,}115Q$		
$\overline{M}^O$	50		
$M^{DT} = kQ$	$0{,}5Q$	44,77	8,52
$M^{DS} = \overline{D} - gi$	$40 - 5i$	5,23	$-8{,}52$
M^D	$0{,}5Q + 40 - 5i$	50	
$LM_0 = i = \dfrac{\overline{D} - \overline{M}^O}{g} + \dfrac{k}{g} Q$	$-2 + 0{,}1Q$		
Q_1^*		89,53	17,03
i_1^*		6,95	1,7
Déficit budgétaire		6,05	6,05

L'impact d'une hausse des achats de l'État sur la production est susceptible d'être très faible à court terme, non seulement parce qu'elle se traduit principalement par une diminution des stocks, mais aussi parce que les entreprises doivent faire face à des délais (recrutement de travailleurs, accroissement des approvisionnements en matières premières, etc.) avant d'être en mesure d'augmenter le volume de leur production et de reconstituer leurs stocks dégarnis. Le fait que l'essor de la production et des revenus des facteurs (par exemple, les profits et les salaires) ne soit pas instantané signifie que les recettes fiscales augmentent peu à court terme. Dans l'exemple présenté dans le tableau 12, l'accroissement des recettes fiscales atteint 18,95 $ dans la situation ultime d'équilibre, alors que la production atteint 89,53 $. Si on suppose que l'accroissement ultime de la production ($\Delta Q = 17,03$) est en réalité étalé sur une période de trois ans plutôt qu'instantané (comme le suggère d'une façon erronée le multiplicateur instantané) et que les achats supplémentaires de l'État sont de 25 $ chaque année, le déficit budgétaire sera alors beaucoup plus élevé au cours de la première année qu'au cours de la deuxième année. Même si l'essor de l'activité économique permet de réduire progressivement les déficits annuels, leur somme dépassera largement 6,05 $, c'est-à-dire le déficit calculé en faisant abstraction des nombreux délais. Ceci signifie que le niveau ultime de la dette publique sera égal à la somme des trois déficits annuels encourus, plus les intérêts liés à leur financement. L'impact expansionniste d'une hausse des achats de l'État est ambigu lorsque le déficit budgétaire tend à se perpétuer (la hausse induite des impôts ne permet pas alors à l'État de cesser d'emprunter), car l'augmentation continue des emprunts publics risque de nuire à la formation de capital privée et d'accroître indûment à long terme le poids que constitue le service d'une dette publique croissante.

Une stratégie qui s'appuie sur la couverture partielle des achats par l'emprunt s'avère donc expansionniste seulement lorsqu'il n'est pas tenu compte de la croissance de la dette publique pendant la durée du passage de la situation initiale à la situation ultime d'équilibre. Seule la croissance économique permet « d'équilibrer » le budget et, a fortiori, de réaliser un surplus budgétaire permettant d'éliminer la dette publique ; la croissance économique et la hausse consécutive des recettes fiscales peuvent être compromises ou retardées par la montée du taux d'intérêt et ses effets déprimants sur la dépense d'investissement.

Troisième stratégie : le recours à l'impôt et à l'emprunt est accompagné d'une hausse de la masse monétaire

La seule différence entre cette troisième stratégie et la précédente réside dans le fait que la banque centrale augmente la quantité de monnaie en circulation ($\Delta \overline{M}^O = 10$), de sorte que la courbe LM se déplace vers la droite ($LM_0 \rightarrow LM_1$). Cette politique monétaire explique le passage du point B au point C, la hausse de la production de 89,53 à 98,84 $ et la baisse du taux d'intérêt de 6,95 à 5,88 %. La dernière colonne du tableau 13 présente les variations des variables endogènes par rapport au modèle précédent dans lequel la banque centrale était passive.

Le fait que la nouvelle politique monétaire ait stimulé la production explique la hausse des recettes de l'État:

$$\Delta T_p = \tau \cdot \Delta Q$$

$$= 0,1 \times 9,31$$

$$= 0,93$$

La baisse consécutive du déficit budgétaire, qui passe de 6,05 à 5,12 $, réduit les besoins d'emprunts:

Maintenant		Précédemment
T − G		T − G
19,888 − 25	<	18,95 − 25
− 5,12	<	− 6,05

D'autres effets réjouissants de la politique monétaire retiennent l'attention: la hausse des dépenses des ménages, la baisse du taux d'intérêt, l'essor consécutif de la dépense d'investissement, etc. Dans le scénario le plus optimiste, la hausse de la production ou de la matière imposable est telle que les recettes finales permettent d'assurer la couverture complète des achats de l'État et d'éviter ainsi l'accroissement continu de la dette publique.

Conclusion

L'analyse des répercussions économiques et financières des achats de l'État est complexe, même dans le contexte simplifié et irréel d'une économie fermée et sans inflation. Cette complexité découle du comportement des agents privés sur le marché des biens (c et b) et sur le marché monétaire (k, $\overline{D}$ et g), du climat économique (prospérité ou dépression) et des politiques financières (recours à l'emprunt et création de monnaie).

Le comportement des agents privés est déterminant. Ainsi, dans le modèle IS-LM présenté, la hausse des achats publics provoque une hausse du taux d'intérêt et le repli consécutif de la dépense d'investissement. Dans la réalité, la hausse des achats publics peut stimuler les investissements privés plutôt que les décourager; c'est le cas, par exemple, lorsque les emplois plus nombreux accroissent le revenu disponible global, de même que les profits courants et prévus; c'est le cas également lorsque les achats de l'État contribuent à augmenter le stock de capital et l'efficacité générale de l'appareil de production.

De même, l'environnement économique et financier exerce une profonde influence sur les effets des politiques de l'État et de la banque centrale. Ainsi, la hausse des achats de l'État est plus susceptible de stimuler l'appareil économique lorsque le niveau de l'activité est déprimé, non seulement parce que les coûts sont alors stables, mais

TABLEAU 13

**Incidences d'une hausse des achats de l'État partiellement
financée par l'emprunt et accompagnée d'une hausse de la masse monétaire**

Description du modèle		Valeur des variables endo-gènes en situa-tion d'équilibre (point C)	Variation par rapport au modèle précédent (tableau 12)
$C_p = \overline{C} + cQ_D$	$4 + 0{,}54Q$	57,37	5,02
$E_p = -\overline{C} + eQ_D$	$-14 + 0{,}36Q$	21,58	3,35
$Q_D = Q - T$	$-10 + 0{,}9Q$	78,96	8,37
$\overline{T}_1$	10		
$T = \overline{T} + \tau Q$	$10 + 0{,}1Q$	19,88	0,93
$I_p = \overline{I} - bi$	$40 - 4i$	16,48	4,29
$\overline{G}_1$	25		
IS_1	$17{,}25 - 0{,}115Q$		
$\overline{M}_1^O$	60		
M^{DT}	$0{,}5Q$	49,42	4,65
M^{DS}	$40 - 5i$	10,58	5,35
M^D	$0{,}5Q + 40 - 5i$	60	
$LM_1 = i = \dfrac{\overline{D} - \overline{M}_1^O}{g} + \dfrac{k}{g}Q$	$-4 + 0{,}1Q$		
Q_2^*		98,84	9,31
i_2^*		5,88	$-1{,}07$
Déficit budgétaire		5,12	$-0{,}93$

aussi parce que les agents ne redoutent pas l'apparition de l'inflation et ses corollaires: la hausse du taux d'intérêt et les pertes de capital liées à l'effondrement consécutif des cours des obligations. Autre exemple: lorsque l'économie est très déprimée, les taux d'intérêt sont alors très faibles et les cours des titres, très élevés, donc vulnérables, de sorte que la banque centrale peut difficilement altérer la situation économique en augmentant la quantité de monnaie en circulation, dans l'espoir de réduire les taux d'intérêt et de ranimer ainsi les dépenses sensibles au repli du loyer de l'argent.

L'analyse des incidences financières et économiques d'une hausse des achats de l'État montre que ces dernières dépendent de leur mode de financement et de la politique monétaire pratiquée par la banque centrale. Dans une perspective à court terme, et dans un environnement économique et financier normal ($\mu^{\overline{G}} > 0$ et $\mu^{\overline{MO}} > 0$), les achats supplémentaires de l'État stimulent l'activité économique, quel que soit le mode de financement retenu. La stimulation est plus accentuée lorsque l'État a partiellement recours à l'emprunt pour assurer la couverture de ses dépenses additionnelles ; cette conclusion doit, cependant, être nuancée pour tenir compte des effets négatifs qui sont susceptibles de découler de la hausse continue de la dette publique : la réduction de la marge de manœuvre de l'État (à cause de l'accroissement du service de la dette), la montée du taux d'intérêt et l'éviction d'investissements privés productifs.

La banque centrale peut contribuer à diminuer le déficit budgétaire de l'État et à alléger ainsi le problème de la dette publique, puisqu'une réduction du taux d'intérêt diminue le coût du service de la dette et favorise la croissance de la masse des revenus imposables. Ces conséquences heureuses sont, cependant, possibles seulement si la hausse de la quantité de monnaie en circulation réussit à réduire le taux d'intérêt et à stimuler l'activité économique plutôt qu'à provoquer une flambée des prix. Étant donné que l'appareil économique est rarement très déprimé (sinon jamais), l'aptitude de la banque centrale à contribuer à la réduction du déficit budgétaire est très limitée, surtout dans un monde où les portefeuillistes tentent de prévoir les changements dans les politiques pratiquées par les responsables de la gestion macro-économique et craignent l'instabilité financière et économique (les agents privés ont en mémoire les erreurs passées !), notamment la hausse du taux d'inflation et la montée consécutive des taux d'intérêt.

Dans une perspective à court terme, les achats de l'État peuvent être considérés comme un agrégat indifférencié, puisque l'objet est d'analyser leur impact immédiat sur la dépense totale et le niveau général de l'activité économique.

Dans une perspective à moyen ou à long terme, il importe cependant de distinguer les achats de biens et de services qui visent la satisfaction immédiate des besoins collectifs de ceux qui sont destinés à satisfaire les besoins futurs. Étant donné que les achats de biens de production, privés ou publics, permettent de véhiculer le progrès technologique et d'augmenter le potentiel de production, il s'ensuit que les investissements publics dans les domaines de la santé, de l'instruction et de la formation professionnelle, ainsi que dans les infrastructures (réseau routier, installations portuaires, etc.) renforcent la productivité des facteurs de production et la rentabilité du capital privé. Cette conclusion est étayée par le graphique 11, qui montre que le taux d'accroissement de la productivité a eu tendance à augmenter avec le ratio investissement public/produit intérieur brut au cours de la période 1973-1985. Le cas du Japon et celui des États-Unis retiennent particulièrement l'attention : le rythme annuel moyen d'accroissement de la productivité a légèrement dépassé 3 % au Japon, tandis qu'il n'a été que de 0,6 % aux États-Unis où les investissements publics ont représenté moins d'une demie de 1 % du PIB contre plus 5 % chez son principal concurrent. Cet écart important constitue un élément d'explication de la bonne performance de l'économie du Japon et des percées réussies des exportateurs de ce pays partout dans le monde, notamment aux États-Unis.

GRAPHIQUE 11

**Croissance de la productivité et ampleur
des investissements publics en pourcentage du PIB,
1973-1985**

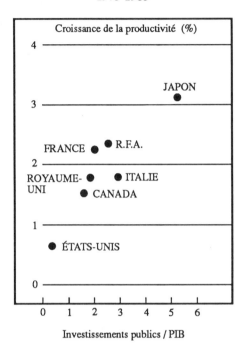

Source: D.A. ASCHAUER, *Chicago Fed Letter*, Federal Reserve Bank of Chicago, n° 73, septembre 1988, p.3.

Le fait que chaque pays soit lié au reste du monde par les échanges de biens, de services et de capitaux signifie que nous devrons ultérieurement (chapitre XIV) élargir le modèle IS-LM pour tenir compte du fait qu'aucun gouvernement et aucune banque centrale ne peuvent définir leurs politiques sans prendre en considération leurs répercussions internationales (variation du taux de change, mouvements de fonds, etc.).

Exercices

1. Les données suivantes définissent le modèle I:

$$\overline{C} = 10$$

$$e = 0,40$$

$$\overline{I} = 50$$

$$b = 4$$

$$\overline{M}^O = 60$$

$$k = 0,4$$

$$\overline{D} = 35$$

$$g = 5$$

a) Complétez la première colonne du tableau suivant.

b) Nous supposerons maintenant que les achats de l'État passent de $\overline{G}_0 = 0$ à $\overline{G}_1 = 10$. Complétez la deuxième colonne du tableau.

c) Nous supposerons maintenant que le montant des achats de l'État demeure inchangé à $\overline{G}_1 = 10$ et que la banque centrale augmente la masse monétaire de $\overline{M}^O_0 = 60$ à $\overline{M}^O_1 = 80$. Complétez la troisième colonne du tableau.

d) Quelles observations une comparaison des deux premiers modèles vous inspire-t-elle?

	Modèle I	Modèle II	Modèle III
E^*_p			
I^*_p			
Q^*			
i^*			
$\overline{G}$	0	10	10
$\overline{M}^O$	60	60	80
M^{DT*}			
M^{DS*}			
M^{D*}			

2. La politique monétaire peut-elle être totalement inefficace, c'est-à-dire inapte à stimuler le niveau de l'activité économique?

3. La politique fiscale est-elle efficace lorsque le niveau de l'activité économique est très déprimé et le taux de chômage, très élevé?

4. À partir des données suivantes:

$$\overline{C} = 40$$

$$e = 0,4$$

$$k = 0,3$$

$$\overline{M}^O = 140$$

$$\overline{I} = 120$$

$$b = 24$$

$$g = 22$$

$$\overline{D} = 90$$

a) écrivez les équations IS et LM en fonction du taux d'intérêt,
b) quelles sont les valeurs des variables endogènes suivantes en situation d'équilibre: i^*, Q^*, C_p^*, I_p^*?
c) représentez graphiquement les courbes IS et LM,
d) quel serait l'impact des changements suivants sur le taux d'intérêt et sur le niveau de la production (dans chaque cas, calculez la variation par rapport au schéma initial):

$$\Delta\overline{C} = 10;\ \Delta\overline{TR} = 10;\ \Delta\overline{G} = 20;\ \Delta\overline{T} = 10;\ \Delta\overline{M}^O = 15.$$

5. Indiquez qualitativement l'effet du changement indiqué dans la première colonne sur les trois variables qui apparaissent dans la tête des trois dernières colonnes (le signe + indiquera une augmentation, le signe −, une réduction, et le chiffre 0, l'absence de variation.

Variation par rapport à la situation initiale	Effets sur		
	Q^*	i^*	I_p^*
$-\Delta\overline{G}$			
$\Delta\overline{T} = \Delta\overline{G}$			
$\Delta\overline{G} > \Delta\overline{T} + \tau Q$			
Une vague d'optimisme chez les ménages ($\Delta\overline{C}$)			
$\Delta\overline{M}^O$			

6. Expliquez le phénomène de l'éviction lié à une hausse des achats de l'État. Croyez-vous que ce phénomène se manifeste actuellement au Canada?

7. À partir des données suivantes:

$$\overline{C} = 40$$

$$e = 0{,}4$$

$$k = 0{,}25$$

$$\overline{M}^O = 160$$

$$\overline{I} = 120$$

$$b = 24$$

$$g = 20$$

$$\overline{D} = 80$$

$$\overline{G}_0 = 30$$

$$\overline{T} = 20$$

$$\overline{TR} = 10$$

a) écrivez les équations IS et LM en fonction du taux d'intérêt;
b) quel est le niveau de la production en situation d'équilibre?
c) quel est le niveau du taux d'intérêt en situation d'équilibre?
d) indiquez l'utilisation ultime de l'épargne des particuliers;
e) quelle est la situation budgétaire en situation d'équilibre?
f) quelle serait l'incidence d'un accroissement de 100$ des achats de l'État sur la production, le taux d'intérêt et la dépense d'investissement?
g) quelle serait l'incidence d'un accroissement simultané de 100$ des achats de l'État et d'une hausse de 50$ de la masse monétaire sur la production, le taux d'intérêt et la dépense d'investissement?
h) le déficit ou le surplus budgétaire serait-il plus élevé ou moins élevé dans la sous-question b que dans la sous-question g?
i) indiquez l'utilisation ultime de l'épargne des particuliers dans la situation prévalant en g.

8. La couverture des déficits budgétaires par le biais d'emprunts comporte-t-elle des risques à court et à long terme?

9. Que vous inspire la lecture du dernier exposé budgétaire du ministre des Finances du gouvernement du Québec et du gouvernement du Canada?

10. Quels seraient selon vous les avantages et les désavantages d'une réduction très substantielle du déficit du gouvernement fédéral canadien pour les entreprises canadiennes?

Bibliographie

ANDERSEN, L.C. et JORDAN, J.L., « Monetary and Fiscal Action: A Test of Their Relative Importance in Economic Stabilization », *Review*, Federal Reserve Bank of St. Louis, vol. 68, n° 8, octobre 1986.

CARLSON, K.M., « Monetary and Fiscal Actions in Macroeconomic Models », *Review*, Federal Reserve Bank of St. Louis, vol. 56, n° 1, janvier 1974.

CHRYSTAL, K.A. et THORNTON, D.L., « The Macroeconomic Effects of Deficit Spending: A Review », *Review*, Federal Reserve Bank of St. Louis, vol. 70, n° 6, novembre-décembre 1988.

GIBSON, W.E., « Interest Rates and Monetary Policy », *The Journal of Political Economy*, n° 78, mai-juin 1978.

SPENCER, R.W. et YOKE, W.P., « The Crowding-out of Private Expenditures by Fiscal Policy Actions », *Review*, Federal Reserve of St. Louis, vol. 52, n° 10, octobre 1970.

WEBSTER, C.E., « The Effects of Deficits on Interest Rates », *Economic Review*, The Federal Reserve Bank of Kansas City, vol. 68, n° 5, mai 1983.

CHAPITRE VI

LES DÉPENSES PERSONNELLES
DE CONSOMMATION

Au moins trois raisons expliquent qu'il est important d'analyser le comportement des particuliers (ou des ménages) en matière de consommation et d'épargne:

– Les dépenses personnelles de consommation représentent une très forte proportion de la dépense nationale et constituent donc un déterminant important du rythme de l'activité économique et du niveau de l'emploi;

– Les responsables de la gestion macro-économique, l'État et la banque centrale, ne peuvent formuler la politique économique nationale sans prendre en considération l'évolution courante et future des dépenses personnelles de consommation, et sans tenter de prévoir les réactions des ménages à un changement de politique en matière fiscale ou monétaire;

– Pour définir leur stratégie à court terme en matière de stockage, de production et de financement, et pour planifier leurs investissements à long terme et s'assurer que les capacités de production seront adéquates, les chefs d'entreprise doivent prévoir le volume des achats des particuliers.

Dans la première section de ce chapitre, nous présenterons des généralités et nous décrirons le comportement des ménages canadiens en matière de consommation et d'épargne. Dans la deuxième section, nous esquisserons quatre théories qui ont été avancées pour expliquer le fait que la part du revenu disponible des ménages consacrée aux dépenses personnelles de consommation (ou à l'épargne) semble varier avec la conjoncture économique, mais rester stable à long terme.

Section 1

Généralités et rétrospective

Généralités

Les dépenses personnelles de consommation sont très hétérogènes : aliments, boissons, vêtements, chaussures, soins médicaux, etc. Le tableau 1 montre que les achats des ménages canadiens peuvent être regroupés en quatre catégories : biens durables (D), biens semi-durables (S-D), biens non durables (ND) et services (S).

La consommation est une activité qui entraîne la destruction immédiate des biens non durables (aliments, cigarettes, etc.) et des services (soins médicaux et personnels, etc.) et, à terme plus ou moins éloigné, des biens semi-durables (vêtements, chaussures, etc.) et durables (voiture, équipement de camping, etc.). Les biens durables peuvent être assimilés à des biens de production puisque, comme ces derniers, ils ont le pouvoir de satisfaire les besoins futurs.

Le fait que certains biens soient durables signifie que la valeur de la consommation, au sens strict ou « économique », diffère de la valeur des achats courants des ménages (par exemple, la consommation économique d'une voiture de 10 000 $ est de 2 000 $ annuellement, si elle est amortie linéairement sur une période de cinq ans). La valeur de la consommation économique au cours d'une année est approximativement égale à l'amortissement du stock et des achats courants des biens de consommation durables et semi-durables, plus la valeur des achats courants de biens de consommation non durables et de services.

Rétrospective

Le graphique 1 illustre l'évolution de la valeur réelle des dépenses personnelles de consommation (C) et du revenu disponible (Q_D) au Canada au cours de la période 1926-1983 ; la distance (mesurée perpendiculairement à l'axe des abscisses) séparant la courbe de la dépense de la courbe du revenu disponible représente l'épargne des ménages canadiens. Trois faits retiennent l'attention : la similitude des trajectoires des deux agrégats ; l'absence de fluctuations accentuées dans les deux séries chronologiques (les données annuelles ne permettent évidemment pas de mettre en évidence les variations conjoncturelles à court terme) ; le volume de l'épargne augmente avec le revenu disponible (l'épargne a été, fait exceptionnel, négative au début des années 30 alors que l'économie canadienne était très déprimée).

Le graphique 2 montre que les dépenses des ménages canadiens représentent une forte proportion (environ 60 %, au cours de la période 1947-1983) de la dépense nationale brute et qu'elles constituent, par conséquent, un déterminant très important de la performance de l'appareil économique (taux d'utilisation des capacités de production existantes, bénéfices des entreprises, dépenses d'investissement, etc.).

GRAPHIQUE 1

**Évolution de la valeur réelle des dépenses des ménages
et du revenu disponible au Canada[1], 1926-1983
(en milliards de dollars)**

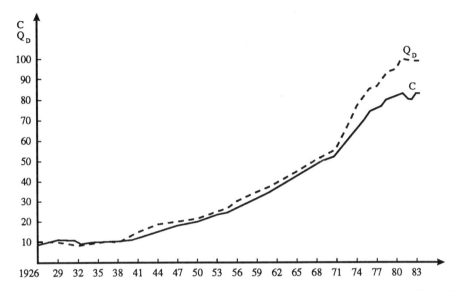

1. Données corrigées pour tenir compte des effets de l'inflation (année de référence de l'indice général des prix: 1971 = 100).

Sources: *Les Comptes de la Nation: revenus et dépenses*, vol. 1, *Estimations annuelles, 1926-1974*, n° 13-531, mars 1976; *Revue statistique du Canada*, n° 11-003F, divers mois.

Le graphique 3 révèle que la croissance de la dépense totale des ménages canadiens et de deux de ses éléments (les services et les biens durables) a été quasi ininterrompue au cours de la période 1947-1983.

Le graphique 4 montre que les achats de services ont représenté une fraction importante (environ 40 %) et relativement stable des dépenses personnelles au cours de la période 1947-1983.

Le graphique 5 illustre une bissectrice et un nuage points. Nous avons porté les valeurs réelles de la dépense des ménages canadiens en ordonnées, celles du revenu disponible réel en abscisses. Chaque point indique donc le niveau de la dépense des ménages et de leur revenu disponible au cours d'une année. On constate que la plupart des 56 points se situent sous la bissectrice (les exceptions sont les années de la Dépression du début des années 30) et qu'ils semblent se situer sur une droite issue de l'origine des deux axes. L'équation de cette droite est $C = cQ_D$, où C, c et Q_D sont respectivement la dépense *constatée* des ménages, la pente de cette droite et le revenu disponible *constaté*. L'équation $C = cQ_D$ ne doit pas être confondue avec l'équation

TABLEAU 1

**Classification des achats
des ménages canadiens[1], 1974
(en millions de dollars)**

1	**Alimentation, boissons et tabacs**	**13 630**
2	Alimentation et boissons non alcoolisées (ND)	9 398
3	Boissons alcoolisées (ND)	2 605
4	Produits du tabac (ND)	1 627
5	Ajustement	—
6	**Vêtements et chaussures**	**5 764**
7	Vêtements pour hommes et garçonnets (S-D)	1 664
8	Vêtements pour femmes et enfants (S-D)	3 216
9	Chaussures et cordonnerie (S-D)	884
10	Ajustement	—
11	**Loyers bruts, combustible et énergie**	**11 723**
12	Loyers bruts imputés (S)	6 250
13	Loyers bruts versés (S)	3 170
14	Autres frais d'habitation (S)	157
15	Électricité (ND)	1 050
16	Gaz (ND)	293
17	Autres combustibles (ND)	803
18	Ajustement	—
19	**Meubles, articles d'ameublement, équipement et frais d'entretien du ménage**	**6 702**
20	Meubles, tapis et autres revêtements de sol (D)	1 487
21	Appareils ménagers (D)	1 372
22	Articles d'ameublement semi-durables (S-D)	2 227
23	Articles d'ameublement non durables (ND)	979
24	Blanchissage et nettoyage à sec (S)	264
25	Services domestiques (S)	279
26	Autres services ménagers (S)	94
27	Ajustement	—
28	**Soins médicaux et services d'hygiène**	**2 073**
29	Soins médicaux (S)	548
30	Soins hospitaliers et analogues (S)	261
31	Autres dépenses en soins médicaux (S)	156
32	Médicaments et dépenses diverses (ND)	1 108
33	Ajustement	—
34	**Transports et communications**	**9 955**
35	Véhicules automobiles neufs et d'occasion (dépenses nettes) (D)	3 828
36	Pièces et réparations (D)	1 369
37	Essence, huile et graisse (ND)	1 836
38	Autres services pour automobiles (S)	622
39	Frais d'utilisation des services de transport (S)	1 225
40	Communications (S)	1 075
41	Ajustement	—

42	**Services relatifs aux loisirs, à la formation et à la culture et services de divertissement**	**6 570**
43	Matériel de loisirs, de sport et de camping (D)	2 691
44	Livres, journaux et revues (S-D)	986
45	Services récréatifs (S)	1 102
46	Services relatifs à la formation et à la culture (S)	1 791
47	Ajustement	—
48	**Biens et services personnels**	**8 382**
49	Bijoux, montres et réparation (S-D)	429
50	Produits de beauté, articles de toilette (ND)	645
51	Soins personnels (S)	641
52	Restaurants et hôtels (S)	2 876
53	Services financiers, juridiques et autres (S)	2 873
54	Dépenses de fonctionnement des organismes à but non lucratif (S)	918
55	Ajustement	—
56	**Dépense nette à l'étranger (S)**	**271**
57	Ajustement	—
58	**Total**	**65 070**
59	Biens durables	10 747
60	Biens semi-durables	9 406
61	Biens non durables	20 345
62	Services	24 572
63	Ajustement	—

1. Les données sont corrigées pour tenir compte des effets liés à l'inflation (année de référence de l'indice général des prix: 1971 = 100).

Source: *Les Comptes de la Nation: revenus et dépenses*, vol. 1, *Estimations annuelles, 1926-1974*, n° 13-531, mars 1976, p. 281.

d'une fonction de consommation dite « proportionnelle » $C_p = cQ_D$, où C_p, c et Q_D sont respectivement la dépense *projetée* par les ménages, la propension marginale à consommer (ou la pente de la droite représentative de cette fonction) et divers niveaux possibles ou hypothétiques du revenu disponible; en d'autres termes, une fonction de consommation est une relation fonctionnelle qui indique que la dépense des ménages dépend de leur revenu disponible.

Le graphique 6 présente l'évolution des propensions moyennes à consommer (c') et à épargner (e') au Canada au cours de la période 1926-1983. On constate que la propension moyenne à consommer a exceptionnellement dépassé l'unité au début des années 30, alors que le chômage était généralisé et que plusieurs ménages devaient emprunter ou prélever sur leurs épargnes accumulées pour financer une partie de leurs achats courants. Les fortes fluctuations enregistrées entre 1926 et 1945 découlent des événements exceptionnels qui ont marqué cette période: la Grande Dépression, la reprise hésitante qui l'a suivie et la Deuxième Guerre. Fait intéressant, la propension moyenne

GRAPHIQUE 2

**Évolution des dépenses des ménages canadiens
en pourcentage de la dépense nationale brute[1], 1947-1983**

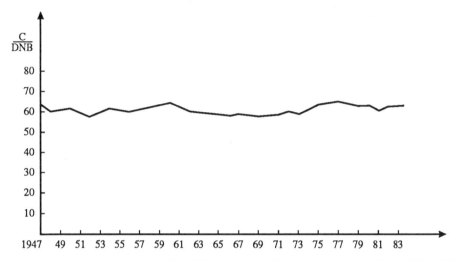

1.   Données corrigées pour tenir compte des effets de l'inflation (année de référence de l'indice général des prix: 1971 = 100).

Sources: *Les Comptes de la Nation: revenus et dépenses*, vol. 1, *Estimations annuelles, 1926-1974*, n° 13-531, mars 1976;
              Revue statistique du Canada, n° 11-003F, divers mois.

à consommer des ménages canadiens a eu tendance à fléchir sous la valeur moyenne de 0,90 au début des années 70[1].

Le tableau 2 décrit le comportement conjoncturel des dépenses personnelles de consommation, du revenu disponible et du taux d'épargne des ménages canadiens au cours de l'après-guerre. La deuxième colonne met en évidence les répercussions négatives de la récession de 1981-1982 sur la DNB ($-6,5\%$), les dépenses des particuliers ($-2,5\%$) et le revenu disponible ($-1,3\%$). Le fait que les dépenses des ménages ont proportionnellement moins diminué que la dépense nationale suggère qu'elles ont exercé une influence stabilisatrice sur l'activité économique générale au cours de cette récession économique. Le fait également que les reculs des achats de biens de consommation durables ($-10,5\%$) et semi-durables ($-5,6\%$) ont été beaucoup plus accentués que la chute de la dépense totale des particuliers ($-2,5\%$) montre que l'amplitude

---

1.   Ce recul peut être expliqué en faisant intervenir des facteurs aussi divers que le désir des particuliers de minimiser les versements d'impôts en exploitant les abris fiscaux (REER, REAQ, etc.), de reconstituer la valeur de leur fortune ravagée par l'inflation, et d'être plus prudents face à l'incertitude engendrée par l'accélération du taux d'inflation et la hausse de chômage au début des années 70.

GRAPHIQUE 3

**Évolution de la valeur réelle des dépenses totales
des ménages canadiens et de leurs achats de services
et de biens durables[1], 1947-1983
(en milliards de dollars)**

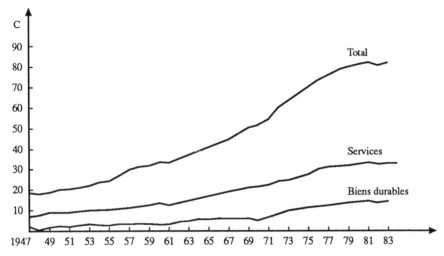

1. Données corrigées pour tenir compte des effets de l'inflation (année de référence de l'indice général des prix: 1971 = 100).

Sources: *Les Comptes de la Nation: revenus et dépenses*, vol. 1, *Estimations annuelles, 1926-1974*, n° 13-531, mars 1976; *Revue statistique du Canada*, n° 11-003F, divers mois.

GRAPHIQUE 4

**Évolution de la valeur réelle des achats de services
et de biens durables en pourcentage de la dépense totale
des ménages canadiens[1], 1947-1983**

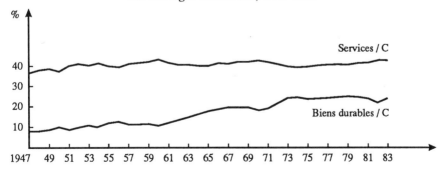

1. Données corrigées pour tenir compte des effets de l'inflation (année de référence de l'indice général des prix: 1971 = 100).

Sources: *Les Comptes de la Nation: revenus et dépenses*, vol. 1, *Estimations annuelles, 1926-1974*, n° 13-531, mars 1976; *Revue statistique du Canada*, n° 11-003F, divers mois.

GRAPHIQUE 5

**Évolution du revenu disponible et des dépenses réelles
des ménages canadiens[1], 1926-1983
(en milliards de dollars)**

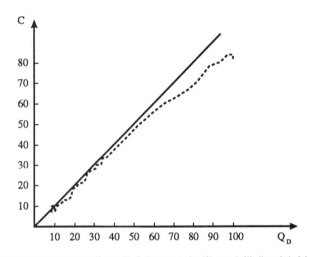

1. Données corrigées pour tenir compte des effets de l'inflation (année de référence de l'indice général des prix: 1971 = 100).

Sources: *Les Comptes de la Nation: revenus et dépenses*, vol. 1, *Estimations annuelles, 1926-1974*, n° 13-531, mars 1976;
          Revue statistique du Canada, n° 11-003F, divers mois.

des fluctuations économiques est intimement liée à la durabilité des biens (par exemple, en période de récession économique, les ménages sont souvent incités à différer le remplacement des biens onéreux, tels les voitures et les appareils électroménagers). Faits remarquables, le repli des achats de biens de consommation non durables a été négligeable (−0,4 %) et les achats de services ont même progressé (0,6 %) au cours de la plus sévère récession de l'après-guerre (1981-1982).

La dernière colonne du tableau 2 indique le comportement de l'économie canadienne et des dépenses des particuliers au cours des récessions de l'après-guerre (la récession de 1981-1982 est cependant exclue). La faiblesse du recul moyen de la dépense nationale brute (−1,0 %) peut être rattachée en partie au fait que le revenu disponible et les dépenses des particuliers ont augmenté de respectivement 1,5 et 1,9 % (seuls les achats de biens durables ont fléchi en moyenne de 1,6 %).

La première colonne présente le comportement conjoncturel des dépenses des particuliers au cours de la reprise économique de 1983. La hausse marquée des achats de biens durables (14,7 %) témoigne de nouveau de la forte sensibilité conjoncturelle de cette catégorie de dépenses; cette sensibilité s'est également manifestée au cours des reprises de l'après-guerre (avant-dernière colonne).

GRAPHIQUE 6

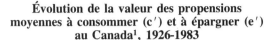

**Évolution de la valeur des propensions
moyennes à consommer (c′) et à épargner (e′)
au Canada[1], 1926-1983**

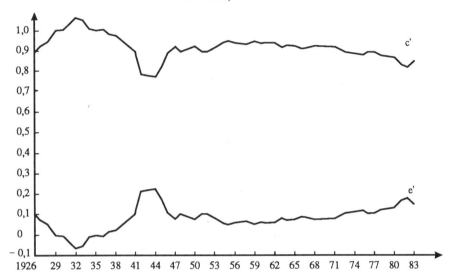

1. Données corrigées pour tenir compte des effets de l'inflation (année de référence de l'indice général des prix: 1971 = 100).

Sources: *Les Comptes de la Nation: revenus et dépenses*, vol. 1, *Estimations annuelles, 1926-1974*, n° 13-531, mars 1976; *Revue statistique du Canada*, n° 11-003F, divers mois.

La dernière ligne du tableau 2 indique les variations du taux d'épargne (ou de la propension moyenne à épargner) des particuliers. La deuxième colonne montre que les ménages canadiens ont augmenté leur taux d'épargne (1,4 %) au cours de la récession de 1981-1982, tandis que la première colonne montre qu'ils ont épargné proportionnellement moins (−2,0 %) au cours de la reprise de 1983. Ce comportement semble exceptionnel, car il diffère de celui qui a été observé au cours des autres phases conjoncturelles de l'après-guerre (deux dernières colonnes), alors que la propension moyenne a généralement diminué (−0,6 %) au cours des périodes de récession, et a augmenté (0,2 %) au cours des périodes d'expansion. Le fait que les ménages canadiens ont dépensé une plus forte proportion de leur revenu disponible lorsque la production globale fléchissait et qu'ils ont épargné proportionnellement plus lorsque l'activité économique s'animait de nouveau, signifie que les dépenses personnelles de consommation ont exercé une influence stabilisatrice sur le niveau de l'activité économique générale au cours de cette période.

TABLEAU 2

**Comportement conjoncturel des dépenses personnelles
de consommation, du revenu disponible et du taux d'épargne
des particuliers au Canada, au cours de l'après-guerre**

	Reprise 1983	Récession 1981-1982	Ampleur de la reprise[1]	Reprise moyenne de l'après-guerre (reprise de 1983 exclue)	Récession moyenne de l'après-guerre (récession de 1981-1982 exclue)
	(Variation en pourcentage, sauf indication contraire)				
DNB réelle	6,6	−6,5	91	7,0	−1,0
Dépenses réelles des particuliers	4,4	−2,5	156	6,1	1,9
Biens durables	14,7	−10,5	122	13,0	−1,6
Biens semi-durables	4,3	−5,6	35	5,6	0,8
Biens non durables	1,0	−0,4	416	4,3	2,8
Services	2,6	0,6	n.d.	5,5	3,1
Revenu réel disponible des particuliers	0,9	−1,3	69	6,3	1,5
Variation du taux d'épargne des particuliers (en pourcentage)	−2,0	1,4	n.d.	0,2	−0,6

1. Augmentation pendant la reprise exprimée en pourcentage de la baisse enregistrée pendant la récession de 1981–1982.

Source : *Statistique Canada, Comptes nationaux des revenus et des dépenses*, n° 13-001 ; *Comptes des flux financiers*, n° 13-002 ; *Revue économique*, Ottawa, Ministère des Finances, avril 1984, p. 17.

Section 2

La fonction de consommation à court terme et à long terme

Nous avons constaté (tableau 2) que les ménages canadiens ont généralement épargné une plus forte proportion de leur revenu disponible au cours des périodes d'expansion qu'au cours des périodes de récession économique de l'après-guerre. Nous avons également observé (graphique 5) que la part du revenu disponible épargnée a été remarquablement stable à long terme (période 1926-1983). Cette différence de comportement soulève la question suivante : existe-t-il deux fonctions de consommation, une fonction de consommation à court terme, qui expliquerait la non-proportionnalité de l'épargne et de la dépense des ménages, ainsi qu'une fonction de consommation à long terme, qui expliquerait la proportionnalité de l'épargne et de la dépense des ménages? La réponse à cette question est importante sur le plan empirique, car l'existence d'une fonction de consommation qui serait non proportionnelle à court terme signifierait que le comportement des ménages exerce une influence stabilisatrice sur la dépense totale de consommation et, par conséquent, sur le niveau de l'activité économique générale. Pour trancher cette question, nous devrons d'abord définir ce que nous entendons par fonction de consommation proportionnelle et par fonction de consommation non proportionnelle. Nous présenterons ensuite quatre théories qui apportent des éléments de réponse à ce problème.

La fonction de consommation non proportionnelle

La droite C_p^{CT} (partie A du graphique 7) est la représentation graphique d'une fonction de consommation non proportionnelle:

$$C_p = \overline{C} + cQ_D \tag{1}$$

soit:

$$= 10 + 0,8Q_D$$

La propension moyenne à consommer (c') d'une telle fonction diffère de la propension marginale à consommer (c):

$$c' = \frac{C_p}{Q_D} \tag{2}$$

qui devient, par substitution:

$$c' = \frac{\overline{C}}{Q_D} + c\frac{Q_D}{Q_D}$$

$$= \frac{\overline{C}}{Q_D} + c$$

soit:

$$= \frac{10}{Q_D} + 0,8$$

La droite E_p^{CT} (partie B du graphique 7) est la représentation graphique d'une fonction d'épargne non proportionnelle:

$$E_p = -\overline{C} + eQ_D \tag{3}$$

soit:

$$= -10 + 0,2Q_D$$

GRAPHIQUE 7

Comportement des ménages canadiens en courte période
(les fonctions de consommation et d'épargne semblent alors non proportionnelles)

(A)
En matière de consommation

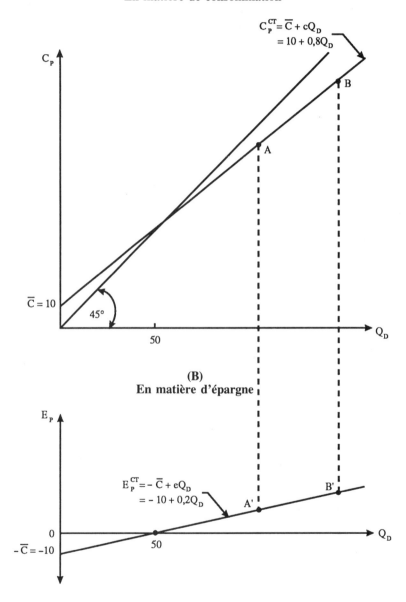

La propension moyenne à épargner (e') d'une telle fonction diffère de la propension marginale à épargner (e):

$$e' = \frac{E_p}{Q_D} \tag{4}$$

qui devient par substitution :

$$e' = \frac{-\overline{C}}{Q_D} + e\,\frac{Q_D}{Q_D}$$

$$= \frac{-\overline{C}}{Q_D} + e$$

soit :

$$= \frac{-10}{Q_D} + 0,2$$

La non-proportionnalité de la dépense personnelle de consommation et de l'épargne des ménages signifie que les propensions moyennes à consommer et à épargner varient avec le niveau du revenu disponible, et exercent ainsi une influence stabilisatrice sur le niveau des dépenses des particuliers et, par conséquent, sur l'appareil économique. Par exemple, au cours d'une période d'expansion, qui est illustrée dans la partie A du graphique 7 par le passage du point A au point B, la propension moyenne à consommer diminue : au contraire, elle augmente au cours de la récession économique qui est illustrée par le passage du point B au point A. La partie B du graphique 7 montre que la propension moyenne à épargner augmente lorsque le revenu disponible s'accroît (passage du point A' au point B'), tandis qu'elle diminue lorsque le revenu disponible fléchit (passage du point B' au point A').

La fonction de consommation proportionnelle

La droite C_p^{LT} (graphique 8) est la représentation graphique d'une fonction de consommation proportionnelle :

$$C_p^{LT} = cQ_D \tag{5}$$

soit :

$$= 0,8Q_D$$

La propension moyenne à consommer (c') d'une telle fonction est égale à la propension marginale à consommer (c):

$$c' = \frac{C_p}{Q_D} \tag{6}$$

qui devient, par substitution:

$$c' = \frac{cQ_D}{Q_D}$$

$$= c$$

GRAPHIQUE 8

Comportement des ménages canadiens en longue période
(les fonctions de consommation et d'épargne semblent alors proportionnelles)

(A)
En matière de consommation

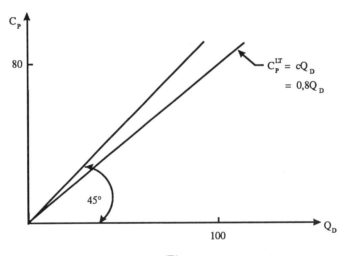

(B)
En matière d'épargne

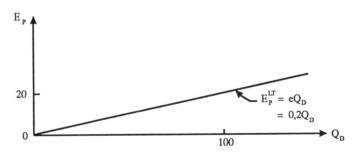

soit:

$$= 0,8$$

La droite E_p^{LT} (partie B du graphique 8) est la représentation graphique d'une fonction d'épargne proportionnelle:

$$E_p^{LT} = eQ_D \tag{7}$$

soit:

$$= 0,2Q_D$$

La propension moyenne à épargner de cette fonction (e') est égale à la propension marginale à épargner (e):

$$e' = \frac{E_p}{Q_D}$$

qui devient, par substitution:

$$e' = \frac{eQ_D}{Q_D}$$

$$= e$$

soit:

$$= 0,2$$

La théorie du revenu absolu

Selon la théorie du revenu dit « absolu », les dépenses personnelles de consommation dépendent essentiellement du revenu disponible *courant* et la fonction de consommation est non proportionnelle (il en est de même par conséquent de la fonction d'épargne). La proportionnalité à long terme des dépenses et de l'épargne, qui semble ressortir du graphique 5, est une illusion statistique créée par les déplacements successifs vers le haut de la fonction de consommation non proportionnelle. Ces déplacements sont expliqués par l'accroissement à long terme de la fortune des ménages (le stock d'actifs physiques et financiers), l'élargissement continu de la gamme des biens et des services offerts sur les marchés et le désir des individus de vivre de nouvelles expériences en se procurant les nouveaux produits et services issus du progrès technologique.

La théorie du revenu relatif

La théorie du revenu dit « relatif » tente d'expliquer la non-proportionnalité, en courte période, des dépenses et de l'épargne des ménages, en soutenant que ces derniers prennent leurs décisions en prenant en considération non seulement leur revenu disponible *courant*, mais aussi leur revenu *antérieur le plus élevé*. L'influence de la croissance passée du revenu au cours de la dernière vague de prospérité découle du fait qu'elle élargit progressivement les aspirations ou les besoins ressentis par les individus, et donne naissance à des habitudes de consommation qui se révèlent relativement inflexibles lorsque le revenu disponible fléchit lors d'une récession économique. Cette inflexibilité est renforcée par les pressions sociales et le souci consécutif qu'ont les ménages de ne pas « perdre la face ».

Les conséquences économiques de cette hypothèse, c'est-à-dire la résistance des individus à une compression de leur train de vie dans l'adversité, sont illustrées dans le graphique 9. On constate (partie A) que la réduction du revenu de 50 à 40 \$, qui est illustrée par le glissement du point A jusqu'au point C sur la fonction de consommation non proportionnelle C_{p0}^{CT}, se traduit par la hausse de la propension moyenne à consommer de 0,80 à 0,85 :

au point A :

$$c' = \frac{\overline{C}}{Q_D} + c$$

soit :

$$= \frac{10}{50} + 0,6$$

$$= 0,8$$

au point C :

$$c' = \frac{10}{40} + 0,6$$

$$= 0,85$$

La partie B du graphique 9 montre que la baisse du revenu disponible, qui est illustrée par le glissement du point A' au point C' sur la fonction d'épargne non proportionnelle E_{p0}^{CT}, entraîne une baisse de la propension moyenne à épargner de 0,2 à 0,15 :

au point A' :

$$e' = \frac{-\overline{C}}{Q_D} + e$$

soit :

$$= \frac{-10}{50} + 0,4$$

$$= 0,2$$

GRAPHIQUE 9

Théorie du revenu relatif

(A)

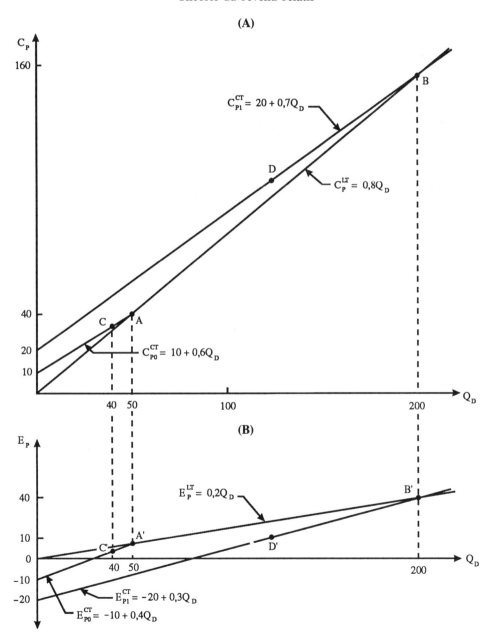

au point C' :

$$e' = \frac{-10}{40} + 0,4$$

$$= 0,15$$

Une reprise à court terme de l'activité économique jusqu'au sommet antérieur, qui est illustrée par le passage du point C au point A ou par le passage du point C' au point A', provoque une réduction de la propension moyenne à consommer et une hausse correspondante de la propension moyenne à épargner.

Selon la théorie du revenu relatif, les dépenses et l'épargne des ménages sont proportionnelles seulement lorsque la croissance économique est continue. C'est le cas, par exemple, à la fin de la reprise économique, c'est-à-dire à partir du point A ou du point A' (graphique 9), alors que le comportement des ménages est décrit par la fonction de consommation proportionnelle (C_p^{LT}). La fonction de consommation non proportionnelle C_{p1}^{CT} et la fonction d'épargne non proportionnelle E_{p1}^{CT} expriment le comportement des ménages lorsque la prochaine récession réduit de nouveau le revenu disponible (passage du point B au point D ou du point B' au point D'). Le comportement des ménages est également schématisé dans le graphique 10. Au cours de la récession économique illustrée dans la partie A (entre t_0 et t_1), la propension moyenne à épargner fléchit (partie D), tandis que la propension moyenne à consommer s'accroît (partie C), alors que les individus résistent à une réduction de leur train de vie (leurs dépenses diminuent cependant quelque peu en valeur absolue). La reprise économique se termine en t_2, lorsque le revenu atteint sa valeur maximale précédemment expérimentée en t_0. Le fait que la croissance du revenu soit ininterrompue à droite de t_2 explique que les propensions moyennes à consommer et à épargner sont constantes, ou, en d'autres termes, qu'il y a proportionnalité à long terme des achats et de l'épargne.

GRAPHIQUE 10

Théorie du revenu relatif

(A)
Revenu disponible

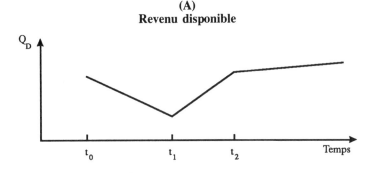

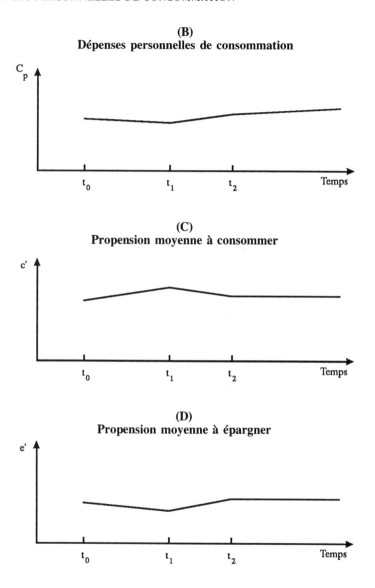

(B)
Dépenses personnelles de consommation

(C)
Propension moyenne à consommer

(D)
Propension moyenne à épargner

La théorie du revenu relatif conduit à la conclusion que le comportement des ménages tend à réduire l'amplitude des variations conjoncturelles des dépenses personnelles de consommation et donc de l'activité économique globale. C'est le cas notamment au cours d'une récession économique, alors que les pressions sociales et les habitudes acquises établissent un lien entre le revenu antérieur le plus élevé et la dépense courante.

La théorie du « cycle de vie »

La théorie dite du « cycle de vie » s'appuie sur une analyse préliminaire du comportement d'un individu jugé représentatif qui, soucieux de maximiser son bien-être au cours de toute sa vie, tente d'étaler dans le temps ses dépenses de consommation. L'expression ambiguë « cycle de vie » exprime essentiellement l'idée qu'un individu ne peut habituellement épargner une partie de son salaire au début de sa carrière et qu'il doit généralement emprunter pour assurer le financement des achats de biens d'équipement onéreux, tels les biens de consommation durables. Cette première étape est ensuite normalement suivie d'une période de remboursement des dettes antérieurement contractées, puis d'une période d'accumulation nette d'actifs financiers et non financiers. Éventuellement, le patrimoine net sera liquidé, complètement ou partiellement, pendant la retraite.

Selon cette théorie (graphique 11), la dépense annuelle « moyenne » projetée à long terme par l'ensemble des ménages (C_p^{LT}) est une proportion constante (β) du niveau « moyen » de la totalité des richesses que ces derniers prévoient (Q^{LT}); ces richesses comprennent les fortunes nettes (F) de tous les individus et leurs revenus du travail *passés*, *présents* et *futurs*:

$$C_p^{LT} = \beta \, Q_p^{LT} \tag{8}$$

GRAPHIQUE 11

Théorie du « cycle de vie »

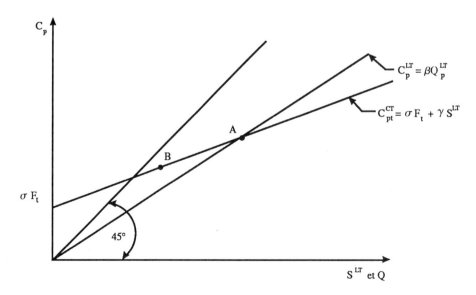

La fonction de consommation à court terme (C_p^{CT}) est cependant non proportionnelle si l'on admet que la fortune de la collectivité est presque fixe en courte période:

$$C_{pt}^{CT} = \sigma F_t + \gamma S^{LT} \tag{9}$$

où σ est la propension à consommer la fortune nette courante (F_t) et γ la propension à consommer le *revenu moyen tiré du travail* que les ménages prévoient à long terme (S^{LT}).

L'équation (9) montre, en effet, que l'ampleur des dépenses personnelles de consommation (C_{pt}^{CT}) est influencée à court terme par les variations de la fortune nette courante et par tout événement susceptible de modifier les prévisions à long terme en matière de revenu tiré du travail. Le fait que la fortune nette de la collectivité augmente généralement d'une année à l'autre, ne serait-ce qu'en raison de l'épargne courante, signifie que le point d'intersection (σF_t) de la courbe représentative de la fonction de consommation à court terme se déplace vers le haut; les déplacements successifs de cette courbe expliquent que les dépenses et l'épargne des ménages soient proportionnelles à long terme.

Si nous supposons, par souci de simplification, que le revenu moyen tiré du travail, qui est prévu à long terme (S^{LT}), est égal au revenu courant tiré du travail (S_t), la propension moyenne à consommer à court terme (c') s'écrit:

$$c' = \frac{C_{pt}^{CT}}{S_t} \tag{10}$$

qui devient, par substitution:

$$c' = \sigma \frac{F_t}{S_t} + \gamma \frac{S_t}{S_t}$$

$$= \sigma \frac{F_t}{S_t} + \gamma$$

L'examen du premier terme du membre droit de la dernière équation montre que la propension moyenne à consommer à court terme (c') varie avec le revenu courant tiré du travail. Le fait que cette propension augmente lorsque le revenu courant fléchit et qu'elle diminue lors d'une reprise de l'activité économique, signifie que le comportement des ménages exerce une influence stabilisatrice sur l'appareil de production. Par exemple, si $F_t = 100\,000\$$, $\sigma = 0,05$, $\gamma = 0,6$ et $S_t = 20\,000\$$, la dépense des ménages atteint $17\,000\$$:

$$C_{pt}^{CT} = \sigma F_t + \gamma S_t \tag{11}$$

soit:

$$= (0,05 \times 100\,000) + (0,6 \times 20\,000)$$

$$= 17\,000$$

et la propension moyenne à consommer est de 0,85 :

$$c' = \frac{0,05 \times 100\ 000}{20\ 000} + 0,6$$

$$= 0,85$$

Une baisse du revenu courant tiré du travail de 20 000 à 15 000 $ provoque une hausse de la propension moyenne à consommer de 0,85 à 0,93 :

$$c' = \frac{0,05 \times 100\ 000}{15\ 000} + 0,6$$

$$= 0,93$$

tandis qu'une remontée du revenu de 15 000 à 20 000 $ entraîne une baisse de la propension moyenne à consommer de 0,93 à 0,85.

Une parenthèse : théorie du cycle de vie et le krach boursier de 1987[2]

On peut faire appel à la théorie du cycle de vie pour expliquer le fait que la forte baisse des cours des actions, donc de la fortune nationale, au mois d'octobre 1987, n'a pas réduit substantiellement les dépenses des ménages au cours des trimestres suivants.

L'exemple suivant repose sur les hypothèses simplificatrices suivantes : les placements ne sont pas rémunérés (dividendes ou intérêts) ; l'individu représentatif ne désire pas laisser d'héritage ; le revenu annuel qu'il tire de son travail est de 11 000 $ (S = 11 000) ; il sait qu'il mourra dans 25 ans (L = 25) ; il sera actif sur le marché du travail pendant encore 20 ans (R = 20) ; il projette d'affecter à ses dépenses de consommation un montant annuel constant de 10 000 $ (C = 10 000) pendant toute sa vie ; sa fortune actuelle atteint 30 000 $ (F = 30 000).

Au cours de sa vie, la dépense totale de cet individu (CL) sera égale à la somme du revenu qu'il tirera de son travail (SR) et de la valeur de sa fortune (F) :

$$CL = SR + F \tag{12}$$

soit :

$$10\ 000 \times 25 = (11\ 000 \times 20) + 30\ 000$$

---

2. L'exemple numérique suivant est tiré de l'article de C.A. GARNER, « Has the Stock Market Crash Reduced Consumer Spending ? », *Economic Review*, Federal Reserve Bank of Kansas City, vol. 73, n° 4, avril 1988, p. 6.

En divisant l'équation (12) par L, on constate que la dépense annuelle (C = 10 000) dépend davantage du revenu du travail que de la fortune, puisque le coefficient du revenu (20/25) est 20 fois plus élevé que celui de la fortune (1/25) :

$$C = \left(\frac{R}{L} \right) S + \left(\frac{1}{L} \right) F \qquad\qquad (13)$$

soit :

$$= \left(\frac{20}{25} \right) 11\ 000 + \left(\frac{1}{25} \right) 30\ 000$$

$$= 10\ 000$$

Ceci signifie qu'une réduction d'un dollar de la fortune a un impact sur la dépense de consommation qui est 20 fois plus faible qu'une baisse d'un dollar du revenu courant.

La dépense annuelle de cet individu est de 10 000 $. Il épargne donc 1 000 $ annuellement, puisque son revenu annuel est de 11 000 $. D'ici le moment de la retraite, il épargnera donc 20 000 $, de sorte que sa fortune atteindra 50 000 $. Pendant ses cinq années de retraite, il financera ses achats en prélevant sur ses épargnes accumulées.

Une réduction du revenu du travail de 1 000 $ aurait plus d'impact sur la dépense de consommation ($\Delta C = -800$) qu'une diminution de même ampleur de la fortune provoquée, par exemple, par une chute des cours des actions sur le marché boursier ($\Delta C = -40$) :

dans le premier cas ($\Delta S = -1\ 000$) :

$$C = \left(\frac{20}{25} \right) 10\ 000 + \left(\frac{1}{25} \right) 30\ 000$$

$$= 9\ 200$$

dans le second cas ($\Delta F = -1\ 000$) :

$$C = \left(\frac{20}{25} \right) 11\ 000 + \left(\frac{1}{25} \right) 29\ 000$$

$$= 9\ 960$$

La théorie du revenu permanent

La théorie dite du « revenu permanent » soutient que la fonction de consommation est proportionnelle (les dépenses et l'épargne des ménages sont donc une proportion constante de leur revenu disponible à long terme) et que la fonction de consommation proportionnelle est une illusion statistique. Ce schéma s'appuie sur les hypothèses suivantes :

- Le revenu courant *constaté* (R_t) comprend deux éléments indépendants l'un de l'autre : le revenu *permanent* (R^P) et le revenu *transitoire* (R^T) :

$$R_t = R^P + R^T \tag{14}$$

- Le revenu permanent est le revenu moyen qui est prévu à long terme ; il n'est guère influencé par les variations imprévisibles du revenu transitoire, car ces dernières sont censées s'annuler en longue période ;

- Les dépenses *courantes* des ménages (C_t) comprennent deux éléments indépendants l'un de l'autre : l'un est *permanent* (C^P), l'autre *transitoire* (C^T) :

$$C_t = C^P + C^T \tag{15}$$

- La consommation courante comprend les achats de services, les achats de biens de consommation non durables et l'amortissement courant des biens de consommation durables. La portion non amortie des achats courants de biens durables est assimilée à de l'épargne ;

- La dépense transitoire est indépendante du revenu transitoire, de sorte que les variations imprévues du revenu transitoire influencent principalement, sinon uniquement, le volume de l'épargne ;

- Les ménages éprouvent des difficultés à déterminer si les variations à court terme du revenu courant sont permanentes ou éphémères, mais ils sont d'autant plus enclins à croire qu'un changement est permanent que ce dernier est durable.

Les hypothèses précédentes conduisent à la conclusion que les dépenses courantes projetées par les ménages sont une proportion constante (c) de leur revenu permanent :

$$C_p^P = cR^P \tag{16}$$

soit :

$$= 0,8 R^P$$

Dans l'illustration présentée dans le graphique 12, les ménages évaluent leur revenu permanent en prenant en considération le revenu constaté au cours de l'année précédente (R_{t-1}) et une partie (α) de la variation constatée du revenu courant par rapport à celui de l'année précédente :

$$R^P = R_{t-1} + \alpha (R_t - R_{t-1}) \tag{17}$$

$$= \alpha R_t + (1 - \alpha) R_{t-1} \tag{18}$$

soit :

$$= 0,4 \, R_t + (1 - 0,4) \, R_{t-1}$$

GRAPHIQUE 12

Théorie du revenu permanent

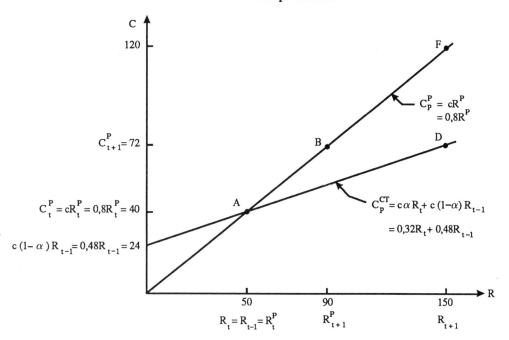

Après avoir substitué l'équation (18) dans l'équation (16), la dépense permanente des ménages s'écrit:

$$C_p^P = c\alpha R_t + c(1 - \alpha) R_{t-1} \tag{19}$$

soit:

$$= 0,32R_t + 0,48R_{t-1}$$

Dans la situation initiale (point A), le revenu courant atteint 50\$ ($R_t = 50$) et est égal, par hypothèse, au revenu de l'année précédente ($R_{t-1} = 50$) et au revenu permanent ($R_t^P = 50$). De plus, la dépense courante, qui est égale à la dépense permanente, atteint 40\$:

$$C_{pt} = C_{pt}^P \tag{20}$$

qui devient, par substitution de l'équation (16) dans l'équation (20):

$$C_{pt} = cR_t^P \tag{21}$$

qui devient, par substitution de l'équation (18) dans l'équation (21):

$$C_{pt} = c\alpha R_t + c(1 - \alpha) R_{t-1} \tag{22}$$

soit:

$$= (0,32 \times 50) + (0,48 \times 50)$$

$$= 40$$

Une hausse du revenu courant de 50\$ ($R_t = 50$) à 150\$ ($R_{t+1} = 150$), qui est illustrée par le passage du point A au point F sur la fonction de consommation proportionnelle (C_p^P), se traduit par une hausse du revenu permanent qui atteint alors 90\$:

$$R_{t+1}^P = R_t^P + \alpha (R_{t+1} - R_t)$$

soit:

$$= 50 + 0,4 (150 - 50)$$

$$= 90$$

la dépense permanente atteint alors 72\$:

$$C_{t+1}^P = c R_{t+1}^P$$

soit:

$$= 0,8 \times 90$$

$$= 72$$

Selon la théorie du revenu permanent, le fait que la fonction de consommation proportionnelle ne soit pas observable (C_p^P) est une source de confusion. En effet, on peut être tenté de croire que la dépense se situe au point D sur une fonction de consommation non proportionnelle (C_p^{CT}), plutôt qu'au point B sur la fonction de consommation proportionnelle, mais il s'agit là d'une erreur ou d'une illusion statistique, car la dépense est une proportion constante du revenu permanent. Le glissement du point A au point F sur la fonction de consommation proportionnelle reflète le fait que les ménages modifient progressivement leur évaluation du revenu permanent lorsque le revenu constaté varie, étant donné qu'ils ont besoin de temps pour se convaincre que la hausse de leur revenu est durable plutôt qu'accidentelle ou transitoire. Si le revenu constaté se maintient à 150\$ pendant l'année suivante $R_{t+1} = R_{t+2} = 150$, le revenu permanent progresse et atteint 150\$:

$$R_{t+2}^P = R_{t+1} + \alpha(R_{t+2} - R_{t+1})$$

soit:

$$= 150 + 0,4 (150 - 150)$$

$$= 150$$

La dépense de consommation permanente augmente également et atteint 120$ au point F:

$$C^P_{t+2} = cR^P_{t+2}$$

soit:

$$= 0{,}8 \times 150$$
$$= 120$$

Conclusion

L'expérience canadienne, au cours de l'après-guerre, montre que les dépenses des ménages ont généralement exercé une influence stabilisatrice sur l'appareil de production, car la part du revenu disponible consacrée à la dépense a augmenté au cours des récessions, tandis qu'elle a régressé lorsque l'activité économique s'animait.

La théorie du revenu absolu et la théorie du revenu relatif affirment l'existence d'une fonction de consommation non proportionnelle, donc d'un comportement des ménages qui tend à stabiliser l'activité économique globale à court terme, surtout lorsque la production s'engage dans le sentier incertain et périlleux d'une récession. La théorie du revenu permanent nie l'existence d'une fonction de consommation non proportionnelle et soutient que cette dernière est une illusion statistique. La théorie du cycle de vie met l'accent sur le fait que les décisions des ménages sont influencées par leur fortune et leur revenu attendus à long terme et permet de rendre compte de la non-proportionnalité à court terme des dépenses des ménages et du fait que les dépenses personnelles de consommation sont peu affectées par de fortes variations à court terme de la fortune courante.

Les théories exposées ont mis en évidence les principaux déterminants des dépenses personnelles de consommation: la théorie du revenu absolu met l'accent sur le rôle joué par le revenu courant; la théorie du revenu relatif enrichit la précédente en faisant intervenir l'influence de la croissance et des pressions sociales sur les habitudes de consommation; la théorie du cycle de vie soutient, avec raison, que les ménages prennent leurs décisions en tenant compte de leur évaluation subjective des ressources globales dont ils disposeront à long terme; la théorie du revenu permanent attire, à juste titre, l'attention sur le fait que les ménages ont un horizon long et tentent de faire la distinction entre les changements temporaires et les modifications permanentes.

Exercices

1. Quels ont été, au cours de l'après-guerre, les traits saillants du comportement conjoncturel des dépenses des ménages canadiens?

2. Quelle distinction faites-vous entre la consommation économique et les achats de biens et de services de consommation? Indiquez les éléments qui doivent être pris en considération pour évaluer la consommation.

3. Quelle a été l'évolution (utilisez des données corrigées des effets de l'inflation et des variations saisonnières s'il y a lieu), au cours des quatre dernières années:

   a) des dépenses de consommation et du revenu disponible réels des Canadiens,
   b) du ratio dépenses des ménages/DNB.

4. Quelle serait, selon vous, l'impact d'un arrêt de la croissance de la dette publique canadienne sur la propension à épargner des ménages canadiens?

5. Comment la théorie du revenu permanent tente-t-elle de démontrer que la fonction de consommation est proportionnelle?

6. Comment la théorie du revenu absolu explique-t-elle la coexistence au moins apparente d'une fonction de consommation proportionnelle et d'une fonction de consommation non proportionnelle?

7. La théorie du revenu relatif a-t-elle encore sa place aujourd'hui dans la gamme des théories qui tentent d'expliquer le comportement des ménages?

8. À partir des données suivantes:

   – revenu du travail annuel: 15 000$ (Q)
   – nombre d'années prévues avant le décès: 24 ans (L)
   – nombre d'années prévues sur le marché du travail: 18 ans (R)
   – dépense annuelle souhaitée: 13 000$ (C)
   – la fortune nette atteint actuellement 42 000$ (F)

   calculez:

   a) le pourcentage du revenu du travail courant affecté aux achats courants de biens et de services de consommation,
   b) le pourcentage de la fortune qui influence la consommation courante,
   c) la valeur des achats courants de biens et de services de consommation,
   d) le montant épargné annuellement,
   e) le montant épargné avant la retraite,
   f) le montant de la fortune nette au moment de la retraite,
   g) l'impact sur la dépense courante de consommation d'une réduction de 2 000$ du revenu courant,

h) l'impact sur la dépense courante de consommation d'une réduction de 2 000$ de la fortune nette actuelle.

9. Quels sont les facteurs susceptibles d'influencer la demande de biens de consommation durables?

10. Quelles sont les implications en matière de gestion macro-économique à court terme de la théorie du « cycle de vie » et de la théorie du revenu permanent?

11. Quelle a été l'évolution de la propension moyenne à épargner (mesurée à partir de données trimestrielles corrigées pour tenir compte des effets de l'inflation et des facteurs saisonniers) des ménages canadiens au cours des quatre dernières années?

12. Comment la théorie du « cycle de vie » permet-elle d'expliquer, au moins en partie, le fait que le choc boursier d'octobre 1987 a eu peu d'impact sur les dépenses des ménages?

Bibliographie

ANDO, A. et MODIGLIANI, F., « The Life-Cycle Hypothesis of Saving: Aggregate Implication and Tests », *American Economic Review*, mars 1973.

DUESENBERRY, J., *Income, Saving and the Theory of Consumer Behaviour*, Cambridge, Harvard University Press, 1949.

FRIEDMAN, M., *Theory of Consumption Function*, Princeton, Princeton University Press, 1957.

OKSANSEN, E. et SPENCER, B., « Testing an Aggregate Consumption Model for Canada », *Canadian Journal of Economics*, février 1972.

CHAPITRE VII

LA DÉPENSE D'INVESTISSEMENT

Investir, c'est créer des *biens de production*, c'est-à-dire des biens destinés à fabriquer des biens de consommation (par exemple, une turbine produit le service « chauffage » ou « éclairage ») ou d'autres biens de production (par exemple, les machines qui servent à produire une turbine). Il y a donc une *différence essentielle* entre *l'investissement*, qui est une *activité de création de biens*, et le *placement*, qui est *l'achat d'un actif préexistant*, physique (une peinture de Van Gogh, un timbre rare, etc.) ou financier (actions, obligations, etc.).

Plusieurs raisons expliquent qu'il est important d'étudier les déterminants de la dépense d'investissement :

— elle est un élément important de la dépense nationale brute *courante,*

— elle influence le niveau de *l'activité économique future*, car elle augmente le stock de capital technique et, par conséquent, le potentiel de production,

— elle fluctue davantage que les autres éléments de la dépense nationale et constitue donc une source potentielle d'instabilité économique à court terme,

— la définition de la politique économique doit s'appuyer sur la prévision de la dépense d'investissement et prendre en considération les réactions probables des chefs d'entreprise à une modification des variables-instruments (taux d'intérêt, achats de l'État, subventions, crédits d'investissement, etc.).

Ce chapitre comprend deux sections. Dans la première section, nous présenterons quelques concepts clés et l'évolution passée de la dépense d'investissement au Canada. Dans la deuxième section, nous esquisserons quelques théories qui ont été avancées pour expliquer le phénomène de l'investissement.

Section 1

Généralités et rétrospective

Concepts clés

Investissement fixe et variation des stocks

Le tableau 1 montre que les investissements canadiens peuvent être regroupés en deux catégories principales: les investissements fixes (équipement, construction commerciale et industrielle, construction d'habitations) et la variation des stocks.

L'expression « investissement fixe » traduit le fait qu'une partie de la dépense d'investissement prend la forme de biens de production qui sont durablement incorporés à la substance de l'appareil de production (construction, équipement, machinerie, outillage).

La variation des stocks peut se traduire par un investissement ou un désinvestissement: il y a investissement lorsque la production courante est plus élevée que le volume des ventes au cours de la même période (les entreprises accumulent volontairement ou involontairement une partie de la production courante pour satisfaire les besoins futurs de leur clientèle); il y a, au contraire, « désinvestissement » lorsque les ventes courantes excèdent la production courante (les entreprises écoulent alors leurs biens préalablement stockés).

TABLEAU 1

Valeur nominale des investissements au Canada, 1983
(en millions de dollars)

Investissements fixes		
Entreprises		
Équipement et machinerie	26 120	
Construction commerciale et industrielle	24 292	
Construction d'habitations	16 187	
État	11 048	
Total partiel		77 647
Variation des stocks		
État	−45	
Entreprises non agricoles	−677	
Entreprises agricoles	−502	
Total partiel		−1 224
Total général		76 423

Source: *Revue statistique du Canada*, n° 11-003 F, mars 1985, p. 18.

Potentiel de production et investissement

Le volume des investissements courants augmente le stock de capital lorsqu'il excède l'amortissement de ce dernier. L'investissement net résultant est un des principaux déterminants de la croissance du potentiel de production de l'appareil économique.

Dans la réalité, l'accroissement du stock de capital technique est intimement lié à l'investissement de remplacement, non seulement parce que le progrès technologique augmente l'efficacité des biens de production (les nouvelles « machines » sont plus performantes que les anciennes), mais aussi parce que l'investissement de remplacement est, en pratique, un investissement de modernisation ou de rajeunissement de la capacité globale de production.

Investissement et stock de capital désiré

Le volume des investissements courants reflète, en partie, le désir des agents de combler l'écart entre le stock de capital qu'ils détiennent à un certain moment (ou dont ils héritent de la période précédente) et le stock de capital qu'ils jugent optimal et souhaitent donc détenir. Le stock de capital optimal est celui qui permet de maximiser certains objectifs, par exemple, les bénéfices globaux dans le secteur privé ou le bien-être collectif dans le secteur public. L'existence de contraintes économiques, techniques ou financières explique que la dépense d'investissement courante ne puisse parfois permettre de combler rapidement l'écart entre le stock de capital souhaité et le stock de capital détenu.

Rétrospective

Le graphique 1 présente l'évolution des investissements fixes en pourcentage de la dépense nationale brute au cours de la période 1947-1983. On constate, en premier lieu, qu'environ 22 % de la dépense totale a été affectée, en moyenne, à la formation de capital privée et publique. On observe, en second lieu, que la part de la dépense affectée à l'investissement fixe (notamment les investissements des entreprises) a fluctué à court terme ; elle a augmenté pendant les périodes de haute conjoncture (par exemple, en 1955-1957 et en 1964-1966), tandis qu'elle a chuté lorsque l'économie canadienne était déprimée ou victime d'une récession (par exemple, en 1957-1962 et en 1981-1983).

Le graphique 2 présente l'évolution des investissements fixes réels au cours de la période 1947-1983. On constate, ici encore, que les périodes de récession économique ont été généralement accompagnées d'une pause dans la progression des investissements ou d'un recul ; au cours de la sévère contraction économique de 1981-1982, la chute des investissements fixes des entreprises a été particulièrement brutale.

Le graphique 3 présente les variations en pourcentage des investissements fixes et de la dépense nationale brute au cours de la période 1955-1983. Il ressort que les variations annuelles des investissements ont été généralement beaucoup plus importantes que celles de la dépense totale, notamment au cours de la récession de 1981-1982.

GRAPHIQUE 1

**Évolution des investissements fixes totaux et de leurs composantes en
pourcentage de la dépense nationale brute
au Canada[1], 1947-1983**

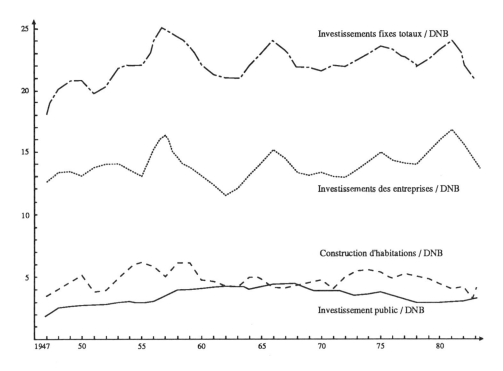

1. Données corrigées des effets de l'inflation.

Source: *Revue économique*, Ottawa, Ministère des Finances, avril 1985, p. 72.

Le graphique 4 présente l'évolution du taux de chômage (axe vertical de gauche)
et de la part de la dépense nationale brute affectée aux investissements fixes (axe vertical de droite) au cours de la période 1966-1983. On constate que le taux de chômage,
qui était « seulement » de 3,4 % en 1966, a d'abord eu tendance à augmenter avant
de bondir au début des années 80 (de 7,4 % en 1979 à 11,9 % en 1983), en même
temps que la part de la dépense nationale affectée à l'investissement fixe déclinait
fortement. Le comportement de ces deux agrégats suggère donc qu'il y a un lien entre
le marché du travail et la vigueur relative des investissements fixes.

Le graphique 5 montre que les variations des stocks ont été très erratiques au
cours de la période 1955-1983. Il ressort également que les stocks ont diminué lorsque
l'appareil économique était déprimé (par exemple, en 1958 et en 1982). Les variations

GRAPHIQUE 2

**Évolution de la valeur réelle des investissements fixes
totaux et de leurs composantes au Canada[1], 1947-1983
(en milliards de dollars)**

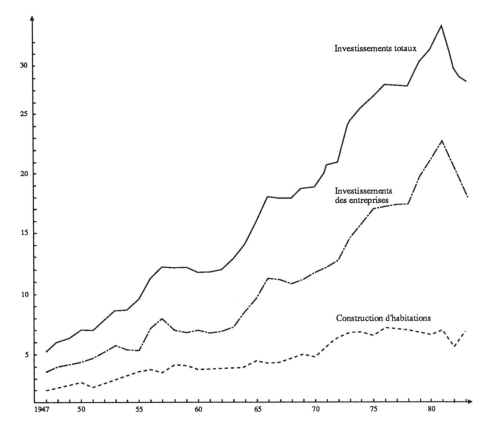

1. Données corrigées des effets de l'inflation.

Source: *Revue économique*, Ottawa, Ministère des Finances, avril 1985, p. 72.

des stocks ont parfois représenté une forte proportion des fluctuations de la dépense nationale. Ainsi, en 1982, la baisse des stocks (3 240 millions de dollars) représentait plus de la moitié (53,6 %) du recul du niveau de l'activité économique générale (6 045 millions de dollars).

GRAPHIQUE 3

**Variations des investissements fixes et
de la dépense nationale brute au Canada[1], 1955-1983
(en pourcentage)**

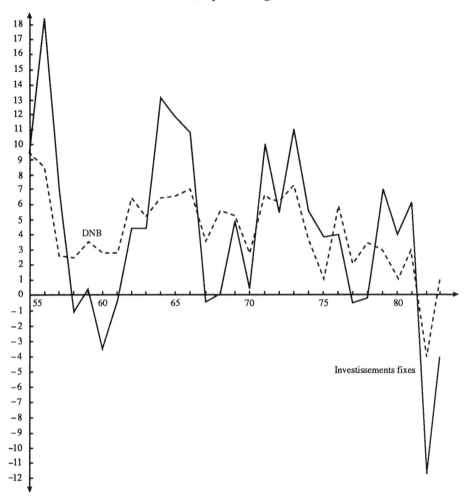

1. Données corrigées des effets de l'inflation.

Source: *Revue économique*, Ottawa, Ministère des Finances, avril 1985, p. 72.

GRAPHIQUE 4

Évolution du taux de chômage (axe de gauche) et des investissements fixes en pourcentage de la dépense nationale brute réelle (axe de droite) au Canada[1], 1966-1983

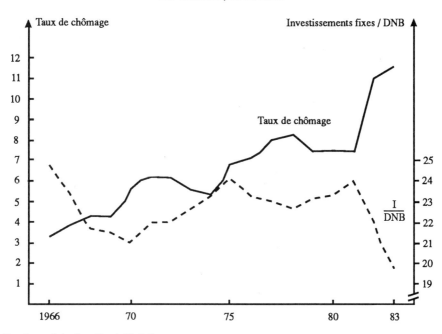

1. Données corrigées des effets de l'inflation.

Source: *Revue économique*, Ottawa, Ministère des Finances, avril 1985, p. 72 et p. 107.

GRAPHIQUE 5

**Variations[1] des stocks au Canada
1955-1983
(en milliards de dollars)**

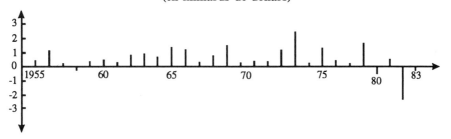

1. Données corrigées des effets de l'inflation.

Source: *Revue économique*, Ottawa, Ministère des Finances, avril 1985, p. 72.

Comportement conjoncturel

La quatrième colonne du tableau 2 montre que les investissements canadiens ont diminué proportionnellement plus que la dépense nationale brute au cours des périodes de contraction économique, notamment au cours de la récession de 1981-1982 (deuxième colonne). On constate également que le recul des investissements a toujours été accompagné d'une réduction des bénéfices des entreprises avant impôts ; une faible conjoncture nuit donc aux investissements, non seulement parce qu'elle provoque la sous-utilisation de la capacité de production et accroît le pessimisme, mais aussi parce qu'elle réduit les profits non répartis aux actionnaires, qui constituent une source

TABLEAU 2

Comportement conjoncturel[1] des investissements au Canada, période de l'après-guerre

	Reprise 1983	Récession 1981-1982	Reprise moyenne de l'après-guerre (reprise de 1983 exclue)	Récession moyenne de l'après-guerre (récession de 1981-1982 exclue)
	(Variation en pourcentage)			
Dépense nationale brute	6,6	−6,5	7,0	−1,0
Construction d'habitations	16,1	−27,7	21,9	−8,4
Investissements fixes des entreprises	−8,6	−17,5	0,08	−1,9
Construction commerciale et industrielle	−16,0	−11,0	2,4	2,8
Machines et équipements	−0,8	−23,4	−0,2	−6,7
Investissements fixes des entreprises, secteur énergétique exclu	−8,8	−24,3	1,6	−5,0
Bénéfices avant impôts	54,9	−36,7	15,3	−10,4
	(Variation en millions de dollars)			
Variation des stocks	5 436	−4 692	397	−1 316
	(Variation du ratio)			
Ratio des stocks aux ventes	−0,07	−0,03	−0,06	0,06
	(Variation en points de pourcentage)			
Part des bénéfices dans le PNB	2,5	−4,4	0,2	−1,6

1. Toutes les données de ce tableau ont été corrigées des effets de l'inflation.

Source: STATISTIQUE CANADA, *Comptes nationaux des revenus et des dépenses*, n° 13-001 ; *Revue économique*, Ottawa, Ministère des Finances, avril 1984, p. 23.

interne de financement très importante au Canada. Les reprises économiques ont, au contraire, généralement été accompagnées d'une remontée des investissements et des bénéfices avant impôts (troisième colonne). Le fait que les investissements ont continué leur déclin au cours de la reprise économique de 1983 peut être attribué à la sous-utilisation de l'appareil de production provoquée par l'ampleur exceptionnelle de la récession de 1981-1982, à la faiblesse financière des entreprises canadiennes, qui étaient fortement endettées, et au fléchissement des prix de plusieurs matières premières exportées.

Section 2

Théories de l'investissement

Le nombre élevé de théories avancées pour expliquer le comportement de la dépense d'investissement démontre indirectement qu'aucune d'entre elles ne peut prétendre expliquer toute la réalité à tout moment; les théories de l'investissement sont donc des tentatives d'explication partielle. Cette diversité reflète également la gamme très étendue des facteurs susceptibles d'influencer la décision d'investir. Certains sont:

- d'ordre *économique* (essor prévu de la demande, taux de chômage attendu, etc.),

- d'ordre *financier* (taux d'intérêt, profits non répartis, etc.),

- d'ordre *démographique* (nombre prévu des nouveaux ménages, rythme de croissance de la population, etc.),

- d'ordre *psychologique* (attitude vis-à-vis du risque, désir d'entreprendre, etc.),

- d'ordre *technologique ou scientifique* (découverte d'un nouveau produit ou de procédés plus efficaces de fabrication ou de distribution, etc.),

- d'ordre *politique* (désir de l'État de favoriser certaines industries ou certaines régions par le biais de subventions, par la protection tarifaire accordée aux firmes éprouvées par la concurrence extérieure, etc.),

- d'ordre *international* (conjoncture à l'étranger, politiques commerciales des principaux partenaires commerciaux, « réceptivité » des marchés financiers internationaux, etc.),

- d'ordre *social* (relations entre employeurs et travailleurs, harmonie des rapports sociaux, etc.).

Dans cette deuxième section, nous esquisserons successivement les six théories ou modèles suivants:

- le modèle du taux d'intérêt,

- le modèle du niveau de la production,

- le modèle de l'accélération,
- le modèle néoclassique,
- le modèle des coûts de financement,
- le modèle chronologique.

Le modèle du taux d'intérêt

Le taux d'intérêt est le premier facteur que nous prendrons en considération même si, dans la réalité, il ne joue pas nécessairement un rôle décisif. Dans le chapitre IV, nous avons souligné que le taux d'intérêt agissait comme filtre: les seuls projets acceptables sont ceux dont le taux de rentabilité prévu est égal ou supérieur aux taux d'intérêt pratiqué sur le marché; la baisse du taux d'intérêt a pour effet d'augmenter le nombre de projets jugés attrayants et, par conséquent, d'accroître la dépense globale d'investissement.

Avant d'investir ou de placer des fonds, le chef d'entreprise compare les taux de rendement attendus de divers actifs, physiques et financiers. Le rôle du taux d'intérêt dans la décision d'investir peut donc être analysé à partir de l'alternative suivante: est-il plus rentable d'investir ou de placer les fonds disponibles (le chef d'entreprise qui ne dispose pas de fonds comparerait le rendement attendu d'un projet d'investissement au coût des fonds externes empruntés)? Le problème du choix entre l'investissement et le placement peut être analysé à partir du concept de la valeur actualisée d'un actif.

La valeur actualisée d'un actif

Le chef d'entreprise qui prête ses fonds recevra, au bout d'un an, son capital (V_0), plus l'intérêt de ce capital (iV_0), donc une somme V_1:

$$V_1 = V_0 + iV_0 \qquad (1)$$
$$= V_0 (1 + i)$$

La somme V_1 placée pendant une deuxième année atteint V_2 dollars à l'échéance du placement:

$$V_2 = V_1 (1 + i) \qquad (2)$$

qui devient, par substitution:

$$= V_0 (1 + i)^2$$

L'équation (3) montre que V_0 dollars placés pendant n années vaudront V_n dollars à l'échéance du placement:

$$V_n = V_0 (1 + i)^n \qquad (3)$$

Le montant qui doit être placé aujourd'hui pour obtenir V_n dollars est la *valeur actualisée* du placement (V_0):

$$V_0 = \frac{V_n}{(1 + i)^n} \tag{4}$$

Par exemple, la valeur actualisée d'un placement d'un an, dont la valeur à l'échéance atteint 100$ ($V_1 = 100$), est de 90,91$ ($V_0 = 90,91$) lorsque le taux d'intérêt est de 10%. En d'autres termes, le placement de 90,91$ permet d'obtenir 100$ au bout d'un an lorsque le rendement courant est de 10%:

$$V_0 = \frac{100}{(1 + 0,10)}$$
$$= 90,91$$

Le détenteur de ce titre exigerait au moins 90,91$ sur le marché (si l'on fait abstraction des frais de transaction); en effet, si le titre était vendu, par exemple, 90$, et si ce montant était placé pendant un an à 10%, sa valeur à l'échéance serait de seulement 99$.

La valeur actualisée d'une obligation dont l'échéance est dans n années est donnée par l'équation (5):

$$V_0 = \frac{R_1}{(1 + i)} + \frac{R_2}{(1 + i)^2} + \frac{R_3}{(1 + i)^3} + ... + \frac{R_n}{(1 + i)^n} + \frac{P}{(1 + i)^n} \tag{5}$$

Le dernier terme du membre droit (P) est la valeur actualisée du prix de remboursement, tandis que les termes précédents sont les valeurs actualisées de tous les versements annuels d'intérêts (R). Par sommation d'une progression géométrique, l'équation ci-dessus devient:

$$V_0 = \frac{R}{i} \left(1 - \frac{1}{(1 + i)^n} \right) + \left(\frac{P}{(1 + i)^n} \right) \tag{6}$$

La valeur actualisée d'une obligation est donnée par l'équation (7) lorsqu'elle n'a pas d'échéance (elle porte alors le nom de « rente perpétuelle »), c'est-à-dire lorsque n tend vers l'infini:

$$V_0 = \frac{R}{i} \tag{7}$$

Cette équation met en évidence le fait que la valeur actualisée, donc la valeur au marché de cette obligation, dépend du taux d'intérêt courant. Cette relation inverse existe pour toutes les obligations[1], quelle que soit leur échéance: leurs cours diminuent lorsque le taux d'intérêt s'élève, tandis qu'ils augmentent dans le cas contraire.

---

1. Les obligations d'épargne sont une exception, car elles peuvent être vendues à leur valeur nominale en tout temps avant leur échéance.

La décision d'investir

Un projet d'investissement est jugé attrayant lorsque son taux de rendement prévu est supérieur à celui qui est obtenu en plaçant les sources internes de financement; lorsque le projet est financé par des emprunts, le taux de rendement attendu doit être plus élevé que le taux d'intérêt payé aux prêteurs.

Le calcul du taux de rendement attendu d'un projet d'investissement est analogue à celui qui a été effectué dans le cas d'une obligation. L'équation (8) permet de calculer le *taux de rendement interne* (r) d'un projet d'investissement lorsque le coût du projet (C) est connu, lorsque les bénéfices bruts attendus (et potentiellement variables d'une année à l'autre) à la fin de chacune des n années (R_1, R_2..., R_n) ont été estimés et lorsque le prix retiré des équipements lors de leur mise hors service est de H dollars:

$$C = \frac{R_1}{(1 + r)} + \frac{R_2}{(1 + r)^2} + \ldots + \frac{R_n}{(1 + r)^n} + \frac{H}{(1 + r)^n} \tag{8}$$

Par exemple, le rendement brut du projet d'investissement présenté dans le chapitre IV (tableau 1) est de 10 %, étant donné que le bénéfice brut attendu au bout d'un an, calculé avant de déduire l'amortissement et les intérêts, est de 110 $ ($R_1 = 110$) et que le coût du projet est de 100 $ (C = 100):

$$100 = \frac{110}{(1 + r)}$$

$$100 (1 + r) = 110$$

$$100 + 100r = 110$$

$$100r = 10$$

$$r = \frac{10}{100}$$

et

$$r = 10\%$$

Le taux de rendement interne peut être défini comme le taux d'escompte qui égalise le bénéfice brut attendu au coût du projet d'investissement; il porte également le nom d'efficacité marginale de l'investissement lorsqu'il mesure le taux de rendement d'une unité supplémentaire de capital technique.

Avant d'investir, le chef d'entreprise compare le taux de rendement interne (r) au taux de rendement externe (i), c'est-à-dire le taux d'intérêt sur un emprunt ou sur un prêt. Il investit seulement s'il prévoit que le taux de rendement interne sera plus élevé que le taux de rendement externe.

La décision d'investir peut également être abordée en comparant le coût d'un projet à la valeur actualisée du bénéfice brut attendu, par le biais du taux d'intérêt pratiqué sur le marché. L'équation (9) indique la valeur actualisée d'un projet d'investissement qui a une vie utile de n années et une valeur résiduelle de H:

$$V_0 = \frac{R_1}{(1 + i)} + \frac{R_2}{(1 + i)^2} + ... + \frac{R_n}{(1 + i)^n} + \frac{H}{(1 + i)^n} \tag{9}$$

Dans l'exemple précédent, la valeur actualisée du bénéfice brut attendu est de 101,85 \$ ($V_0 = 101,85$) lorsque le taux d'intérêt pratiqué sur le marché est de 8 % ($i = 8$):

$$V_0 = \frac{110}{(1 + 0,08)}$$

$$= 101,85$$

Le projet d'investissement est donc attrayant puisqu'il est moins onéreux d'investir ($C = 100$) que de placer ($V_0 = 101,85$) pour obtenir le flux attendu de bénéfice brut ($R_1 = 110$).

Le tableau 3 présente les deux modes d'évaluation de la rentabilité d'un projet d'investissement: la première comparaison montre que le projet considéré est potentiellement rentable lorsque son coût (C) est plus faible que la valeur actualisée du bénéfice brut prévu (V_0), tandis que la deuxième comparaison révèle que le projet est rentable lorsque son taux de rendement interne (r) est supérieur aux taux de rendement ou de financement externe (i).

TABLEAU 3

Évaluation de la rentabilité d'un investissement

Comparaison	Le projet est estimé		
	rentable	non rentable	non rentable à la marge
1. Entre la valeur actualisée et le coût du projet	V > C	V < C	V = C
2. Entre le taux d'intérêt et le taux de rendement interne	i < r	i > r	i = r

L'équation (8), qui prend en considération le taux de rendement interne, permet de démontrer qu'une hausse du coût d'un projet d'investissement (C) ou qu'une diminution du bénéfice brut prévu (R_1, R_2..., R_n) réduit le taux de rendement attendu. Par exemple, le projet précédent doit être abandonné si son coût augmente de 100 à 104 \$ et si le taux d'intérêt est de 8 %, étant donné que son taux de rendement passe alors de 10 à 5,8 %:

$$C = \frac{R}{(1 + r)}$$

soit:

$$104 = \frac{110}{(1 + r)}$$

ou

$$104 \, (1 + r) = 110$$

$$104 + 104r = 110$$

$$104r = 6$$

$$r = \frac{6}{104}$$

et

$$r = 5,8\%$$

De même, une réduction du bénéfice brut de 110 à 106 $ réduit le rendement interne de 10 à 6% et conduit donc au rejet de ce projet d'investissement:

$$100 = \frac{106}{(1 + r)}$$

ou

$$100 \, (1 + r) = 106$$

$$100 + 100r = 106$$

$$100r = 6$$

$$r = \frac{6}{100}$$

et

$$r = 6\%$$

L'équation (9), qui prend en considération le taux de rendement externe, permet de démontrer qu'une hausse du taux d'intérêt réduit la valeur actualisée du bénéfice brut d'un projet d'investissement. Par exemple, une hausse du taux d'intérêt de 8 à 12% entraîne l'abandon du projet précédent, étant donné que la valeur actualisée du bénéfice attendu ($V_0 = 98,21$) est alors inférieure au coût du projet ($C = 100$):

$$98,21 = \frac{110}{(1 + 0,12)}$$

Le modèle du niveau de production

Plutôt que de poser, comme nous l'avons fait dans le chapitre III, que la dépense d'investissement est constante ($I_p = \bar{I}$), nous supposerons maintenant qu'elle dépend du niveau de l'activité économique. Cette hypothèse est plus réaliste que la précédente, étant donné que la croissance de la production tend à élargir la gamme des projets potentiellement rentables, tous les autres facteurs restant inchangés; la baisse du niveau de l'activité économique tend, au contraire, à déprimer la demande de biens de production.

L'équation (10) indique que la dépense globale d'investissement projetée (I_p) dépend du niveau de l'activité économique (graphique 6):

$$I_p = \bar{I} + jQ \tag{10}$$

soit:

$$= 20 + 0{,}2Q$$

Le coefficient j, qui porte le nom de propension marginale à investir, est la pente de la droite représentative de l'équation ci-dessus ou la dérivée première de la fonction d'investissement; il mesure donc l'impact d'une variation de la production sur la dépense d'investissement:

$$\frac{dI_p}{dQ} = j$$

soit:

$$= 0{,}2$$

GRAPHIQUE 6

**La dépense d'investissement dépend du
niveau de l'activité économique**

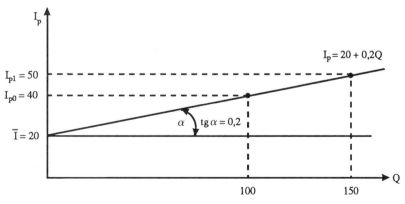

Le fait que la propension marginale à investir soit positive ($j > 0$) signifie qu'un déclin de l'activité économique déprime la dépense d'investissement tandis qu'une expansion la stimule.

La position de la courbe de la dépense d'investissement dépend de tous les facteurs, autres que le niveau de l'activité économique, qui influencent la rentabilité. Par exemple, une hausse du taux d'intérêt ou des prix des biens de production se traduit par un déplacement vers le bas de la courbe de la dépense d'investissement, étant donné que ces changements dégradent le climat général. Autre exemple : une baisse du taux d'intérêt tend, au contraire, à déplacer la courbe de la dépense d'investissement vers le haut, étant donné l'accroissement consécutif du nombre de projets jugés rentables. Ce modèle a un pouvoir d'explication et de prévision très limité, non seulement parce qu'il laisse dans l'ombre l'influence de plusieurs facteurs importants (taux d'intérêt, taux d'utilisation des capacités de production existantes, etc.), mais aussi parce qu'il ne permet pas de rendre compte du fait que les variations de la dépense d'investissement et de l'activité économique générale sont rarement synchrones.

Le modèle de l'accélération

Le modèle de l'accélération, qui porte également le nom de « principe d'accélération », prétend expliquer l'ampleur et l'instabilité de la dépense d'investissement par la *variation* en valeur absolue de l'activité économique. Nous illustrerons ce schéma en nous appuyant sur les équations (11) et (12) et les hypothèses suivantes :

$$I_t^T = I_t^R + I_t^N \qquad \text{compte tenu de EXCAP} \qquad (11)$$

$$= I_t^R + v(Q_t - Q_{t-1}) \qquad \text{compte tenu de EXCAP} \qquad (12)$$

– I^T est la dépense totale d'investissement au cours de la période t ;

– L'investissement de remplacement courant (I_t^R) dépend de l'investissement net réalisé dix ans auparavant ($I_t^R = I_{t-10}^N$) ;

– L'ampleur de l'investissement net (ou induit) courant ($I_t^N = v\Delta Q$) dépend non seulement de la variation en valeur absolue de la production ($\Delta Q_t = Q_t - Q_{t-1}$), mais aussi du coefficient de capital (v) ; étant donné que nous supposerons que le coefficient marginal de capital ($v' = \Delta K/\Delta Q$) est égal au coefficient moyen de capital ($v = K/Q$), v est donc à la fois l'accroissement du stock de capital permettant d'augmenter la production d'une unité (v') et la quantité minimale de capital requise pour produire une unité (v). Il s'ensuit donc qu'une hausse de la production de deux unités requiert un accroissement du stock de capital ou un investissement net de 6 unités lorsque l'appareil de production fonctionne à pleine capacité et lorsque le coefficient de capital est de 3 :

$$\Delta K_t = I_t^N = v'\Delta Q_t$$

soit:

$$= 3 \times 2$$

$$= 6$$

- Le stock de capital technique (K) existant à la fin de la période précédente (K_{t-1}) est optimal (K^*_{t-1}) et complètement utilisé (donc $K_{t-1} = K^*_{t-1}$), de sorte qu'une hausse de la production requiert un investissement net;

- La présence possible d'un excédent de capacité de production (EXCAP) affecte négativement la dépense totale d'investissement, étant donné que le capital existant est sous-utilisé et peu rentable. Le nombre maximum d'unités de capital « excédentaires » qui peuvent être éliminées au cours d'une période est déterminé par l'amortissement ou par l'investissement de remplacement.

Le tableau 4 et le graphique 7 illustrent le fonctionnement du modèle de l'accélération:

- Dans la situation initiale (en t ou en t + 1), la production (colonne 2) atteint 100, tandis que le stock de capital, requis (colonne 5) et existant à la fin de la période précédente ou au début de la période courante (colonne 6), est de 300, étant donné que le coefficient de capital est de 3;

- Au cours de la période t + 2, l'accroissement de la production (colonne 3), se traduit par un investissement net de 30 (colonne 8):

$$I^N_{t+2} = 3(Q_{t+2} - Q_{t+1})$$

soit:

$$= 3(110 - 100)$$

$$= 30$$

L'investissement total (I^T_{t+2}) augmente donc de 30 (colonne 12) ou de 100 % (colonne 13) par rapport à la période précédente; l'investissement de remplacement (colonne 7) est le même (30) qu'au cours de la période précédente;

- Au cours de la période t + 3, la production augmente de 15, donc davantage qu'au cours de la période précédente (10), de sorte que l'investissement induit atteint 45 et l'investissement total, 75;

- *Le ralentissement de la croissance* de la production au cours des périodes t + 4 et t + 5 (10, 5) se traduit par des *niveaux plus faibles* de l'investissement induit (30, 15) et de l'investissement total (60, 45);

- Le recul de la production au cours des périodes t + 6 et t + 7 (−5, −10) donne naissance à un investissement induit négatif (−15, −30) et à un recul sévère de l'investissement total (−66 %, −100 %), ce qui incite les chefs d'entreprise à remplacer seulement une partie des unités de capital amorties. Par exemple,

TABLEAU 4

Le modèle de l'accélération

Période	Production Q	Variation de la production		Stock de capital		Investissement				Total I^T	Variation de l'investissement total	
		en valeur absolue ΔQ	en % ΔQ	requis K_t	à la fin de la période précédente K_{t-1}	de remplacement I^R	net ou induit I^N	EXCAP début de période	EXCAP fin de période		en valeur absolue	en %
(1)	(2)	(3)	(4)	(5)	(6)	(7)	(8)	(9)	(10)	(11)	(12)	(13)
t	100	0	0	300	300	30	0			30	0	0
t+1	100	0	0	300	300	30	0			30	0	0
t+2	110	10	10	330	300	30	30			60	30	100
t+3	125	15	13,6	375	330	30	45			75	15	25
t+4	135	10	8	405	375	30	30			60	−15	−20
t+5	140	5	3,7	420	405	30	15			45	−15	−25
t+6	135	−5	−3,6	405	420	30	−15			15	−30	−66
t+7	125	−10	−7,5	375	405	30	−30			0	−15	−100
t+8	120	−5	−4,0	360	375	30	−15			15	15	
t+9	118	−2	−1,7	354	360	30	−6			24	9	60
t+10	117	−1	−0,9	351	354	30	−3			27	3	12,5
t+11	117	0	0	351	351	30	0			30	3	11,1
t+12	118	1	0,8	354	351	60	3			63	33	20
t+13	120	2	1,7	360	354	75	6			81	18	20,8
t+14	130	10	8,3	390	360	60	30			90	9	62
t+15	100	−30	−23	300	390	45	−90	90	45	0	−90	−100
t+16	110	10	10	330	345	15	30	45	0	30	30	
t+17	120	10	9,1	360	330	0	30	0	0	30	0	

au cours de la période t + 6, l'investissement total (15) est plus faible que l'investissement de remplacement (30) à cause de l'investissement induit négatif (-15) :

$$I_{t+6}^T = I_{t+6}^R + I_{t+6}^N$$
$$15 = 30 + (-15)$$

GRAPHIQUE 7

**Évolution de la production, de l'investissement induit
et de l'investissement total**

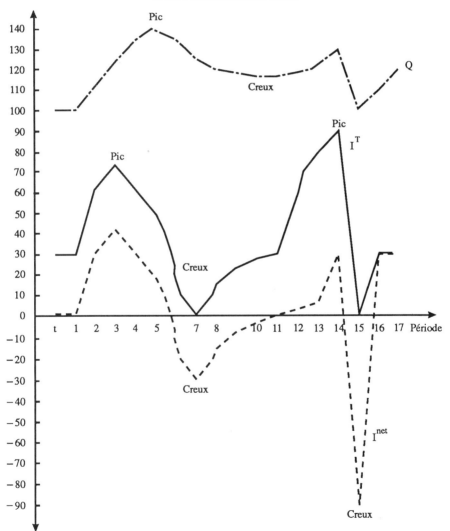

–   Le *ralentissement du déclin* de la production entre les périodes t + 7 et t + 10
     (-10, -5, -2, -1) se traduit par une *reprise* de l'investissement total (0, 15,
     24, 27) à cause de la réduction des investissements induits négatifs (-30, -15,
     -6, -3); la reprise de l'investissement total débute donc avant même que le
     recul de la production ne soit terminé. Par exemple, au cours de la période t + 9,
     l'investissement total est plus élevé qu'au cours de la période précédente
     ($24 > 15$), en dépit de la réduction de la production (-2):

$$I_{t+9}^{T} = I_{t+9}^{R} + I_{t+9}^{N}$$
$$24 = 30 - 6$$

–   Au cours de la période t + 15, la production se replie brutalement (-30), de
     sorte que l'investissement induit est fortement négatif (-90) et égal à l'écart
     entre le stock de capital requis (300) et le stock de capital existant au début de
     la période (390). Étant donné que la contraction du stock de capital ne peut être
     plus importante que l'investissement de remplacement (45), le stock de capital
     est réduit de 390 à 345 au cours de la période t + 15 et l'investissement total est nul;

–   Au début de la période t + 16, le stock de capital hérité de la période précédente
     (345) excède le stock de capital requis (330). La capacité excédentaire est cepen-
     dant éliminée à la fin de la période t + 16 à cause de la croissance de la produc-
     tion et du non-renouvellement de 15 unités de capital amorties.

Le comportement de la dépense d'investissement dépend des hypothèses retenues. Certaines semblent contestables. Par exemple, la dépense d'investissement dépend,
dans la réalité, non seulement de la variation courante des ventes des entreprises, mais
aussi de leur croissance prévue. Autre exemple: la dépense d'investissement atteint
généralement un sommet après l'activité économique globale, car les chefs d'entreprise sont souvent très optimistes en période de haute conjoncture, alors que le niveau
élevé des profits renforce la conviction que la demande future sera animée et que les
projets ayant une longue période de gestation comportent peu de risques. En dépit
de son caractère un peu mécanique, le modèle précédent a néanmoins le mérite de
mettre en évidence le fait que la dépense d'investissement fluctue davantage que la
dépense nationale. Ainsi, le graphique 7 montre que l'amplitude des variations des
investissements nets et totaux est plus importante que celle des fluctuations de la production globale (un comportement que nous avons également constaté dans le graphique 3); on constate également que les points de retournement (sommets et creux) de
la production et des investissements ne sont pas synchrones (par exemple, l'investissement total atteint un sommet au cours de la période t + 3, soit deux périodes avant
que la production ne culmine).

Le modèle néoclassique

Le modèle dit « néoclassique » de l'investissement fait intervenir une gamme
étendue de facteurs et permet de mettre en évidence les conséquences de quelques

interventions de l'État sur la formation du capital. Ses principales hypothèses peuvent être résumées comme suit:

– La technologie est souple, car les combinaisons des facteurs sont variables et dépendent des prix relatifs de ces derniers (le ratio capital/production est donc variable, tandis qu'il était fixe dans le modèle d'accélération);

– Les prix des produits et des facteurs ne sont guère influencés par l'ampleur de la dépense d'investissement;

– Les chefs d'entreprise visent le profit maximum, de sorte que le profit marginal de la dernière unité de capital investie est nul;

– Le stock de capital jugé optimal par les chefs d'entreprise (K_t^*) dépend de l'évolution prévue et jugée permanente du volume des ventes (Q^a), du coefficient de capital (v) et du coût du capital (h). Le coût réel du capital dépend du taux d'inflation attendu, des stimulants fiscaux et du taux d'amortissement;

a) Le coût réel du capital que prévoient les chefs d'entreprise (i^{ra}) est égal au taux d'intérêt nominal courant[2] (i^n) moins le taux[3] d'inflation attendu ($i^{ra} = i^n - \dot{P}^a$). Les chefs d'entreprise seront enclins à avoir recours à l'endettement (par exemple, l'émission d'obligations) lorsqu'ils prévoient que le taux d'inflation futur réduira le taux d'intérêt réel et lorsqu'ils croient que les prix de vente de leurs produits augmenteront plus rapidement que l'indice général des prix;

b) Certaines dispositions de l'assiette fiscale influencent le coût du capital. C'est le cas du « crédit d'investissement » qui permet de déduire de l'impôt un montant égal à une fraction (θ) de la valeur de certains projets d'investissement. Si, par exemple, θ est de 20 % et la dépense d'investissement de 100 $, l'entreprise peut déduire un montant de 20 $ des impôts courants. Cette disposition fiscale a pour effet de réduire le taux d'intérêt auquel l'entreprise est effectivement confrontée lorsqu'elle a recours à l'endettement. Si, par exemple, le taux d'intérêt nominal est de 8 %, le taux d'intérêt effectif (i^θ) est de 6,4 % :

$$i^\theta = i^n (1 - \theta)$$

soit :

$$= 8 (1 - 0,2)$$

$$= 6,4$$

c) Le taux d'amortissement d'un investissement (d) constitue le troisième élément de coût du capital pris en considération.

---

2. C'est-à-dire le taux pratiqué sur le marché auquel les chefs d'entreprise sont confrontés lorsqu'ils empruntent pour investir, ou le taux servi sur les placements.
3. Un point placé au-dessus d'une variable exprime son taux proportionnel de changement.

Le modèle néoclassique peut être explicité comme suit:

$$K_t^* = \frac{vQ^a}{i^n - \theta i^n - \dot{P}^a + d} \tag{13}$$

où $i^n - \theta i^n - \dot{P}^a$ est le taux d'intérêt *réel* et *effectif*, c'est-à-dire le taux d'intérêt nominal corrigé pour tenir compte du taux d'inflation attendu et du crédit d'investissement. L'équation (13) montre que le stock de capital optimal est d'autant plus élevé que le taux d'intérêt réel attendu est faible, les crédits d'investissement généreux, le taux d'amortissement faible et les prévisions de ventes favorables.

Certains délais peuvent limiter le volume des investissements courants et, par conséquent, nécessiter l'étalement dans le temps des dépenses projetées; certains délais sont d'ordre économique (par exemple, les goulots d'étranglement dans les industries fabriquant des biens de production), tandis que d'autres sont d'ordre financier (par exemple, les conditions de financement peuvent être contraignantes et exiger que la réalisation de certains projets soit différée). Ces délais expliquent que la dépense d'investissement courante soit une fraction (f) de l'écart entre le stock de capital optimal et le stock de capital existant:

$$I_t = f\left(K_t^* - K_t\right) \tag{14}$$

En prenant en considération plusieurs facteurs ignorés dans les modèles précédents (délais de réalisation, impact de l'inflation sur le poids réel de l'endettement, rôle joué par les crédits d'investissement, prévisions des chefs d'entreprise en matière de ventes et de profits, etc.), le modèle néoclassique enrichit notre connaissance des déterminants de la formation de capital.

Le modèle des coûts de financement

Le modèle dit des « coûts de financement » tente d'expliquer le comportement de la dépense d'investissement et les préférences des chefs d'entreprise en matière de financement, en mettant l'accent sur les coûts des sources internes (profits non répartis et amortissement) et externes de financement (émission d'actions ou d'obligations).

Coûts des sources internes de financement

Le coût des sources internes de financement est approximativement égal au taux d'intérêt pratiqué sur le marché, étant donné que le chef d'entreprise peut placer plutôt qu'investir ses liquidités.

Coûts des sources externes de financement

L'émission d'obligations comporte un risque financier, car la hausse consécutive du ratio dette obligataire/fonds propres et les charges fixes (versements périodiques d'intérêts et remboursement de l'emprunt) augmentent la vulnérabilité des entités emprunteuses en période de récession économique. Quant à l'émission d'actions, elle peut être jugée « coûteuse » lorsque les gestionnaires craignent une réduction (ou une « dilution ») du contrôle qu'ils souhaitent exercer sur les destinées de l'entreprise.

Emprunter ou émettre des actions?

Pour être profitable, un projet d'investissement entièrement financé par l'endettement doit dégager un taux de rendement, calculé avant de déduire les intérêts, au moins égal au taux d'intérêt après impôts. Par exemple, confronté à un taux d'intérêt nominal de 10 % et à un taux d'imposition de 50 %, le chef d'entreprise rationnel investira seulement si le rendement prévu est d'au moins 5 %. Si le chef de l'entreprise se soucie de la continuité de la croissance du bénéfice par action, il investira seulement si le rendement prévu est au moins égal au ratio bénéfice par action/prix de l'action (ce ratio est égal à 1 divisé par le ratio prix de l'action/bénéfice par action).

Lorsque les chefs d'entreprise ignorent le risque financier que comporte l'endettement au cours d'une récession et lorsqu'ils ne craignent pas une érosion de leur pouvoir par l'émission d'actions, leur décision en matière de financement externe dépend du taux d'intérêt après impôts et du ratio bénéfice par action/prix de l'action. Ils choisiront d'émettre des actions plutôt que des obligations, lorsque le taux d'imposition est de 50 %, si le taux d'intérêt est approximativement deux fois plus élevé que le ratio bénéfice par action/prix de l'action; par exemple, si ce ratio est de 10 %, le taux d'intérêt doit donc dépasser 20 % pour que le financement par actions s'avère plus avantageux que le financement par l'endettement, puisque le taux d'intérêt après impôts excède alors 10 %.

Le graphique 8, qui présente les rendements des actions et des obligations américaines au cours de la période 1947-1981, montre que le financement par actions a été une source de financement relativement plus coûteuse que l'endettement, si l'on pose que le taux d'imposition des bénéfices était de 50 %, étant donné que les taux d'intérêt n'ont jamais été deux fois plus élevés que le ratio bénéfice par action/prix de l'action. Ce contexte financier ne pouvait que favoriser le recours à l'endettement et accroître ainsi la vulnérabilité des entreprises américaines.

Lorsque les gestionnaires perçoivent que le coût véritable de l'endettement comprend non seulement le taux d'intérêt, mais aussi le risque financier lié à une récession économique, l'émission d'obligations devient alors relativement plus onéreuse, ce qui peut modifier le choix du mode de financement.

Le modèle des coûts de financement suggère donc non seulement que les gestionnaires, qui sont sensibles à l'évolution des cours des actions, investiront seulement si les rendements prévus permettent de maintenir le taux d'accroissement attendu du bénéfice par action, mais aussi que la dépense d'investissement est favorablement influencée par la hausse des sources internes de financement, par le relèvement des rendements attendus et par la baisse du ratio bénéfice par action/prix de l'action (la hausse des prix des actions tend donc à stimuler la formation du capital puisqu'elle réduit ce ratio).

GRAPHIQUE 8

Rendements des actions et des obligations américaines, 1947-1981
(en pourcentage)

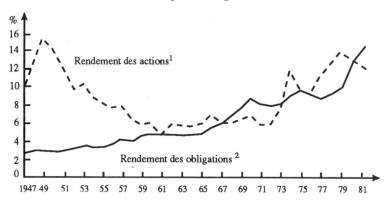

1. C'est-à-dire le ratio profit par action/cours, le cours étant l'indice boursier Standard and Poor's.
2. Il s'agit du rendement de titres obligataires de grande qualité émis par de grandes entreprises américaines qui bénéficiaient de la cote de crédit AA.

Source: R.W. KOPEKE, « Forecasting Investment Spending », *New England Economic Review*, novembre-décembre 1982, p. 20.

Le modèle chronologique

Le modèle dit « chronologique » tente de prévoir le comportement de la dépense d'investissement, non pas en faisant appel à quelques facteurs explicatifs jugés importants, mais plutôt en prenant en considération l'évolution passée de cette dépense. L'équation suivante exprime cette théorie:

$$I_t = a + \sum_{i=1}^{i=n} b_i I_{t-i} \tag{15}$$

où b est la pondération des montants investis, par exemple, au cours des n dernières années; les valeurs récentes ont une plus forte pondération que celles qui sont éloignées dans le temps, reflétant ainsi le fait que l'influence de la dépense d'investissement au cours d'une année a tendance à s'estomper avec le temps.

Ce modèle ne dégage pas de relation de cause à effet au sens strict, puisqu'il « explique » le présent par le passé, et évite ainsi les difficultés des approches plus analytiques. Ainsi, plutôt que de soutenir que la dépense d'investissement dépend des coûts de financement ou de la variation de la demande, le modèle chronologique attire l'attention sur le fait que la dépense courante d'investissement dépend des décisions antérieures en matière d'investissement. Tout semble se passer comme si les chefs d'entreprise avaient tendance à extrapoler: la croissance continue de la dépense d'investissement engendre des niveaux successivement plus élevés d'investissements, tandis qu'une performance médiocre des investissements décourage la formation ultérieure du capital. Étant donné que la dépense courante d'investissement est déterminée d'une façon mécanique ou déterministe par son évolution passée, ce modèle ne peut prévoir les points de retournement de la conjoncture économique, ou encore les discontinuités brutales que des chocs ou des événements importants et imprévus peuvent provoquer.

Tentatives de prévision

Le graphique 9 illustre l'évolution de la valeur réelle des investissements fixes réalisés et prévus aux États-Unis entre le premier trimestre de 1978 (1T) et le quatrième trimestre (4T) de 1981. Les prévisions proviennent[4] de modèles qui s'inspirent fortement des quatre schémas précédents (modèle de l'accélération, modèle des coûts de financement, modèle néoclassique et modèle chronologique). Le tableau 5 présente les erreurs de prévision moyennes trimestrielles en valeur absolue et les pourcentages des erreurs de prévision qui dépassaient 4 et 8 milliards de dollars US au cours de la période considérée.

On constate que le modèle chronologique a la meilleure « performance », même s'il n'explique « rien ». Par exemple, il prévoit très bien la tendance des investissements constatée dans les deux parties du graphique 9 et, surtout, il ne sous-estime pas les dépenses réalisées autant que les modèles concurrents (notamment le modèle néoclassique et celui du financement). Ces résultats sont remarquables, compte tenu du fait que le modèle chronologique ne tente même pas de retenir un seul facteur, si l'on admet que l'évolution passée de la dépense d'investissement ne constitue pas une force causale généralement reconnue dans la constellation des éléments explicatifs que l'intuition suggère (taux d'intérêt, ampleur des bénéfices courants et prévus, taux d'utilisation des capacités de production existantes, etc.). Si le modèle néoclassique a le moins sous-estimé et a conduit aux plus faibles erreurs de prévision (tableau 5), quelle que soit la catégorie de dépense d'investissement considérée (construction ou équipement), il a néanmoins été incapable de prévoir les retournements dans la trajectoire des investissements réalisés. À ce point de vue, on constate que le modèle de l'accélération a mieux prévu les fluctuations conjoncturelles; par exemple, il a prévu le déclin des investissements au cours de 1980 et la reprise en 1981 (bien qu'il ait fortement sous-estimé cette dernière!)

---

4. Les coefficients des équations ont été estimés à partir de données trimestrielles (période 1954–1977), corrigées pour tenir compte des variations des prix et des fluctuations saisonnières.

GRAPHIQUE 9

**Évolution[1] de la valeur réelle des investissements
réalisés et prévus aux États-Unis,
1978 (1T) — 1981 (4T)
(en milliards de dollars US)**

**(A)
Construction commerciale et industrielle**

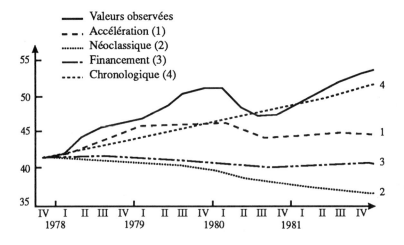

**(B)
Équipement (machinerie et outillage)**

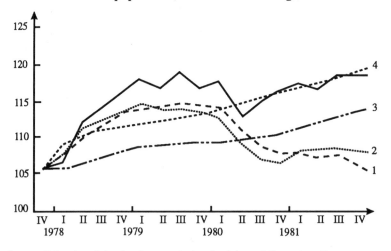

1. Données annualisées et corrigées des changements de prix et des variations saisonnières.

Source: R.W. Kopeke, « Forecasting Investment Spending », *New England Economic Review*, novembre-décembre
1982, p. 25 et 26.

TABLEAU 5

**Erreurs de prévision sur la dépense
d'investissement aux États-Unis,
1978 (1T) — 1981 (4T)**

Schéma	Construction commerciale et industrielle		
		Pourcentage des erreurs supérieures à	
	Erreur moyenne (milliards $ US)	4 milliards $ US	8 milliards $ US
1. Accélération	3,7	44	6
2. Néoclassique	9,1	88	63
3. Financement	7,6	88	50
4. Chronologique	2,2	19	0
	Machinerie et outillage		
1. Accélération	6,9	63	31
2. Néoclassique	6,9	75	38
3. Financement	8,4	94	50
4. Chronologique	3,6	38	13

Source: R.W. KOPEKE, « Forecasting Investment Spending », *New England Economic Review*, novembre-décembre 1982, p. 23.

Conclusion

Investir est une activité hasardeuse, non seulement parce que le futur est difficilement prévisible et, par conséquent, une source majeure d'incertitude (les modèles précédents en témoignent éloquemment!), mais aussi parce que les facteurs, nationaux et internationaux, susceptibles d'altérer les prévisions les plus réfléchies, sont multiples, liés d'une façon fort complexe, et rapidement changeants. L'investisseur est donc un constructeur de scénarios qui espère tirer profit de l'environnement économique et financier futur qu'il juge le plus probable.

La multiplicité des modèles de prévision de la dépense d'investissement et le fait que leur performance varie d'une période à l'autre, voire même d'un pays à l'autre (chaque économie nationale a des structures et un mode de fonctionnement qui lui sont propres!), signifient que l'État et la banque centrale sont, comme tous les autres agents, dans une situation très embarrassante: quel est actuellement le modèle de prévision le plus approprié? ou, en d'autres mots, comment l'appareil économique fonctionnera-t-il pendant la période considérée? Étant donné l'état des connaissances et le caractère changeant de l'appareil de production et de l'environnement économique et financier dans lequel il s'insère, les pouvoirs publics peuvent difficilement évaluer les incidences de leurs interventions sur la dépense d'investissement et, par conséquent, sur le rythme de l'activité économique générale.

Les divers modèles de prévision de la dépense d'investissement sont complémentaires plutôt que concurrents, puisque chaque schéma constitue une tentative d'explication partielle d'une réalité caractérisée par l'enchevêtrement presque inextricable d'une multitude de facteurs. Un modèle éclectique de prévision doit, par exemple, dans le contexte de l'économie canadienne, s'inspirer non seulement du principe d'accélération (il permet de déceler les changements de trajectoire) ou du modèle chronologique (il a le mérite de tenir compte du dynamisme de l'évolution passée), mais aussi des facteurs internationaux, notamment l'évolution des prix mondiaux des matières premières et l'évolution des taux de change bilatéraux du dollar canadien par rapport aux monnaies des principaux partenaires commerciaux du Canada (États-Unis, Japon, etc.).

Les théories précédentes tentent d'expliquer le comportement des investissements des entreprises commerciales et industrielles. Un exposé plus complet devrait faire intervenir d'autres facteurs pour expliquer, par exemple, les investissements dans le secteur de l'habitation : subventions gouvernementales, marché des prêts hypothécaires, évolution des loyers, taux d'occupation, prix des maisons existantes et nouvelles, formation des ménages, accroissement démographique, tendance du degré d'urbanisation, etc. Pour expliquer la volatilité des stocks, il faudrait également prendre en considération certains facteurs clés, tels les coûts de financement à court terme, les changements dans les carnets de commande, le taux d'inflation prévu, la hausse attendue des ventes, etc.

Exercices

1. Le climat économique et financier actuel, national et international, favorise-t-il, selon vous, l'investissement au Canada?

2. Donnez votre appréciation du modèle de l'accélération.

3. La théorie « néoclassique » comporte-t-elle des éléments distinctifs, si on la compare aux autres théories qui tentent d'expliquer le comportement de la dépense globale d'investissement?

4. Donnez votre appréciation du modèle des coûts de financement.

5. « Le modèle chronologique de la dépense globale d'investissement comporte des avantages et des désavantages. » Quels commentaires cette assertion vous inspire-t-elle?

6. Quel est le lien entre l'investissement et le potentiel de l'appareil de production?

7. Rencontrez un chef d'entreprise de la région qui a investi récemment ou qui projette d'investir, et dressez une liste des déterminants pris en considération.

8. Pourquoi est-il important d'étudier les déterminants de la dépense globale d'investissement?

9. Quels facteurs faut-il prendre en considération avant d'investir?

10. Montrez que « le » taux d'intérêt pratiqué sur le marché peut influencer la décision d'investir.

11. « Avant d'investir, le chef d'entreprise est confronté à une alternative. » Quelle est la portée de cette assertion?

12. Définissez les expressions suivantes: valeur actualisée, rendement interne, rendement externe, recette totale, profit brut, profit net.

13. Comment peut-on expliquer que la dépense d'investissement fluctue davantage que les dépenses personnelles de consommation?

14. Quel a été le comportement de la dépense d'investissement pendant les récessions et les reprises économiques au cours de l'après-guerre?

15. Quelle a été l'évolution des différents éléments des investissements au Canada au cours des quatre dernières années?

16. À partir des données suivantes:

durée attendue du projet:	1 an
coût du projet:	24 000 $
volume attendu des ventes:	8 000
prix de vente unitaire prévu:	20 $
frais d'exploitation attendus,	
à l'exception des intérêts et	
de l'amortissement:	132 000 $

   a) ce projet est-il rentable si le taux d'intérêt pratiqué sur le marché atteint 12 %?
   b) quelle est la valeur actualisée du bénéfice brut attendu lorsque le taux d'intérêt est de 12 %?

17. Quelle est la valeur actualisée des flux de bénéfices bruts de 1 000 $ attendus à la fin de chacune des quatre prochaines années?

18. Si la valeur actualisée d'un montant de 448 $ perçu dans un an atteint 400 $, quel est le taux d'intérêt?

19. La valeur actualisée d'un montant de 100 $ perçu dans un an atteint 92,59 $ lorsque le taux d'intérêt atteint 8 %. Est-il vrai qu'un montant de 92,59 $ placé à 8 % pendant deux ans, atteindra 108 $ à la fin de la deuxième année?

Bibliographie

CHENERY, H.B., « Overcapacity and Acceleration Principle », *Econometrica*, janvier 1952.

CLARK, J.M., « Business Acceleration and the Law of Demand: A Technical Factor in Economic Cycles », *Journal of Political Economy*, mars 1917.

HALL, R.E. et JORGENSON, D., « Tax Policy and Investment Behaviour », *American Economic Review*, juin 1967.

JORGENSON, D., « Capital Theory and Investment Behaviour », *American Economic Review*, mai 1963.

_____ , « Econometric Studies of Investment Behaviour: A Survey », *Journal of Economic Literature*, décembre 1971.

_____ , et SIEBERT, C., « A Comparison of Alternative Theories of Corporate Investment Behaviour », *American Economic Review*, septembre 1968.

KOPCKE, R.W., « The Determinants of Investment Spending », *New England Economic Review*, Federal Reserve Bank of Boston, juillet-août 1985.

WILSON, A., *Capital Investment and the Cost of Capital*, Ottawa, Royal Commission on Taxation, 1967.

CHAPITRE VIII

LE SYSTÈME BANCAIRE ET LA MONNAIE

Les variables économiques et financières sont reliées d'une façon fort complexe. Ainsi, nous avons démontré, dans le chapitre V, que les incidences des interventions de l'État et de la banque centrale dépendent des interactions entre le marché monétaire et le marché des biens. Par exemple, l'impact expansionniste d'une hausse des achats de l'État sera d'autant plus faible qu'elle sera à l'origine d'une forte augmentation des taux d'intérêt. Autre exemple: l'aptitude de la banque centrale à réduire l'exubérance de l'activité économique est d'autant plus grande que la dépense d'investissement est sensible à l'augmentation des taux d'intérêt.

La complexité des interactions entre les marchés financiers et l'appareil de production est déroutante, surtout dans le monde contemporain, caractérisé par la multiplication des liens internationaux (internationalisation des marchés nationaux, développement de banques universelles, etc.) et par les progrès explosifs dans les télécommunications. Cette complexité est telle que le président de la banque centrale des États-Unis[1], qui est la plus importante institution financière du monde, déclarait, en mai 1985, devant le Comité sénatorial des finances: « Les membres de la FED expriment tellement d'opinions que mes idées deviennent de plus en plus confuses[2] ». Cet aveu, qui témoigne éloquemment des difficultés inhérentes à la gestion macroéconomique de l'appareil de production le plus important sur cette planète, et qui pourrait d'ailleurs être fait par tout observateur attentif, nous incite à explorer différentes facettes, jusqu'à présent négligées ou ignorées, des réalités monétaires.

Dans la première section de ce chapitre, nous exposerons d'abord les fonctions de la monnaie, puis nous montrerons qu'il existe plusieurs agrégats monétaires ou définitions de la quantité de monnaie en circulation. Dans la deuxième section, nous soulignerons que l'objectif essentiel de la banque centrale est la stabilité des prix et

---

1. Cette banque porte le nom de Federal Reserve Bank. Elle est généralement désignée par le sigle FED.
2. *Globe and Mail, Report on Business,* 11 mai 1985.

nous décrirons les différentes fonctions de la Banque du Canada. Nous montrerons ensuite, dans la troisième section, que le processus de la création de la monnaie fait intervenir plusieurs agents. Dans la quatrième section, nous présenterons les différents moyens dont dispose la Banque du Canada pour contrôler la quantité de monnaie en circulation. Dans les deux dernières sections, nous traiterons de problèmes de gestion monétaire au Canada.

Section 1

Nature et fonctions de la monnaie

La monnaie peut être définie par les trois fonctions qu'elle remplit: celle d'intermédiaire des échanges, celle d'unité de compte et celle de réserve de valeur. La fonction, ou la caractéristique essentielle de la monnaie, est celle d'intermédiaire des échanges; les deux autres fonctions peuvent être remplies par d'autres actifs qui peuvent être accumulés ou jouer le rôle d'étalon.

Un intermédiaire des échanges

La monnaie est l'intermédiaire usuel des échanges lorsque tous les agents l'acceptent sans restriction, n'importe où et à tout moment, à titre de paiement pour n'importe quel bien ou service. Le pouvoir libératoire de la monnaie, qui est illimité sur le plan légal, résulte fondamentalement de la *confiance collective,* c'est-à-dire de la *croyance* que la monnaie maintiendra son pouvoir d'achat ou de conversion en une certaine quantité de biens et de services.

Actif le plus liquide, la monnaie permet d'éliminer les inconvénients du troc, notamment les coûts que comportent les échanges de biens contre des biens entre des coéchangistes qui ont les mêmes désirs (par exemple, les coûts liés à la recherche de l'information). La monnaie est donc une création humaine très bénéfique, puisqu'elle réduit les frais de transaction et favorise ainsi une meilleure affectation des ressources.

Un instrument de réserve de valeur

La fonction de réserve de valeur n'est pas une caractéristique essentielle de la monnaie, puisque les agents peuvent détenir d'autres actifs, financiers ou physiques, qui ont l'avantage d'être plus rentables (actions, obligations, immeubles de rapport, etc.). Deux motifs de détention de la monnaie peuvent être distingués: elle peut être désirée pour elle-même parce qu'elle constitue l'actif le plus liquide qui soit, et elle peut également être recherchée pour assurer le financement des transactions.

La valeur *nominale* de la monnaie est invariable (un dollar vaut toujours un dollar) contrairement à sa valeur *réelle* qui, elle, dépend de l'évolution des prix. La monnaie est un élément de réserve recherché lorsque le niveau des prix est stable, tandis qu'un taux d'inflation élevé incite les agents à *fuir la monnaie* et à chercher refuge dans d'autres éléments d'actif: métaux précieux, timbres rares, monnaies de pays plus disciplinés, etc.

Une unité de compte

La mesure d'un poids requiert un étalon de poids, par exemple l'once ou le gramme. Étant donné que les prix sont l'expression des valeurs dans le domaine économique, il faut donc une unité de compte pour exprimer les prix. Dans son rôle d'unité de compte, la monnaie est une source de bienfaits, car une référence commune d'évaluation facilite l'établissement des contrats d'échanges et le calcul économique en permettant la comparaison et l'addition de biens et de services hétérogènes. La fonction d'unité de compte ne suffit pas pour définir la monnaie, car la monnaie de paiement peut différer de la monnaie de compte (par exemple, le prix d'un bien exprimé en guinées, une unité de compte valant une livre sterling et un shilling, doit être acquitté en livres sterling et en shillings).

La pluralité des mesures de la quantité de monnaie en circulation

La quantité de monnaie en circulation comprend la monnaie métallique (pièces de monnaie), le papier-monnaie et les dépôts. La valeur de la monnaie métallique n'est pas liée, dans un système bancaire moderne, à celle d'un métal, car la valeur nominale des pièces de monnaie est généralement supérieure à leur valeur marchande. Le papier-monnaie est une monnaie fiduciaire inconvertible, car les détenteurs de billets ne peuvent obtenir de l'entité émettrice l'équivalent en métal. Les dépôts (appelés aussi monnaie scripturale) sont constitués d'écritures dans les registres bancaires qui enregistrent les provisions des comptes d'un agent[3]; c'est une monnaie fiduciaire au sens fort, car elle constitue la forme de monnaie la plus abstraite.

La Banque du Canada distinguait, en 1984, quatre agrégats monétaires (tableau 1). Les deux premiers agrégats monétaires, M1 et M1A, mesurent la masse monétaire au sens étroit, tandis que les deux derniers, M2 et M3, mesurent la masse monétaire au sens large. Les définitions des agrégats monétaires canadiens sont arbitraires. Ainsi, la définition de l'agrégat M1 inclut les dépôts à vue auprès des banques à charte, mais exclut les dépôts à vue auprès des caisses populaires. Les agrégats monétaires sont nombreux et sujets à des redéfinitions. De plus, le fait que les définitions des divers agrégats varient d'un pays à l'autre signifie que les comparaisons internationales sont très délicates, voire même souvent inappropriées.

Le tableau 1 montre que les agrégats monétaires M1 et M1A correspondent étroitement à la fonction fondamentale de la monnaie, celle de moyen usuel de paiement ou d'intermédiaire des échanges. Les deux autres agrégats sont davantage liés à la

---

3. Un chèque ne constitue pas que de la monnaie mais un moyen permettant de donner ordre à une institution financière de transférer un montant porté au crédit d'une personne au compte d'un autre créancier.

TABLEAU 1

**Quatre mesures de la quantité de monnaie
en circulation au Canada, janvier 1984
(en millions de dollars)**

Monnaie hors des banques	11 891
Dépôts à vue	16 848
M1	28 739
Dépôts d'épargne à intérêt quotidien transférables par chèques	3 412
Dépôts à terme ou à préavis autres que ceux des particuliers	
– transférables par chèques	2 168
– non transférables par chèques	3 373
M1A	37 692
Autres dépôts d'épargne des particuliers	
transférables par chèques	5 241
Dépôts d'épargne des particuliers à intérêt quotidien	
non transférables par chèques	10 596
Autres dépôts d'épargne des particuliers	
non transférables par chèques	40 324
Dépôts d'épargne à terme des particuliers	41 409
M2	135 621
Dépôts à terme fixe autres que ceux des particuliers	32 289
Dépôts en monnaies étrangères comptabilisées	
au Canada au nom des résidents	15 330
M3	183 240

Source: *Revue de la Banque du Canada*, 1984.

fonction de réserve de valeur, car ils incluent des actifs quasi monétaires qui jouissent d'un degré de liquidité proche de celui de la monnaie (dépôts d'épargne des particuliers, dépôts en monnaies étrangères, etc.). Le graphique 1 présente l'évolution de quelques agrégats monétaires canadiens et du produit intérieur brut au cours de la période 1975-1987.

GRAPHIQUE 1

**Évolution du produit intérieur brut et
de quatre agrégats monétaires canadiens, 1975-1987
(taux de croissance semestriels)**

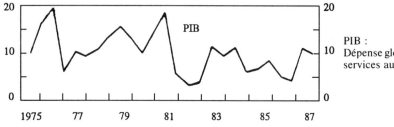

PIB :
Dépense globale en biens et
services aux prix courants

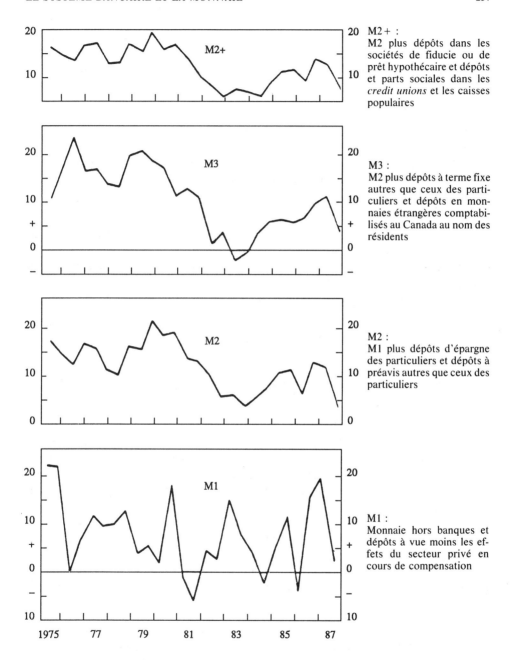

Source: *Rapport annuel de la Banque du Canada*, 1987, p. 2.

Section 2

Raison d'être et fonctions de la banque centrale

Le but de la banque centrale est de contribuer à créer un climat économique et financier favorable à l'essor continu du niveau de vie. C'est en recherchant la stabilité des prix que la banque centrale contribue à l'émergence d'un tel environnement, car l'absence d'inflation facilite les calculs économiques des agents et favorise ainsi l'affectation efficace des ressources productives.

Raison d'être

Une commission royale d'enquête, présidée par Lord MacMillan, recommandait, en 1933, la création d'une banque centrale dont la conception s'inspirait de celle de la Banque d'Angleterre. Créée en 1934, la Banque du Canada commençait d'abord ses activités, en 1935, comme société mixte, puis l'État l'acquérait en 1938[4].

La Loi sur la Banque du Canada précise sa vocation:

–   réglementer le crédit et contrôler la quantité de monnaie en circulation, dans le meilleur intérêt de la vie économique de la Nation,

–   contrôler et protéger la valeur externe de l'unité monétaire nationale,

–   réduire l'amplitude des fluctuations du niveau général de la production, des prix et de l'emploi,

–   et, généralement, favoriser le bien-être économique de la Nation.

Les relations entre la Banque du Canada et l'État ont évolué depuis sa création. La Commission MacMillan (1933) recommandait que la banque centrale soit libérée de toute ingérence des politiciens et des vicissitudes de la vie politique. Conformément à cette recommandation, la loi instituant la Banque du Canada stipulait que celle-ci ne devait pas être soumise aux pressions politiques dans la conduite de sa politique monétaire. Mais, en vertu d'un changement apporté à la loi (1936), le gouvernement fédéral augmenta son contrôle sur la banque centrale en stipulant que celle-ci devait tenir compte de l'opinion publique et de celle du gouvernement. La révision de la loi de 1967 a également renforcé la position gouvernementale, car une disposition prévoit que si les deux parties sont responsables de la conduite de la politique moné-

---

4.   Le ministre des Finances est désormais le seul détenteur du capital-actions de la Banque du Canada. La gestion de la Banque du Canada dépend d'un conseil d'administration composé du gouverneur, du premier sous-gouverneur et de douze administrateurs nommés par le ministre des Finances pour un mandat de trois ans. Le sous-ministre des Finances siège au conseil et n'a pas de droit de vote, mais sa présence constitue un lien officiel de communication entre le ministère des Finances et la banque centrale.

taire, les désirs de l'État doivent néanmoins prévaloir[5] sur ceux de la banque centrale en cas de conflits portant sur les objectifs.

Fonctions de la Banque du Canada

À la gestion de la politique monétaire, qui constitue la tâche la plus importante de la Banque du Canada, s'ajoute son rôle d'agent financier du gouvernement fédéral :

- Elle gère les dépôts du gouvernement fédéral auprès d'elle et auprès des banques à charte ;

- Elle gère le Fonds des changes qui détient les réserves internationales du Canada, constituées essentiellement de monnaies étrangères convertibles, d'or et de droits de tirage normaux et spéciaux auprès du Fonds monétaire international. La Banque du Canada intervient sur le marché des changes pour limiter les fluctuations à court terme du taux de change du dollar canadien par rapport au dollar des États-Unis ;

- Elle gère les liquidités du gouvernement central ;

- Elle conseille le gouvernement fédéral en matière économique et financière ;

- Elle émet les billets de banque et distribue les pièces de monnaie frappées par l'Hôtel des monnaies[6] ;

- Elle gère la dette fédérale. Cette dernière résulte essentiellement des déficits budgétaires passés et comprend l'ensemble des titres émis par le gouvernement fédéral ou garantis par lui : bons du Trésor, obligations négociables ou transférables d'un détenteur à un autre et obligations d'épargne non cessibles et non négociables (celles-ci sont émises à l'automne depuis 1946). En 1983, la valeur des titres émis par le gouvernement fédéral atteignait 138,4 milliards de dollars (17,8 milliards de dollars en 1960) : 39 milliards de dollars (28 %) sous forme de bons du Trésor, 59,6 milliards de dollars (43 %) sous forme d'obligations négociables et 39,8 milliards de dollars (29 %) sous forme d'obligations d'épargne. La gestion de la dette publique fédérale est d'autant plus délicate que l'échéance moyenne de la dette est courte (l'échéance moyenne des titres négociables était de 5 ans et demi à la fin de 1983), les remboursements importants et les besoins d'argent frais, liés aux déficits budgétaires courants, élevés.

---

5. Le ministre des Finances peut donner des instructions écrites à la banque centrale lorsque les positions de l'État et de la Banque du Canada sont irréconciliables. Une telle démarche conduirait le gouverneur à démissionner. Depuis 1968, l'État n'a jamais eu recours à des directives, la banque centrale ayant jugé prudent de fermer les yeux sur l'explosion des déficits budgétaires fédéraux qui n'étaient certes pas compatibles avec une saine gestion à long terme de l'économie canadienne.

6. Lorsqu'une banque désire obtenir du numéraire, la Banque du Canada réduit la valeur de ses dépôts auprès d'elle ; cette opération est habituelle lorsque le commerce de détail fait l'expérience d'une hausse saisonnière.

Section 3

La création de la monnaie

Trois traits caractérisent les systèmes bancaires modernes:

– Ils sont *hiérarchiques*, non seulement parce que la banque centrale domine les banques privées dans son rôle de *banque des banques* ou de *banque de dernier ressort*, mais aussi parce qu'elle constitue l'instrument étatique de contrôle de la quantité de monnaie en circulation;

– Ce sont des systèmes à *couverture fractionnaire* plutôt qu'à couverture totale[7], car les banques sont légalement contraintes de détenir sous forme de *réserves légales* une fraction de leur passif-dépôts auprès de la banque centrale;

– La majeure partie de la quantité de monnaie en circulation est *immatérielle*, car elle est surtout constituée de dépôts.

Nous illustrerons le processus de création de la monnaie en nous appuyant sur les hypothèses suivantes:

– La banque centrale prédétermine un taux ou un coefficient de couverture légale (RL/D) de 20%; chaque banque est donc contrainte de détenir sous forme de réserves légales (RL) une fraction de son passif-dépôts (D);

– Seuls les dépôts à vue non rémunérés (D) sont pris en considération;

– Les réserves des banques ne sont pas rémunérées et peuvent prendre deux formes: le numéraire, c'est-à-dire les pièces de monnaie et les billets de banque, détenu par les banques (NUB) ainsi que les dépôts des banques auprès de la banque centrale;

– Les réserves excédentaires (REX), c'est-à-dire les réserves totales (R) détenues par les banques moins les réserves légales (donc REX = R − RL), sont nulles lorsque les banques désirent maximiser leurs profits; les banques souhaitent détenir des réserves excédentaires seulement lorsque le climat économique ou l'incertitude les incite à la « prudence »;

– Le numéraire détenu par le public (NUP) et les banques (NUB) prend uniquement la forme de billets de banque.

Le tableau 2 présente les bilans simplifiés de la banque centrale (partie A), des banques (partie B) et du public (partie C) dans la situation initiale. En ce qui a trait à la banque centrale, son seul élément d'actif prend la forme de titres (bons du Trésor et obligations du gouvernement fédéral), tandis que les éléments du passif sont les

---

7. Dans un système à couverture totale, les réserves des banques seraient égales à leurs dépôts.

billets de banque détenus par le public (120 $) et les banques (20 $), ainsi que les dépôts des banques auprès d'elle (80 $). Les réserves totales des banques (partie B) atteignent 100 $ et représentent 20 % de leurs dépôts (500 $). Seulement trois éléments d'actif du public sont indiqués (partie C) : les dépôts auprès des banques, les billets de banque et des titres. La quantité de monnaie détenue par le public atteint 620 $:

$$M^O = NUP + D$$
$$620 = 120 + 500$$

TABLEAU 2

**Situation initiale des bilans de la banque centrale,
des banques et du public
(en dollars)**

**(A)
La banque centrale**

Titres	220	Billets en cours	
		– détenus par les banques	20
		– détenus par le public	120
		Dépôts des banques	80
	220		220

**(B)
Les banques**

Billets de banque	20	Dépôts du public	500
Dépôts auprès de la banque centrale	80		
Réserves des banques	100		
Prêts et placements	400		
	500		500

**(C)
Le public**

Dépôts du public auprès des banques	500
Billets de banque	120
Titres	10 000
	10 620

Nous supposerons maintenant que la banque centrale tente d'augmenter la quantité de monnaie en circulation en achetant sur le marché secondaire un titre du gouvernement central détenu par le public (1 000 $). Le tableau 3 indique les changements qui résultent de cette transaction (notée 1), sur le bilan de la banque centrale (partie A) et sur les bilans consolidés des banques et du public (parties B et C):

–   la valeur du portefeuille de titres de la banque centrale augmente de 1 000 $;

–   le public modifie la composition de sa fortune en substituant un dépôt (+ 1 000 $) à un titre d'une valeur égale (− 1 000 $); cette substitution a quatre conséquences:

   a) le vendeur du titre dépose d'abord le chèque émis par la banque centrale auprès de la banque X, qui le présente ensuite à la banque centrale,

   b) la quantité de monnaie en circulation augmente d'un montant égal au dépôt du public auprès de la banque X (+ 1 000 $),

   c) les réserves de la banque X auprès de la banque centrale augmentent de 1 000 $,

   d) la banque X dispose d'un montant de réserves excédentaires de 800 $ (REX = 800 = 0,80 × 1 000), puisqu'elle est contrainte de détenir seulement 20 % de son dépôt additionnel sous forme de réserves légales.

Dans une deuxième étape (notée 2), nous supposerons que la banque X place ses réserves excédentaires de 800 $ en achetant un titre détenu par le public (− 800 $) et émet un chèque au vendeur, qui choisit de le déposer auprès de la banque Y (+ 800 $); ce dépôt augmente de nouveau la quantité de monnaie en circulation (+ 800 $).

Au cours de la troisième étape (notée 3), la banque Y place à son tour ses réserves excédentaires de 640 $ (= 0,80 × 800) en achetant un titre. Le troisième vendeur choisit de déposer auprès de la banque Z le chèque émis par la banque Y; ce dépôt majore de nouveau la quantité de monnaie en circulation (+ 640 $). Au cours de la dernière étape décrite dans le tableau 3, la banque Z place ses réserves excédentaires de 512 $ (= 0,80 × 640) et le quatrième vendeur d'un titre effectue un dépôt auprès de la banque W (+ 512 $).

Le tableau 4 montre que les achats successifs de titres financés par les réserves excédentaires des banques se poursuivent jusqu'à ce que les dépôts du public enregistrent une hausse de 5 000 $, soit un montant cinq fois plus élevé que l'accroissement initial des réserves (+ 1 000 $) provoqué par la banque centrale. Ce résultat ultime résulte non seulement du *désir des banques* de maximiser la rentabilité de leurs actifs en plaçant systématiquement toutes leurs réserves excédentaires, mais aussi du *désir du public* de ne pas détenir de numéraire, c'est-à-dire de déposer le produit intégral de ses ventes de titres auprès des banques.

TABLEAU 3

Répercussions sur les bilans de la banque centrale, des banques et du public de l'achat par la banque centrale d'une obligation vendue par le public (en dollars)

(A)
La banque centrale

Titres	(1)	+ 1 000	Dépôts des banques	(1)	+ 1 000

(B)
Les banques

Titres	banque X (2)	+ 800	Dépôts	(1er vendeur) (1)	+ 1 000
	banque Y (3)	+ 640		(2e vendeur) (2)	+ 800
	banque Z (4)	+ 512		(3e vendeur) (3)	+ 640
	banque W (5)	+ 409,6		(4e vendeur) (4)	+ 512
Réserves	banque X (1)	+ 1 000			
	banque X (2)	− 800			
	banque Y (2)	+ 800			
	banque Y (3)	− 640			
	banque Z (3)	+ 640			
	banque Z (4)	− 512			
	banque W (5)	+ 512			

(C)
Le public

Titres	(1)	− 1 000
	(2)	− 800
	(3)	− 640
	(4)	− 512
Dépôts auprès de la:		
	banque X (1)	+ 1 000
	banque Y (2)	+ 800
	banque Z (3)	+ 640
	banque W (4)	+ 512

TABLEAU 4

**Variations ultimes des bilans de la banque centrale,
des banques et du public
(en dollars)**

**(A)
La banque centrale**

Titres	+ 1 000	Dépôts des banques	+ 1 000
		banque X + 200	
		banque Y + 160	
		banque Z + 128	
		banque W + 102,4	

**(B)
Les banques**

Réserves légales	+ 1 000	Dépôts du public	+ 5 000
Placements	+ 4 000		

**(C)
Le public**

Titres	− 5 000	
Dépôts	+ 5 000	

Placements ou prêts: un résultat identique

L'accroissement de la quantité de monnaie en circulation eût été identique si les banques avaient décidé de prêter plutôt que de placer le montant de leurs réserves excédentaires. Par exemple, si la banque X avait prêté ses réserves excédentaires de 800 $, elle aurait simultanément inscrit au passif de son bilan un chiffre égal représentant la provision du compte en face du nom de l'emprunteur. Lorsque ce dernier aurait acquitté une facture, le vendeur d'une marchandise aurait déposé 800 $ auprès de la banque Y. Celle-ci aurait alors prêté ses réserves excédentaires de 640 $ et le second vendeur aurait également déposé ce dernier montant auprès de la banque Z, qui eût alors été en mesure de prêter 512 $.

Le tableau 5 présente les bilans consolidés ultimes de la banque centrale, des banques et du public et met en évidence les variations par rapport aux bilans consolidés initiaux (tableau 2).

TABLEAU 5

Situation ultime des bilans consolidés de la
banque centrale, des banques et du public et variations (Δ)
par rapport aux bilans consolidés initiaux
(en dollars)

(A)
La banque centrale

	Δ			Δ	
Titres		1 220	Billets en cours:		
			détenus par les banques		20
			détenus par le public		120
			Dépôts des banques	(+ 1 000)	1 080
	(+ 1 000)	1 220		(+ 1 000)	1 220

(B)
Les banques

	Δ			Δ	
Billets de banque		20	Dépôts du public		5 500
Dépôts auprès de la banque centrale	(+ 1 000)	1 080			
Réserves des banques	(+ 1 000)	1 100			
Prêts et placements	(+ 4 000)	4 400			
	(+ 5 000)	5 500		(+ 5 000)	5 500

(C)
Le public

	Δ	
Dépôts du public auprès des banques	+ 5 000	5 500
Titres	− 5 000	5 000
Billets de banque		120
		10 620

La création monétaire: une vue synthétique

Le rôle des acteurs dans le processus d'expansion de la masse monétaire peut être mis en évidence en démontrant que la masse monétaire est égale à la base monétaire offerte (BM^O), multipliée par son multiplicateur (m^{BM^o}).

Si NUP est le numéraire détenu par le public (pièces de monnaie et billets de banque) et si D désigne les dépôts bancaires, la quantité de monnaie en circulation est donnée par l'équation (1):

$$M^O = NUP + D \tag{1}$$

La base monétaire (BM^O) comprend le numéraire détenu par le public et les réserves des banques (numéraire et dépôts auprès de la banque centrale). La base monétaire demandée (BM^D) reflète le désir du public de détenir du numéraire (NUP) et celui des banques de détenir des réserves (R), légales et excédentaires (donc R = RL + REX):

$$BM^D = NUP + R \tag{2}$$

qui devient, par substitution

$$= NUP + RL + REX$$

Il y a équilibre lorsque la base monétaire demandée (BM^D) par le public et les banques est égale à la base monétaire offerte (BM^O) par la banque centrale:

$$BM^O = BM^D \tag{3}$$

qui devient, par substitution:

$$BM^O = NUP + RL + REX$$

En divisant par D chacun des termes de l'équation (1) et de l'équation ci-dessus, puis en formant le ratio de ces deux nouvelles équations, nous obtenons le multiplicateur de la base monétaire (m^{BM^o}):

$$m^{BM^o} = \frac{M^O}{BM^O} = \frac{\dfrac{NUP}{D} + 1}{\dfrac{NUP}{D} + \dfrac{RL}{D} + \dfrac{REX}{D}} \tag{4}$$

et

$$M^O = m^{BM^o} \cdot BM^O \tag{5}$$

L'équation (5) montre que l'ampleur de la masse monétaire dépend non seulement de la base monétaire offerte (BM^O), mais aussi du multiplicateur de cette dernière (m^{BM^O}). La valeur de ce multiplicateur (équation (4)) dépend à son tour:

–   du comportement du public (individus et entreprises) en matière de détention de numéraire (NUP/D)[8],

---

8. Certains facteurs saisonniers, telle la hausse des ventes de détail en décembre ou lors de la « rentrée » en septembre, augmentent les besoins de numéraire du public. Pour éviter que cette variation ne réduise la valeur du multiplicateur de la base monétaire, la banque centrale augmente alors la quantité de numéraire désirée par le public et réduit simultanément les dépôts des banques auprès d'elle afin de maintenir le montant global de leurs réserves.

– du comportement de la banque centrale, étant donné que cette dernière détermine le coefficient de réserve légale (RL/D) et le volume des réserves des banques,

– et du comportement[9] des banques en matière de réserves excédentaires (REX/D).

Nous pouvons utiliser les données présentées dans le tableau 2 et l'équation (5) pour déterminer l'impact de l'accroissement de la base monétaire sur la quantité de monnaie en circulation. Dans la situation initiale, la masse monétaire était de 620 $:

$$M_0^O = \frac{\dfrac{NUP}{D} + 1}{\dfrac{NUP}{D} + \dfrac{RL}{D} + \dfrac{REX}{D}} \cdot BM^O$$

soit:

$$= \frac{\dfrac{120}{500} + 1}{\dfrac{120}{500} + \dfrac{100}{500} + \dfrac{0}{100}} \times 220$$

$$= 2,818 \times 220$$

$$= 620$$

tandis qu'elle était de 5 620 $ dans la situation ultime présentée dans le tableau 5:

$$M_1^O = \frac{\dfrac{120}{5\ 500} + 1}{\dfrac{120}{5\ 500} + \dfrac{1\ 100}{5\ 500} + \dfrac{0}{5\ 500}} \times 1\ 220$$

$$= 4,6065 \times 1\ 220$$

$$= 5\ 620$$

---

9. Le fait que les dépôts et les retraits ne soient pas toujours synchronisés et que les banques soient confrontées à certains coûts (emprunts temporaires auprès de la banque centrale ou auprès d'une autre banque disposant de réserves excédentaires) lorsque leurs réserves sont déficitaires (celles-ci sont alors inférieures à celles qu'elles doivent détenir légalement) explique qu'elles soient désireuses de détenir des réserves excédentaires. Le montant de ces dernières tendra à être d'autant plus faible que le taux d'intérêt sera élevé.

La hausse de la base monétaire ($+1\ 000\,\$$) augmente la masse monétaire de $5\ 000\,\$$ parce que le public choisit de ne pas détenir davantage de billets de banque ($NUP = 0$) et parce que les banques préfèrent ne pas détenir de réserves excédentaires ($REX/D = 0$):

$$\Delta M^O = \frac{\dfrac{NUP}{D} + 1}{\dfrac{NUP}{D} + \dfrac{RL}{D} + \dfrac{REX}{D}} \cdot \Delta BM^O$$

soit:

$$= \frac{\dfrac{0}{5\ 000} + 1}{\dfrac{0}{5\ 000} + \dfrac{1\ 000}{5\ 000} + \dfrac{0}{5\ 000}} \times 1\ 000$$

$$= 5\ 000$$

Une illustration détaillée du processus d'expansion de la masse monétaire

Dans l'exemple suivant, nous présenterons les variations successives des éléments d'actif et de passif de plusieurs banques (B_1, B_2...) qui accordent des prêts à des acheteurs (A_1, A_2...) et acceptent les dépôts de vendeurs (V_1, V_2...). Le processus, qui postule un taux de couverture de $20\,\%$, est présenté de façon concise dans le tableau 6 et démarre avec la décision de la banque centrale d'augmenter de $100\,\$$ son portefeuille de titres.

TABLEAU 6

**Description détaillée du processus d'expansion
de la masse monétaire
(en dollars)**

	Dépôt	auprès de la banque	REX		Prêt	RL
U	100	B_1	80	A_1	80	20
V_1	80	B_2	64	A_2	64	16
V_2	64	B_3	51,2	A_3	51,2	12,8
V_3	51,2	B_4	40,96	A_4	40,96	10,24
V_4	40,96	B_5	32,77	A_5	32,77	8,19
V_5	32,77	B_6	26,22	A_6	26,22	6,55
V_6	26,22	B_7	20,98	A_7	20,98	5,24
$\vdots$	$\vdots$	$\vdots$	$\vdots$	$\vdots$	$\vdots$	$\vdots$
	500				400	100

Dans la situation initiale, un individu, U, désire déposer le produit de la vente d'un titre (100$) auprès de la banque B_1, qui *accepte*:

B_1

R:		D de U	100
RL	20		
REX	80		
	100		100

La banque B_1 prête à A_1 ses réserves excédentaires de 80$:

B_1

R:		D de U	100
RL	20	D de A_1	80
REX	80		
Prêt à A_1	80		
	180		180

L'acheteur A_1 dépense le montant de son emprunt (80$) et le vendeur V_1 effectue un dépôt auprès de la banque B_2:

B_2

R:		D de V_1	80
RL	16		
REX	64		
	80		80

À la suite de ces transactions, les réserves de la banque B_1 auprès de la banque centrale diminuent de 80$, tandis que celles de la banque B_2 augmentent d'un montant égal. Les répercussions sur la banque B_1 donnent lieu aux enregistrements suivants:

B_1

R:		D de U	100
RL	20	D de A_1	80
REX	80	D de A_1	− 80
REX	− 80		
Prêt à A_1	80		
	100		100

La banque B_2 décide à son tour de prêter 64 \$ à A_2, qui les dépense:

B_2

R:			
		D de V_1	80
RL	16	D de A_2	64
REX	64		
Prêt à A_2	64		
	144		144

Le vendeur V_2 dépose le produit de sa vente (64 \$) à A_2 auprès de la banque B_3:

B_3

R:			
		D de V_2	64
RL	12,8		
REX	51,2		
	64,0		64

Ces dernières transactions réduisent de 64 \$ les réserves de la banque B_2 auprès de la banque centrale:

B_2

R:			
		D de V_1	80
RL	16	D de A_2	64
REX	64	D de A_2	− 64
REX	− 64		
Prêt à A_2	64		
	80		80

Animée du même désir que ses concurrentes, la banque B_3 prête 51,20 \$ à A_3 qui les dépense, puis le vendeur V_3 dépose ce montant auprès de la banque B_4.

Le tableau 6 montre que l'accroissement de la masse monétaire atteint 500 \$:

$$M^O = m^{BM^O} \cdot \Delta BM^O$$

$$= \frac{1}{\dfrac{R}{D}} \cdot \Delta BM^O$$

soit:

$$= \cfrac{1}{\cfrac{100}{500}} \times 100$$

$$= 500$$

Cette augmentation résulte des décisions de plusieurs agents:

– la décision de la banque centrale de majorer les réserves du système bancaire en acquérant un titre (+100$),

– la décision de l'agent U de déposer tout le produit de la vente de son titre auprès de la banque B_1,

– la décision de la banque B_1 d'accepter le dépôt de l'agent U,

– la décision de la banque B_1 de prêter à A_1, qui est désireux d'emprunter,

– la décision de V_1 de déposer tout le produit de sa vente de marchandises à A_1 auprès de la banque B_2.

D'une façon générale, la variation de la masse monétaire dépend donc des contraintes légales (RL/D), du comportement des emprunteurs et des vendeurs en matière de détention de numéraire (NUP/D), du comportement des banques en matière de réserves excédentaires (REX/D) et de la variation de la base monétaire (ΔBM^O) souhaitée par la banque centrale.

Une parenthèse: M1 et les réserves des banques à charte en février 1985

Nous présentons, dans le tableau 7, les bilans simplifiés de la Banque du Canada, des banques à charte et du public. On constate que M1 atteignait 28 367 millions de dollars en février 1985:

$$M1^O = NUP + D$$

soit:

$$28\ 367 = 12\ 600 + 15\ 767$$

tandis que la base monétaire totalisait 17 941 millions de dollars:

$$BM^O = NUP + R$$

soit:

$$17\ 941 = 12\ 600 + 5\ 341$$

TABLEAU 7

**Les bilans de la Banque du Canada,
des banques à charte et du public, février 1985
(en millions de dollars)**

**(A)
La Banque du Canada**

Titres	17 080	Billets en circulation:	
Autres	1 454	détenus par le public	11 359
		détenus par les banques	2 458
		Dépôts des banques	2 405
		Autres	2 312
	18 534		18 534

**(B)
Les banques à charte**

Pièces de monnaie	478	Dépôts à vue du public	15 767
Billets de banque	2 458	Autres	173 552
Numéraire (NUB)	2 936		
Dépôts auprès de la banque centrale	2 405		
Réserves totales détenues	5 341		
Autres (prêts, placements)	183 978		
	189 319		189 319

**(C)
Le public**

Pièces de monnaie	1 241
Billets de banque	11 359
Numéraire (NUP)	12 600
Dépôts à vue	15 767
M1	28 367

Source: *Revue de la Banque du Canada*, 1985

Section 4

Les moyens de contrôle de la masse monétaire

La quantité de monnaie en circulation ne s'appuie sur aucun élément tangible[10], mais dépend du rythme d'accroissement des agrégats monétaires que la banque centrale juge approprié dans un certain contexte économique national et international. Les quatre moyens d'intervention suivants permettent à la Banque du Canada de contrôler le volume de la masse monétaire, tandis que le cinquième vise à atténuer les répercussions économiques et sociales des restrictions monétaires :

– elle peut acheter ou vendre des titres du gouvernement fédéral sur le marché secondaire,

– elle peut transférer des dépôts du gouvernement fédéral auprès des banques vers elle ou procéder à l'opération inverse,

– elle peut consentir des avances et modifier le taux d'escompte,

– elle peut changer les coefficients de réserve,

– elle peut exercer des pressions psychologiques.

Achat et vente de titres[11]

L'achat ou la vente de titres du gouvernement fédéral sur le marché secondaire (principalement des bons du Trésor et des obligations à court terme) permet à la banque centrale de modifier la base monétaire, directement si elle transige avec les banques et indirectement si elle transige avec le public. Ainsi, l'achat de titres augmente les réserves des banques sous forme de dépôts auprès de la banque centrale (donc leur potentiel de prêts et de placements), tandis que la vente de titres a l'effet opposé.

Cette technique de contrôle de la base monétaire permet à la banque centrale d'influencer rapidement et directement le climat sur le marché monétaire et, éventuellement, la conjoncture économique, puisque l'achat de titres tend simultanément à *réduire les taux d'intérêt* et à *augmenter les réserves* du système bancaire, une stratégie appropriée lorsque l'économie est déprimée et le chômage, croissant. Autre exemple : la vente de titres provoque une hausse des taux d'intérêt et réduit les réserves des banques, une politique qui est de nature à affaiblir les dépenses des agents.

---

10. Ainsi, la masse monétaire canadienne n'est pas liée à un stock de métal précieux, or ou argent. Avant la Deuxième Guerre, elle ne pouvait excéder quatre fois la valeur du stock d'or détenu. En 1940, cette contrainte était supprimée, le gouvernement jugeant qu'une limite était un obstacle à la bonne gestion d'une économie de guerre.

11. En anglais : *Open market transactions.*

Transferts des dépôts du gouvernement central

Le fait que le gouvernement fédéral a des dépôts auprès des banques et de la banque centrale permet à celle-ci de modifier les réserves des banques et, par conséquent, la base monétaire. En effet, la Banque du Canada augmente la base monétaire en transférant vers les banques une partie des dépôts du gouvernement qu'elle détient, tandis qu'elle diminue la base monétaire lorsqu'elle choisit de transférer auprès d'elle une partie des dépôts du gouvernement fédéral détenus par les banques ; tout se passe alors comme si une baisse des dépôts du gouvernement auprès des banques était « payée » par celles-ci par le biais d'une contraction de leurs réserves auprès de la banque-centrale.

La banque centrale a recours à des transferts de dépôts du gouvernement lorsqu'elle veut mitiger les effets de certains facteurs saisonniers[12] sur les réserves des banques, lorsqu'elle ne veut pas intervenir sur le marché secondaire, afin d'éviter d'influencer directement les cours et les rendements[13], ou lorsqu'elle désire renforcer ses opérations sur le marché secondaire.

Avances et taux d'escompte

La Banque du Canada peut accorder des prêts ou des avances provisoires aux banques et à certains agents du marché monétaire ou courtiers en valeurs ; les titres achetés par la banque centrale sont ensuite revendus aux courtiers à une date prédéterminée. Ces opérations permettent à la banque centrale de jouer le rôle de prêteur de dernier recours ou de soupape de sûreté, de sorte que les banques et les courtiers en valeurs peuvent toujours se procurer des fonds lorsqu'il ne s'avère pas facile de s'en procurer auprès d'autres sources.

Le taux d'intérêt sur les avances (accordées aux banques, aux membres du système de compensation directe de l'Association canadienne des paiements[14] et aux agents agréés du marché monétaire) porte le nom de *taux d'escompte*. Il est habituellement

---

12. Le niveau des recettes et des paiements de l'État est influencé par des facteurs saisonniers. Pour éviter que le paiement des impôts ne réduise la masse monétaire (les dépôts du public) et la base monétaire, la banque centrale peut décider de réduire les dépôts de l'État auprès d'elle et de les transférer auprès des banques.
13. Un changement dans le volume des dépôts du gouvernement auprès des banques modifie leurs réserves et peut donc conduire à des transactions sur le marché secondaire — des achats lorsque les réserves sont excédentaires, ou des ventes lorsque celles-ci sont déficitaires ; étant donné que les banques peuvent modifier le volume de leurs prêts plutôt que leurs placements, il s'ensuit que les effets des transferts des dépôts du gouvernement ont un impact indéterminé sur le marché secondaire.
14. La loi de 1980 créait un nouvel organisme, l'Association canadienne des paiements (ACP), qui gère un système national de compensation automatique des paiements entre les banques. L'Association comprend les banques à charte, des *credit unions*, des caisses populaires, des sociétés de fiducie et de prêts hypothécaires et la Banque du Canada, qui est la source de règlement final et l'ultime fournisseur de liquidités.

plus élevé que les taux d'intérêt pratiqués sur le marché monétaire, afin d'inciter les emprunteurs potentiels à se procurer des fonds ailleurs.

Le niveau du taux d'escompte fluctue au Canada depuis le mois de mars 1980: il est fixé à 1/4 de 1 % au-dessus du taux de rendement moyen des bons du Trésor à 91 jours, lors de leur dernière adjudication hebdomadaire. Étant donné que les banques canadiennes n'ont pas recours aux avances de la Banque du Canada dans le but d'augmenter leurs réserves, les avances de la banque centrale constituent donc essentiellement un moyen de dépannage qui confère au système monétaire de la souplesse et une grande faculté d'adaptation à des événements perturbateurs (par exemple, le krach des marchés boursiers au mois d'octobre 1987). Le taux d'escompte constitue également un indicateur des intentions de la banque centrale en matière de taux d'intérêt, puisque celle-ci influence les taux d'intérêt en achetant et en vendant des titres sur le marché secondaire.

Variation des coefficients de réserve

Réserves primaires

La Loi sur les banques (1980) prévoit que les banques doivent détenir des réserves primaires[15]: pièces de monnaie, billets de banque et dépôts auprès de la Banque du Canada. Les taux de couverture[16] varient selon la nature des dépôts, de telle sorte que l'obligation de réserve d'une banque dépend de l'importance des divers types de dépôts qu'elle détient.

---

15. Le pourcentage des réserves dépend des niveaux moyens des dépôts de quatre mercredis consécutifs, le dernier étant le dernier mercredi du mois précédent.
16. Depuis le mois de septembre 1984, les taux de couverture sont de 10 % des dépôts à vue en dollars canadiens, 2 % des dépôts à préavis en dollars canadiens jusqu'à concurrence de 500 millions de dollars, plus 1 % de la tranche des dépôts à préavis dont la valeur excède 500 millions de dollars, 3 % des dépôts en monnaies étrangères détenus par des résidents et comptabilisés au Canada. À la suite de la dernière révision de la Loi sur la Banque du Canada (1980), une banque peut, avec l'autorisation de la banque centrale, avoir un compte de réserve auprès d'une autre banque qui remplace les dépôts qu'elle devrait effectuer auprès de la Banque du Canada (les dépôts auprès d'une autre banque sont rémunérés). Progressivement et à compter du 1er juillet 1990, les dépôts des banques auprès de la Banque du Canada seront rémunérés, ce qui aura pour effet de renforcer la position concurrentielle des banques vis-à-vis des autres institutions financières qui ne sont pas assujetties à une obligation de réserve, telles les sociétés de fiducie. Même si les banques n'étaient plus contraintes de détenir des réserves non rémunérées auprès de la banque centrale, elles continueraient néanmoins à détenir des dépôts, ne serait-ce qu'en raison du fait qu'elles doivent tenir des soldes de règlement auprès de la Banque du Canada (compensation interbancaire).

La Banque du Canada ne modifie pas la base monétaire en changeant les coefficients de réserve, car ce mode d'intervention manque de souplesse ; elle a plutôt recours
aux transactions sur le marché secondaire et aux transferts de dépôts du gouvernement.

Réserves secondaires

En vertu de la Loi sur les banques de 1967, celles-ci doivent détenir des réserves
secondaires sous forme de numéraire, de prêts au jour le jour consentis aux agents
agréés du marché monétaire et de bons du Trésor. Le coeffcient de réserve secondaire
peut varier entre 0 et 12 % des dépôts des banques ; il a été fixé à 4 % depuis décembre
1981. La banque du Canada influence la capacité de prêts et de placements des banques lorsqu'elle augmente ou réduit ce coefficient ; elle doit donner un préavis minimal d'un mois. Par exemple, si la Banque du Canada veut réduire la capacité de prêts
des banques en période de haute conjoncture, elle peut les contraindre à détenir une
proportion plus élevée de leurs actifs sous une forme très liquide (bons du Trésor,
etc.) cn augmentant leur coefficient de réserve secondaire.

Réserves volontaires

Les banques peuvent souhaiter détenir des réserves sous forme d'actifs très liquides :
bons du Trésor, prêts à vue spéciaux aux courtiers en valeurs, papier commercial,
acceptations bancaires, etc. L'existence de réserves excédentaires a donné naissance
à un marché de fonds interbancaires. Ainsi, une banque peut consentir un prêt, pendant une journée ou plus, à un taux mutuellement négocié, à une autre banque dont
les réserves sont momentanément déficitaires.

Les pressions psychologiques

Lorsque la banque centrale intervient par le biais des quatre modes d'intervention précédents, l'environnement monétaire est modifié. Par exemple, la hausse des
taux d'intérêt provoquée par la vente de titres détenus par la banque centrale pénalise
les industries (construction domiciliaire, biens durables) et les régions sensibles à l'augmentation du loyer de l'argent. Les restrictions monétaires sont particulièrement ressenties dans les régions et les provinces où le taux de chômage est constamment élevé
et le niveau de l'activité économique déprimé ou moins exubérant.

La Banque du Canada a déjà tenté de limiter les effets négatifs des restrictions
monétaires sur certaines industries et régions par le biais de la concertation, par exemple, en incitant les banques et d'autres institutions financières à adopter des politiques
discriminatoires favorisant les agriculteurs ainsi que les petites et moyennes entreprises.

Le recours à des pressions psychologiques entre en conflit avec les politiques
des banques en période de sérieux déclin de l'activité économique, car les banques
jugent alors plus prudent de prêter aux grandes entreprises bien diversifiées et financièrement fortes, plutôt qu'aux petites firmes souvent jugées plus vulnérables.

Ces pressions peuvent aussi provenir directement du gouvernement. Ainsi, en juillet 1981, désireux de réduire les exportations de capitaux, le ministre des Finances demandait aux banques de limiter leurs prêts aux grandes entreprises pétrolières, qui souhaitaient alors prendre le contrôle d'entités contrôlées à l'étranger.

Dans le contexte canadien, le rôle des pressions psychologiques est faible, en dépit du fait que le degré très élevé de concentration du système bancaire favorise les relations personnelles entre les dirigeants des institutions financières et le gouverneur de la Banque du Canada.

Section 5

Le contrôle d'un agrégat monétaire: l'expérience canadienne au cours de la période 1975-1982

La Banque du Canada a tenté, au cours des années 1975–1982, de contrôler le taux d'accroissement de la masse monétaire au sens étroit (M1) pour réduire progressivement le rythme de l'inflation. Cette politique était liée à trois facteurs:

- l'accélération du taux d'inflation canadien entre 1965 et 1975,

- l'importance croissante accordée aux facteurs monétaires dans les tentatives d'explication du phénomène de l'inflation,

- plusieurs banques centrales avaient pris l'initiative de mettre l'accent sur le rythme d'accroissement des agrégats monétaires dans la définition et l'application de leur politique monétaire.

Le tableau 8 présente l'évolution des taux d'inflation dans quelques pays industrialisés au cours de trois sous-périodes. Il ressort que les taux d'inflation moyens ont eu tendance à augmenter entre la période 1960–1969 et la période 1970–1974: de 2,5 à 5,9 % au Canada, et de 2,8 à 7,2 % dans l'ensemble des sept premiers pays pris en compte. La période 1975–1979 a également été témoin d'une accélération supplémentaire de l'inflation, sauf dans trois pays: le Japon, l'Allemagne fédérale et la Suisse.

Le graphique 2 illustre l'évolution du niveau (axe de gauche) et des variations (axe de droite) de l'indice des prix à la consommation (IPC) au Canada au cours de la période 1972-1984. On constate que le taux d'inflation canadien a fortement augmenté au cours de la période 1976–1981 et que seule la forte récession de 1982 a réussi à provoquer une décélération du taux d'inflation.

TABLEAU 8

**Évolution des taux d'inflation dans quelques pays industrialisés au
cours de trois sous-périodes, 1960–1969, 1970–1974 et 1975–1979
(en pourcentage)**

	1960–1969	1970–1974	1975–1979
États-Unis	2,2	6,1	8,1
Canada	2,5	5,9	8,9
Japon	5,4	10,9	7,3
Allemagne fédérale	2,5	5,6	4,2
France	3,9	7,5	10,1
Grande-Bretagne	3,5	9,6	15,7
Italie	3,7	9,1	15,5
Moyenne des 7 pays	2,8	7,2	8,5
Suisse	3,1	7,1	2,9
Moyenne OCDE	2,9	7,4	9,3

Source: *Bulletin*, Crédit Suisse, juillet 1980, p. 7.

Dans une perspective de courte période, plusieurs facteurs peuvent exercer temporairement des pressions à la hausse sur l'indice des prix à la consommation:

–   Une forte dépréciation du taux de change, c'est-à-dire une hausse du prix en
    monnaie nationale d'une unité de monnaie étrangère, tend à majorer les prix
    des produits et des services importés;

–   Les conventions collectives « généreuses », c'est-à-dire une hausse de rémuné-
    ration dépassant 2 ou 3 % annuellement, tendent à augmenter les coûts unitaires
    de production et à inciter les chefs d'entreprise à « défendre » leurs marges béné-
    ficiaires en haussant leurs prix de vente;

–   Un choc d'origine externe (par exemple, une flambée des prix des matières pre-
    mières ou de l'énergie) se répercute sur les coûts de fabrication.

Les pressions à la hausse sur le niveau des prix qui découlent de facteurs temporaires n'expliquent pas le phénomène de l'inflation qui, lui, résulte d'un rythme d'accroissement de la masse monétaire supérieur à celui du potentiel de production de l'appareil
économique. Ainsi, le graphique 3 semble confirmer l'existence d'une liaison entre
l'essor de la masse monétaire et l'évolution de l'indice des prix de gros aux États-Unis
au cours de la période 1890–1955. Le graphique 4 met également en évidence le degré
élevé d'association entre les taux d'inflation et les taux d'accroissement de la masse
monétaire par unité de production au sein d'un groupe de quarante pays au cours de
la période 1952–1969.

GRAPHIQUE 2

**Évolution et variations du niveau de l'indice canadien
des prix à la consommation, 1972–1984
(1981 = 100)**

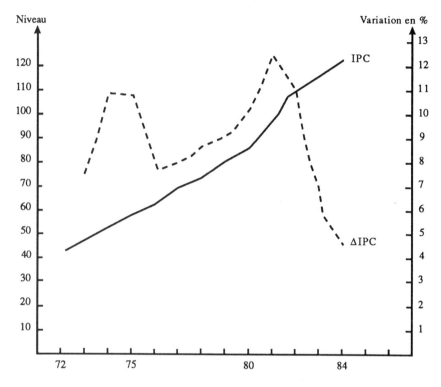

Source: *Revue économique*, Ottawa, Ministère des Finances, avril 1985, p. 124.

L'augmentation du taux d'inflation depuis le milieu des années 60 et l'influence croissante des théories dites « monétaristes » incitèrent les banques centrales de plusieurs pays industrialisés à tenter de combattre l'inflation, en mettant l'accent sur le taux de croissance des agrégats monétaires plutôt que sur les taux d'intérêt. C'est dans ce contexte général, et dans un climat marqué par l'accélération du taux d'inflation canadien, de 3 % en 1971 à 10,9 % en 1974, que la Banque du Canada opta, en novembre 1975, pour une stratégie axée sur la réduction progressive du taux de croissance de la masse monétaire définie au sens étroit (M1).

La banque centrale proposa deux taux de croissance prédéterminés de la masse monétaire — un taux minimum et un taux maximum — afin de poursuivre deux objectifs ambitieux : la réduction graduelle du taux d'inflation et l'essor de la dépense nationale

GRAPHIQUE 3

**Évolution à long terme de l'indice des prix de gros
(1926 = 100) et de la masse monétaire
aux États-Unis, 1890–1955**

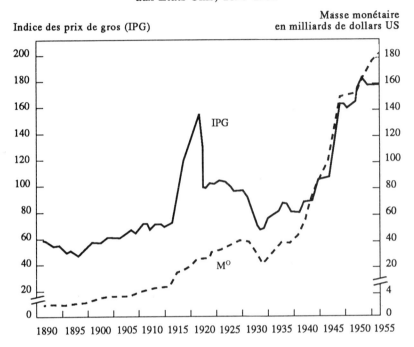

Indice des prix de gros (IPG)

Masse monétaire
en milliards de dollars US

Source: M. Friedman et A.J. Schwartz, « Monetary Statistics of the United States », *Historical Statistics of the United States Colonial Times to 1957*, pp. 116–117. Reproduit par J.M. O'Brien, « Inflation and the Role of Monetary Policy », *Business Review*, Federal Reserve Bank of Philadelphia, décembre 1973, p. 6.

nominale à un rythme compatible avec l'essor du potentiel de production. La réduction du taux de croissance de la dépense totale nominale était censée ralentir le taux d'inflation, mais elle ne devait pas provoquer une baisse trop marquée de l'activité économique susceptible de déboucher sur une récession. Ce dernier souci explique que la Banque du Canada ait été incitée à réduire les taux d'intérêt lorsque le taux de croissance constaté de M1 était inférieur au taux d'accroissement minimum de cet agrégat. Pour éviter une hausse jugée trop rapide de la dépense nominale, la Banque du Canada était incitée à majorer les taux d'intérêt lorsque le taux d'accroissement constaté de M1 était supérieur au taux d'accroissement maximum qui avait été prédéterminé.

Le graphique 5 présente les domaines de variation de M1 que la Banque du Canada prédéterminait périodiquement et met en évidence le gradualisme de la politique monétaire pratiquée, c'est-à-dire la réduction progressive des taux minima et maxima de

GRAPHIQUE 4

**Relation entre le taux annuel moyen d'inflation et
le taux d'accroissement annuel moyen de la masse monétaire
par unité de production au sein d'un groupe de quarante pays, 1952-1969
(en pourcentage)**

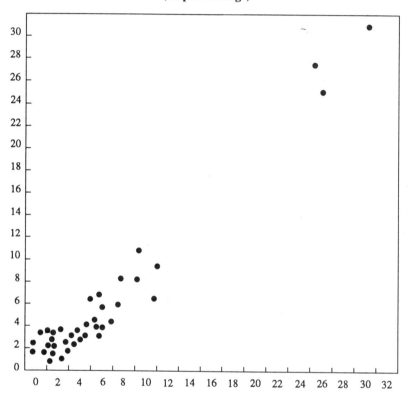

Source: A.J. Schwartz, « Secular Price Change in Historical Perspective », *Journal of Money, Credit and Banking*,
n° 9, 1973, p. 267. Reproduit par J.M. O'Brien, « Inflation and the Role of Monetary Policy », *Business
Review*, Federal Reserve Bank of Philadelphia, décembre 1973, p. 7.

croissance de M1; ces taux définissaient des cônes qui délimitaient le domaine de
variation admissible de M1. En octobre 1977, la Banque du Canada substitua la notion
de ruban à celle de cône, de sorte que la marge de flexibilité de M1 cessa d'être déterminée en extrapolant deux droites issues de la base retenue, cette technique s'étant
révélée gênante au cours des premiers mois à cause de la faible amplitude des variations admissibles de M1. Dès lors, la Banque du Canada établit les limites supérieures
et inférieures des rubans en majorant et en réduisant de 2 % le taux de croissance
de M1 qui était déterminé à partir d'une période de base (par exemple, 9 % en octobre
1977).

GRAPHIQUE 5

**Évolution de l'agrégat monétaire[1] M1 et de ses taux de croissance
minima et maxima prédéterminés par la Banque du Canada, 1975–1982
(en milliards de dollars)**

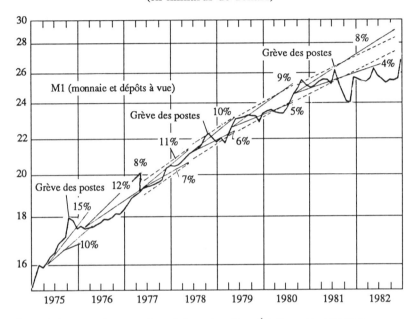

1. Données corrigées pour tenir compte des variations saisonnières. Échelle semi-logarithmique.

Source: *Rapport annuel de la Banque du Canada, 1982*, p. 30

Fondement de la politique monétariste

La politique monétaire pratiquée par la Banque du Canada entre 1975 et 1987 s'appuyait fondamentalement sur la théorie dite « quantitative » de la monnaie. Cette théorie tente d'expliquer la liaison à long terme entre le taux d'inflation et l'accroissement de la quantité de monnaie en circulation. Nous exposerons maintenant cette théorie qui a inspiré les tentatives de nombreuses banques centrales de manipuler certains agrégats monétaires dans l'espoir d'atteindre simultanément des objectifs à court terme (réduire l'amplitude des fluctuations conjoncturelles de la production et de l'emploi) et à long terme (diminuer graduellement le taux d'inflation tout en évitant de perturber les agents). Nous serons alors en mesure de comprendre les raisons qui ont conduit la Banque du Canada à renoncer, en 1982, à manipuler l'agrégat monétaire M1.

La théorie quantitative de la monnaie repose sur l'identité suivante qui porte le nom d'équation dite de « l'échange »:

$$M^OV = PQ$$

où

M^O est la valeur nominale de la quantité de monnaie en circulation,

V est la vélocité-revenu de la quantité de monnaie ($V = PQ/M^O$), c'est-à-dire le nombre de fois que l'unité monétaire a servi, en moyenne, dans le financement des transactions finales, au cours de la période considérée. Cette définition de la vélocité implique que la valeur de la production est égale au revenu personnel ; c'est le cas lorsqu'il n'y a ni impôts, ni amortissement, ni profits non répartis,

Q est la valeur réelle ou le volume de la production finale,

P est le niveau général des prix.

Cette identité indique que la valeur de la dépense finale (M^OV) est égale, par définition, à celle de la production finale (PQ). Elle devient une théorie si l'on admet par hypothèse, comme l'un de ses protagonistes[17], que la vélocité de la monnaie est constante à court terme ($V = \overline{V}$) et que la quantité de monnaie n'affecte guère le volume de la production ($Q = \overline{Q}$).

Si, à court terme, la vélocité de la monnaie est censée être constante et indépendante de la masse monétaire, elle est néanmoins susceptible de varier à long terme en raison des changements dans les pratiques commerciales, dans l'organisation sociale et industrielle, ou encore à cause des innovations financières et technologiques. Ainsi, la création de systèmes informatisés de gestion des liquidités, l'utilisation croissante du crédit, le recours de plus en plus répandu à la carte de crédit et la hausse des transactions intra-entreprises liée à la concentration industrielle tendent à augmenter la vélocité ou, en d'autres termes, à réduire la quantité de monnaie nécessaire au financement d'un volume donné de transactions.

L'indépendance du volume de la production à l'égard de la monnaie reflète la conviction que l'appareil économique fonctionne normalement à pleine capacité. À long terme, le potentiel de production augmente certes ; cependant cet essor dépend non pas de la monnaie, mais plutôt et uniquement de l'accroissement séculaire des quantités des divers facteurs et de leur productivité.

L'équation suivante, qui exprime la théorie quantitative de la monnaie, révèle que toute tentative de la banque centrale de stimuler l'appareil de production se traduit uniquement par une hausse du niveau général des prix :

$$M^O\overline{V} = P\overline{Q}$$

Cette inférence ressort clairement lorsque chaque élément de l'équation ci-dessus est exprimé sous forme de taux de variations proportionnels[18].

---

17. Irving FISCHER, *The Purchasing Power of Money*, New York, The Macmillan Company, 1911, pp. 153-155.

18. Le taux de variation d'un produit est approximativement égal à la somme des taux de variation de ses éléments.

$$\dot{M}^O + \dot{V} = \dot{P} + \dot{Q}$$

soit :

$$\dot{M}^O + 0 = \dot{P} + 0$$

L'expérience montre cependant que la vélocité tend à varier à court et à moyen termes avec le taux d'inflation et les taux d'intérêt. Ainsi, en période d'inflation, les agents sont enclins à réduire leurs liquidités appauvries par la perte de pouvoir d'achat. Le graphique 6 révèle que la vélocité de l'agrégat M1 a été influencée aux États-Unis par le taux d'inflation au cours de la période 1961–1987; elle s'est d'abord accentuée entre 1961 et 1981 avec l'accélération du taux d'inflation, puis elle a diminué lorsque la récession économique de 1982 a provoqué un ralentissement de l'inflation. La vélocité dépend également des taux d'intérêt, étant donné qu'une hausse du loyer de l'argent augmente le coût de renonciation des liquidités détenues. Ce fait est mis en évidence dans le graphique 7: la vélocité de la monnaie a augmenté avec le loyer de l'argent aux États-Unis entre 1961 et 1981, puis elle a régressé lorsque le taux d'intérêt sur les bons du Trésor a fléchi d'une façon spectaculaire.

GRAPHIQUE 6

**Évolution de la vélocité de l'agrégat monétaire M1
et du taux d'inflation aux États-Unis[1], 1961–1987**

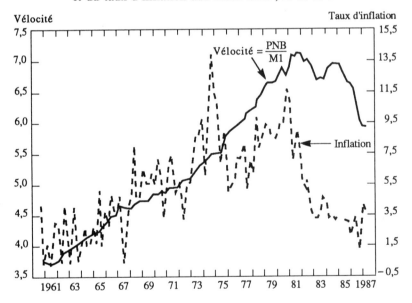

1. Données trimestrielles.

Source: C.S. COURTENAY et D.L. THORTON, « Solving the 1980 Velocity Puzzle: A Progress Report », *Review*, Federal Reserve Bank of St. Louis, vol. 69, n° 7, p. 18.

GRAPHIQUE 7

**Évolution de la vélocité de l'agrégat monétaire M1 et du taux
d'intérêt sur les bons du Trésor à 3 mois aux États-Unis[1], 1961-1987**

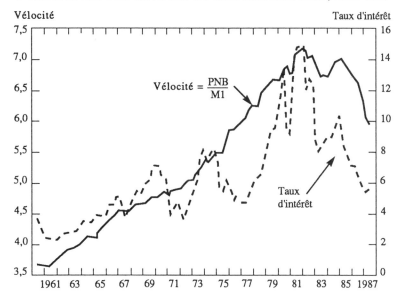

1. Données trimestrielles.

Source: C.S. COURTENAY et D.L. THORTON, « Solving the 1980 Velocity Puzzle: A Progress Report », *Review*, Federal Reserve Bank of St. Louis, vol. 69, n° 7, p. 20.

Le graphique 8 illustre l'évolution à long terme de la vélocité de l'agrégat monétaire M1 aux États-Unis au cours de la période 1947-1983. On constate que la vélocité a fluctué à court terme (elle a augmenté pendant les périodes d'expansion et régressé pendant les périodes de récession) et a eu tendance à augmenter considérablement à long terme, sa trajectoire fortement ascendante pouvant être expliquée par des facteurs aussi divers que la hausse tendancielle du taux d'inflation et des taux d'intérêt, les innovations financières, la révolution technologique dans les télécommunications, etc.

Le fait que la vélocité de la monnaie soit variable signifie que la manipulation d'un agrégat monétaire constitue un exercice risqué, étant donné qu'il est extrêmement difficile de prévoir l'évolution de la vélocité de la monnaie. Ainsi, le graphique 9 et le tableau 9 montrent que les variations constatées de la vélocité de la monnaie aux États-Unis au cours de la période 1974-1981 ont été fréquemment très différentes de celles qui ont été prévues par le modèle retenu par deux chercheurs américains; on constate également que l'accroissement constaté de la vélocité a été fortement sous-estimé pendant la période considérée.

GRAPHIQUE 8

Évolution à long terme de la vélocité de l'agrégat monétaire M1 aux États-Unis, 1947-1983

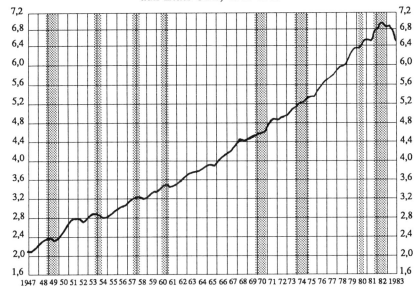

N.B. Les zones ombrées indiquent les périodes de récession.

Source: J.A. TATOM, « Was the 1982 Velocity Decline Unusual? », *Review*, Federal Reserve Bank of St. Louis, vol, 65, n° 7, p. 6.

TABLEAU 9

Croissance constatée et prévue de l'agrégat monétaire[1] M1 aux États-Unis, 1974-1981 (en pourcentage)

	Croissance constatée (1)	Croissance prévue (2)	Erreur de prévision (3) = (1) − (2)
1974: II – 1981: II	30,4	15,4	15,0
1974: II – 1977: IV	13,3	3,5	9,8
1977: IV – 1980: IV	10,1	9,2	0,9
1979: IV – 1980: IV	2,0	1,9	0,1
1980: I	5,2	5,6	−0,4
II	2,0	−8,2	10,2
III	−2,5	3,0	−5,5
IV	3,2	7,5	−4,3
1981: I	18,8	10,4	8,4
II	−0,7	−2,0	1,3

1. Données trimestrielles.

Source: B. HIGGINS, et J. FAUST, « Velocity Behaviour of the New Monetary Aggregates », *Economic Review*, Federal Reserve Bank of Kansas City, vol. 66, n° 8, septembre-octobre 1981, p. 9.

GRAPHIQUE 9

**Taux de variation constaté et prévu de la vélocité
de l'agrégat monétaire M1 aux États-Unis[1], 1974-1981**

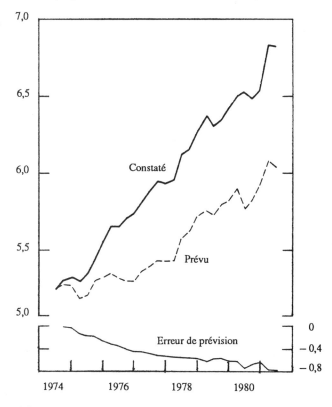

1. Données trimestrielles.

Source: B. HIGGINS et J. FAUST, « Velocity Behaviour of the New Monetary Aggregates », *Economic Review*, Federal
Reserve Bank of Kansas City, vol. 66, n° 8, septembre-octobre 1981, p. 8.

Les répercussions de la manipulation d'un agrégat monétaire sur le niveau des prix dépendent de l'aptitude de la banque centrale à prévoir correctement la variation de la vélocité et du potentiel de production. Dans l'exemple suivant, le niveau des prix est stable ($\dot{P} = 0$) parce que les prévisions en matière de vélocité ($\dot{V} = 2$) et de croissance du potentiel ($\dot{Q} = 3$) s'avèrent justes et parce que la banque centrale atteint son objectif de croissance de l'agrégat monétaire ($\dot{M}^O = 1$):

$$\dot{M}^O + \dot{V} = \dot{P} + \dot{Q}$$

soit:

$$1 + 2 = 0 + 3$$

Étant donné que la prévision de la vélocité et du potentiel est un exercice difficile et que le taux de croissance de la production et des prix est influencé à court et moyen termes par une myriade de facteurs — et non pas uniquement par un agrégat monétaire, quelle que soit sa définition —, on doit conclure que la manipulation à court terme d'un agrégat monétaire est un moyen inapproprié et hasardeux de stabilisation économique à court terme. En d'autres termes, la théorie quantitative de la monnaie ne peut constituer le fondement de la gestion macro-économique à court terme, puisqu'elle tente uniquement d'expliquer la relation à long terme entre le taux d'inflation et le taux d'accroissement d'un agrégat monétaire. En raison de la force que cette théorie tire de sa simplicité apparente, il était peut-être inévitable qu'elle soit maladroitement interprétée et conçue comme un moyen de résoudre des problèmes immédiats.

L'échec du monétarisme à court terme au Canada

Même si elle était déçue des effets de sa politique monétaire, la Banque du Canada affirmait, en 1981, sa foi en M1 en tant que « clignotant permettant de signaler les erreurs susceptibles de s'accumuler à long terme ». Mais, en novembre 1982, le gouverneur de la banque centrale exprimait le regret que M1 ne puisse plus être utilisé[19] :

M1 est devenu depuis quelque temps un guide moins fiable qu'il ne l'était auparavant […], je veux informer le public que la Banque a cessé de viser des cibles définies en fonction de cet agrégat. Je le regrette, car un agrégat monétaire, qui est lié de façon systématique à la tendance de la dépense globale, a l'avantage d'aider à estimer le degré d'expansion monétaire qui convient à l'économie, tout en aidant à éviter les erreurs cumulatives.

Après avoir rappelé que le système de cibles de M1 avait servi, entre autres, à nous rappeler constamment la nécessité de ralentir l'expansion monétaire pour réduire l'inflation, le gouverneur de la Banque du Canada précisait, dans son Rapport annuel de 1982[20], les facteurs responsables de la variation de la vélocité et de l'abandon de la cible monétaire M1, et soulignait qu'il s'intéressait à d'autres agrégats :

Ces deux dernières années, la relation entre M1 et l'évolution économique a été tellement faussée qu'il n'a plus été possible d'utiliser telles quelles les statistiques de M1 ; celles-ci exigent une telle dose d'interprétation que, pour le moment du moins, M1 n'est plus apte à servir de cible monétaire. L'action combinée de l'inflation, des taux élevés d'intérêt, de la technologie informatique et de la concurrence que se livrent les institutions financières a donné lieu à des innovations financières qui ont permis aux Canadiens à la fois de réduire de façon notable le volume moyen des encaisses qu'ils gardent pour effectuer des paiements et de détenir une plus grande proportion de ces encaisses sous

19. « En se remettant de l'inflation », allocution prononcée à l'occasion d'un déjeuner-causerie par le gouverneur de la Banque du Canada, M. Gerald Bouey, Canadian Club de Toronto, le 29 novembre 1982.
20. *Rapport annuel de la Banque du Canada, 1982*, pp. 31-32.

forme d'avoirs productifs d'intérêts qui ne sont pas compris dans M1. Quelques exemples permettront d'illustrer ce qui s'est passé. Les banques offrent maintenant à un nombre croissant d'entreprises commerciales la possibilité de consolider quotidiennement les soldes de tous les comptes courants que ces dernières détiennent dans une même ville ou même à travers le pays, ce qui leur permet de fonctionner avec une encaisse moyenne plus petite. Dans certains cas, tout excédent du solde consolidé qu'une entreprise pourrait avoir à la fin de la journée est automatiquement viré pour un jour à un compte productif d'intérêts ou est affecté au remboursement d'emprunts à la banque concernée. Ainsi, certaines entreprises ne détiennent plus de dépôts compris dans M1. Dans d'autres cas, les fonds restent dans un compte courant et continuent donc de faire partie de M1, mais ils sont assortis d'un taux de rendement négocié, qui est soit versé sous forme d'intérêts, soit déduit des frais de service.

Des changements comparables se sont produits au niveau des services offerts aux particuliers. La création par les banques, durant les derniers mois de 1979, de comptes d'épargne produisant un intérêt calculé sur le solde quotidien et non plus sur le solde minimal du mois a incité les particuliers à transférer dans des comptes de ce type les excédents de fonds, même temporaires, qu'ils détenaient dans des comptes de chèques personnels non productifs d'intérêts. Ces opérations se sont traduites par une diminution des soldes moyens des comptes de chèques personnels, lesquels font partie de M1. Une autre modification importante a été la création de comptes assortis d'un droit de tirage par chèque et d'un taux d'intérêt compétitif si le solde maintenu excède un certain minimum. L'existence de tels comptes encourage les particuliers à ne plus tenir de comptes de chèques et de comptes d'épargne distincts et à fermer leurs comptes de chèques, ce qui entraîne une diminution de M1.

Par suite de ces innovations, la croissance de M1 a été beaucoup plus lente que l'on aurait pu le prévoir à la lumière de l'évolution de la dépense globale et des taux d'intérêt. En principe, la Banque aurait pu ajuster son système de cibles de M1 de l'une ou l'autre des façons suivantes : elle aurait pu soit réviser à la baisse la fourchette-cible, soit élargir la définition de M1 de façon à englober les nouvelles formes sous lesquelles sont maintenant détenues les encaisses de transactions.

Les travaux portant sur un ajustement du niveau de la cible ont été gênés par les problèmes d'ordre statistique mentionnés dans le Rapport de l'an dernier, mais aussi par une autre difficulté encore plus grave, à savoir que le processus d'innovation dans le domaine bancaire de même que la réaction des clients des banques à ces innovations ont été à la fois rapides et continuels. Comme il est impossible de prédire avec quelque précision ce qui se passera du côté des banques ou des clients, on ne peut déterminer avec assurance les fourchettes-cibles qui conviennent à M1.

La banque continue d'explorer la possibilité d'utiliser une mesure des encaisses de transactions un peu plus large que M1.

Le graphique 10 présente les variations proportionnelles de trois agrégats monétaires canadiens (M1, M1A et M2) et de l'indice des prix à la consommation au cours de la période 1973-1984. Au moment où la Banque du Canada décidait de contrôler M1 (novembre 1975), on constate que l'inflation (mesurée ici par la variation de l'indice

GRAPHIQUE 10

**Variation de trois agrégats monétaires
(M1, M1A et M2) et de l'indice des prix à la
consommation au Canada, 1973-1984
(en pourcentage)**

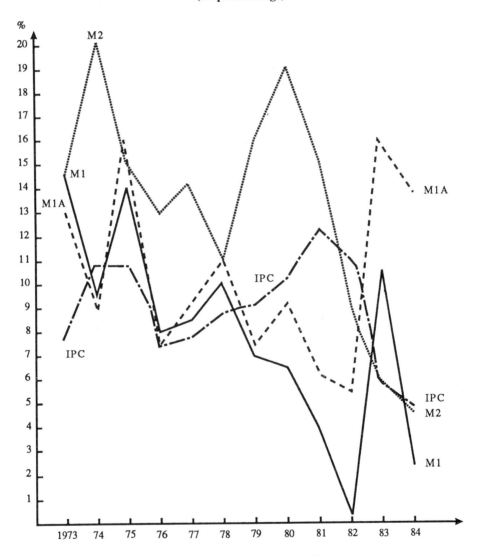

Source: *Revue économique*, Ottawa, Ministère des Finances, avril 1985, p. 167.

des prix à la consommation (IPC)) était très élevée (près de 11 %) et avait eu tendance à s'accélérer au cours des années antérieures. Au cours de la période 1976-1981, le taux d'inflation s'est accentué continuellement en dépit des réductions successives du taux de croissance de l'agrégat M1. Ce n'est qu'en 1982, lorsque la Banque du Canada décida de ne plus mettre l'accent sur cet agrégat, que l'on assista à une forte décélération du taux d'inflation!

Ce ralentissement tardif du taux d'inflation n'a pu résulter de la décélération antérieure du taux d'accroissement de M1. En effet, le taux d'accroissement de l'agrégat M2, qui n'était pas contrôlé par la Banque du Canada, a été élevé entre 1978 et 1982, et il s'est même accentué entre 1978 et 1980, donc à un moment où le fléchissement du taux d'accroissement de l'agrégat M1 créait l'illusion d'une politique monétaire restrictive; cette illusion découlait en bonne partie du fait que la montée des taux d'intérêt et du taux d'inflation incitait les agents à augmenter leurs dépôts rémunérés, ce qui avait pour effet de réduire le taux d'accroissement de M1 et à majorer celui de M2. Pour expliquer la décélération du taux d'inflation canadien, il faut faire appel non pas à la réduction graduelle du taux d'accroissement de l'agrégat M1, mais plutôt à l'augmentation forte et inattendue du taux de chômage et au recul de la production réelle lors de la récession de 1981-1982, qui a duré six trimestres. Cette contraction a été imposée au Canada, puisque la Banque du Canada avait toujours cherché, par son gradualisme monétaire, à promouvoir la croissance de la production, si lente soit-elle. On peut même soutenir que la montée spectaculaire du chômage entre 1981 et 1983 (graphique 11) a été aggravée par l'incapacité ou le refus de la Banque du Canada de briser l'inflation plusieurs années avant le début de la récession.

Le fait que le Canada ait été le pays industrialisé le plus touché par la récession mondiale ne peut être expliqué uniquement en invoquant l'interdépendance des économies nationales. En effet, il semble que la timidité de la politique monétaire poursuivie par la Banque du Canada ait contribué à renforcer la vulnérabilité de l'économie canadienne et l'incrédulité des agents. En outre, plusieurs facteurs, tels la tolérance de l'accélération du taux d'inflation depuis le milieu des années 60, le premier choc pétrolier et la flambée des prix des matières premières en 1973-1974, avaient créé des attentes en matière d'inflation si fortes et si bien enracinées que seule une politique monétaire sévère (en l'absence de discipline en matière budgétaire), donc non gradualiste, aurait pu briser l'inflation et modifier les prévisions des agents. La réduction draconienne du taux de croissance de l'agrégat M2 eût été également nécessaire, surtout lors des deux chocs pétroliers (cet agrégat augmentait de 20,5 % entre 1973 et 1974, et de 19 % entre 1979 et 1980).

GRAPHIQUE 11

**Évolution du taux de chômage et des variations de
l'indice des prix à la consommation au Canada, 1973-1984
(en pourcentage)**

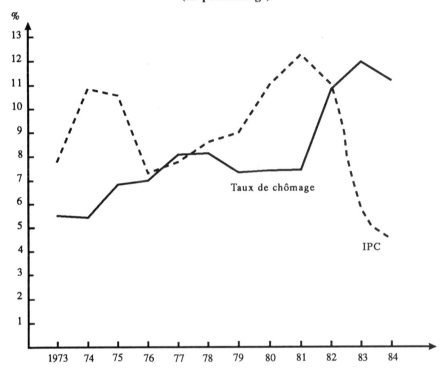

Source: *Revue économique*, Ottawa, Ministère des Finances, avril 1985, pp. 112 et 124.

Section 6

*La politique monétaire canadienne
était vivement contestée en 1989*

La montée continue des taux d'intérêt au Canada, en 1988 et en 1989 (graphique 12), a donné naissance à de nombreuses contestations. Ainsi, les gouvernements du Québec et de l'Alberta ont soutenu que leur espace économique n'était pas responsable de l'accélération du taux d'inflation canadien et que les taux d'intérêt élevés, provoqués par les pressions inflationnistes émanant de l'économie ontarienne, n'étaient pas appropriés, puisqu'ils risquaient de ralentir l'activité économique dans les provinces et les régions où le taux de chômage était élevé.

GRAPHIQUE 12

Taux d'intérêt à court terme au Canada et aux États-Unis

Papier commercial à 90 jours

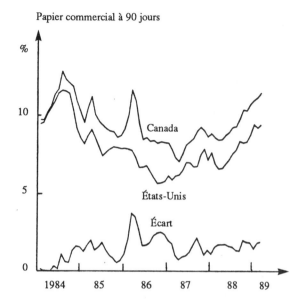

Source: *Rapport annuel de la Banque du Canada, 1988*, p. 25.

Le durcissement de la politique monétaire canadienne en 1988 et 1989 était-il justifié? La réponse est affirmative, compte tenu de l'accroissement spectaculaire du crédit consenti aux particuliers au cours des dernières années (graphique 13), de la politique budgétaire très indisciplinée pratiquée par le gouvernement fédéral depuis plus d'une décennie et du fait que la raison d'être essentielle de la banque centrale est la stabilité des prix.

La politique monétaire: un instrument aveugle

Dans une allocution prononcée le 8 mars 1989, le gouverneur de la Banque du Canada, M. John W. Crow, avançait quatre raisons majeures pour justifier la politique monétaire pratiquée par la banque centrale[21]:

–   La vigueur insoutenable de l'économie du sud de l'Ontario où, en 1988, le taux d'inflation était de 7 % contre « seulement » 4,5 % dans l'ensemble du pays;

---

21.   « L'économie et la politique monétaire au Canada », allocution prononcée à l'occasion d'un déjeuner-causerie organisé par le club Rotary de Kitchener, à Kitchener, le 8 mars 1989.

GRAPHIQUE 13

Crédit aux ménages par région

Taux de croissance calculé sur une base annuelle

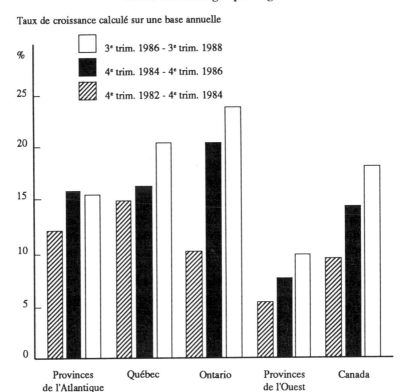

Source: *Rapport annuel de la Banque du Canada, 1988*, p. 23.

–   Loin d'être confinée à une seule région, la prospérité était généralisée (graphique 14) et provoquait des tensions sur les marchés des facteurs (hausse des salaires et des taux d'intérêt) et sur les marchés des biens et services (hausse des prix à la consommation et des prix de gros, augmentation des prix des matières premières et de la plupart des produits d'exportation du Canada);

–   La production émanant du sud de l'Ontario n'est pas négligeable, puisqu'elle représente environ le tiers de toute la production canadienne;

–   Les distorsions économiques liées à l'exubérance excessive de l'économie ontarienne (par exemple, la hausse rapide des prix et des salaires) risquaient de se

GRAPHIQUE 14

Taux d'utilisation des capacités

Industries productrices de biens non agricoles

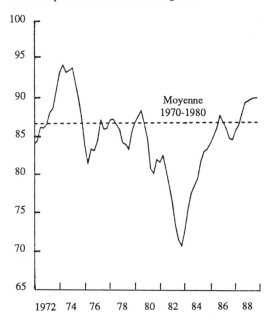

Source: *Rapport annuel de la Banque du Canada, 1988*, p. 17.

propager dans les autres provinces, non seulement à cause des échanges inter-provinciaux de biens et de services, mais aussi en raison des « effets de démons-tration » sur les agents capables de se protéger des effets de la hausse du taux d'inflation (par exemple, les travailleurs regroupés au sein de syndicats puissants).

La politique monétaire a inévitablement une portée nationale, puisque les taux d'intérêt sont virtuellement les mêmes dans tout l'espace économique canadien, à cause des forces de la concurrence et de la mobilité quasi parfaite des fonds. Le fait que la politique monétaire ne puisse tenir compte des différences entre les taux d'inflation (graphique 15) et de chômage régionaux (graphique 16) signifie que la Banque du Canada aurait dû pratiquer une politique monétaire beaucoup plus prudente avant 1988, non seulement pour éviter le durcissement inéluctable (en 1988 et au premier trimestre de 1989) de la politique monétaire, mais aussi pour contraindre le gouvernement fédé-ral à faire preuve d'une plus grande discipline en matière de politique budgétaire. En d'autres termes, un environnement monétaire plus rigoureux et hostile à la permis-sivité dans les dépenses fédérales aurait évité l'émergence du « problème du sud de l'Ontario », surtout si le gouvernement fédéral avait tenu compte, dans ses dépenses et ses programmes de subventions, des différences entre les taux de chômage régionaux.

GRAPHIQUE 15

Indice des prix à la consommation

Taux de variation d'une année à l'autre

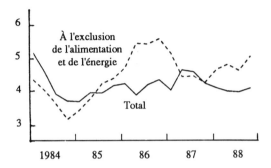

Source: *Rapport annuel de la Banque du Canada, 1988,* p. 18.

GRAPHIQUE 16

Taux de chômage

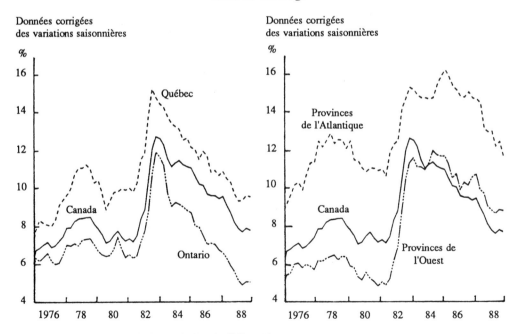

Source: *Rapport annuel de la Banque du Canada, 1988,* p. 16.

Le gouverneur de la Banque du Canada était conscient du conflit entre le laxisme de la politique budgétaire fédérale et le durcissement de la politique monétaire, mais il semblait gêné d'exprimer sa désapprobation :

> Cela dit, vous ne vous attendez certainement pas à ce que je fasse un long exposé sur la politique budgétaire au Canada dans les circonstances présentes. Cependant, il y a un aspect de cette politique que j'aimerais aborder ici. Il s'agit de la façon dont la politique budgétaire est reliée à la demande et, par conséquent, aux pressions de la dépense et à celles que subit la politique monétaire [...] Les initiatives visant à réduire les déficits budgétaires favorisent une compression de la demande, ce qui, en retour, permet d'atténuer les pressions auxquelles sont soumises la politique monétaire et les conditions monétaires[22].

À un moment où il était de bon goût de parler de coordination internationale des politiques nationales dans les domaines monétaire et budgétaire (le Canada participe aux Sommets économiques du Groupe des Sept), il est ironique de constater que le gouvernement canadien et la Banque du Canada n'avaient pas défini des objectifs communs et cohérents.

L'objectif ou les objectifs de la Banque du Canada ?

Les contestations dont la Banque du Canada est périodiquement l'objet résultent du fait que beaucoup croient à tort que la banque centrale doit poursuivre plusieurs objectifs : le plein-emploi des machines et des travailleurs, la « maîtrise » de l'inflation, l'équilibre de la balance des paiements, la croissance économique, la stabilité du taux de change bilatéral du dollar canadien par rapport au dollar américain, de faibles taux d'intérêt, l'absence de récessions économiques, etc. !

Ces objectifs sont si nombreux et si ambitieux qu'ils semblent suspects, étant donné que les fonctionnaires d'une banque centrale ne sont pas omniscients et qu'ils doivent faire face aux mêmes problèmes que tous les autres humains : la surinformation entachée d'erreurs et sujette à de fréquentes révisions, les difficultés d'interprétation de l'information à la lumière de nombreux modèles concurrents (et souvent contestés !), l'ignorance en ce qui a trait au dosage approprié des diverses interventions possibles et aux délais de réaction des agents (résidents et non-résidents), etc.

Le but de la banque centrale est la stabilité des prix et son corollaire : le maintien de la confiance des agents privés envers les responsables de la gestion macro-économique, le gouvernement fédéral et la Banque du Canada.

---

22. « L'économie et la politique monétaire au Canada », allocution prononcée à l'occasion d'un déjeuner-causerie organisé par le club Rotary de Kitchener, à Kitchener, le 8 mars 1989.

La stabilité des prix: un concept vidé de son sens

La stabilité des prix a été interprétée de façons si diverses qu'on ne sait plus très bien ce qu'elle signifie. Les prix sont-ils stables lorsque le taux d'inflation est de 0 % ou de 1 %? Peut-on soutenir logiquement que les prix canadiens sont presque stables parce que le taux d'inflation était beaucoup plus faible en 1988 (environ 4,5 %) qu'en 1981 (12,5 %)? Que voulait dire le gouverneur actuel de la Banque du Canada lorsqu'il déclarait, le 24 janvier 1989, « que l'objet de la politique monétaire est d'en arriver à un rythme modéré d'expansion monétaire et, par conséquent, de favoriser l'émergence d'une économie résolument non inflationniste[23] »? Plusieurs questions surgissent: « en arriver » en quelle année, 1992 ou 1999?; que signifient le mot « modéré » et l'expression « résolument non inflationniste »? Que voulait dire le chef de la banque centrale des États-Unis, Alan Greenspan, lorsqu'il déclarait[24], le 27 mars 1989, devant le Comité sénatorial des banques, que son but était de réduire, au « cours des nombreuses prochaines années », le taux d'inflation à un chiffre approximativement égal à zéro?

Si l'on peut discourir longtemps sur la notion de stabilité des prix, on constate néanmoins que la plupart des agents économiques qui ont été éprouvés par l'inflation (par exemple, les portefeuillistes qui détenaient des obligations) ne croient plus en la stabilité des prix et sont désormais sceptiques lorsque les chefs de gouvernement ou de banque centrale affirment qu'ils la recherchent.

L'accélération du taux d'inflation canadien depuis 1984 devait fatalement entraîner une hausse des taux d'intérêt et, par conséquent, conduire plusieurs observateurs à conclure que la tentative de la banque centrale de ralentir le rythme de l'activité économique était injustement motivée par l'exubérance d'une partie seulement de l'espace économique canadien. Plutôt que de dénoncer le caractère myopique de la politique monétaire dite restrictive (en dépit de la hausse rapide du volume du crédit), il vaut mieux rappeler que l'exubérance économique d'une région est inséparable de la politique monétaire très libérale (mesurée par l'expansion du crédit) pratiquée par la Banque du Canada depuis la récession de 1982 et la persistance des déficits budgétaires fédéraux, en dépit de la longévité exceptionnelle de la période d'expansion.

Conclusion

Plusieurs agents sont responsables des variations de la masse monétaire:

–   La banque centrale influence la base monétaire surtout en transigeant des titres de l'État sur le marché secondaire et en effectuant des transferts des dépôts du

---

23. « L'économie et les marchés financiers », allocution prononcée par John W. Crow, gouverneur de la Banque du Canada, à l'occasion d'un déjeuner organisé par la Chambre de commerce de Vancouver, à Vancouver, le 24 janvier 1989, p. 8 et 9.

24. « Fed's goal is to cut inflation to zero, Greenspan says », *Wall Street Journal*, le 28 mars 1989, A2.

gouvernement. La Banque du Canada n'a pratiquement jamais recours aux variations du coefficient de réserve primaire pour influencer la masse monétaire; le taux d'escompte reflète les taux d'intérêt pratiqués sur le marché monétaire et les intentions de la banque centrale en ce qui a trait à l'évolution souhaitée du loyer de l'argent;

- Les banques achètent et vendent des titres, effectuent des prêts et déterminent le niveau de leurs réserves excédentaires;

- Le public achète et vend des titres, emprunte, effectue des dépôts auprès des banques et détermine la fraction des dépôts qu'il souhaite détenir sous forme de numéraire.

Le fait que plusieurs agents participent au processus d'expansion de la masse monétaire signifie que la banque centrale ne peut fixer d'une façon unilatérale la quantité de monnaie en circulation.

L'expérience canadienne montre que la politique monétaire pratiquée par la Banque du Canada, au cours de la période 1975-1982, a été trop timide et n'a pas réussi à ralentir l'inflation. La baisse de la production et la hausse consécutive du chômage auraient été moins fortes si la banque centrale avait évité de mettre l'emphase sur un agrégat monétaire partiel (M1) et avait choisi une approche plus générale et plus rigoureuse plutôt que le gradualisme. Le laxisme de la politique budgétaire du gouvernement central exigeait d'ailleurs beaucoup de rigueur monétaire pour modifier les attentes en matière d'inflation et enrayer la montée du scepticisme de tous les agents, résidents aussi bien que non-résidents.

Dans une allocution présentée en janvier 1988[25], le gouverneur de la Banque du Canada, John W. Crow, rappelait que « la politique monétaire doit être menée de façon à produire un rythme d'expansion monétaire qui favorise la stabilité de la valeur de la monnaie, c'est-à-dire le maintien de prix stables[26] ». Cet objectif n'a rien d'arbitraire, car « l'inflation crée des distorsions, la production augmentera davantage à long terme dans un contexte de stabilité des prix que dans un climat inflationniste[27] ». L'argument le plus solide à l'appui de la stabilité des prix repose sur l'avantage que présente, dans une économie fondée sur la monnaie, la présence d'une unité monétaire fiable: au Canada, « cette vérité n'est pas tant contestée que passée sous silence[28] », « la contribution la plus durable que la politique monétaire puisse apporter au niveau de vie des Canadiens consiste à faire en sorte que le pays ait une monnaie qui inspire confiance à tous ses citoyens[29] ».

---

25. Allocution présentée sous les auspices de la fondation Eric J. Hanson par John W. Crow, gouverneur de la Banque du Canada, à l'Université de l'Alberta, Edmonton, le 18 janvier 1988.
26. *Ibid.*, p. 2.
27. *Ibid.*, p. 3.
28. *Ibid.*, p. 3.
29. *Ibid.*, p. 4.

La Banque du Canada n'opère pas en vase clos mais elle « fonde sur les comportements du marché sa perception des rouages qui transmettent aux marchés financiers et à l'économie les effets des réglages qu'elle effectue sur les mécanismes de la politique monétaire[30] ». Mais « il ne faut pas penser que la politique monétaire exerce son influence d'une façon précise ou mécanique[31] ». En effet, « les effets des mesures de politique monétaire sont largement fonction des attentes des agents économiques. À titre d'exemple, les marchés financiers peuvent réagir initialement avec une certaine indifférence ou, au contraire, avec beaucoup de vigueur face à un resserrement[32] ». « Les taux d'intérêt réagiront si, dans une situation donnée, les marchés financiers sont convaincus que les mesures prises constituent un véritable durcissement et que celui-ci durera bel et bien un certain temps[33]. »

La complexité de l'économie et le caractère imprévisible du comportement des agents signifient que la Banque du Canada ne peut « vraiment prévoir ni comment ni quand exactement se manifesteront les effets ultimes de la politique monétaire [...] même si notre destination et notre itinéraire sont connus, la conduite de la politique monétaire s'apparente à celle d'un véhicule automobile en situation de visibilité imparfaite, par exemple, lorsqu'il y a un orage et que les essuie-glace fonctionnent mal. Cela peut se faire, si nous faisons preuve de beaucoup de prudence[34] ».

---

30. *Ibid.*, p. 8.
31. *Ibid.*, p. 8.
32. *Ibid.*, p. 8.
33. *Ibid.*, p. 9.
34. *Ibid.*, p. 9 et 10.

Exercices

1. À partir du bilan de la banque centrale et du bilan consolidé des banques commerciales :

Banque centrale

Actif		Passif	
Titres	5 800	Billets en circulation	
		Banques commerciales	50
		Public	1 200
		Dépôts	
		Gouvernement canadien	2 000
		Banques commerciales	2 500
	5 800		5 800

Banques commerciales

Actif		Passif	
Billets de banque	50	Dépôts	
Dépôts auprès de la banque centrale	2 550	Public	120 000
Prêts et placements	117 400		
	120 000		120 000

    a) quel est le montant de la quantité de monnaie en circulation ?
    b) quel est le montant des réserves détenues par les banques ?
    c) quel est le montant de la base monétaire ?
    d) qu'adviendrait-il si la banque centrale décidait de réduire le montant qu'elle détient sous forme de titres ?

2. Quelles sont les fonctions de la monnaie ?

3. La monnaie est-elle un bon instrument de réserve de valeur ?

4. Quelle a été l'évolution, au cours des quatre dernières années, des principaux agrégats monétaires au Canada ?

5. Les taux d'intérêt pratiqués sur le marché monétaire et sur le marché financier peuvent-ils influencer la quantité de monnaie que les agents souhaitent détenir ?

6. Quelles sont les hypothèses et les inférences de la théorie quantitative de la monnaie ?

7. Quel est l'objectif fondamental ou la raison d'être de la banque centrale ?

8. La Banque du Canada a-t-elle atteint son objectif au cours des dernières années en matière de stabilité des prix ?

9. Quelle doit-être, selon vous, la nature des liens entre le gouvernement fédéral canadien et la Banque du Canada?

10. Quelles sont les fonctions de la Banque du Canada?

11. Quelles sont les caractéristiques du système bancaire canadien?

12. Définissez les concepts suivants: monnaie fiduciaire; monnaie scripturale; coefficient de couverture; numéraire; masse monétaire; base monétaire; taux d'escompte; avances de la banque centrale; réserves primaires.

13. « La création monétaire est le fruit d'un processus. » Expliquez cette assertion.

14. Quelles sont les répercussions ultimes sur la quantité de monnaie en circulation:

    a) de la vente de titres détenus pour la banque centrale?
    b) d'une réduction du coefficient de réserve légal?
    c) d'une réduction des réserves volontaires détenues par les banques?
    d) d'une augmentation des réserves détenues par les banques auprès de la banque centrale?

15. De quels moyens la banque centrale dispose-t-elle pour contrôler la quantité de monnaie en circulation?

16. Quels sont les effets prévisibles de la liquidation massive du portefeuille de titres détenus par la banque centrale?

17. Quelles conclusions peut-on tirer de l'expérience canadienne en matière de gestion des agrégats monétaires et de stabilité des prix?

18. Donnez votre appréciation de la politique monétaire actuelle de la Banque du Canada?

19. De quelles contraintes la Banque du Canada doit-elle présentement tenir compte dans la définition et l'application de sa politique monétaire?

20. Lisez le dernier rapport annuel de la Banque du Canada et, dans une brève dissertation, traitez des problèmes auxquels le Canada est confronté sur le plan national et sur le plan international. La politique monétaire est-elle un instrument approprié pour les résoudre?

Bibliographie

BARTH, R. et BENNETT, J.T., « The Role of Money in the Canadian Economy: An Empirical Test », *Canadian Journal of Economics*, mai 1974.

BATTEN, D.S. et STONE, C.C., « Are Monetarists an Endangered Species », *Review*, Federal Reserve Bank of St. Louis, vol. 65, n° 5, mai 1983.

BRUNNER, K., « The Role of Money and Monetary Policy », *Review*, Federal Reserve Bank of St. Louis, vol. 71, n° 5, septembre-octobre 1989.

CLINTON, K., « The Demand for Money in Canada, 1955-70 », *Canadian Journal of Economics*, février 1973.

COURCHÈNE, T.J., *Money, Inflation and the Bank of Canada: An Analysis of Canadian Monetary Policy from 1970 to Early 1975*, Montréal, C.D. Howe Research Institute, 1976.

DEWALD, W.G., « Monetarism is Dead; Long Live the Quantity Theory », *Review*, Federal Reserve Bank of St. Louis, vol. 70, n° 4, juillet-août 1988.

ERB, R., « Le rôle des banques centrales », *Finances et Développement*, Fonds monétaire international, vol. 26, n° 4, décembre 1989.

FAUD, D.I. et TOWER, J.E., « An Analysis of the Money Supply Process in Canada », *Canadian Journal of Economics*, mai 1968.

FRIEDMAN, M., « The Role of Monetary Policy », *American Economic Review*, 58, mars 1968.

GREENSPAN, A., « Commercial Banks and the Central Bank in a Market Economy », *Economic Review*, Federal Reserve Bank of Kansas City, vol. 74, n° 9, novembre 1989.

HASLAG, J.H., « Monetary Aggregates and the Rate of Inflation », *Economic Review*, Federal Reserve Bank of Dallas, mars 1990.

HIGGINS, H., « Velocity: Money Second Dimension », *Economic Review*, Federal Reserve Bank of Kansas City, vol. 63, n° 6, juin 1978.

HUMPHREY, T.M., « Can the Central Bank Peg Real Interest Rates? A Survey of Classical and Neoclassical Opinion », *Economic Review*, Federal Reserve Bank of Richmond, septembre-octobre 1983.

JOHNSON, H.G., « Monetary Theory and Policy », *American Economic Review*, juin 1962.

LABRECQUE, G., « La Réserve primaire des banques: tour d'horizon », *Le Banquier*, mars-avril 1990.

LAUMAS, G.S. et FORMUZIS, P.A., « The Demand for Money in Canada », *Canadian Journal of Economics*, août 1968.

MORGAN, D.P., « Monetary Policy Issues in the 1990's: A Summary of the Bank's 1989 Symposium », *Economic Review*, Federal Reserve Bank of Kansas City, vol. 75, n° 1, janvier-février 1990.

OSBORNE, D.K., « Ten Approaches to the Definitions of Money », *Economic Review*, Federal Reserve Bank of Dallas, mars 1984.

PURVIS, D.D., « Monetarism: A Review », *Canadian Journal of Economics*, février 1980.

SELLON, G.H., « Monetary Targets and Inflation: The Canadian Experience », *Economic Review*, Federal Reserve Bank of Kansas City, vol. 67, n° 4, avril 1982.

THÉORET, R., « La Banque du Canada et le marché monétaire canadien », *Le Banquier*, mai-juin 1990.

THORNTON, D.L., « Why Does Velocity Matter? », *Review*, Federal Reserve Bank of St. Louis, vol. 65, n° 10, décembre 1983.

WHITE, W.R., « Alternative Monetary Targets and Control Instruments in Canada: Criteria for « Choice » », *Canadian Journal of Economics*, novembre 1979.

CHAPITRE IX

DÉTERMINANTS DU NIVEAU GÉNÉRAL DES PRIX

Dans le modèle IS-LM utilisé dans les chapitres IV et V, nous supposions que le niveau général des prix était stable (P = $\overline{P}$) et que, par conséquent, les valeurs nominales et réelles des variables macro-économiques étaient identiques. Cette hypothèse simplifiait certes l'analyse, mais il faut maintenant y renoncer, afin de se doter d'un modèle capable d'expliquer les variations du niveau général des prix.

Dans les deux sections de ce chapitre, nous présenterons successivement les concepts de la demande globale et de l'offre globale de biens et de services. Dans la conclusion, nous esquisserons la portée de deux modèles en matière de gestion macro-économique.

Section 1

La demande globale de biens et de services

Le concept de la demande globale présenté dans cette section s'appuie sur deux hypothèses principales. La première concerne le marché des biens, tandis que la seconde a trait au marché monétaire.

Le marché des biens

En ce qui a trait au marché des biens, nous supposerons que les variations proportionnelles des prix de tous les biens et services sont identiques et n'ont donc pas d'effet sur la production réelle et l'affectation des ressources (cette dernière dépend des changements dans les prix relatifs). Dans un tel contexte, un doublement du niveau des prix (2P) se traduira uniquement par un doublement de la valeur nominale de la production (2Y) et de celle de chaque composante de la dépense totale ($\overline{C}$, $\overline{I}$, $\overline{G}$), mais n'altérera ni la production réelle (Q), ni la valeur réelle de chacune de ses composantes :

$$Q = \frac{2Y}{2P} = \frac{2\overline{C}}{2P} + \frac{2\overline{I}}{2P} + \frac{2\overline{G}}{2P}$$

$$= \frac{Y}{P} = \frac{\overline{C}}{P} + \frac{\overline{I}}{P} + \frac{\overline{G}}{P}$$

L'équation suivante est celle de la courbe IS, lorsque le niveau des prix est variable dans le présent contexte d'une économie mixte et fermée :

$$IS = i = \frac{\dfrac{\overline{C}}{P} + \dfrac{\overline{I}}{P} + \dfrac{\overline{G}}{P}}{b} - \frac{e}{b}\,Q$$

Cette équation découle de la définition de la condition d'équilibre du marché des biens, c'est-à-dire l'égalité de la production constatée (Q) et de la dépense projetée par tous les agents (Q_p).

Le marché monétaire

L'équation suivante est celle de la courbe LM, lorsque le niveau des prix est variable :

$$LM = i = \frac{\dfrac{\overline{D}}{P} - \dfrac{\overline{M}^O}{P}}{g} + \frac{k}{g}\,Q$$

On constate que la position de la droite représentative de la courbe LM dépend du niveau des prix. Ainsi, une diminution du niveau général des prix augmente la masse monétaire réelle ($\overline{M}^O/P$) et provoque ainsi le déplacement vers la droite de la courbe LM ; il s'ensuit donc qu'une réduction des prix a les mêmes conséquences graphiquement qu'une hausse de la masse monétaire nominale ($\overline{M}^O$) lorsque les prix sont stables. De même, une hausse des prix se traduit, tout comme une réduction de la masse monétaire nominale, par un déplacement vers la gauche de la courbe LM.

Genèse de la courbe de demande globale de biens et de services

La partie A du graphique 1 montre que la baisse du niveau des prix ($P_3 < P_2 < P_1 < P_0$) se traduit par un déplacement vers la droite de la courbe LM ($LM_0 \rightarrow LM_1 \rightarrow LM_2 \rightarrow LM_3$). Les intersections des courbes LM et IS_0 aux points A, B, C et D ont pour coordonnées des niveaux progressivement plus faibles du taux d'intérêt (6,5, 6,25, 5,84, 2,5) et des niveaux de plus en plus élevés de la production (85, 87,5, 91,6, 125), assurant ainsi un équilibre simultané sur les marchés des produits et de la monnaie. Les points A′, B′, C′ et D′, qui apparaissent

GRAPHIQUE 1

Genèse de la courbe de demande globale de biens et de services

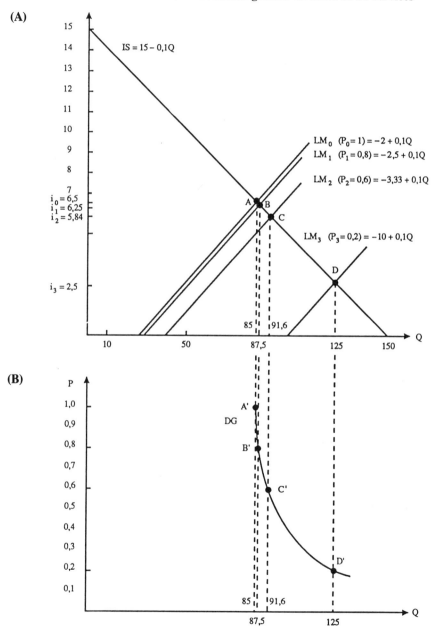

dans la partie B du graphique 1, définissent la courbe de demande globale (DG). La pente négative de cette courbe reflète le fait que le fléchissement du taux d'intérêt, qui résulte de la hausse de la masse monétaire réelle engendrée par la baisse du niveau des prix, stimule les dépenses sensibles à la baisse du loyer de l'argent (par exemple, la dépense d'investissement) et par conséquent l'activité économique générale (Q). Étant donné que les points A′, B′, C′ et D′ sont issus des points A, B, C et D, la demande globale est donc le lieu des diverses combinaisons de niveaux de prix et de production réelle compatibles avec l'équilibre simultané sur les marchés des biens et de la monnaie.

L'équation suivante montre que le niveau d'équilibre de la production dépend, entre autres, du niveau général des prix, puisque ce dernier influence la masse monétaire réelle ($\overline{M}^O/P$):

$$Q^* = \frac{\dfrac{\overline{C}}{P} + \dfrac{\overline{I}}{P} + \dfrac{\overline{G}}{P} + \left(\dfrac{\overline{M}^O}{P} - \dfrac{\overline{D}}{P}\right)\left(\dfrac{b}{g}\right)}{e + \dfrac{bk}{g}}$$

Dans les chapitres IV et V, Q désignait la production, car en raison de la stabilité des prix, la dépense globale et la production augmentaient parallèlement. Dans le contexte actuel, un niveau particulier de Q désigne *la demande globale correspondant à un certain niveau des prix* (par exemple, au point D′, la demande globale[1] est de 125$ lorsque le niveau des prix atteint 0,2).

La position de la courbe de demande globale

La position de la courbe de demande globale dépend des éléments indépendants de la dépense ($\overline{C}$, $\overline{I}$, $\overline{G}$) et de la valeur nominale de la masse monétaire ($\overline{M}^O$). Ainsi, le graphique 2 montre qu'une hausse des achats de l'État ($G_1 > G_0$) déplace les courbes IS et DG vers la droite ($IS_0 \rightarrow IS_1$; $DG_0 \rightarrow DG_1$); les divers points de la nouvelle courbe de demande globale (DG_1) sont obtenus en faisant varier le niveau des prix (P). Autre exemple: le graphique 3 montre qu'une réduction de valeur nominale de la masse monétaire ($\overline{M}_1^O < \overline{M}_0^O$) déplace les courbes LM et DG vers la gauche ($LM_1 \leftarrow LM_0$; $DG_1 \leftarrow DG_0$). La position d'une courbe de demande globale est donc définie pour *certaines valeurs* des éléments indépendants de la dépense et de la masse monétaire nominale.

---

1.   En effet, au point D, qui correspond au point D′, la courbe IS_0 croise la courbe LM_3:

  $IS_0 = LM_3$

  $15 - 0{,}1Q = -10 + 0{,}1Q$

  et

  $Q = 125$

GRAPHIQUE 2

Incidence d'une hausse des achats de l'État ($\overline{G}_1 > \overline{G}_0$) sur la position de la courbe IS (partie A) et sur celle (partie B) de la courbe de demande globale de biens et de services

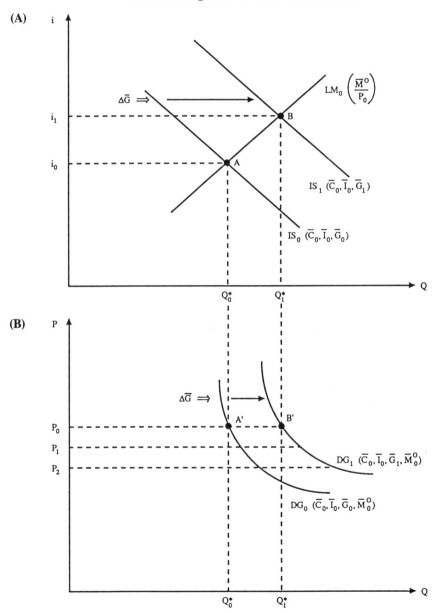

GRAPHIQUE 3

Incidence d'une réduction de la masse monétaire nominale
($\overline{M}_1^O < \overline{M}_0^O$) sur la position de la courbe IS (partie A) et sur celle
(partie B) de la courbe de demande globale de biens et de services

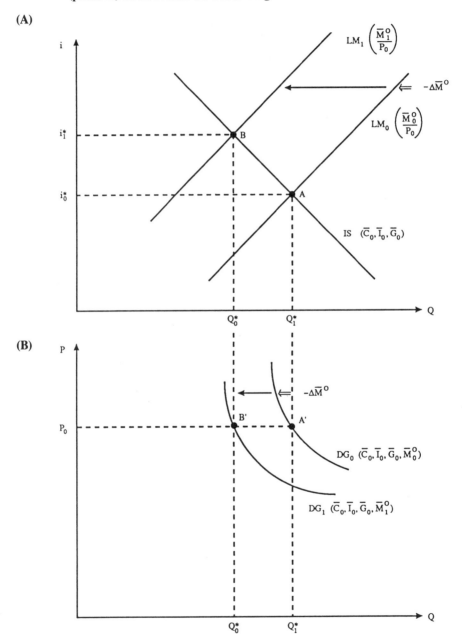

L'offre globale de biens et de services

Deuxième élément du modèle en voie de construction, la courbe d'offre globale de biens et de services (OG) indique les divers niveaux de production que les chefs d'entreprise sont collectivement disposés à atteindre à des prix divers. Ce nouveau concept s'appuie sur l'analyse du marché des facteurs.

Le marché des facteurs

Le marché d'un facteur de production fait intervenir les agents qui demandent (les chefs d'entreprise) et ceux qui offrent ce facteur (les individus). Dans l'illustration qui suit, le facteur variable est le *travail* (L): il est mesuré en heures de travail; il est homogène et donc rémunéré à un taux *nominal* unique (S).

La demande de travail

Dans une perspective micro-économique, la demande de travail (L^D) dépend, sur un marché parfaitement concurrentiel, de la production marginale de ce facteur (Pm_L) et du prix de vente (P) de son produit:

$$L^D = P \cdot Pm_L$$

La partie A du graphique 4 illustre la relation à court terme entre la production (Q) et la quantité (ou le nombre) d'heures de travail (L). Puisqu'il s'agit d'une fonction de production à court terme, les quantités et les qualités des services des autres facteurs, ainsi que l'état de la technologie, sont invariables. Le fait que les rendements du facteur variable soient décroissants explique que la pente de la courbe représentative de la production totale diminue lorsque la quantité de travail utilisée augmente; le phénomène des rendements décroissants est mis en évidence dans la partie B du graphique 4: la diminution continue de la production marginale, dans la portion ascendante de la courbe de la production totale, reflète le fait que des accroissements successifs et égaux de la quantité utilisée de travail se traduisent par des augmentations de plus en plus faibles de la production, en raison de la réduction continue du ratio autres facteurs/travail.

Sur un marché parfaitement concurrentiel, le chef d'entreprise n'exerce aucune influence sur le prix de vente de son produit et agit rationnellement lorsque la dernière heure de travail achetée a le même impact sur sa recette totale (RT) et sur son coût total (CT). L'incidence sur la recette totale d'une unité supplémentaire de travail est égale au prix de vente du produit (P) multiplié par la production marginale de ce facteur (Pm_L):

$$\frac{\Delta RT}{\Delta L = 1} = P \cdot Pm_L$$

GRAPHIQUE 4

**Une fonction de production à court terme caractérisée
par les rendements décroissants du facteur variable (travail)**

**(A)
La production totale**

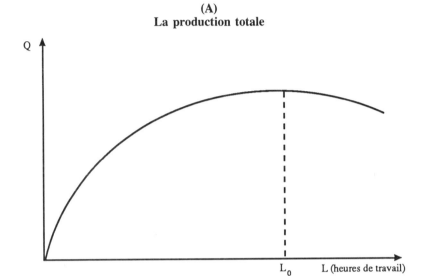

**(B)
La production marginale du travail**

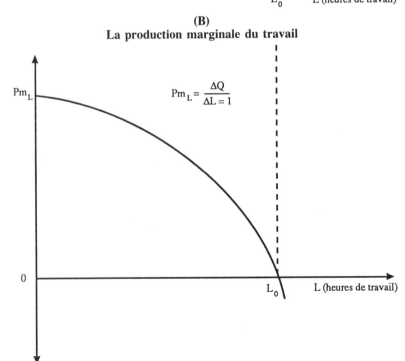

L'incidence d'une unité additionnelle de travail sur le coût total est égale, lorsque le travail est le seul facteur variable, à son taux nominal de rémunération (S):

$$\frac{\Delta CT}{\Delta L = 1} = S$$

Le chef d'entreprise rationnel refusera d'acheter une heure supplémentaire de travail si le coût additionnel qu'elle entraîne excède son impact sur la recette totale. Les deux équations suivantes indiquent la condition de maximisation du bénéfice du producteur individuel:

$$\frac{\Delta RT}{\Delta L = 1} = \frac{\Delta CT}{\Delta L = 1}$$

qui devient, par substitution:

$$P \cdot Pm_L = S$$

L'équation ci-dessus révèle que le nombre optimal d'heures de travail demandées (L^D) est atteint lorsque le taux nominal de rémunération est égal à la valeur du produit marginal ($P \cdot Pm_L$), tandis que l'équation suivante montre que le produit marginal est alors égal au taux réel de rémunération du travail (S/P):

$$Pm_L = S/P$$

Les deux parties du graphique 5 montrent que le chef d'entreprise soucieux de maximiser son bénéfice total achètera L_0 heures de travail et fabriquera la quantité Q_0 lorsque le salaire réel est de S_0/P_0. Une diminution du salaire nominal ($S_1 < S_0$) ou une hausse du prix du produit ($P_1 > P_0$) réduisent le salaire réel ($S_1/P_0 < S_0/P_0$; $S_0/P_1 < S_0/P_0$), ce qui se traduit par une hausse du nombre optimal d'heures de travail demandées ($L_1 > L_0$) et donc de la production ($Q_1 > Q_0$).

Si une variation du salaire réel se traduit par un glissement sur la courbe de demande de travail (par exemple, du point A' au point B'), une amélioration de la qualité des facteurs ou encore le progrès technologique se traduisent par un déplacement vers le haut des courbes de production totale, de production marginale et de demande de travail.

Dans une perspective macro-économique, la demande « globale » de travail est la demande de toutes les entités qui ont besoin de ce facteur, tandis que P est le niveau général des prix plutôt que le prix de vente d'un produit.

L'offre de travail

Dans le modèle dit « classique » du marché du travail, la courbe d'offre globale de travail (L^O) dépend du salaire réel. Ainsi, la hausse du salaire réel, illustrée par le passage du point A au point B dans le graphique 6, augmente la quantité offerte

GRAPHIQUE 5

La production totale et la demande de travail

(A)
La production totale

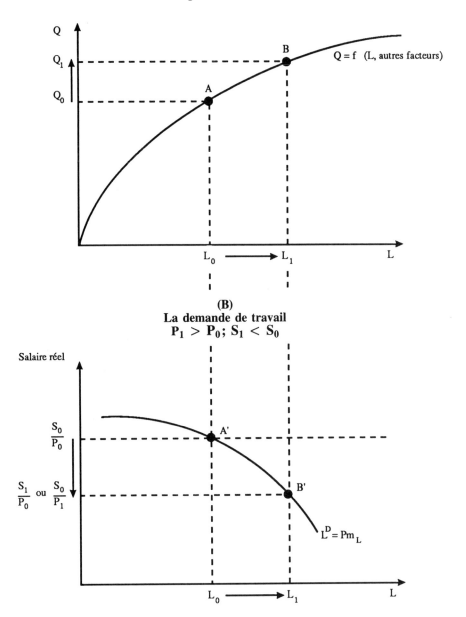

(B)
La demande de travail
$P_1 > P_0$; $S_1 < S_0$

GRAPHIQUE 6

L'offre de travail dans le modèle classique

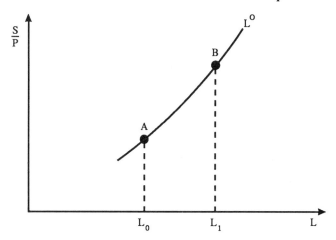

de travail ($\Delta L = L_1 - L_0$) non seulement parce que certains individus souhaitent travailler davantage, mais aussi parce que d'autres individus désirent entrer sur le marché du travail.

Dans le modèle dit « keynésien » du marché du travail, la courbe d'offre globale de travail comprend trois segments (graphique 7): le segment vertical 0B montre que personne n'est disposé à travailler ($L_0 = 0$) lorsque le salaire proposé est inférieur au salaire contractuel courant (S_0); le segment horizontal BC indique que la quantité de travail disponible ne peut dépasser L_0 lorsque le salaire négocié est de S_0; le segment ascendant montre que les chefs d'entreprise doivent proposer un salaire nominal supérieur au salaire contractuel courant ($S > S_0$) pour augmenter leur effectif de travail au-delà de L_0.

Le marché du travail

Le degré de flexibilité du salaire nominal est un des traits distinctifs du marché du travail. Dans le modèle classique, le salaire nominal est parfaitement flexible, tandis que sa flexibilité est asymétrique dans le modèle keynésien.

Le modèle classique

Le graphique 8 met en évidence les conséquences de la flexibilité parfaite (ou symétrique) du salaire nominal. Dans la situation initiale d'équilibre illustrée au point E, le niveau de l'emploi et le salaire réel atteignent respectivement L_0^* et S_0/P_0. Un recul du salaire réel ($S_0/P_1 < S_0/P_0$), résultant d'une hausse des prix ($P_1 > P_0$), crée un déséquilibre égal à la différence entre la quantité demandée (D) et la quantité offerte de travail (C). Ce déséquilibre est cependant temporaire, car le salaire réel revient à sa valeur initiale ($S_1/P_1 = S_0/P_0$) en raison de la hausse induite du salaire nominal ($S_1 > S_0$).

GRAPHIQUE 7

L'offre de travail dans le modèle keynésien

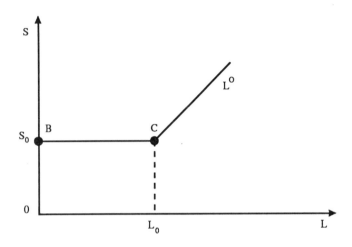

GRAPHIQUE 8

Le marché du travail dans le modèle classique
$P_1 > P_0$; $S_1 > S_0$; $S_2 > S_0$

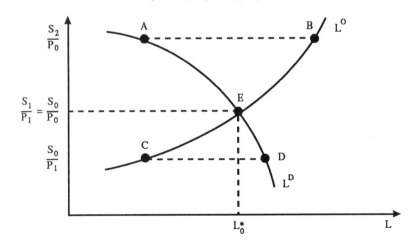

Le plein-emploi est également assuré dans le modèle classique. Par exemple, une augmentation du salaire nominal ($S_2 > S_0$) peut certes hausser le salaire réel et créer ainsi du chômage (mesuré par la distance AB, c'est-à-dire la différence entre la quantité offerte et la quantité demandée de travail), mais les forces du marché contraignent le salaire nominal à revenir à sa valeur initiale.

Le modèle keynésien

Le graphique 9 permet de dégager les conséquences de la flexibilité asymétrique du salaire nominal, c'est-à-dire sa rigidité à la baisse. Dans la situation initiale décrite au point A, le plein-emploi prévaut (L_0^*) et le salaire nominal atteint S_0, au point d'intersection des courbes de demande (L_0^D) et d'offre de travail ($S_0\, AL^O$). La baisse du niveau des prix ($P_1 < P_0$), provoquée, par exemple, par une récession économique, réduit la demande de travail ($L_1^D \leftarrow L_0^D$) et crée durablement du chômage ($L_1 - L_0^*$ = distance BA), à cause de la rigidité du salaire nominal (S_0) préalablement négocié (dans le modèle classique, le chômage serait temporaire, car le recul du salaire nominal de S_0 à S_1 conduirait au plein-emploi au point d'intersection C de la courbe de la demande de travail L_1^D et du segment pointillé de la courbe d'offre de travail L^O).

GRAPHIQUE 9

**Le marché du travail dans le contexte keynésien, caractérisé
par l'inflexibilité à la baisse du salaire nominal**

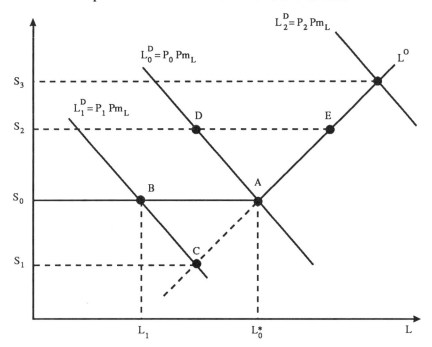

Une hausse du salaire nominal de S_0 à S_2 donne également naissance au sous-emploi (distance DE), puisque seul le repli du salaire nominal (ce qui est exclu dans le modèle keynésien) de S_2 à sa valeur initiale S_0 permettrait le retour au plein-emploi au point A.

L'offre globale de biens et de services

La configuration de la courbe d'offre globale de biens et de services dépend du fonctionnement du marché du travail.

Dans le modèle classique

Dans le modèle classique, l'offre globale de biens et de services est représentée par une droite parallèle à l'axe des abscisses (partie C du graphique 10), car elle ne dépend pas du niveau des prix (les prix sont portés en abscisses et les divers niveaux de l'offre globale en ordonnées). Plus fondamentalement, le fait que l'offre globale soit indépendante du niveau des prix signifie que l'appareil de production fonctionne à pleine capacité de façon quasi permanente, de sorte que le chômage est inexistant.

Dans la situation initiale (partie A du graphique 10), le plein-emploi prévaut (L_0^*) au point d'intersection V des courbes de demande et d'offre de travail, alors que le salaire réel est de S_0/P_0. La fonction de production illustrée dans la partie B indique que la production atteint alors Q_0^*. Le point V, qui apparaît dans la partie C, est un point de la droite représentative de l'offre globale, puisque le niveau de production Q_0^* porté en ordonnées est associé au niveau des prix P_0 porté en abscisses. La flexibilité complète des prix et du salaire nominal explique que les points V′ et V″ se situent également sur la droite représentative de l'offre globale. Ainsi, une hausse des prix P_0 à P_1 réduit le salaire réel de S_0/P_0 à S_0/P_1, mais le déséquilibre consécutif sur le marché du travail (mesuré par la distance RK) provoque une hausse du salaire nominal de S_0 à S_1, de sorte que le salaire réel initial est rétabli :

$$\frac{S_0}{P_0} = \frac{S_1}{P_1}$$

L'emploi et la production demeurent donc inchangés (L_0^* et Q_0^*), même si le niveau des prix est désormais plus élevé ($P_1 > P_0$). Le point V′ (partie C) est donc un second point de la droite représentative de l'offre globale, puisque le niveau de la production Q_0^* est associé au niveau de prix P_1.

Un recul du niveau des prix ($P_2 < P_0$) laisse également inchangés les niveaux de l'emploi et de la production, car le chômage (distance NU) engendré par la hausse du salaire réel ($S_0/P_2 > S_0/P_0$) provoque une baisse du salaire nominal jusqu'à ce que le salaire réel initial soit rétabli :

$$\frac{S_0}{P_0} = \frac{S_2}{P_2}$$

Le point V'' constitue donc un troisième point de la droite d'offre globale, puisqu'il est associé au niveau de prix P_2 et au niveau de production Q_0^*.

Puisque chaque point de la droite représentative de l'offre globale est une émanation du point d'intersection (V) des courbes de demande et d'offre de travail, il s'ensuit donc que le plein-emploi est le trait distinctif du modèle classique et que le potentiel de production est complètement exploité.

GRAPHIQUE 10

L'offre globale de biens et de services dans le modèle classique
$$P_2 < P_0 < P_1; \; S_2 < S_0$$

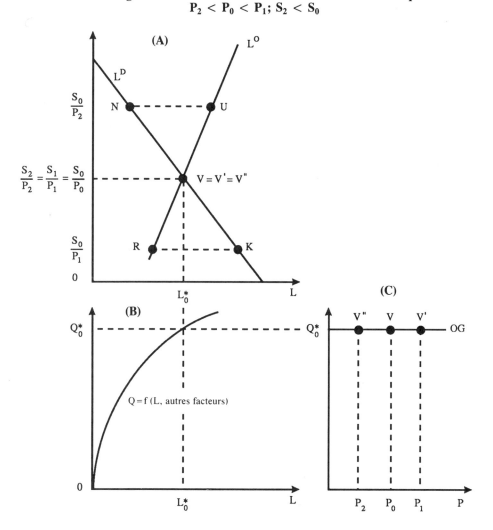

Dans le modèle keynésien

Le graphique 11 permet d'expliquer la genèse de la courbe d'offre globale key-nésienne. Dans la situation initiale d'équilibre (point V), le plein-emploi prévaut (L_0^*, partie A), tandis que la production et le niveau des prix atteignent respectivement Q_0^* (partie B) et P_0 (partie C); le point V est donc un point du segment vertical (par rapport à l'axe des ordonnées) de la courbe d'offre globale, puisque le niveau de production Q_0^* est associé au niveau de prix P_0.

GRAPHIQUE 11

L'offre globale de biens et de services dans le modèle keynésien
$$P_2 < P_0 < P_1$$

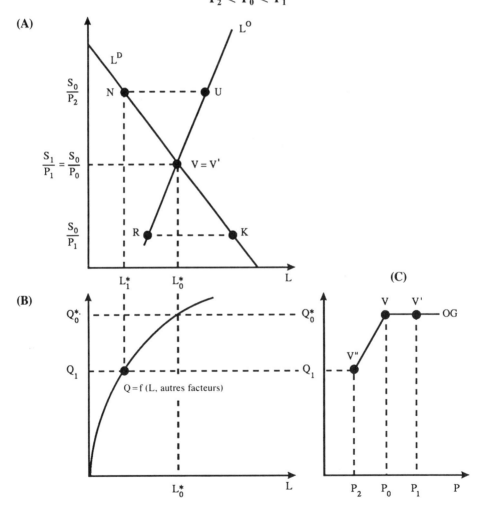

Une hausse des prix de P_0 à P_1 réduit le salaire réel ($S_0/P_1 < S_0/P_0$), mais le déséquilibre consécutif sur le marché du travail (distance RK) provoque une hausse du salaire nominal ($S_1 > S_0$), de sorte que le salaire réel revient à son niveau initial ($S_0/P_0 = S_1/P_1$). Le fait que le niveau de la production Q_0^* soit identique aux points V et V' signifie qu'une augmentation des prix ($P_1 > P_0$) ne peut avoir d'effet expansionniste durable en situation de plein-emploi, parce qu'elle engendre une hausse du salaire nominal.

Une baisse des prix de P_0 à P_2 majore le salaire réel ($S_0/P_0 < S_0/P_2$), mais, étant donné que le chômage consécutif mesuré par la distance NU ne réussit guère à réduire le salaire nominal courant (S_0), la production diminue ($Q_1 < Q_0^*$). Le point V'' (partie C) constitue un point de la courbe d'offre globale, puisque le niveau de production Q_1 est associé au niveau de prix P_2; chaque point du segment oblique (VV'') de la courbe d'offre globale indique un niveau de production en situation de sous-emploi.

Conclusion

Le graphique 12 présente deux modèles de l'appareil économique qui font appel aux concepts d'offre et de demande globales de biens et de services.

Dans le modèle classique (partie A), l'appareil économique opère perpétuellement à pleine capacité (puisque $Q = Q_0^*$) et le niveau des prix (P_0, P_1, P_2) dépend des points d'intersection de la droite représentative de la courbe d'offre globale (OG) et des droites représentatives de diverses courbes de demande globale (par exemple, DG_0, DG_1, DG_2). Au point d'intersection U, le niveau des prix et la production atteignent respectivement P_0 et Q_0^*. Au point d'intersection U', la demande globale est certes plus importante ($DG_0 \rightarrow DG_1$), mais seul le niveau des prix diffère ($P_1 > P_0$), ce qui est prévisible dans une situation de plein-emploi. Au point d'intersection U'', la demande globale est certes plus faible (en raison, par exemple, d'une récession économique) que dans la situation initiale ($DG_2 \leftarrow DG_0$), mais le plein-emploi persiste grâce à la baisse du niveau des prix ($P_2 < P_0$); tout se passe donc comme si la flexibilité complète des prix permettait de soutenir l'activité économique, la baisse des prix ayant pour effet d'augmenter la masse monétaire réelle, et, par conséquent, de renforcer les dépenses sensibles au repli consécutif des taux d'intérêt.

Le modèle keynésien (partie B) conduit à une conclusion plus nuancée: une hausse de la demande globale n'affecte pas le niveau des prix ($P = P_0$) lorsque le niveau de la production est inférieur à Q_0^* (par exemple, au cours d'une dépression); la progression ultérieure de la demande globale ($DG_0 \rightarrow DG_2$) stimule l'activité économique et est accompagnée d'une hausse des prix lorsque la production se situe entre Q_0^* et Q_2^*; en situation de plein-emploi (Q_2^*), la stimulation de la demande affecte uniquement le niveau des prix, puisque les chefs d'entreprise ne peuvent, tout comme dans le modèle classique, augmenter leur production.

Dans le modèle classique, l'interventionnisme gouvernemental n'a pas de raison d'être non seulement parce que le plein-emploi ($L^D = L^O = L^*$) est assuré par la flexibilité parfaite des prix, notamment celle du salaire nominal, mais aussi parce que

GRAPHIQUE 12

**Deux modèles macro-économiques issus des concepts
de la demande globale et de l'offre globale de biens et de services**

**(A)
Le modèle classique**

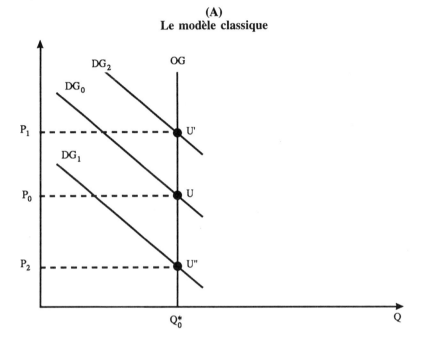

**(B)
Le modèle keynésien**

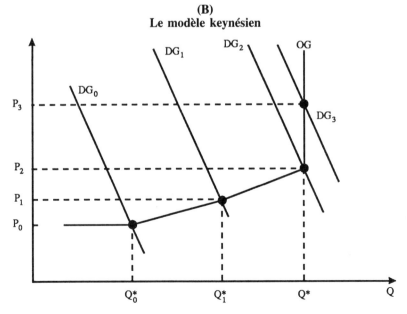

le niveau de la production dépend uniquement des caractéristiques de la fonction de production et du marché du travail.

Dans le modèle keynésien, caractérisé par l'inflexibilité à la baisse du salaire nominal, les interventions de l'État sont justifiées, voire même nécessaires lorsque l'appareil économique est très déprimé et le chômage, très élevé.

Les responsables de la gestion macro-économique seront d'autant plus enclins à intervenir qu'ils auront la conviction que l'appareil économique manque de flexibilité (par exemple, à cause de la rigidité des salaires nominaux) et ne peut donc s'adapter dans un délai jugé socialement acceptable à une conjoncture rendue difficile, en raison d'événements importants, d'origine intérieure ou externe.

Au cours de l'après-guerre, les gouvernements sont souvent intervenus dans le but d'influencer la trajectoire à court terme de la production et de l'emploi. Cet « activisme » aura été encouragé par certaines études qui ont cherché à mettre en évidence le manque de souplesse des appareils économiques contemporains, notamment l'inflexibilité à la baisse des prix (beaucoup sont réglementés par l'État et la plupart sont déterminés par quelques grandes entités au sein d'industries oligopolistiques). Les interventions des pouvoirs publics n'auront malheureusement pas toutes été bénéfiques, comme en témoignent la coexistence de l'inflation et du chômage, les déficits budgétaires incontrôlés et l'explosion consécutive de la dette publique, la perte de la marge de manœuvre nécessaire pour intervenir efficacement lorsque la situation est « sérieuse » (par exemple, dans l'éventualité d'une dépression économique, le gouvernement canadien pourrait difficilement augmenter ses dépenses ou réduire les impôts, étant donné l'ampleur de ses déficits budgétaires depuis plus de dix ans et les contraintes liées au service d'une dette publique hors de contrôle), et le scepticisme grandissant des portefeuillistes confrontés à une gestion financièrement hasardeuse. Lorsque la prudence financière est ignorée par l'État, celui-ci devient une source d'instabilité et un sujet de préoccupation pour tous les agents privés qui redoutent les effets à long terme de l'inflation et l'émergence d'un environnement économique et financier difficile, que l'État ne pourrait contribuer à maîtriser en raison de la perte ou de la dilapidation prématurée de sa capacité d'intervenir efficacement.

Exercices

1. Sur quels concepts le modèle de la détermination du niveau général des prix s'appuie-t-il?

2. Expliquez le concept de la demande globale de biens et de services.

3. Pourquoi la courbe de la demande globale de biens et de services a-t-elle une pente négative?

4. Quel est l'impact sur la courbe de demande globale de biens et de services:

    a) d'une réduction des paiements de transfert émanant de l'État?
    b) d'une vague d'optimisme qui incite les ménages à augmenter leurs achats de biens et de services?

5. Quels facteurs influencent la position de la courbe de la production marginale du facteur variable?

6. Quel est le comportement d'un chef d'entreprise « rationnel » sur le marché d'un facteur variable?

7. Quelles distinctions faites-vous entre le marché du travail: a) dans le modèle keynésien; b) dans le modèle classique?

8. Quel est l'impact d'une récession économique et d'une baisse consécutive de la demande de travail sur le marché du travail: a) dans le modèle keynésien; b) dans le modèle classique?

9. Dans quel contexte économique la courbe d'offre globale de biens et de services est-elle verticale?

10. « La courbe d'offre globale de biens et de services proposée par l'économiste Keynes diffère de la courbe d'offre globale de biens et de services utilisée dans le modèle classique. » Expliquez cette assertion.

11. Les interventions de l'État destinées à modifier à court terme le niveau de la production et le niveau de l'emploi sont-elles justifiées:

    a) dans le modèle keynésien?
    b) dans le modèle classique?

12. Quel modèle de la détermination du niveau général des prix préférez-vous: le modèle keynésien ou le modèle classique? Pourquoi?

Bibliographie

ALCHIAN, A.A., « Information Costs, Pricing and Resources Unemployment », dans: PHELPS, E.S. *et al., Microeconomics Foundation of Employment and Inflation Theory*, New York, W.W. Norton, 1970.

KAHN, G.A., « Theories of Price Determination », *Economic Review*, Federal Reserve Bank of Kansas City, vol. 69, n° 4, avril 1984.

PATINKIN, D., « Price Flexibility and Full Employment », *American Economic Review*, 38, 1948.

SIEBERT, A. et WEINER, S.F., « Maintaining Central Bank Credibility », *Economic Review*, Federal Reserve Bank of Kansas City, vol. 73, n° 8, septembre–octobre 1988.

CHAPITRE X

GENÈSE DE L'INFLATION

Le phénomène de l'inflation, c'est-à-dire la hausse continue du niveau général des prix, constitue un problème macro-économique contemporain très important à cause de ses effets sociaux, économiques et financiers. Il importe donc de connaître son origine, afin d'être en mesure de le contrer par des moyens appropriés. Dans la première section de ce chapitre, nous définirons d'abord quelques concepts, puis nous présenterons l'évolution de l'inflation au cours des dernières décennies. Nous présenterons, dans la deuxième section, la genèse ou la causalité ultime de l'inflation, afin de préparer la voie, d'une part, à l'étude du problème de la coexistence de l'inflation et du chômage (chapitre XI) et, d'autre part, à l'examen des conséquences d'une politique de stabilisation des prix (chapitre XII).

Section 1

Généralités et rétrospective

Concepts fondamentaux

L'appareil économique est aux prises avec le problème de l'*inflation* lorsque le niveau général des prix (indice des prix à la consommation ou encore dégonfleur de la dépense nationale brute) augmente d'une façon continue à un rythme habituellement variable ($\dot{P}$ désignera le taux d'inflation).

L'expression *hyperinflation* traduit le fait que le taux d'inflation est très élevé et croissant. Un exemple troublant, la dépréciation vertigineuse du taux de change du mark allemand par rapport au dollar US au début des années 20, alors que le taux d'inflation augmentait rapidement: 75 marks en 1921; 400 en 1922; 7 000 au début de 1923; 18 000 au cours de janvier 1923; 160 000 le 1er juillet 1923; 1 million le

1er août 1923 ; 4 milliards en novembre 1923 ; puis la progression se continue à un rythme effréné, pour atteindre les trillions.

Une dépression économique, c'est-à-dire une baisse brutale et prolongée de la production et de l'emploi, est susceptible d'engendrer une *déflation*, c'est-à-dire une réduction soutenue du niveau des prix (la décélération ou le ralentissement du taux d'inflation est souvent désigné par le terme *désinflation*).

Les trois parties du graphique 1 illustrent les notions précédentes : l'inflation dans la partie (A), la désinflation dans la partie (B) et la déflation dans la partie (C).

Les variations des prix dépendent de l'indice des prix retenu (indice des prix à la consommation, indice des prix de gros, dégonfleur de la DNB, etc.) et sont sujettes à des révisions à la lumière de nouveaux éléments d'information. Pour ces raisons, et plusieurs autres (sous-estimation systématique du taux d'inflation dans certains pays, utilisation d'indices de prix de conception ou de type différents, etc.), les comparaisons internationales en matière d'inflation sont délicates, sinon hasardeuses.

Le taux d'inflation *constaté*, c'est-à-dire le taux officiel publié par l'État, diffère généralement du taux d'inflation *prévu* par les agents qui, lui, dépend de la constellation des facteurs susceptibles d'influencer les attentes, telles l'évolution passée et prévue des taux de change, l'évolution passée du taux d'inflation, les politiques monétaires et budgétaires passées, courantes et prévues, etc.

GRAPHIQUE 1

Inflation, désinflation et déflation
(en pourcentage)

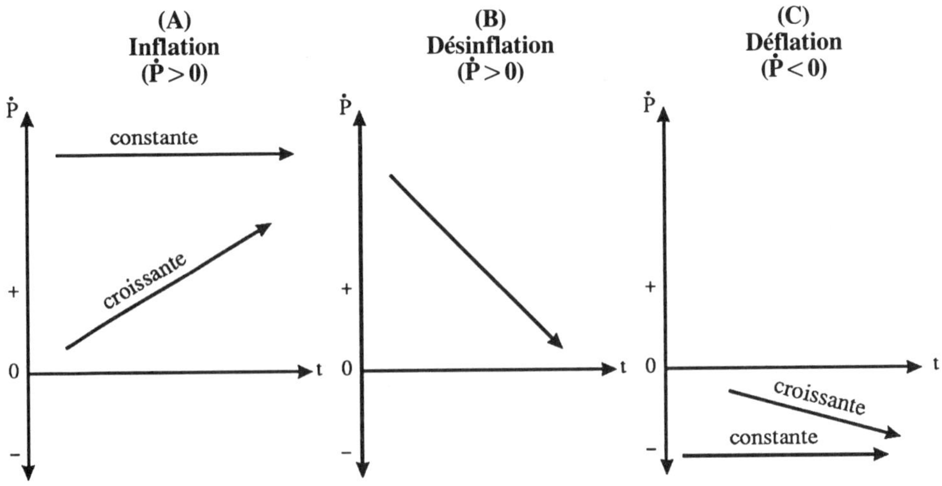

(A)	(B)	(C)
Inflation	**Désinflation**	**Déflation**
($\dot{P} > 0$)	($\dot{P} > 0$)	($\dot{P} < 0$)

Rétrospective

Au cours des dernières décennies, l'inflation a été *généralisée* et fortement *différenciée*. La récession mondiale de 1982 marquait, cependant, la fin d'une période caractérisée par une accélération du taux d'inflation et le début d'une période de désinflation, malheureusement éphémère!

Un phénomène universel

La partie supérieure du graphique 2 présente les variations d'un indice pondéré des prix à la consommation dans sept pays industrialisés au cours de la période 1964-1984. Qu'il soit estimé par le biais de l'indice des prix à la consommation (IPC) ou des prix de gros (IPG), le taux d'inflation a été très variable: il s'est accéléré vivement entre 1972 et 1974, puis entre 1977 et 1980; il a ensuite ralenti.

Les variations de l'indice des prix des denrées de base et des matières premières (IPDMP) ont été similaires à celles des deux indices de prix précédents. On constate également que l'évolution à court terme des deux agrégats monétaires (Crédit et M1) a été étroitement liée à celle des taux d'inflation et aux fluctuations des cours des matières premières. En effet, l'accroissement du taux d'inflation et la montée plus rapide des prix des matières premières ont généralement été précédés par l'accélération du taux de croissance des agrégats monétaires (par exemple, entre 1970 et 1974), tandis que la désinflation a été précédée par le ralentissement du taux de progression de ces derniers (par exemple, entre 1980 et 1984).

Un phénomène universel différencié

Le phénomène de l'inflation est universel, mais différencié. Ainsi, le graphique 3 montre que les taux d'inflation canadien et américain ainsi que ceux de cinq autres pays industrialisés ont été différents, mais convergents au cours de la période 1980-1984. Le tableau 1 révèle que les taux d'inflation dans les pays en développement ont été, au cours de la période 1977-1988, très élevés et très différenciés. Ainsi, en 1988, le taux d'inflation atteignait 669,3 % au Pérou, soit presque huit fois plus que dans l'ensemble des pays en développement (90 %).

Évolution à long terme d'un indice de prix

Le tableau 2 présente l'évolution d'un indice des prix pendant une période de 26 ans (année de base ou de référence: 1990 = 100). La montée de l'indice dépend du taux d'inflation pris en compte (1 %, 2 %,..., 12 %). Par exemple, l'indice des prix passe de 100 en 1990 à 130 en l'an 2016 lorsque le taux annuel d'inflation est de 1 %. Autre exemple: l'indice des prix atteint 1 904 en l'an 2016 lorsque le taux d'inflation est de 12 %. Les lignes brisées indiquent approximativement le temps nécessaire à l'indice pour doubler (D), tripler (T) ou quadrupler (Q). Par exemple, l'indice des prix double en 17 ans lorsque le taux d'inflation est de 4 %, mais en 6 ans seulement lorsque le taux d'inflation est de 12 %.

GRAPHIQUE 2

**Évolution de l'inflation dans sept pays industrialisés, 1964-1984
(taux annuels)**

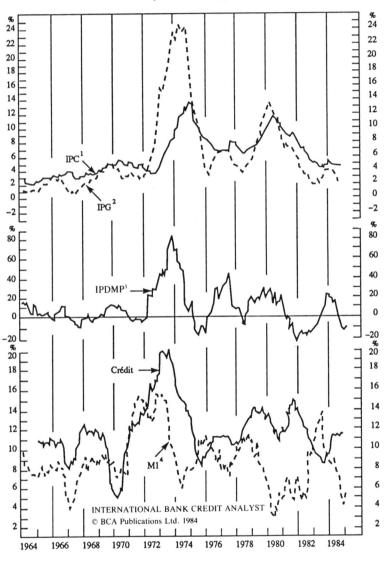

1. Indice pondéré des prix à la consommation des pays suivants : États-Unis, Canada, Royaume-Uni, Allemagne de l'Ouest,
   Japon et Italie.
2. Indice pondéré des prix de gros des sept pays.
3. Indice des prix des denrées de base et des matières premières.
4. Somme pondérée de l'expansion du crédit aux États-Unis, au Canada, au Royaume-Uni, en Allemagne de l'Ouest et au Japon.

GRAPHIQUE 3

**Convergence de la désinflation dans quelques pays industrialisés
(taux de variation d'une année à l'autre)**

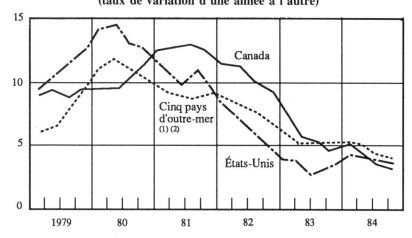

1. Le Japon, l'Allemagne, la France, le Royaume-Uni, l'Italie.
2. Données pondérées par le PNB/PIB de ces pays en 1982.

Source: *Rapport annuel de la Banque du Canada, 1984*, p. 13.

TABLEAU 1

Inflation dans les pays en développement, 1977-1988

Pays et groupes de pays	Variation en % des prix à la consommation						
	1977-82 moyenne	1983	1984	1985	1986	1987	1988
Afrique et Moyen-Orient	19,0	14,0	16,6	15,7	16,9	17,9	18,8
Égypte	13,4	16,1	17,1	12,1	23,9	19,7	17,7
Nigeria	14,4	23,2	39,6	5,5	5,4	10,2	35,0[1]
Asie	8,2	6,6	7,2	7,1	9,1	9,8	14,6
Chine	3,0	1,9	2,7	11,9	7,0	8,8	20,7
Corée du Sud	18,0	3,4	2,3	2,5	2,8	3,0	7,1
Inde	8,2	11,9	8,3	5,6	8,7	8,8	9,8[2]
Philippines	13,3	10,0	50,3	23,1	0,7	3,8	8,8
Amérique latine	55,3	108,7	133,0	145,0	88,0	130,0	277,6
Argentine	141,0	343,8	629,6	672,0	90,0	131,0	343,0
Brésil	75,5	141,2	197,6	227,0	150,0	219,7	582,0
Mexique	29,0	101,8	65,5	57,7	86,2	131,8	114,2
Pérou	64,7	111,2	110,2	163,4	77,9	85,8	669,3
Ensemble des pays en développement[3]	25,0	38,4	46,9	49,8	34,4	47,4	90,0

1. Estimations.
2. Deuxième trimestre.
3. Sur la base des pondérations du PIB et des taux de change de 1986.

Source: *Banque des règlements internationaux, 59ᵉ Rapport annuel*, 1989, p. 47.

TABLEAU 2

Évolution d'un indice des prix, 1990-2016
(1990 = 100)

Année	1	2	3	4	5	6	7	8	9	10	11	12
1990	100	100	100	100	100	100	100	100	100	100	100	100
1991	101	102	103	104	105	106	107	108	109	110	111	112
1992	102	104	106	108	110	112	114	117	119	121	123	125
1993	103	106	109	112	116	119	123	126	130	133	137	140
1994	104	108	113	117	122	126	131	136	141	146	152	157
1995	105	110	116	122	128	134	140	147	154	161	169	176
1996	106	113	119	127	134	142	150	169	168	177	187	197 D
1997	107	115	123	132	141	150	161	171	183	195	208	221
1998	108	117	127	137	147	159	172	185	199	214	230	248
1999	109	120	130	142	155	169	184	200	217	236	256	277 T
2000	111	122	134	148	163	179	197	216	237	259	284	311
2001	112	124	138	154	171	190	210	233	258	285	315	348
2002	113	127	143	160	180	201	225	252	281	314	350	390 Q
2003	114	129	147	167	189	213	241	272	307	345	388	436
2004	115	132	151	173	198	226	258	294	334	380	431	489
2005	116	135	156	180	208	240	276	317	364	418	478	547
2006	117	137	160	187	218	254	295	343	397	459	531	613
2007	118	140	165	195	229	269	316	370	433	505	590	687
2008	120	143	170	203	241	285	338	400	472	556	654	769
2009	121	146	175	211	253	303	362	432	514	612	726	861
2010	122	149	181	219	265	321	387	466	560	673	806	965
2011	123	152	186	228	279	340	414	503	611	740	895	1 080
2012	125	155	192	237	293	360	443	544	666	814	993	1 210
2013	126	158	197	246	307	382	474	587	726	895	1 103	1 355
2014	127	161	203	256	323	405	507	634	791	985	1 224	1 518
2015	128	164	209	267	339	429	543	684	862	1 083	1 359	1 700
2016	130	167	216	277	356	455	581	740	940	1 192	1 508	1 904

Évolution à long terme du pouvoir d'achat d'un dollar

Le tableau 3 montre que l'évolution du pouvoir d'achat de l'unité monétaire nationale (le dollar canadien au Canada) dépend du taux d'inflation (chaque élément du tableau 3 est obtenu en divisant 1 par le niveau correspondant de l'indice (tableau 2) et en multipliant ensuite par 1 000). On constate que la perte de pouvoir d'achat d'un dollar est d'autant plus importante que le taux d'inflation est élevé. Ainsi, le dollar perd approximativement la moitié de sa valeur d'échange en 17 ans (2007) lorsque le taux d'inflation est de 4 %, mais en 6 ans seulement lorsque celui-ci atteint 12 %.

TABLEAU 3

Évolution du pouvoir d'achat d'un dollar, 1990-2016
(1990 = 100 cents)

Année	1	2	3	4	5	6	7	8	9	10	11	12
1990	100	100	100	100	100	100	100	100	100	100	100	100
1991	99	98	97	96	95	94	93	93	92	91	90	89
1992	98	96	94	92	91	89	86	86	84	83	81	80
1993	97	94	92	89	86	84	82	79	77	75	73	71
1994	96	92	89	85	82	79	76	74	71	68	66	64
1995	95	91	86	82	78	75	71	68	65	62	59	57
1996	94	89	84	79	75	70	67	63	60	56	53	51 1/2
1997	93	87	81	76	71	67	62	58	55	51	48	45
1998	92	85	79	73	68	63	58	54	50	47	43	40
1999	91	84	77	70	64	59	54	50	46	42	39	36 2/3
2000	91	82	74	68	61	56	51	46	42	39	35	32
2001	90	80	72	65	58	53	48	43	39	35	32	29
2002	89	79	70	62	56	50	44	40	36	32	29	26 3/4
2003	88	77	68	60	53	47	41	37	33	29	26	23
2004	87	76	66	58	51	44	39	34	30	26	23	20
2005	86	74	64	56	48	42	36	32	27	24	21	18
2006	85	73	62	53	46	39	34	29	25	22	19	16
2007	84	71	61	51	44	37	32	27	23	20	17	15
2008	84	70	59	49	42	35	30	25	21	18	15	13
2009	83	69	57	47	40	33	28	23	19	16	14	12
2010	82	67	55	46	38	31	26	21	18	15	12	10
2011	81	66	54	44	36	29	24	20	16	14	11	9
2012	80	65	52	42	34	28	23	18	15	12	10	8
2013	80	63	51	41	33	26	21	17	14	11	9	7
2014	79	62	49	39	31	25	20	16	13	10	8	7
2015	78	61	48	38	30	23	18	15	12	9	7	6
2016	77	60	46	36	28	22	17	14	11	8	7	5

Si les répercussions à long terme d'un taux d'inflation élevé sur le pouvoir d'achat sont manifestement impressionnantes dès lors que ce dernier dépasse 1 % (la perte de pouvoir d'achat est de 40 % après 26 ans lorsque le taux d'inflation est « seulement » de 2 %), ses conséquences économiques, financières, sociales et familiales sont, comme nous le verrons, beaucoup plus dramatiques : chômage, fermeture d'usines, débâcles financières, dépréciation du taux de change, flambée des taux d'intérêt, appauvrissement et ruine ultime des retraités et des prêteurs à long terme, revendications émanant des personnes et des régions défavorisées, etc. Mais avant d'analyser tous les problèmes issus de l'inflation, il faut d'abord tenter d'expliquer son origine.

Causalité ultime de l'inflation

Dans le modèle présenté dans le chapitre précédent, le niveau des prix était déterminé par les forces qui sous-tendent la demande et l'offre globales de biens et de services. Ce schéma suggère donc qu'une hausse continue du niveau des prix peut émaner théoriquement de deux sources : la demande globale et l'offre globale de biens et de services. Nous tenterons de démontrer que l'inflation découle fondamentalement d'une hausse soutenue de la demande globale, alimentée par une augmentation continue de la masse monétaire nominale, et non pas d'un déterminisme aveugle ou de forces externes incontrôlables. L'inflation est le résultat prévisible de la permissivité de l'État, car, dans la réalité, peu de banques centrales sont indépendantes des pressions gouvernementales et peuvent ainsi faire ce qu'elles sont censées faire, c'est-à-dire assurer la stabilité des prix.

L'inflation issue de la demande globale : une réalité

Le graphique 4 présente le modèle keynésien de la demande et de l'offre globales de biens et de services (la courbe d'offre globale comprend les segments AB, BC et COG). On constate d'abord que l'essor de la demande globale ($DG_0 \rightarrow DG_1 \rightarrow DG_2$) stimule la production ($Q_0^* \rightarrow Q_1^* \rightarrow Q_2^*$), mais n'affecte guère les prix puisque la courbe d'offre globale est horizontale (segment AB) tant que les ressources humaines et matérielles sont fortement sous-utilisées. La situation est tout autre entre les points B et C, car l'augmentation de la demande globale ($DG_2 \rightarrow DG_3 \rightarrow DG_4$) provoque une hausse de la production et des prix ; la pente positive du segment BC de la courbe d'offre globale reflète l'apparition progressive des inefficacités de production liées aux rendements décroissants des facteurs variables et aux goulots d'étranglement sectoriels. L'essor continu de la demande globale ($DG_4 \rightarrow DG_5 \rightarrow DG_6 \rightarrow ...$) se traduit uniquement par une hausse des prix ($P_4 > P_3 > P_2$), lorsque l'appareil de production fonctionne à pleine capacité (Q_4^*) ; la courbe d'offre globale est alors verticale, comme dans le modèle classique.

Pour mettre en évidence la cause ultime de la montée continue du niveau des prix, il suffit de démontrer que seule la banque centrale peut alimenter continuellement la demande globale nominale.

En ce qui a trait aux ménages et aux chefs d'entreprise, on admettra que leur enthousiasme ne peut fleurir indéfiniment, ne serait-ce qu'en raison de l'émergence éventuelle d'une récession économique.

GRAPHIQUE 4

**L'inflation issue de la demande globale
de biens et de services**

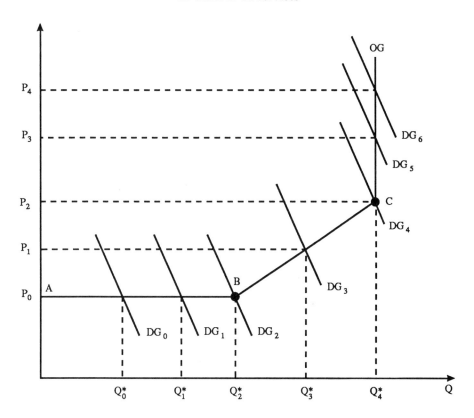

L'État peut certes tenter de contrer un recul de l'activité économique en augmentant ses achats ou en réduisant ses recettes fiscales, et réussir ainsi à renforcer
temporairement les dépenses des ménages. Mais il ne peut le faire indéfiniment, car,
confrontés à des déficits budgétaires croissants, les prêteurs seraient de moins en moins
nombreux et exigeraient un taux d'intérêt de plus en plus élevé pour se protéger du
risque financier lié à l'incapacité éventuelle de l'État de rémunérer et de rembourser
une dette publique explosive; les portefeuillistes du monde entier vendraient massivement tous les titres émis par toutes les entités de ce pays si mal géré; ils fuiraient

la monnaie de ce pays, qui se déprécierait sévèrement sur les marchés des changes, et imposeraient donc à ce pays une montée des taux d'intérêt et une récession économique.

Si l'État ne peut alimenter *indéfiniment* la demande globale et, par conséquent, l'inflation par le biais d'impôts réduits et de dépenses incontrôlées, il faut alors se pencher sur le rôle de la banque centrale dans le processus inflationniste. Nous aurons recours à la théorie quantitative de la monnaie qui avance que le taux de variation de la dépense (ou, dans le présent contexte, de la demande globale) nominale ($\dot{P} + \dot{Q}$) dépend, à long terme, du taux d'accroissement de la masse monétaire ($\dot{M}^O$) et du taux de variation de la vélocité-revenu ($\dot{V}$):

$$\dot{M}^O + \dot{V} = \dot{P} + \dot{Q}$$

En situation de plein-emploi, la production ne peut augmenter (donc $\dot{Q} = 0$), de sorte que le taux d'inflation dépend de la politique monétaire ($\dot{M}^O$) et de la vélocité-revenu ($\dot{V}$):

$$\dot{M}^O + \dot{V} = \dot{P}$$

En période d'inflation, la vélocité-revenu augmente non seulement parce que les agents désirent réduire au minimum leurs encaisses monétaires, qui sont rongées par la hausse des prix, mais aussi parce qu'il est onéreux de détenir un actif non rémunéré (la monnaie), à un moment où la hausse des prix réduit la masse monétaire réelle ($\overline{M}^O/P$) et provoque ainsi une hausse du taux d'intérêt. Éventuellement, la vélocité, c'est-à-dire la vitesse avec laquelle la monnaie change de mains, cessera d'augmenter ($\dot{V} = 0$). Dès lors, le taux d'inflation est essentiellement déterminé par la politique monétaire pratiquée par la banque centrale:

$$\dot{M}^O = \dot{P}$$

L'inflation issue de l'offre globale: une illusion

Nous tenterons maintenant de démontrer que l'inflation ne peut être expliquée en tenant compte uniquement de l'offre globale de biens et de services. Chaque courbe d'offre globale illustrée dans le graphique 5 (OG_0, OG_1 et OG_2) est constituée uniquement du segment oblique de la courbe d'offre globale keynésienne présentée dans le graphique 4.

Plusieurs facteurs peuvent modifier la position de la courbe d'offre globale: l'état de la technologie, les prix et les qualités des facteurs, les prévisions des agents, l'environnement social, politique et financier, etc. Par exemple, la hausse des prix des matières premières, des salaires nominaux et des marges bénéficiaires (le bénéfice par unité produite) aurait pour effet de déplacer la courbe d'offre globale vers la gauche (ou vers le haut), car tous ces changements se traduisent par une hausse des coûts et incitent les chefs d'entreprise à majorer leurs prix de vente, quel que soit le niveau de la production. On peut donc supposer que les déplacements vers la gauche de la courbe d'offre globale ($OG_2 \leftarrow OG_1 \leftarrow OG_0$) résultent de l'augmentation du prix d'un fac-

GRAPHIQUE 5

**L'inflation ne peut découler
de l'offre globale de biens et de services**

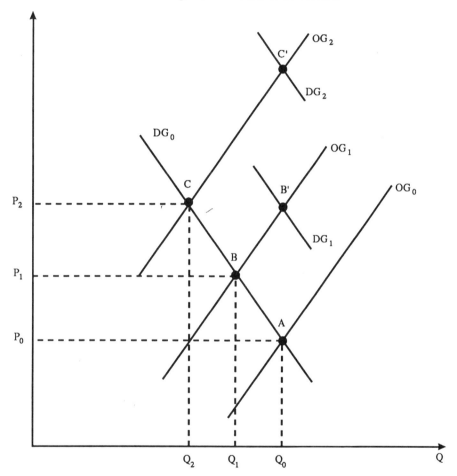

teur de production[1]. Ces déplacements successifs donnent naissance aux points d'inter-section A, B et C, lorsque la demande globale reste inchangée (DG_0), et provoquent une hausse des prix ($P_2 > P_1 > P_0$) et le recul de l'activité économique ($Q_2 < Q_1 < Q_0$). Ces conséquences économiques, surtout si elles sont brutales et

---

1. Par souci de simplification et pour alléger la présentation graphique, nous ferons abstraction du fait qu'un choc qui exerce un effet négatif permanent sur l'offre globale se traduit également par un déplacement vers la gauche de la courbe d'offre globale éventuelle, concept développé dans le chapitre suivant.

inattendues, sont nécessairement temporaires, car la baisse continue de l'activité économique s'accompagne inévitablement de licenciements massifs et de la faillite d'un nombre croissant d'entreprises; si le pays défend les taux de change bilatéraux de sa monnaie, la chute de la production est alors renforcée par la baisse des exportations (désormais plus coûteuses en monnaies étrangères) et par la hausse des importations (rendues moins coûteuses en monnaie nationale); si le pays choisit de fermer les yeux sur la dépréciation des taux de change bilatéraux de sa monnaie, les prix de ses importations augmenteront en monnaie nationale et il n'est pas certain que le volume de ses exportations pourra se maintenir.

En l'absence d'interventions compensatrices de la banque centrale destinées à contrer la récession économique, la hausse des prix réduit la masse monétaire réelle et provoque ainsi une hausse des taux d'intérêt et la baisse consécutive de toutes les dépenses sensibles à la hausse du loyer de l'argent. Si l'on admet que les agents privés éprouvent de l'aversion pour le suicide économique personnel et collectif, ils réagiront au recul de l'activité économique, favorisant ainsi le déplacement vers la droite de la courbe d'offre globale de biens et de services et son retour éventuel à sa position initiale: les travailleurs accepteront une réduction de leur salaire nominal; les fournisseurs de matières premières et de biens en voie de fabrication réduiront leurs prix et comprimeront leurs coûts; les chefs d'entreprise se résoudront à une diminution de leur marge bénéficiaire.

La hausse des prix peut persister seulement si l'État et la banque centrale tentent de contrer la baisse de la production (par exemple, de Q_0 à Q_1 puis à Q_2) et la montée du chômage en stimulant la demande globale. Ainsi, le déplacement vers la droite de la courbe de demande globale ($DG_0 \rightarrow DG_1$) permet certes de maintenir la production (Q_0) en dépit du déplacement vers la gauche de la courbe d'offre globale ($OG_1 \leftarrow OG_0$), mais cette stratégie comporte plusieurs désavantages. En effet, étant donné que le niveau des prix est plus élevé au point B' qu'au point B, les agents prennent bonne note de la permissivité des pouvoirs publics et sont enclins à croire qu'ils pourront impunément augmenter les rémunérations nominales et les prix de vente, ce qui est de nature à provoquer de nouveaux déplacements vers la gauche de la courbe d'offre globale. Inspirés par le long terme, les agents concluent que les gestionnaires de l'appareil de production sont irresponsables et qu'il y a lieu par conséquent de prendre des mesures préventives, afin de se protéger de l'érosion du pouvoir d'achat de la monnaie en négociant, par exemple, la création d'un lien entre le salaire nominal et l'indice des prix.

Conclusion

Trois idées émergent de l'analyse précédente :

- La responsabilité *ultime* de la hausse ininterrompue des prix échoit à la banque centrale, qui peut être plus ou moins indépendante des pressions exercées par les politiciens[2] ;

- La hausse des prix issue de l'offre globale de biens et de services est une illusion et ne peut *persister* sans la *complicité* de l'État et de la banque centrale, puisque l'inflation tend à s'autodétruire, ne serait-ce qu'en raison du désir de survie des agents privés ;

- Les tentatives des pouvoirs publics d'éviter une récession issue d'une contraction de l'offre globale de biens et de services sont vouées à l'échec et expliquent que l'appareil de production fasse l'expérience simultanément d'une hausse continue des prix et du chômage, comme le démontre le graphique 6 : si la hausse des prix ($P_2 > P_1 > P_0$), engendrée par la contraction continue de l'offre globale ($OG_2 \leftarrow OG_1 \leftarrow OG_0$), provoque un recul éphémère de la production lorsque la demande globale reste stationnaire (DG_0), il en est tout autrement lorsque l'État ou la banque centrale tente de contrer le chômage et de ranimer l'appareil de production ($DG_0 \rightarrow DG_1 \rightarrow DG_2$). Le fait que le point B' soit à droite et au-dessus du point B (et à gauche du point A) montre bien que les interventions de l'État et de la banque centrale réussissent uniquement à limiter l'ampleur de la récession et à accentuer la montée des prix ($P_2 > P_1$ et $P_4 > P_3$) ; les résultats décevants d'une telle stratégie sont des facteurs d'irritation pour toute la collectivité et une amère déception pour les pouvoirs publics, qui prennent alors pleinement conscience de leur incompréhension du fonctionnement de l'appareil de production et des conséquences, aussi futiles que funestes, de leurs interventions.

---

2. Ce fait n'avait pas échappé au futur Führer du Troisième Reich, Adolf Hitler : « Le gouvernement continue tranquillement à imprimer ces chiffons de papier, car se serait sa fin s'il s'arrêtait. Parce que, si la planche à billets s'arrêtait — et c'est la condition indispensable à la stabilisation du mark — l'escroquerie apparaîtrait aussitôt au grand jour [...] Croyez-moi, notre misère augmentera encore. Et pourquoi ? Parce que c'est l'État lui-même qui est devenu le premier des escrocs et des gredins ! », *Heiden, Der Führer*, pp. 131-133, citation tirée de William L. SHIRER, *Le Troisième Reich, des origines à la chute*, t.1, Livre de poche historique, 1960, p. 85-86.

GRAPHIQUE 6

**Permissivité de l'État et de la banque centrale en matière
d'inflation, et coexistence de l'inflation et du chômage**

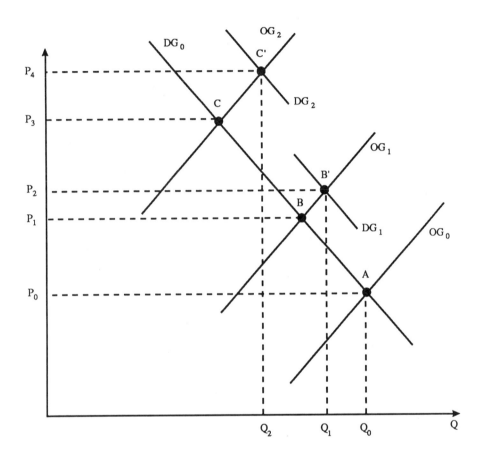

Exercices

1. Démontrez (avec un graphique à l'appui) que l'inflation issue de l'offre globale de biens et de services est impossible en l'absence d'une démission de l'État et de la banque centrale.

2. Définissez les termes suivants : inflation, désinflation, déflation.

3. Que signifie l'expression « convergence des taux d'inflation nationaux » ?

4. À partir de quel seuil ou de quel rythme l'inflation vous semble-t-elle inacceptable ?

5. Représentez graphiquement et expliquez la genèse de l'inflation issue de la demande globale de biens et de services dans le contexte du modèle keynésien.

6. La banque centrale est-elle responsable de l'inflation ?

7. Comparez la performance du Canada et des États-Unis en matière d'inflation au cours des quatre dernières années.

8. À l'aide d'un graphique et d'un commentaire, montrez à quelles conditions le niveau général des prix peut augmenter indéfiniment.

9. Quel est l'impact sur le niveau des prix (P) et sur le niveau de la production d'un choc qui se traduit par un déplacement vers le haut de la courbe d'offre globale à court terme de biens et de services (OG^{CT}), lorsque les responsables de la gestion macro-économique décident de ne pas intervenir (première stratégie), lorsqu'ils décident de maintenir le niveau général des prix constant (deuxième stratégie) et lorsqu'ils décident de maintenir le niveau de la production (troisième stratégie) ?

Bibliographie

BATTEN, D.S., « Inflation: The Cost-Push Myth », *Review*, Federal Reserve Bank of St. Louis, vol. 63, n° 6, juin–juillet 1981.

BORDO, M.D. et CHOUDHRI, E.U., « The Link Between Money and Prices in an Open Economy: The Canadian Evidence from 1971 to 1980 », *Review*, Federal Reserve Bank of St. Louis, vol. 64, n° 7, août–septembre 1982.

BOUGHTON, J.M., « Les Prix des produits de base et l'inflation », *Finances et Développement*, Fonds monétaire international, juin 1989.

CONSEIL ÉCONOMIQUE DU CANADA, *Le Dilemme de l'inflation*, 13e exposé annuel, 1976.

HUMPHREY, T.M., *Essays on Inflation*, Richmond, Federal Reserve Bank of Richmond, 1982.

MILLER, G.H., « Inflation and Recession, 1979–1982: Supply Shocks and Economic Policy », *Economic Review*, Federal Reserve Bank of Kansas City, vol. 68, n° 6, juin 1983.

MULLINEAUX, D.J. et PROTOPAPADAKIS, A., « Revealing Real Interest Rates : Let the Market
    Do It », *Business Review*, Federal Reserve Bank of Philadelphia, mars–avril 1984.
ROTH, H.L., « Leading Indicators of Inflation », *Economic Review*, Federal Reserve Bank of
    Kansas City, vol. 71, n° 9, novembre 1986.

CHAPITRE XI

CHÔMAGE ET INFLATION

La coexistence de l'inflation et du chômage soulève une question capitale en matière de gestion macro-économique à court terme : est-il possible de résorber durablement le chômage en adoptant une stratégie « permissive » en matière d'inflation? Pour donner des éléments de réponse à cette question, nous montrerons d'abord que certaines manifestations du chômage ne résultent pas de la faiblesse de la demande globale de biens et de services et que les agents réagissent lorsque leurs prévisions en matière d'inflation s'avèrent erronées. Nous présenterons, dans la première section de ce chapitre, le concept de taux de chômage naturel qui sous-tend la réponse (deuxième section) à la question précédente.

Section 1

Portée du concept de chômage naturel

Le plein-emploi est un objectif très important : il constitue pour l'individu un facteur d'équilibre psychologique, une source d'épanouissement humain et le moyen normal de subvenir à ses besoins immédiats (consommation) et futurs (épargne); il permet de réduire le clivage et les tensions sociales entre les mieux nantis et les moins fortunés, en favorisant la mobilité verticale des travailleurs et en élargissant le nombre et la gamme des emplois intéressants et bien rémunérés; il stimule la rentabilité du capital; il favorise la réduction des dépenses publiques liées au soutien des chômeurs et des personnes en difficultés, etc.

L'expérience révèle que le taux d'inflation a souvent eu tendance à s'accentuer lorsque le taux de chômage diminuait. Maladroitement interprétée, cette constatation peut malheureusement conduire à la conclusion qu'il est possible de réduire le chômage à la condition de fermer les yeux sur la hausse du taux d'inflation. Interprétée d'une façon tout aussi erronée, cette constatation peut également donner la fausse impression que toute tentative de réduire le taux d'inflation et de pratiquer la stabilité des prix est socialement et économiquement inacceptable, surtout si elle se traduit par une hausse massive du chômage. Dans cette première section, nous présenterons les concepts qui nous permettront, dans la deuxième section, d'analyser le problème soulevé par l'existence apparente de plusieurs combinaisons possibles de taux de chômage et d'inflation.

Population active

La population dite « active » (L) comprend, selon la définition retenue au Canada, toutes les personnes, militaires exclus, qui ne sont pas à la charge de la société (personnes emprisonnées, personnes mentalement handicapées, etc.), qui sont âgées de 15 ans et plus (P15) et qui avaient un emploi ou étaient en chômage au moment du sondage. L'ampleur de la population active dépend de facteurs démographiques et du taux de participation.

Facteurs démographiques

L'importance de la population en âge de travailler (P15) dépend du taux courant d'immigration nette et des déterminants de l'essor démographique quinze ans auparavant : le taux de natalité[1] et le taux de mortalité. Tous ces facteurs sont liés à leur tour à d'autres facteurs reliés entre eux d'une façon fort complexe. Ainsi, le taux de natalité dépend de tous les facteurs qui influencent le taux de fécondité[2] : la perception du mariage, l'état des connaissances et des attitudes en matière de contrôle des naissances, la taille jugée optimale de la famille, l'attrait du travail et les possibilités de trouver un emploi sur le marché du travail, etc.

Évolution de la population en âge de travailler

La première colonne du tableau 1 indique l'accroissement marqué de la population canadienne en âge de travailler : 19,1 millions de personnes en 1984 contre « seulement » 13 millions de personnes en 1966, soit une augmentation de 47 % en 18 ans.

---

1. C'est-à-dire le nombre de naissances au cours d'une année, divisé par la population totale au milieu de l'année en question. En multipliant ce chiffre par 1 000, on obtient le nombre de naissances par mille habitants. Le taux de mortalité et le taux d'immigration nette sont mesurés de façon similaire.
2. Le taux de fécondité spécifique des femmes, dont l'âge se situe, par exemple, entre 15 et 44 ans, se mesure par le nombre total des naissances au cours d'une année, divisé par le nombre total de femmes se rattachant à ce groupe d'âge, multiplié par 1 000.

Le taux de participation

Le *taux de participation* (T^L) est la population active en pourcentage de la population âgée de 15 ans ou plus :

$$T^L = \frac{L}{P15}$$

Le membre droit de l'équation suivante indique que l'ampleur de la population active dépend du taux de participation et du nombre de personnes âgées de 15 ou plus :

$$L = T^L \cdot P15$$

Évolution des taux de participation

Le tableau 2 présente l'évolution de divers taux de participation, le taux global et les taux selon l'âge chez les hommes et chez les femmes, au cours de la période 1966-1984. Trois faits retiennent l'attention :

- le taux global de participation (dernière colonne) a eu tendance à augmenter : 64,8 % en 1984 contre seulement 57,3 % en 1966,

- le taux global chez les hommes (première colonne) a régressé de 79,8 % en 1966 à 76,6 % en 1984, tandis qu'il augmentait chez les femmes de 36,4 % à 53,5 % entre ces deux dernières années (quatrième colonne),

- le taux de participation chez les femmes s'est accru, quel que soit le groupe d'âge considéré, tandis que seul le taux de participation des jeunes (15-24 ans) augmentait chez les hommes.

Le tableau 3 indique l'évolution des taux de participation dans trois provinces et deux régions canadiennes au cours de la période 1966-1984. Si tous les taux ont progressé entre 1966 et 1984, on observe néanmoins de fortes disparités régionales en 1984 : un maximum de 69,0 % dans la région des Prairies contre seulement 56,4 % dans la région de l'Atlantique.

Évolution de la population active

Les colonnes deux, trois et quatre du tableau 1 présentent trois mesures de la population active (globale, masculine et féminine) au cours de la période 1966-1984. La croissance rapide de ces trois agrégats reflète l'augmentation à la fois de la population en âge de travailler et du taux de participation.

Le tableau 4 présente l'évolution de la population active dans l'ensemble du Canada ainsi que par province et région au cours de la période 1966-1984. On constate que la croissance de la population active canadienne a parfois été influencée par la conjoncture économique. Ainsi, au cours de la forte récession économique de 1982, l'augmentation de la population active dans l'ensemble du Canada a été beaucoup plus faible (0,5 %) qu'au cours des années précédentes, alors que l'expansion économique était

TABLEAU 1

Le marché du travail[1], 1966-1984[2]

	Population de 15 ans et plus	Population active			Emploi			Chômage	Total immigration	Immigrants se destinant au marché du travail
		Total	Hommes	Femmes	Total	Hommes	Femmes			
					(Milliers de personnes)					
1966	13 083	7 493	5 147	2 346	7 242	4 975	2 267	251	195	99
1967	13 444	7 747	5 261	2 485	7 451	5 058	2 393	296	223	120
1968	13 805	7 951	5 354	2 597	7 593	5 110	2 483	358	184	95
1969	14 162	8 194	5 465	2 728	7 832	5 230	2 601	362	162	84
1970	14 528	8 395	5 571	2 824	7 919	5 260	2 660	476	148	78
1971	14 872	8 639	5 667	2 972	8 104	5 329	2 775	535	122	61
1972	15 186	8 897	5 797	3 101	8 344	5 460	2 885	553	122	59
1973	15 526	9 276	5 973	3 303	8 761	5 678	3 083	515	184	92
1974	15 924	9 639	6 163	3 477	9 125	5 870	3 255	514	218	106
1975	16 323	9 974	6 294	3 680	9 284	5 903	3 381	690	188	81
1976	16 701	10 203	6 368	3 836	9 477	5 964	3 513	726	146	60
1977	17 051	10 500	6 505	3 996	9 651	6 032	3 619	849	115	48
1978	17 377	10 895	6 657	4 239	9 987	6 156	3 830	908	86	35
1979	17 702	11 231	6 811	4 420	10 395	6 362	4 033	836	112	48
1980	18 053	11 573	6 935	4 638	10 708	6 459	4 249	865	143	64
1981	18 375	11 904	7 053	4 851	11 006	6 559	4 447	898	129	57
1982	18 664	11 958	7 031	4 926	10 644	6 254	4 390	1 314	121	55
1983	18 917	12 183	7 098	5 084	10 734	6 240	4 495	1 448	89	37
1984	19 148	12 399	7 169	5 231	11 000	6 367	4 633	1 399	n.d.	n.d.

	(Variation en pourcentage)							(Variation)		
1967	2,8	3,4	2,2	5,9	2,9	1,7	5,6	45	28	20
1968	2,7	2,6	1,8	4,5	1,9	1,0	3,8	62	− 39	− 24
1969	2,6	3,1	2,1	5,0	3,1	2,4	4,8	4	− 22	− 11
1970	2,6	2,5	1,9	3,5	1,1	0,6	2,2	114	− 14	− 7
1971	2,4	2,9	1,7	5,2	2,3	1,3	4,3	59	− 26	− 16
1972	2,1	3,0	2,3	4,3	3,0	2,5	4,0	18	0	− 2
1973	2,2	4,3	3,0	6,5	5,0	4,0	6,9	− 38	62	33
1974	2,6	3,9	3,2	5,2	4,2	3,4	5,6	0	34	14
1975	2,5	3,5	2,1	5,9	1,7	0,6	3,9	175	− 31	− 25
1976	2,3	2,3	1,2	4,2	2,1	1,0	3,9	36	− 42	− 21
1977	2,1	2,9	2,2	4,2	1,8	1,1	3,0	123	− 31	− 12
1978	1,9	3,8	2,3	6,1	3,5	2,1	5,8	59	− 29	− 12
1979	1,9	3,1	2,3	4,3	4,1	3,3	5,3	− 73	26	13
1980	2,0	3,1	1,8	4,9	3,0	1,5	5,4	29	31	16
1981	1,8	2,9	1,7	4,6	2,8	1,5	4,7	33	− 14	− 7
1982	1,6	0,5	− 0,3	1,6	− 3,3	− 4,7	− 1,3	416	− 7	− 1
1983	1,4	1,9	1,0	3,2	0,9	− 0,2	2,4	134	− 32	− 18
1984	1,2	1,8	1,0	2,9	2,5	2,0	3,1	− 49	n.d.	n.d.

1. Les totaux peuvent varier légèrement en raison de l'arrondissement des données.
2. Les données de la nouvelle enquête sur la population active ont commencé à être recueillies en janvier 1975. En janvier 1976, la nouvelle enquête a remplacé l'ancienne. Les données révisées ont été estimées jusqu'en 1966.

Source: *Revue économique*, Ottawa, Ministère des Finances, avril 1985, p. 106.

TABLEAU 2

Évolution du taux de participation
selon le sexe et l'âge, 1966-1984

| | Taux de participation | | | | | | |
| | Hommes | | | Femmes | | | |
	Total	15-24	25 +	Total	15-24	25 +	Total
	(En pourcentage)						
1966	79,8	64,1	84,9	35,4	48,4	31,2	57,3
1967	79,3	64,1	84,5	36,5	49,1	32,3	57,6
1968	78,6	63,3	84,0	37,1	49,8	32,8	57,6
1969	78,3	62,7	83,8	38,0	50,2	33,8	57,9
1970	77,8	62,5	83,3	38,3	49,5	34,5	57,8
1971	77,3	62,7	82,7	39,4	50,8	35,4	58,1
1972	77,5	64,4	82,3	40,2	51,8	36,2	58,6
1973	78,2	66,8	82,3	41,9	54,2	37,6	59,7
1974	78,7	68,9	82,2	43,0	56,0	38,5	60,5
1975	78,4	68,8	81,9	44,4	56,8	40,0	61,1
1976	77,6	67,9	81,1	45,2	56,8	41,1	61,1
1977	77,7	68,9	80,9	46,0	57,5	42,1	61,6
1978	78,1	69,7	81,1	47,9	59,0	44,1	62,7
1979	78,5	71,3	81,0	49,0	61,0	45,0	63,4
1980	78,4	71,8	80,7	50,4	62,6	46,4	64,1
1981	78,4	72,3	80,5	51,7	63,2	48,1	64,8
1982	77,0	69,3	79,5	51,7	62,3	48,5	64,1
1983	76,7	69,2	79,1	52,6	62,8	49,6	64,4
1984	76,6	69,9	78,6	53,5	63,6	50,6	64,8

Source: *Revue économique*, Ottawa, Ministère des Finances, avril 1985, p. 107

vigoureuse (par exemple 3 % en 1980); cette faible hausse peut être rattachée en partie au recul du taux global de participation de 64,8 % en 1981 à 64,1 % en 1982. Il ressort également que le recul conjoncturel de l'activité économique en 1982 a été accompagné d'une diminution de 1,4 % de la population active au Québec, alors que le taux de participation passait de 61,5 % en 1981 à 60 % en 1982 dans cette province.

Évolution de l'emploi

Les colonnes cinq, six et sept du tableau 1 présentent l'évolution du nombre d'emplois (total, hommes et femmes) et ses variations au cours de la période 1966-1984. On constate que l'évolution de l'emploi a été étroitement liée à la conjoncture économique. Ainsi, au cours de la récession de 1982, le nombre global d'emplois a enregistré un recul de 3,3 %, alors que la main-d'œuvre masculine était plus durement affectée (−4,7 %) que la main-d'œuvre féminine (−1,3 %).

TABLEAU 3

Évolution du taux de participation au Canada, par province et région, 1966-1984

	Canada	Région de l'Atlantique	Québec	Ontario	Région des Prairies	Colombie-Britannique
	(Population active en pourcentage de la population de 15 ans et plus)					
1966	57,3	50,4	56,0	59,8	58,3	56,7
1967	57,6	50,3	56,4	60,2	58,3	57,5
1968	57,6	50,0	55,6	60,3	59,5	57,6
1969	57,9	49,9	55,9	60,5	59,7	58,2
1970	57,8	49,4	55,4	60,5	60,0	58,7
1971	58,1	49,8	56,0	60,9	60,0	58,3
1972	58,6	50,4	55,9	61,7	60,7	58,8
1973	59,7	52,4	57,6	62,4	61,7	59,6
1974	60,5	53,4	58,0	63,4	62,5	60,3
1975	61,1	53,5	58,5	64,1	63,0	61,1
1976	61,1	53,3	58,3	63,8	63,8	61,3
1977	61,6	53,7	58,9	64,3	64,4	61,6
1978	62,7	54,7	59,9	65,4	65,5	63,0
1979	63,4	55,2	60,2	66,5	66,5	63,2
1980	64,1	55,8	61,2	66,7	67,5	64,1
1981	64,8	56,0	61,5	67,6	68,5	65,1
1982	64,1	55,2	60,0	67,3	68,2	64,3
1983	64,4	55,7	60,9	67,1	68,7	64,1
1984	64,8	56,4	61,5	67,4	69,0	64,0

Source: *Revue économique*, Ottawa, Ministère des Finances, avril 1985, p. 108.

Le tableau 5 montre que l'évolution de l'emploi par province et par région a été différenciée. Ainsi, en 1982, le recul de l'emploi a été beaucoup plus marqué en Colombie-Britannique et au Québec (−5,2 %) que dans l'ensemble du Canada (−3,3 %).

Le tableau 6 révèle que les variations de l'emploi ont été très différentes d'une industrie à l'autre au cours de la période 1970-1984. Ainsi, on constate que l'impact de la récession de 1982 a été plus accentué dans l'industrie des « autres produits de base » (−16,1 %) et dans l'industrie de la construction (−8,3 %) que dans l'industrie du commerce (−1,9 %) ou dans l'administration publique (−0,1 %). Autre exemple: au cours de la reprise économique en 1983, le nombre d'emplois a diminué de 2,3 % dans l'industrie de la fabrication, tandis qu'il a augmenté de 2 % dans l'administration publique.

TABLEAU 4

Évolution de la population active au Canada, par province et région, 1966-1984

	Canada	Région de l'Atlantique	Québec	Ontario	Région des Prairies	Colombie-Britannique
	(Milliers de personnes)					
1966	7 493	615	2 113	2 787	1 262	716
1967	7 747	626	2 184	2 891	1 286	759
1968	7 951	635	2 205	2 980	1 342	789
1969	8 194	647	2 264	3 077	1 376	830
1970	8 395	652	2 288	3 177	1 406	871
1971	8 639	673	2 347	3 290	1 430	899
1972	8 897	695	2 383	3 410	1 471	938
1973	9 276	737	2 499	3 532	1 522	987
1974	9 639	767	2 570	3 686	1 576	1 040
1975	9 974	787	2 647	3 818	1 635	1 087
1976	10 203	803	2 689	3 882	1 712	1 117
1977	10 500	821	2 760	3 986	1 785	1 148
1978	10 895	850	2 839	4 133	1 871	1 202
1979	11 231	871	2 897	4 271	1 952	1 239
1980	11 573	894	2 988	4 350	2 041	1 301
1981	11 904	906	3 040	4 464	2 134	1 361
1982	11 958	904	2 998	4 508	2 178	1 370
1983	12 183	928	3 069	4 570	2 227	1 389
1984	12 399	955	3 123	4 666	2 246	1 410
	(Variation en pourcentage)					
1966	n.d.	n.d.	n.d.	n.d.	n.d.	n.d.
1967	3,4	1,6	3,4	3,7	1,9	6,0
1968	2,6	1,6	1,0	3,1	4,4	4,0
1969	3,1	1,9	2,7	3,3	2,5	5,2
1970	2,5	0,8	1,1	3,2	2,2	4,9
1971	2,9	3,2	2,6	3,6	1,7	3,2
1972	3,0	3,3	1,5	3,6	2,8	4,3
1973	4,3	6,0	4,9	3,6	3,5	5,2
1974	3,9	4,1	2,8	4,4	3,5	5,4
1975	3,5	2,6	3,0	3,6	3,7	4,5
1976	2,3	2,0	1,6	1,7	4,7	2,8
1977	2,9	2,2	2,6	2,7	4,3	2,8
1978	3,8	3,5	2,9	3,7	4,8	4,7
1979	3,1	2,5	2,0	3,3	4,3	3,1
1980	3,0	2,6	3,1	1,8	4,6	5,0
1981	2,9	1,3	1,7	2,6	4,6	4,6
1982	0,5	− 0,2	− 1,4	1,0	2,1	0,7
1983	1,9	2,7	2,4	1,4	2,2	1,4
1984	1,8	2,9	1,8	2,1	0,9	1,5

Source: *Revue économique*, Ottawa, Ministère des Finances, avril 1985, p. 109.

TABLEAU 5

Évolution de l'emploi au Canada, par province et région, 1966-1984

	Canada	Région de l'Atlantique	Québec	Ontario	Région des Prairies	Colombie-Britannique	Canada	Région de l'Atlantique	Québec	Ontario	Région des Prairies	Colombie-Britannique
	(Milliers de personnes)						(Variation en pourcentage)					
1966	7 242	583	2 027	2 714	1 233	684	n.d.	n.d.	n.d.	n.d.	n.d.	n.d.
1967	7 451	593	2 085	2 799	1 254	720	2,9	1,7	2,8	3,1	1,7	5,3
1968	7 593	598	2 081	2 873	1 299	742	1,9	0,8	− 0,2	2,6	3,6	3,1
1969	7 832	607	2 126	2 979	1 331	788	3,1	1,5	2,2	3,7	2,5	6,2
1970	7 919	612	2 128	3 037	1 337	805	1,1	0,8	0,1	1,9	0,5	2,2
1971	8 104	625	2 175	3 113	1 356	834	2,3	2,1	2,2	2,5	1,4	3,6
1972	8 344	642	2 205	3 239	1 394	865	3,0	2,7	1,4	4,0	2,7	3,7
1973	8 761	679	2 330	3 380	1 451	920	5,0	5,8	5,7	4,4	4,2	6,4
1974	9 125	703	2 401	3 523	1 523	976	4,2	3,5	3,0	4,2	5,0	6,1
1975	9 284	710	2 434	3 576	1 570	995	1,7	1,0	1,4	1,5	3,1	1,9
1976	9 477	717	2 456	3 643	1 641	1 021	2,1	1,0	0,9	1,9	4,5	2,6
1977	9 651	718	2 476	3 708	1 698	1 050	1,8	0,1	0,8	1,8	3,5	2,8
1978	9 987	744	2 530	3 835	1 774	1 103	3,5	3,6	2,2	3,4	4,4	5,0
1979	10 395	770	2 619	3 993	1 868	1 144	4,1	3,5	3,5	4,1	5,3	3,7
1980	10 708	795	2 694	4 053	1 953	1 213	3,0	3,2	2,9	1,5	4,6	6,0
1981	11 006	801	2 726	4 171	2 038	1 270	2,8	0,8	1,2	2,9	4,4	4,7
1982	10 644	775	2 584	4 067	2 012	1 204	− 3,3	− 3,2	− 5,2	− 2,5	− 1,3	− 5,2
1983	10 734	789	2 642	4 096	2 011	1 197	0,8	1,6	2,2	0,7	− 0,0	− 0,6
1984	11 000	810	2,722	4 243	2 025	1 202	2,5	2,7	3,0	3,6	0,7	0,4

Source: *Revue économique*, Ottawa, Ministère des Finances, avril 1985, p. 110.

TABLEAU 6

Évolution du nombre d'emplois
par industrie au Canada, 1970-1984

(Millions de dollars)

	Emploi total	Biens					Services					
		Total	Agri-culture	Autres produits de base	Fabri-cation	Construc-tion	Total	Transport entreposage et communications	Com-merce	Finance, assurance et immeuble	Services collectifs commerciaux et personnels	Adminis-tration publique et défense
1970	7 919	2 964	513	216	1 768	467	4 955	698	1 328	379	2 040	510
1971	8 104	2 990	514	221	1 766	489	5 114	707	1 335	399	2 128	545
1972	8 344	3 014	483	214	1 823	494	5 330	734	1 417	398	2 202	579
1973	8 761	3 159	469	224	1 927	539	5 602	775	1 503	424	2 290	610
1974	9 125	3 267	474	229	1 978	586	5 857	791	1 578	460	2 389	640
1975	9 284	3 176	483	220	1 871	603	6 107	812	1 637	474	2 520	665
1976	9 477	3 262	472	235	1 921	635	6 215	824	1 644	496	2 573	678
1977	9 651	3 228	464	242	1 888	634	6 423	819	1 679	531	2 695	699
1978	9 987	3 324	474	260	1 956	634	6 662	859	1 739	546	2 812	705
1979	10 395	3 474	484	275	2 071	644	6 921	903	1 808	555	2 954	701
1980	10 708	3 514	479	300	2 111	624	7 193	906	1 837	611	3 096	744
1981	11 006	3 581	485	323	2 122	651	7 425	912	1 884	594	3 267	768
1982	10 644	3 260	462	271	1 930	597	7 384	885	1 848	601	3 284	767
1983	10 734	3 208	476	281	1 886	566	7 525	870	1 850	603	3 421	782
1984	11 000	3 309	476	292	1 968	572	7 692	858	1 929	631	3 483	791

(Variation en pourcentage)

1971	2,3	0,9	0,2	2,5	− 0,1	4,7	3,2	1,2	0,6	5,1	4,3	6,8
1972	3,0	0,8	− 6,0	− 3,1	3,2	1,0	4,2	3,9	6,1	− 0,2	3,4	6,3
1973	5,0	4,8	− 2,9	4,7	5,7	9,2	5,1	5,6	6,0	6,5	4,0	5,2
1974	4,2	3,4	1,0	2,2	2,7	8,6	4,6	2,0	5,0	8,5	4,3	4,9
1975	1,7	− 2,8	1,8	− 4,0	− 5,4	2,9	4,3	2,7	3,7	3,1	5,5	3,9
1976	2,1	2,7	− 2,2	6,6	2,7	5,3	1,8	1,5	0,5	4,7	2,1	2,0
1977	1,8	− 1,0	− 1,6	3,0	− 1,7	− 0,2	3,3	− 0,6	2,1	7,1	4,7	3,2
1978	3,5	3,0	2,1	7,5	3,6	0,0	3,7	4,9	3,6	2,9	4,4	1,0
1979	4,1	4,5	2,1	5,9	5,9	1,5	3,9	5,1	4,0	1,5	5,0	− 0,6
1980	3,0	1,1	− 1,1	9,0	1,9	− 3,0	3,9	0,4	1,6	10,1	4,8	6,1
1981	2,8	1,9	1,2	7,7	0,5	4,3	3,2	0,6	2,6	− 2,8	5,5	3,3
1982	− 3,3	− 9,0	− 4,7	− 16,1	− 9,1	− 8,3	− 0,5	− 3,0	− 1,9	1,2	0,5	− 0,1
1983	0,9	− 1,6	3,1	3,7	− 2,3	− 5,3	1,9	− 1,7	0,1	0,3	4,2	2,0
1984	2,5	3,1	− 0,0	3,9	4,4	1,1	2,2	− 1,4	4,3	4,7	1,8	1,1

Source : *Revue économique*, Ottawa, Ministère des Finances, avril 1985, p. 111.

Taux de chômage

Les données sur le nombre de chômeurs (U) et le taux de chômage sont fortement influencées par les définitions retenues et les méthodes d'estimation utilisées. Ceci signifie que les comparaisons internationales des taux de chômage nationaux sont souvent inappropriées et que les données nationales doivent dont être corrigées pour être comparables.

Suivant la définition canadienne, une personne est réputée être employée si elle effectue un travail rémunéré (salaire ou profit) au sein d'une entité extérieure, à son propre compte ou au sein d'une entité familiale[3] (agricole, commerciale, industrielle), ou si elle ne peut temporairement exercer son travail à cause des caprices de la température, d'une maladie, d'un conflit patronal-syndical ou des vacances. Une personne est réputée être en *chômage*: si elle n'a pas d'emploi; si elle a cherché du travail pendant les quatre semaines précédant le sondage du ministère du Travail; si elle n'a pas activement cherché du travail au cours des quatre dernières semaines, mais avait été mise à pied[4], ou devait occuper un nouvel emploi dans quatre semaines ou moins.

Le taux de chômage (TC) est le nombre total de chômeurs en pourcentage de la population active:

$$TC = \frac{U}{L}$$

ou, si N est le nombre de personnes employées:

$$TC = \frac{L - N}{L}$$

Évolution du taux de chômage

Le tableau 7 présente l'évolution du taux de chômage au Canada, selon le sexe et l'âge, au cours de la période 1966-1984. Deux faits saillants retiennent l'attention: le taux de chômage chez les jeunes de 15-24 ans a toujours été plus important que chez les adultes (25 ans et +), indépendamment du sexe; le taux de chômage a fortement progressé, quel que soit le groupe d'âge ou le sexe considéré.

Le tableau 8 met en évidence les fortes disparités régionales en matière de chômage. Par exemple, en 1984, le taux de chômage atteignait 15,4 % dans la région de l'Atlantique contre « seulement » 9,1 % en Ontario. On constate que l'accroissement du nombre total de chômeurs a été spectaculaire au cours de la période considé-

---

3. Une personne est également réputée travailler lorsqu'elle effectue un travail non rémunéré dans une entreprise possédée ou exploitée par un membre de l'entité familiale.
4. On considère qu'une personne est mise à pied lorsqu'elle prévoit reprendre son emploi chez le même employeur.

TABLEAU 7

Évolution du taux de chômage au Canada
selon le sexe et l'âge, 1966-1984
(en pourcentage)

| | Taux de chômage | | | | | | | |
| | Hommes | | | Femmes | | | | |
	Total	15-24	25 +	Total	15-24	25 +		Total
1966	3,3	6,3	2,6	3,4	4,8	2,7		3,4
1967	3,9	7,2	3,0	3,7	5,5	2,8		3,8
1968	4,6	8,7	3,5	4,4	6,5	3,3		4,5
1969	4,3	8,3	3,2	4,7	6,5	3,7		4,4
1970	5,6	11,2	4,1	5,8	8,6	4,4		5,7
1971	6,0	12,0	4,3	6,6	9,8	5,0		6,2
1972	5,8	11,9	4,1	7,0	9,6	5,7		6,2
1973	4,9	10,0	3,4	6,7	9,2	5,4		5,5
1974	4,8	9,6	3,3	6,4	8,9	5,1		5,3
1975	6,2	12,5	4,3	8,1	11,4	6,5		6,9
1976	6,3	13,2	4,2	8,4	12,1	6,6		7,1
1977	7,3	14,9	4,9	9,4	13,8	7,4		8,1
1978	7,5	15,0	5,2	9,6	13,8	7,7		8,3
1979	6,6	13,2	4,5	8,8	12,7	7,0		7,4
1980	6,9	13,7	4,8	8,4	12,6	6,5		7,5
1981	7,0	14,1	4,8	8,3	12,3	6,7		7,5
1982	11,1	21,1	8,2	10,9	16,1	8,8		11,0
1983	12,1	22,4	9,2	11,6	17,0	9,6		11,9
1984	11,2	19,4	8,9	11,4	16,2	9,7		11,3

Source: *Revue économique*, Ottawa, Ministère des Finances, avril 1985, p. 107.

rée: 1,4 million en 1984 contre « seulement » 251 000 en 1966 dans l'ensemble du Canada; 427 000 au Québec en 1983 contre « seulement » 294 000 en 1980.

Le tableau 9 permet de mieux saisir l'incidence du chômage, car il y est partiellement tenu compte de la situation familiale des victimes. Par exemple, en 1982, le nombre de chômeurs augmentait de 416 000 et touchait 164 000 chefs de famille. Les données de ce tableau présentent une image partielle du chômage, puisqu'elles ne tiennent pas compte des personnes qui cessent de chercher un emploi et qui, par conséquent, n'apparaissent pas dans les statistiques officielles. Ainsi, il a été estimé[5] que 85 000 personnes, soit 0,7 % de la population active, avaient cessé de chercher un emploi en 1984 parce qu'elles étaient convaincues qu'il n'y avait pas de travail.

---

5. *Revue économique*, Ottawa, Ministère des Finances, avril 1985, p. 31.

TABLEAU 8

Évolution du nombre de chômeurs et du taux de chômage au Canada, par province et par région, 1966-1984

	Nombre de chômeurs (Milliers de personnes)						Taux de chômage (En pourcentage)					
	Canada	Région de l'Atlantique	Québec	Ontario	Région des Prairies	Colombie-Britannique	Canada	Région de l'Atlantique	Québec	Ontario	Région des Prairies	Colombie-Britannique
1966	251	32	86	72	29	33	3,4	5,2	4,1	2,6	2,3	4,6
1967	296	33	100	92	33	39	3,8	5,3	4,6	3,2	2,6	5,1
1968	358	37	124	107	43	47	4,5	5,8	5,6	3,6	3,2	5,9
1969	362	40	137	99	45	42	4,4	6,2	6,1	3,2	3,3	5,0
1970	476	39	160	139	70	67	5,7	6,0	7,0	4,4	5,0	7,7
1971	535	47	171	178	74	65	6,2	7,0	7,3	5,4	5,2	7,2
1972	553	53	178	171	78	73	6,2	7,6	7,5	5,0	5,3	7,8
1973	515	57	169	152	70	66	5,5	7,7	6,8	4,3	4,6	6,7
1974	514	64	169	164	53	64	5,3	8,3	6,6	4,4	3,4	6,2
1975	690	77	214	242	65	92	6,9	9,8	8,1	6,3	4,0	8,5
1976	726	87	233	239	71	96	7,1	10,8	8,7	6,2	4,1	8,6
1977	849	103	284	278	86	98	8,1	12,5	10,3	7,0	4,8	8,5
1978	908	106	308	298	97	99	8,3	12,5	10,9	7,2	5,2	8,3
1979	836	101	278	278	84	95	7,4	11,6	9,6	6,5	4,3	7,6
1980	865	99	294	297	88	88	7,5	11,1	9,8	6,8	4,3	6,8
1981	898	104	314	293	96	91	7,5	11,5	10,3	6,6	4,5	6,7
1982	1 314	129	413	440	165	166	11,0	14,3	13,8	9,8	7,6	12,1
1983	1 448	139	427	474	217	192	11,9	15,0	13,9	10,4	9,7	13,8
1984	1 399	147	400	423	221	208	11,3	15,4	12,8	9,1	9,8	14,7

Source: *Revue économique*, Ottawa, Ministère des Finances, avril 1988, p. 112.

TABLEAU 9

**Évolution du nombre de chômeurs au Canada
selon le statut familial, 1961-1984[1]**

(Milliers de personnes, moyennes annuelles)

	Total chô-meurs	Membres d'une famille					Non-mem-bres d'une famille
		Total	Chef de famille	Enfants céliba-taires	Autres parents[3]	Conjoints	
Ancienne enquête sur la population active							
1961	497	454	230	168	56	n.d.	43
1962	405	371	187	138	45	n.d.	35
1963	390	357	174	132	51	n.d.	34
1964	348	319	148	123	47	n.d.	30
1965	298	273	127	105	41	n.d.	25
1966[2]	251	252	113	101	37	n.d.	23
1967	296	294	134	114	46	n.d.	27
1968	358	354	155	144	55	n.d.	36
1969	362	359	146	150	63	n.d.	32
1970	476	444	183	190	72	n.d.	47
1971	535	516	212	213	91	n.d.	56
1972	553	509	202	215	93	n.d.	61
1973	515	453	169	190	95	n.d.	67
1974	514	462	171	197	93	n.d.	64
1975	690	624	241	252	131	n.d.	87
Nouvelle enquête sur la population active							
1975	690	609	194	221	28	167	80
1976	726	640	191	239	33	176	86
1977	849	751	224	279	40	208	99
1978	908	798	247	286	41	224	110
1979	836	740	223	274	38	205	96
1980	865	762	238	284	39	201	103
1981	898	788	242	291	40	215	110
1982	1 314	1 154	409	397	61	286	160
1983	1 448	1 259	453	420	72	315	189
1984	1 399	1 216	435	389	63	329	183

(Variation)

	Total chô-meurs	Membres d'une famille					Non-mem-bres d'une famille
		Total	Chef de famille	Enfants céliba-taires	Autres parents[3]	Conjoints	
Ancienne enquête sur la population active							
1962	−92	−83	−43	−30	−11	n.d.	−8
1963	−15	−14	−13	−6	6	n.d.	−1
1964	−42	−38	−26	−9	−4	n.d.	−4
1965	−50	−46	−21	−18	−6	n.d.	−5
1966[2]	n.d.	−21	−14	−4	−4	n.d.	−2
1967	45	42	21	13	9	n.d.	4
1968	62	60	21	30	9	n.d.	9
1969	4	5	−9	6	8	n.d.	−4
1970	114	85	37	40	9	n.d.	15
1971	59	72	29	23	19	n.d.	9
1972	18	−7	−10	2	2	n.d.	5
1973	−38	−56	−33	−25	3	n.d.	6
1974	−1	9	2	7	−2	n.d.	−3
1975	176	162	70	55	38	n.d.	23
Nouvelle enquête sur la population active							
1975	n.d.	n.d.	n.d.	n.d.	n.d.	n.d.	n.d.
1976	36	31	−3	18	5	9	6
1977	123	111	33	40	7	32	13
1978	59	47	23	7	1	16	11
1979	−72	−58	−24	−12	−3	−19	−14
1980	29	22	15	10	1	−4	7
1981	33	26	4	7	1	14	7
1982	416	366	164	106	21	71	50
1983	134	105	44	23	11	29	29
1984	−49	−43	−18	−31	−9	−14	−6

1. Les deux séries de données présentées ne proviennent pas de la même enquête et ne sont donc pas comparables entre elles.
2. Seules les données sur le chômage de 1966 à 1975 ont été révisées par Statistique Canada.
3. Comprend les conjoints pour les années antérieures à 1975.

Source: *Revue économique*, Ottawa, Ministère des Finances, avril 1985, p. 113.

Le taux de chômage et le taux d'inflation

Étant donné que le chômage frictionnel découle du fonctionnement normal de l'appareil de production et que le chômage structurel ne peut être réduit rapidement et utilement par une hausse de l'activité économique à court terme, on doit conclure que l'appareil économique fonctionne « normalement » ou à pleine capacité seulement lorsque le taux de chômage constaté est égal au taux de chômage naturel. En s'inspirant de cette conclusion presque intuitive, certains théoriciens ont avancé que le comportement du taux d'inflation dépend de la différence entre le taux de chômage naturel et le taux de chômage constaté:

– le taux d'inflation serait constant ($\dot{P} = \bar{P}$) lorsque le taux de chômage constaté est égal au taux de chômage naturel:

$$TC = TC^N \Rightarrow \dot{P} = \bar{P}$$

– le taux d'inflation serait croissant ($\dot{P}\uparrow$) lorsque le taux de chômage constaté est plus faible que le taux de chômage naturel:

$$TC < TC^N \Rightarrow \dot{P}\uparrow$$

– le taux d'inflation serait décroissant ($\dot{P}\downarrow$) lorsque le taux de chômage constaté est plus élevé que le taux naturel:

$$TC > TC^N \Rightarrow \dot{P}\downarrow$$

Si le comportement du taux d'inflation dépend de l'écart entre le taux de chômage constaté et le taux de chômage naturel, il est alors très important de disposer d'une estimation fiable du taux de chômage naturel pour définir la politique économique appropriée et notamment pour éviter qu'une politique expansionniste n'accentue le taux d'inflation.

Le concept de taux de chômage naturel fait malheureusement problème, parce qu'il n'existe pas de méthode éprouvée permettant de dégager une estimation fiable. Le fait que de nombreuses estimations du taux de chômage naturel soient avancées par les économètres paralyse les responsables de la gestion macro-économique et constitue une source majeure d'incertitude et d'énervement pour les portefeuillistes qui redoutent constamment la hausse du taux d'inflation et la baisse consécutive du cours des titres obligataires. Le graphique 1 présente des estimations du taux de chômage naturel aux États-Unis au cours de la période 1948-1983: la courbe centrale représente les estimations d'un chercheur, tandis que les deux autres courbes définissent un tunnel dont les limites supérieure et inférieure proviennent des estimations de huit autres chercheurs. On constate que la hauteur moyenne du tunnel a été d'environ 1,5 %. Le graphique 2 montre que le taux de chômage constaté a presque toujours été différent du taux de chômage naturel, lequel a eu tendance à augmenter au cours de la période 1945-1985.

GRAPHIQUE 1

**Diverses estimations de l'évolution du taux
de chômage naturel aux États-Unis, 1948-1983
(en pourcentage)**

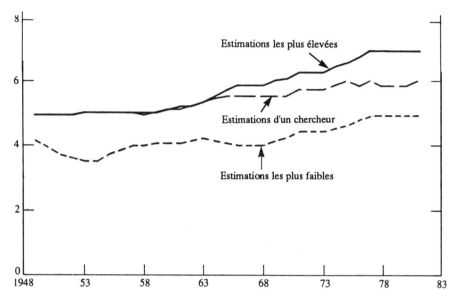

Source: « The Natural Rate of Unemployment: Concepts and Issues », *Economic Review*, Federal Reserve Bank of
Kansas City, vol. 71, n° 1, janvier 1986, p. 16.

Le chômage: un phénomène complexe

La diversité des causes du sous-emploi conduit à distinguer plusieurs types de
chômage et par conséquent à nuancer la signification du concept de taux de chômage.

Le chômage conjoncturel

Le chômage conjoncturel, qui porte aussi le nom de chômage cyclique, est lié
essentiellement au recul de la production au cours d'une récession. Au début d'une
contraction de l'activité économique, les employeurs sont d'abord sceptiques et préfèrent souvent maintenir leur effectif de travail, lorsqu'ils jugent que la baisse de leurs
ventes est temporaire et le licenciement de personnes bien formées, potentiellement
très coûteux. C'est seulement sous le poids de l'évidence, c'est-à-dire à la suite d'une
récession sévère et prolongée, que les chefs d'entreprise se résignent à réduire leur
effectif et à risquer que les personnes licenciées ne soient plus disponibles au moment
de l'éventuelle reprise de l'activité économique; seuls ceux qui sont animés par une
vision à long terme préféreront « stocker » une partie de leur effectif de travail plutôt

GRAPHIQUE 2

**Évolution du taux de chômage constaté
et du taux de chômage naturel
aux États-Unis, 1945-1985
(en pourcentage)**

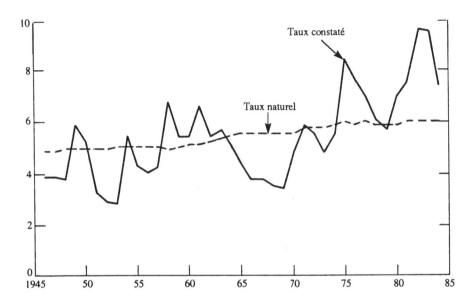

Source :   « The Natural Rate of Unemployment : Concepts and Issues », *Economic Review*, Federal Reserve Bank of
            Kansas City, vol. 71, n°1, janvier 1986, p. 14.

que d'appauvrir durablement la substance de l'entreprise. Les pertes d'emplois résultent donc généralement du désir des entreprises les plus vulnérables de survivre et du fait que certaines entités jugent que la réduction de leur effectif de travail ne remet pas en question leur développement à long terme.

Le chômage conjoncturel est réversible, puisque le rebondissement éventuel de l'activité économique favorise l'absorption des personnes licenciées.

Le chômage frictionnel

Le chômage dit « frictionnel » résulte des changements qui découlent du fonctionnement normal de l'appareil de production et de certaines imperfections du marché du travail.

À tout moment, donc quelle que soit la conjoncture, certaines personnes entrent sur le marché du travail (nouveaux travailleurs et chômeurs retrouvant un emploi), tandis que d'autres le quittent (travailleurs qui prennent leur retraite, travailleurs licenciés, travailleurs à la recherche d'un meilleur emploi, travailleurs « découragés » qui renoncent à chercher un emploi, etc.).

Les travailleurs licenciés de façon permanente et qui ont une formation répondant aux besoins de l'appareil de production, ainsi que les travailleurs qui quittent volontairement le marché du travail afin de chercher un emploi plus satisfaisant, sont généralement confrontés à certaines imperfections du marché du travail, notamment aux difficultés et aux coûts liés à la recherche d'un nouvel emploi (temps et ressources financières consacrés à recueillir l'information et à rencontrer les employeurs potentiels). L'individu qui, après un examen approfondi des possibilités d'emploi, accepte le travail correspondant le mieux à ses aptitudes peut s'épanouir davantage. Ce choix réfléchi ne peut que contribuer à l'enrichissement de toute la société puisqu'il se traduit par une meilleure affectation des ressources.

Le chômage structurel

Le chômage structurel peut résulter de certaines imperfections du marché du travail plus difficilement réductibles que celles qui sont responsables du chômage frictionnel, ainsi que des changements qui modifient la composition de la production et l'état de la technologie.

Deux imperfections du marché du travail contribuent à expliquer le chômage structurel: l'inadéquation entre les qualifications des chômeurs et les exigences des employeurs, et la faible mobilité de certains travailleurs.

La première imperfection est intimement liée aux changements dans la composition de la production provoqués par la modification des goûts des consommateurs et par le progrès technologique. Aiguillonnés par la concurrence, les chefs d'entreprise sont contraints de bouleverser leurs modes de fabrication, de gestion et de distribution. Les travailleurs licenciés qui ne reçoivent pas de nouvelle formation au sein de l'entreprise font alors face à un épineux problème de reconversion ou de « recyclage ». Le fait que l'acquisition d'une nouvelle expertise exige à la fois du temps et des ressources matérielles et financières explique que certaines formes de chômage soient non seulement inévitables dans une économie soumise au changement incessant, mais aussi difficilement réductibles à court terme.

La deuxième imperfection du marché du travail, le problème de la mobilité des travailleurs, découle de facteurs très divers. L'immobilité est géographique lorsque les personnes désireuses de travailler ne peuvent assumer les coûts liés à la recherche d'un emploi et lorsque les entreprises désireuses de gonfler leur effectif ne sont pas situées dans la même région. L'immobilité peut également résulter d'obstacles culturels (barrières linguistiques), sociaux (enracinement dans une collectivité), financiers (coûts élevés des déplacements) et personnels (perception des difficultés que comporte l'insertion de l'individu et de sa famille dans un environnement différent).

Les victimes du chômage structurel sont également confrontées aux imperfections normales du marché du travail: le temps nécessaire à la recherche de l'information, l'examen des différentes offres d'emploi, les déplacements d'une région à une autre, etc. Le chômeur découragé pourra même décider d'abandonner toute recherche d'un nouvel emploi.

Le chômage naturel

L'équation suivante montre que le taux de chômage *constaté*[6] (TC) découle du chômage conjoncturel (TC^C), du chômage frictionnel (TC^F) et du chômage structurel (TC^S):

$$TC = TC^C + TC^F + TC^S$$

Le taux de chômage *naturel* (TC^N) résulte du chômage frictionnel et du chômage structurel:

$$TC^N = TC^F + TC^S$$

Le taux de chômage naturel, qui découle de facteurs difficilement réductibles à court terme, requiert des interventions de caractère micro-économique, plutôt que la stimulation de la demande globale de biens et de services. Parmi les mesures d'ordre micro-économique susceptibles d'abaisser durablement le taux de chômage naturel, citons:

– La mise sur pied d'un système d'enseignement favorisant l'acquisition d'une formation générale, qui a le mérite de renforcer la faculté d'adaptation au changement et l'insertion productive et enrichissante des individus sur le marché du travail;

– La création d'une gamme complète d'établissements d'enseignement spécialisés permettant l'apprentissage des diverses technologies industrielles et assurant l'adéquation de la formation reçue avec les besoins émanant de l'appareil économique;

– Un programme de subventions destiné à augmenter la mobilité des chômeurs vers les régions où leur expertise peut être pleinement mise en valeur;

– Un service national de placement capable de véhiculer rapidement l'information et de réduire ainsi l'ampleur des ressources affectées aux activités de recherche d'un emploi;

– La réduction de certaines entraves liées à la syndicalisation, à la réglementation gouvernementale, afin d'augmenter la mobilité des travailleurs et la flexibilité du marché du travail;

– La mise en place d'un programme de paiements de transfert (aide sociale et prestations d'assurance-chômage) qui pallie les imperfections du marché du travail,

---

6. Nous faisons abstraction du chômage qui découle des facteurs saisonniers, d'origine climatique, sociale (vacances estivales), légale (fête du Travail) et religieuse (Noël), qui affectent d'une façon périodique, donc prévisible, certaines activités.

mais évite que les bénéficiaires ne soient enclins à en abuser (par exemple, en différant le plus possible la recherche active d'un emploi).

Une partie du chômage naturel résulte de la discrimination (sociale, linguistique, culturelle, raciale, etc.) et ne peut donc être éliminée par des mesures économiques. La réduction de cette source de chômage passe par une transformation laborieuse des mentalités.

Le tableau 10 et le graphique 3 présentent des estimations du taux de chômage naturel canadien au cours de la période 1966-1985. On constate que le taux de chômage naturel aurait d'abord augmenté jusqu'en 1977, puis aurait fléchi, contrairement au taux de chômage constaté qui, lui, a fortement augmenté.

TABLEAU 10

**Évolution du taux de chômage constaté et
du taux de chômage naturel au Canada, 1961-1985
(en pourcentage)**

	Taux de chômage	
	constaté	naturel
1961	6,4	5,3
1962	5,3	5,3
1963	5,0	5,6
1964	4,3	5,7
1965	3,6	5,7
1966	3,4	5,6
1967	3,8	5,7
1968	4,5	5,8
1969	4,4	6,0
1970	5,7	6,5
1971	6,2	6,7
1972	6,2	6,9
1973	5,5	7,0
1974	5,3	7,0
1975	6,9	7,3
1976	7,1	7,6
1977	8,1	7,8
1978	8,3	7,8
1979	7,4	7,7
1980	7,5	7,5
1981	7,5	7,3
1982	11,0	7,4
1983	11,9	7,1
1984	11,3	6,7
1985	10,5	6,2

Source: P. FORTIN, « How Natural is Canada's High Unemployment Rate? », cahier 8613, Département de science économique, Université Laval, avril 1986.

GRAPHIQUE 3

**Évolution du taux de chômage constaté et
du taux de chômage naturel au Canada, 1966-1985
(en pourcentage)**

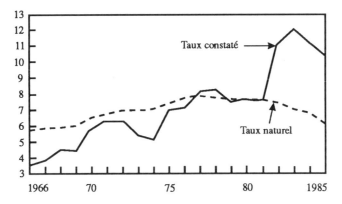

Source : P. Fortin, « How Natural is Canada's High Unemployment Rate? », cahier 8613, Département de science économique, Université Laval, avril 1986.

Le graphique 4 présente l'évolution du taux de chômage constaté et du taux de chômage naturel au Canada au cours de la période 1980-1987. On constate que les estimations du taux de chômage naturel avancées par le Conseil économique du Canada diffèrent de celles qui apparaissent dans le tableau 10. Les écarts parfois importants entre les diverses estimations du taux de chômage naturel constituent une source d'incertitude pour les agents, notamment les portefeuillistes, qui surveillent étroitement les variables susceptibles d'influencer l'évaluation faite par l'État de la situation économique et, par conséquent, la définition de sa politique économique.

Le taux de chômage naturel et la gestion macro-économique

L'expérience américaine, au cours des années 1959-1981 (graphique 5), montre que l'écart entre le taux de chômage constaté et le taux de chômage naturel ne permet pas à lui seul d'expliquer les variations du taux d'inflation et d'orienter la gestion macro-économique à court terme. Le comportement du taux d'inflation semble parfois avoir été lié à l'ampleur de l'écart entre les deux taux de chômage. Des exemples : entre 1958 et 1966, le taux d'inflation a été relativement faible (2 %) et stable, alors que le taux de chômage constaté était plus élevé que le taux de chômage naturel ; entre 1967 et 1973, le taux d'inflation s'est, au contraire, accentué, alors que le taux de chômage constaté était inférieur au taux naturel ; en 1975 et en 1980, le taux d'inflation a diminué, alors que le taux de chômage constaté était plus élevé que le taux

GRAPHIQUE 4

**Évolution du taux de chômage naturel et
du taux de chômage constaté au Canada, 1980-1987
(en pourcentage)**

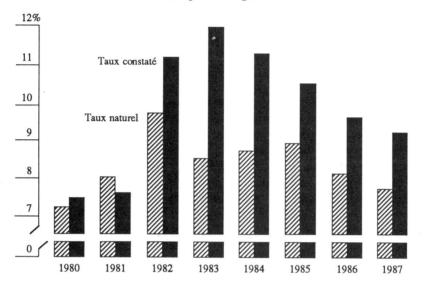

Source: *Au Courant*, Ottawa, Conseil économique du Canada, vol. 9, n° 2, 1988, p. 5.

GRAPHIQUE 5

**Évolution du taux d'inflation et de l'écart entre les
taux de chômage naturel et constaté aux États-Unis, 1959-1981
(en pourcentage)**

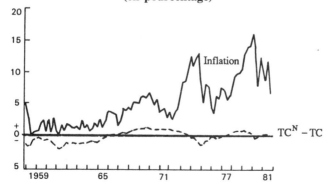

Source: « What is the Natural Rate of Unemployment? », *Economic Perspectives*, Federal Reserve Bank of Chicago, vol. X, n° 5, septembre-octobre 1986, p. 15.

de chômage naturel. Le graphique 5 montre, cependant, qu'une bonne partie des variations du taux d'inflation ne peut être expliquée en prenant uniquement en considération l'écart entre les taux de chômage constaté et naturel. C'est le cas au cours des années 1970, qui ont été témoins de deux chocs pétroliers (1973-1974 et 1979-1980) et d'un virage brusque de la politique monétaire américaine (1979).

Le fait que, d'une part, les variations du taux d'inflation ne dépendent pas uniquement des variations de la différence entre le taux de chômage constaté et le taux de chômage naturel, et que, d'autre part, l'estimation du taux de chômage naturel soit un exercice hasardeux, signifie que le concept de taux de chômage naturel a une portée très limitée en matière de gestion macro-économique. Ce concept a néanmoins le mérite d'attirer l'attention sur le fait que le taux de chômage naturel n'a rien de naturel, si l'on entend par ce terme qu'il serait incompressible et le résultat d'un déterminisme aveugle, et si l'on considère qu'il peut être réduit à long terme par des mesures d'ordre micro-économique plutôt que par des politiques expansionnistes globales, donc indifférenciées.

Section 2

Lutte contre la coexistence de l'inflation et du chômage

Le taux d'inflation est généralement lié au degré d'utilisation des ressources productives. Ainsi, dans le modèle keynésien présenté dans le chapitre IX, une hausse de la demande globale de biens et de services provoquait une augmentation des prix lorsque le niveau de la production s'approchait du seuil du plein-emploi (sur le segment ascendant de la courbe d'offre globale) et, a fortiori, lorsque l'appareil de production opérait à pleine capacité (segment vertical).

Nous démontrerons dans cette section que la stimulation de la demande globale de biens et de services fait monter le niveau des prix, mais ne réussit guère à augmenter durablement la production lorsque le taux de chômage constaté est plus faible que le taux de chômage naturel, étant donné que les agents tentent de corriger leurs erreurs de prévision en matière d'inflation. Nous adopterons deux approches dans notre démonstration: la première s'appuie sur la relation apparente entre le taux de chômage et le taux d'inflation, tandis que la seconde fait appel aux concepts d'offre et de demande globales de biens et de services.

Relation apparente entre inflation et chômage

Chaque point d'une courbe F (graphique 6)[7] indique un taux d'inflation porté sur l'axe des ordonnées et un taux de chômage porté sur l'axe des abscisses (par exem-

---

7. Cette courbe est appelée courbe de Phillips à court terme d'après le nom de son concepteur qui a étudié la relation entre le taux de chômage et le taux de variation des salaires: « The Relationship Between Unemployment and the Rate of Change of Money Wages in the United Kingdom, 1861-1957 », *Economica* n.s. 25, 1958, pp. 283-299.

GRAPHIQUE 6

Inflation et chômage

(A)
L'analyse théorique

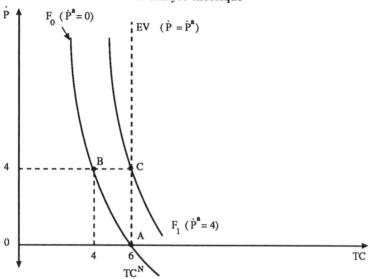

(B)
L'expérience canadienne, 1966-1984

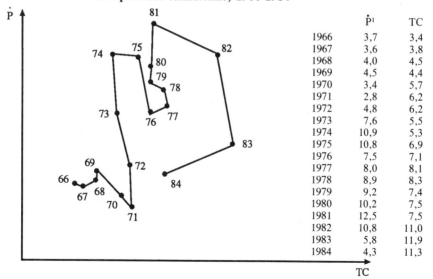

	$\dot{P}^1$	TC
1966	3,7	3,4
1967	3,6	3,8
1968	4,0	4,5
1969	4,5	4,4
1970	3,4	5,7
1971	2,8	6,2
1972	4,8	6,2
1973	7,6	5,5
1974	10,9	5,3
1975	10,8	6,9
1976	7,5	7,1
1977	8,0	8,1
1978	8,9	8,3
1979	9,2	7,4
1980	10,2	7,5
1981	12,5	7,5
1982	10,8	11,0
1983	5,8	11,9
1984	4,3	11,3

1. Indice des prix à la consommation.

Source: *Revue économique*, Ottawa, Ministère des Finances, avril 1985, p. 107.

ple, au point B, le taux d'inflation constaté est de 4 % et le taux de chômage constaté est de 4 %).

La position d'une courbe F reflète les prévisions des agents en matière d'inflation; ces attentes sont déterminées par l'environnement économique, financier et politique. Ainsi, la position de la courbe F_0 est définie, par hypothèse, pour un taux d'inflation prévu de 0 % parce que les agents croient que tel sera le taux d'inflation futur, compte tenu de l'environnement, notamment des politiques des pouvoirs publics qu'ils prévoient.

Fait important, si chaque point d'une courbe F représente un taux de chômage et un taux d'inflation, un seul d'entre eux indique que les agents ont parfaitement prévu le taux d'inflation. Ainsi, le point A sur la courbe F_0 indique non seulement que le taux de chômage naturel est, par hypothèse, de 6 %, mais aussi que les agents ne font pas d'erreur de prévision seulement lorsque le taux d'inflation constaté est de 0 %, étant donné que la position de la courbe F_0 est définie pour un taux d'inflation de 0 %. Dès lors que le taux d'inflation observé est supérieur à 0 %, les agents constatent qu'ils se sont trompés et cherchent à corriger leur erreur de prévision en exigeant, à l'échéance des ententes contractuelles, des prix plus élevés pour les services des facteurs et pour les produits. Ces efforts d'adaptation à un nouvel environnement expliquent le passage de la courbe F_0 à la courbe F_1 lorsque les agents constatent que le taux d'inflation est désormais de 4 %.

Au point d'intersection de la perpendiculaire[8] EV et de l'axe des abscisses, le taux de chômage constaté est égal, par hypothèse, au taux de chômage naturel (TC = TC^N = 6 %). Au point A et en tous les autres points de la droite EV, les agents prévoient parfaitement le taux d'inflation (donc $\dot{P} = \dot{P}^a$).

La pente négative de la courbe F_0 ou F_1 donne l'impression que le taux de chômage naturel peut être réduit durablement en stimulant l'activité économique, à la condition de tolérer une hausse du taux d'inflation. Il s'agit évidemment d'une illusion puisque toute tentative de l'État ou de la banque centrale de stimuler l'activité économique crée un déséquilibre macro-économique en réduisant le taux de chômage en deçà de son seuil naturel et en créant de l'inflation, comme l'illustre le glissement sur la courbe F_0 du point A au point B. L'adaptation au nouvel environnement se traduit par des hausses des prix et des taux de rémunération et par le passage de la courbe F_0 à la courbe F_1. Au point d'intersection (C) de la courbe F_1 et de la verticale EV, l'appareil économique est de nouveau en situation d'équilibre puisque les taux d'inflation constaté et prévu sont égaux (4 %). Mais cet état de choses n'a cependant rien de réjouissant puisque le taux de chômage naturel n'a guère été réduit (il est de 6 % tout comme au point A) et puisque le taux d'inflation est désormais plus élevé (6 % contre 0 % antérieurement). La vitesse d'adaptation des agents à un environnement changeant et inattendu dépend de plusieurs facteurs que nous aborderons bientôt.

---

8.   Cette courbe est appelée courbe de Phillips à long terme.

Le graphique 7 montre que l'ampleur de la réduction à court terme du taux de chômage naturel dépend de la pente de la courbe F. Ainsi, une baisse de 5 % du taux de chômage est accompagnée d'un taux d'inflation de seulement 2 % au point B sur la courbe F_0. La courbe F_1 montre qu'une réduction de 5 % du taux de chômage provoque une hausse du taux d'inflation de 0 à 6 % (point C). Une réduction du taux de chômage de 1 % seulement est accompagnée d'un taux d'inflation de 14 % sur la courbe F_2. La pente de la courbe F est d'autant plus grande que les agents sont conscients des conséquences inflationnistes, donc funestes, de toute tentative des pouvoirs

GRAPHIQUE 7

**Les répercussions à court terme
sur le taux d'inflation d'une réduction du taux de chômage naturel
dépendent de la pente de la courbe F**

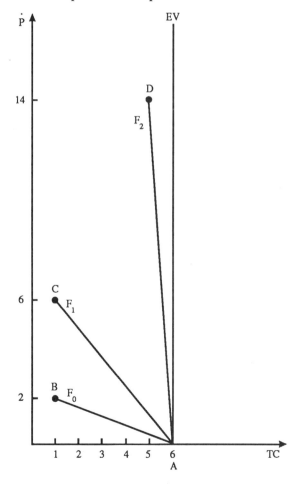

publics de stimuler l'activité économique par des mesures macro-économiques lorsqu'ils jugent que le taux de chômage constaté est approximativement égal au taux de chômage naturel.

La partie B du graphique 6 montre que la succession chronologique des points inflation-chômage tend à former une boucle. Cette boucle diffère évidemment d'une courbe F, puisque cette dernière est définie, à un moment déterminé, pour un certain taux d'inflation prévu. L'expérience canadienne démontre que l'accélération du taux d'inflation n'a pas été accompagnée d'une baisse durable du taux de chômage. La pente d'un segment de la boucle est certes négative entre 1969 et 1971 ainsi qu'entre 1981 et 1983, alors que le ralentissement du taux d'inflation est accompagné d'une hausse du taux de chômage. La pente d'un autre segment est aussi (fortement) négative entre 1971 et 1974, ainsi qu'entre 1977 et 1981, alors que la très faible baisse du taux de chômage est accompagnée d'une forte accélération du taux d'inflation. Mais la pente du segment défini par les années 1966-1969 est positive, alors que le taux de chômage augmente avec le taux d'inflation; entre 1983 et 1984, le taux d'inflation et le taux de chômage diminuent simultanément.

L'évolution des taux de chômage et d'inflation entre 1982 et 1984 est révélatrice des bienfaits de la désinflation. Ainsi, la baisse du taux d'inflation a certes été accompagnée d'une hausse temporaire du taux de chômage, entre 1981 et 1983, mais la désinflation continue, entre 1983 et 1984, a été accompagnée d'une réduction du taux de chômage. Une hausse du taux de chômage n'est donc pas un trait permanent d'un appareil de production durablement mieux géré ou contraint par une récession économique (comme ce fut le cas en 1982) de faire l'expérience d'un ralentissement du taux d'inflation.

L'expérience canadienne montre également que la très faible diminution du taux de chômage au cours des périodes 1971-1974 et 1977-1981 a été accompagnée d'une forte accélération du taux d'inflation; tout semble donc s'être passé comme si la réduction du taux de chômage en deçà d'un certain seuil ne pouvait manquer de renforcer le taux d'inflation.

Le graphique 8 montre que le Canada n'est pas le seul pays industrialisé où la succession chronologique des points inflation-chômage tend à former des boucles. La Banque des règlements internationaux tente d'expliquer l'hétérogénéité dans la forme des boucles par la diversité des réactions des économies nationales aux deux chocs pétroliers[9] :

> Deux boucles ont, à l'évidence, été liées aux chocs pétroliers et aux politiques anti-inflationnistes mises en œuvre pour y faire face. Dans tous les pays, la hausse des prix pétroliers a conduit d'emblée à une accélération brutale des salaires nominaux, qui a été suivie d'une aggravation du chômage sous l'effet de la contraction des bénéfices et de l'adoption des mesures restrictives par les pouvoirs publics. La forme des boucles est cependant fort différente selon les grands pays, peut-être en fonction de la plus ou

---

9. L'expérience d'autres pays est tirée de BANQUE DES RÈGLEMENTS INTERNATIONAUX, *59ᵉ Rapport annuel*, Bâle, juin 1989, pp. 32-34.

GRAPHIQUE 8

Inflation et chômage, 1961-1989
(en pourcentage)

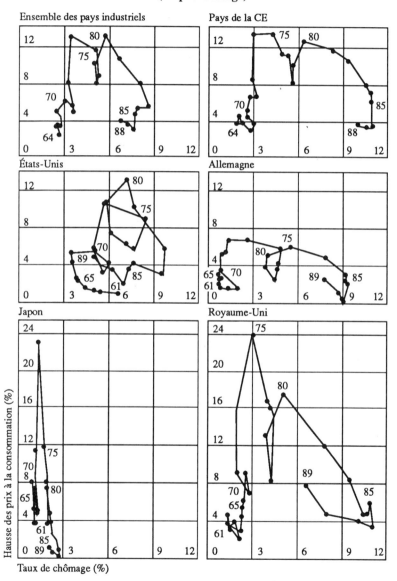

Source : Banque des règlements internationaux, *59ᵉ Rapport annuel,* Bâle, juin 1989, p. 33.

moins grande rapidité avec laquelle les salaires ont réagi à la montée du chômage. Au Japon, qui a été le plus affecté par le premier choc pétrolier, avec des taux d'inflation brutalement portés jusqu'à plus de 20 %, une évolution « plus normale » de la hausse des prix est apparue rapidement, sans forte augmentation du chômage. Aux États-Unis également, les boucles tendent à être relativement fermées, étant donné que l'aggravation du chômage consécutive à un choc sur le front des prix est généralement susceptible d'être inversée — en partie tout au moins — lorsque l'inflation vient à être de nouveau maîtrisée. Quoi qu'il en soit, le tracé rejoignant les points récents sur le graphique est simplement revenu dans la zone occupée juste avant le dernier choc pétrolier et n'a pas retrouvé les combinaisons plus favorables du début des années soixante.

À cet égard, la situation apparaît bien pire en Europe. Après les deux chocs pétroliers, les salariés se sont opposés à la réduction de leurs revenus réels provoquée par l'enchérissement des prix à l'importation et ne se sont adaptés qu'avec lenteur également au ralentissement ultérieur des gains de productivité. Il en est résulté une forte poussée du chômage. Cependant, l'élément le plus inquiétant en Europe est que, même après le ralentissement de la hausse des salaires nominaux et réels et le retour à une trajectoire de croissance économique plus soutenue, le taux de chômage s'est maintenu à un niveau élevé. Seul le Royaume-Uni est jusqu'à présent parvenu à améliorer plus que temporairement les résultats de son couple chômage-inflation. En dépit des efforts des gouvernements européens pour restructurer de diverses manières les marchés du travail notamment, il apparaît clairement que beaucoup reste à faire pour réduire le chômage autant qu'aux États-Unis, à plus forte raison pour retrouver des niveaux qui étaient considérés comme normaux il y a un quart de siècle.

Tandis que les chiffres du marché du travail indiquent la persistance de fortes variations des marges de ressources inemployées entre les pays industriels, les indicateurs de l'utilisation des capacités de production donnent une image plus uniforme. De surcroît, cette uniformité se caractérise par des niveaux d'utilisation historiquement élevés. Après de nombreuses années de faible développement des investissements à la fin des années soixante-dix et au début de la décennie en cours, il n'est peut-être pas surprenant que des taux élevés d'utilisation du stock de capital aient été atteints avant même la résorption de la plus grande partie du chômage. Il est également possible — en dépit des programmes de formation et des stages professionnels — que les chiffres du chômage donnent, dans certains pays, des indications trompeuses sur le nombre de personnes susceptibles de retrouver un emploi. Plusieurs pays accordent une attention croissante aux problèmes statistiques concernant le marché du travail.

L'offre et la demande globales, et l'inflation

Les concepts d'offre et de demande globales permettent également de mettre en évidence la futilité de toute tentative de l'État ou de la banque centrale de réduire durablement le taux de chômage en deçà de son seuil naturel.

Le graphique 9 présente deux courbes d'offre globale[10]: la courbe d'offre globale éventuelle (OG^{EV}) et la courbe d'offre globale à court terme (OG^{CT}).

---

10. Ces deux courbes sont appelées également courbes de Phillips à court et à long terme.

GRAPHIQUE 9

**La courbe d'offre globale éventuelle et
la courbe d'offre globale à court terme**

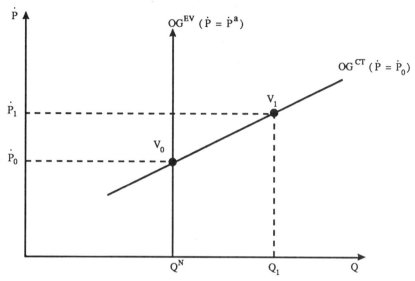

L'offre globale éventuelle (OG^{EV})

La courbe d'offre globale éventuelle est représentée (graphique 9) par la verticale OG^{EV} qui émane du niveau de production $Q = Q^N$. Lorsque la production atteint son niveau naturel (Q^N), le taux de chômage constaté (TC) est alors égal, par définition, à son niveau naturel (TC^N) et les agents prévoient correctement le taux d'inflation ($\dot{P} = \dot{P}^a$). Le terme « éventuel » désigne une période de temps indéterminée ; sa durée varie d'un pays à l'autre, étant donné que la rapidité avec laquelle les agents peuvent corriger leurs erreurs de prévision en matière d'inflation dépend de particularités nationales, tels les modes de détermination des rémunérations et les contrôles gouvernementaux.

L'offre globale à court terme (OG^{CT})

La courbe d'offre globale à court terme (OG^{CT}) est définie pour un certain taux d'inflation attendu ($\dot{P}^a = \dot{P}_0$). On constate que le taux d'inflation prévu est égal au taux d'inflation constaté uniquement au point (V_0) d'intersection de la courbe d'offre globale à court terme et de la courbe d'offre globale éventuelle. Tous les autres points de la courbe d'offre à court terme traduisent des situations de déséquilibre à court et à long termes, puisque les prévisions des agents sont alors erronées. C'est le cas, par exemple, au point V_1, où le taux d'inflation constaté ($\dot{P}_1$) est plus élevé que le taux d'inflation prévu ($\dot{P}_1 > \dot{P}_0 = \dot{P}^a$). La chute imprévue du salaire réel ($S_0/P_1 < S_0/P_0$) a plusieurs conséquences : elle réduit le prix de revient des entreprises ; elle gonfle les profits attendus et incite ainsi les chefs d'entreprise à hausser leur production ($Q_1 > Q^N$) et leur effectif de travail, de sorte que le taux de chômage constaté fléchit sous son seuil naturel ($TC < TC^N$) ; elle incite les travailleurs à tenir compte, lors de négociations éventuelles, de l'érosion de leur salaire réel et à se prémunir contre les effets négatifs de l'accélération inattendue du taux d'inflation.

Le fait que l'accélération imprévue du taux d'inflation puisse théoriquement déprimer le salaire réel et stimuler ainsi la production peut-il être exploité par l'État ou la banque centrale, dans le but d'animer durablement l'activité économique et de réduire ainsi le taux de chômage en deçà de son seuil naturel ? Pour répondre à cette question capitale, il faut d'abord examiner la courbe de demande globale DG_0 (graphique 10).

La position d'une courbe de demande globale dépend du taux de croissance de la dépense nationale nominale ($\dot{DG} = \dot{Y} = \dot{P} + \dot{Q}$). Ainsi, la courbe $\dot{DG}_0$ est définie pour un taux de variation de 0 % de la demande globale de biens et de services. Ce taux détermine les points ou les scénarios A, B et C sur la courbe $\dot{DG}_0$; par exemple, si la valeur initiale de la production réelle (Q_0^N) est de 100 $, une hausse du taux

GRAPHIQUE 10

**La courbe de demande globale dépend
du taux de croissance de la dépense nominale**

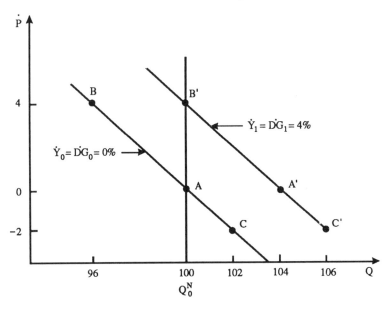

d'inflation de 0 à 4 % se traduit par une baisse de 4 % de la production réelle, qui passe alors de 100 à 96 $.

Scénario	$\dot{Y}$	=	$\dot{P}$	+	$\dot{Q}$
A	0 %	=	0 %	+	0 %
B	0 %	=	4 %	−	4 %
C	0 %	=	− 2 %	+	2 %

Une accélération du taux de croissance de la demande globale de 0 % ($\dot{DG} = 0$) à 4 % ($\dot{DG}_1 = 4$) se traduit par un déplacement vers la droite de la courbe de demande globale ($\dot{DG}_0 \rightarrow \dot{DG}_1$):

Scénario	$\dot{Y}$	=	$\dot{P}$	+	$\dot{Q}$
A ′	4 %	=	0 %	+	4 %
B ′	4 %	=	4 %	+	0 %
C ′	4 %	=	− 2 %	+	6 %

Le caractère éphémère de la stimulation de la demande globale lorsque $Q = Q^N$

Le graphique 11 permet de démontrer que ni l'État ni la banque centrale ne peuvent augmenter durablement la production au-delà de son seuil naturel ($Q_1 > Q^N$) ou réduire le taux de chômage en deçà de son seuil naturel.

Dans la situation initiale définie par le point V_0, l'appareil de production est en situation d'équilibre: les agents ne font pas d'erreur de prévision en matière d'inflation ($\dot{P} = \dot{P}^a = 0$); la production atteint son niveau naturel ($Q = Q_0^N$); le taux de chômage constaté est égal au taux de chômage naturel ($TC = TC^N$).

Une hausse de la demande globale de 0 à 4 %, engendrée par l'État ou la banque centrale, se traduit par le déplacement vers la droite de la courbe de demande globale ($\dot{DG}_0 \rightarrow \dot{DG}_1$). Étant donné que la courbe d'offre globale à court terme OG_0^{CT} croise la nouvelle courbe de demande globale au point V_1, la production augmente temporairement de 100 à 102 $. Mais cette situation est éphémère, car les agents errent en matière d'inflation ($\dot{P} = 2 > \dot{P}^a = 0$) et sont ainsi incités à défendre leurs rémunérations réelles. Certains groupes de travailleurs obtiennent une hausse de leur salaire nominal lors du renouvellement des conventions collectives, tandis que d'autres bénéficient d'augmentations quasi immédiates, soit en raison d'une clause liant la rémunération nominale à l'indice des prix, soit à cause de la renégociation des contrats de travail avant même leur échéance. Les hausses des rémunérations nominales augmentent le prix de revient et provoquent ainsi le déplacement progressif vers la gauche de la courbe d'offre globale à court terme. Au point V_n, l'appareil de production est de nouveau en situation d'équilibre, puisque les prévisions sont conformes aux événements ($\dot{P}^a = \dot{P} = 4$), mais la production et le chômage n'accusent aucun progrès puisque la production et le taux de chômage reviennent à leur niveau naturel ($Q_0 = Q_0^N$ et $TC = TC^N$).

GRAPHIQUE 11

**L'adaptation de l'appareil économique à une
erreur de prévision en matière d'inflation**

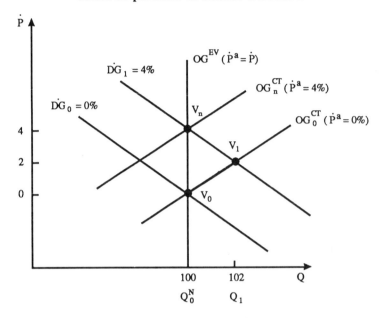

La stimulation continue de la demande globale accélère l'inflation

Le graphique 12 permet de démontrer que la hausse continue du taux de croissance de la demande globale, dans le but de résorber le chômage *naturel*, s'avère tôt ou tard stérile et se traduit uniquement par l'accélération du taux d'inflation. En effet, une hausse de la production de 100 à 102 \$ peut se maintenir seulement si l'État ou la banque centrale peut augmenter le taux de croissance de la dépense nominale ($\dot{DG}_0 \rightarrow \dot{DG}_1 \rightarrow \dot{DG}_2 \rightarrow$ ...) de façon à compenser la force de recul de l'activité économique représentée par le déplacement vers la gauche de la courbe d'offre globale à court terme ($\leftarrow OG_2^{CT} \leftarrow OG_1^{CT} \leftarrow OG_0^{CT}$). La droite verticale discontinue, où se situent les points V_1, V_2 et V_3, révèle que le niveau de production Q_1 est accompagné d'une accélération du taux d'inflation (2, 6, 10, ...).

La durée de la période d'expansion dépend de la perspicacité des agents et de la rapidité avec laquelle ils réussissent à corriger leurs erreurs de prévision en matière d'inflation.

GRAPHIQUE 12

**L'essor continu du taux de croissance
de la demande globale accélère le taux d'inflation**

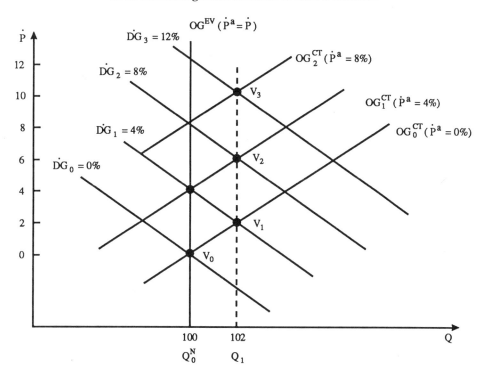

Les agents ne sont pas aveugles

L'accroissement durable de l'activité économique au-delà de son seuil naturel $(Q > Q^N)$ et la réduction consécutive du chômage en deçà de son seuil naturel $(TC < TC^N)$ ne sont possibles que si les agents ne perçoivent pas l'accélération du taux d'inflation. Ceci est une aberration dans le monde actuel, caractérisé par la surabondance de l'information et la rapidité extrême avec laquelle elle est véhiculée.

Les agents voient mais ils sont impuissants

Ceci est concevable uniquement dans les économies entièrement contrôlées (si l'on fait abstraction du développement alors inéluctable du marché noir).

Les réactions des agents sont retardées

Dans les économies avancées, trois raisons expliquent que les agents ne peuvent corriger instantanément leurs erreurs de prévision en matière d'inflation :

- Certains prix sont rigides, en raison d'ententes contractuelles entre acheteurs et fournisseurs ou à cause de contrôles gouvernementaux ;

- Les salaires nominaux sont fixés contractuellement pour une période prédéterminée (un an, deux ans...), de sorte qu'une chute inattendue du salaire réel ne peut, en l'absence de renégociations, être contrée immédiatement ;

- Les prévisions en matière d'inflation sont souvent liées au passé. Ainsi, l'équation suivante montre que le taux d'inflation prévu par les agents au cours de la période t dépend du taux d'inflation prévu au cours de la période précédente et d'une proportion (λ) de l'erreur de prévision au cours de la période précédente :

$$\dot{P}^a_t = \dot{P}^a_{t-1} + \lambda\,(\dot{P}_{t-1} - \dot{P}^a_{t-1})$$

Si les agents croient que leur erreur de prévision au cours de la période précédente se reproduira, la valeur de λ sera l'unité, de sorte que le taux d'inflation prévu sera égal au taux d'inflation constaté au cours de la période précédente :

$$\dot{P}^a_t = \dot{P}^a_{t-1} + \lambda\,(\dot{P}_{t-1} - \dot{P}^a_{t-1})$$
$$\dot{P}^a_t - \dot{P}^a_{t-1} = \dot{P}_{t-1} - \dot{P}^a_{t-1}$$
$$\dot{P}^a_t = \dot{P}_{t-1}$$

Si les agents croient qu'une partie seulement de leur erreur de prévision est susceptible de se reproduire, la valeur de λ sera inférieure à l'unité. Plus la valeur de λ est élevée, plus les prévisions courantes sont influencées par les erreurs passées. La valeur de λ détermine donc la vitesse avec laquelle les agents réagissent lorsque leur prévisions sont erronées, ou, en d'autres termes, la rapidité avec laquelle l'appareil économique réagit en situation de déséquilibre. Si, par exemple, la valeur de λ est élevée lorsque les politiques gouvernementales provoquent la sous-estimation du taux d'inflation, la courbe d'offre globale à court terme se déplacera rapidement vers la gauche, rendant ainsi très éphémère l'essor de l'activité économique recherché par les pouvoirs publics.

Les réactions sont instantanées et l'information complète

Dans un monde imaginaire où l'information serait parfaite, complète, totalement assimilée, correctement interprétée et instantanément utilisée, la production ne pourrait dépasser son seuil naturel, quels que soient le rythme de croissance de la demande globale et le taux d'inflation. Dans un tel contexte, la courbe d'offre globale à court terme disparaîtrait et seule la courbe d'offre globale éventuelle subsisterait, reflétant ainsi l'absence totale d'erreur de prévision en matière d'inflation.

Les réactions sont retardées mais les agents sont perfectibles

Dans la réalité, les réactions des agents ne sont jamais instantanées, non seulement parce que l'information courante est incomplète, entachée d'erreurs et sujette à de nombreuses révisions, mais aussi parce que les agents éprouvent beaucoup de difficultés, comme d'ailleurs l'État et la banque centrale, à comprendre et par conséquent à prévoir le comportement de l'appareil économique (chaque agent a son modèle de fonctionnement de l'économie, si l'on en juge, dans la réalité, par la diversité des opinions et des prévisions des économistes et des portefeuillistes).

Les agents font des erreurs de prévision qui enrichissent leur mémoire et approfondissent leur compréhension des rouages économiques et financiers, et par conséquent leur faculté de prévoir non seulement les conséquences des politiques macro-économiques, mais aussi les changements dans ces politiques. Sensibles à leurs erreurs passées, les agents sont de plus en plus prudents, comme en témoignent la préférence accordée aux contrats à court terme, le niveau très élevé des taux d'intérêt à long terme et les clauses d'indexation des salaires à l'indice des prix à la consommation.

Conclusion

La gestion macro-économique serait grandement simplifiée si le chômage et l'inflation ne coexistaient pas, si le taux d'inflation était constant lorsque le taux de chômage constaté est égal au taux de chômage naturel et si les pouvoirs publics n'étaient pas gênés dans leur action par l'hypersensibilité des agents privés à toute tentative de sacrifier la stabilité du prix.

Dans la réalité, l'inflation et le chômage semblent inséparables, le taux d'inflation est variable, le taux de chômage naturel est une énigme plutôt qu'un chiffre précis, les agents privés, enfin, sont constamment aux aguets et tentent d'éviter de répéter leurs erreurs d'appréciation des politiques de l'État et de la banque centrale.

L'analyse précédente démontre que la stimulation de la demande globale augmente le taux d'inflation lorsqu'elle se traduit par un prélèvement sur le « noyau » des chômeurs naturels. L'accélération du taux d'inflation découle non seulement de la hausse des salaires nominaux des travailleurs dont les contrats arrivent rapidement à échéance, mais aussi des inefficacités liées à l'utilisation de ressources qui ne peuvent être employées d'une façon optimale, notamment l'emploi de chômeurs, victimes du progrès technologique, qui n'ont pas encore acquis une nouvelle formation.

La rapidité extrême avec laquelle les marchés financiers nationaux et internationaux réagissent à toute majoration du taux d'inflation prévu démontre que les portefeuillistes du monde entier sont conscients des risques financiers des politiques macro-économiques qui s'appuient sur l'idée insensée que la société tout entière peut tirer un gain net des erreurs de prévision que tenteraient de lui imposer ses propres dirigeants.

Exercices

1. Quelles mesures préconisez-vous pour réduire le chômage naturel?

2. Quel est le mérite principal du concept de taux de chômage naturel?

3. « Le problème lié à la tentative de réduire le taux de chômage en augmentant le taux d'inflation est en réalité un faux problème. » Quels commentaires cette affirmation vous inspire-t-elle?

4. Démontrez, à l'aide d'un graphique et d'un commentaire, que l'État ne peut durablement réduire le chômage naturel en tentant d'accentuer le taux d'inflation.

5. « Le taux de chômage doit être élevé pour contenir les pressions inflationnistes. » Quels commentaires cette assertion vous inspire-t-elle?

6. Comment peut-on expliquer le fait que les agents semblent éprouver des difficultés à corriger leurs erreurs de prévision en matière d'inflation?

7. Comment peut-on expliquer le fait que la courbe d'offre globale à court terme de biens et de services ait une pente positive?

8. Pourquoi la courbe d'offre globale éventuelle de biens et de services est-elle représentée par une droite verticale?

9. Représentez graphiquement le taux de chômage (en abscisses) et le taux d'inflation (en ordonnées) au Canada, au cours des cinq dernières années. Quels commentaires votre graphique vous inspire-t-il?

Bibliographie

BARBER, L. et McCALLUM, J.C.P., *Unemployment and Inflation: The Canadian Experience*, Toronto, James Lorimer and Company, 1980.

BODKIN, R.G., BOND, E.P., REUBER, G.L. et ROBINSON, T.R., *Price Stability and High Employment: The Option for Canadian Economic Policy*, Ottawa, Conseil économique du Canada, 1966.

BRADLEY, M.D. et JANSEN, D.W., « Understanding Nominal GNP Targeting », *Review*, Federal Reserve Bank of St. Louis, vol. 71, n° 6, novembre–décembre 1989.

FISCHER, S., édit., *Rational Expectations and Economic Policy*, Chicago, University of Chicago Press, 1980.

FRIEDMAN, M., « Nobel Lecture: Inflation and Unemployment », *Journal of Political Economy*, juin 1977.

GARON, J., « Évaluation du marché canadien du travail à l'horizon 2000 », *Le Banquier*, janvier–février 1990.

GEOFFREY, M. et TOOTELL, B., « How Natural is the Natural Rate of Unemployment in Europe? », *Economic Review*, Federal Reserve Bank of of Boston, janvier-février 1990.

GITTINGS, T.A., « The Inflation-Unemployment Tradeoff », *Economic Perspectives*, Federal Reserve Bank of Chicago, vol. 111, n° 5, septembre-octobre 1979.

HOLLAND, A.S., « Rational Expectation and the Effects of Monetary Policy: A Guide for the Uninitiated », *Review*, Federal Reserve Bank of St. Louis, vol. 67, n° 5, mai 1985.

OSTRY, S. et ZAIDI, M.A., *Labour Economics in Canada*, 3ᵉ éd., Toronto, MacMillan, 1979.

WILTON, D.A., « Wage Inflation in Canada », Discussion paper n° 136, Conseil économique du Canada, 1979.

CHAPITRE XII

CONSÉQUENCES DE L'INFLATION ET DE LA DÉSINFLATION

L'inflation et la désinflation ont de nombreuses conséquences économiques, financières et sociales. L'inflation altère l'affectation des ressources; elle provoque des variations des taux de change et modifie ainsi la position concurrentielle des producteurs nationaux; elle influence les prévisions économiques et financières des agents; elle accroît l'incertitude lorsqu'elle est très variable; elle mine la confiance dans l'État et la banque centrale; elle provoque des réactions d'ordre social (protestations des retraités et des obligataires appauvris ou ruinés), d'ordre politique (défaite électorale du parti au pouvoir), d'ordre financier (explosion des taux d'intérêt et effondrement des cours des actions et des obligations) et d'ordre économique (hausse du chômage, naissance d'une récession, déclin de la productivité et de la rentabilité), etc.

Que la désinflation résulte des interventions des pouvoirs publics ou d'une réaction spontanée des agents privés qui, perturbés par le taux d'inflation prévu, manifestent leur désapprobation de la gestion macro-économique courante en vendant massivement leurs obligations et en provoquant ainsi une montée brutale des taux d'intérêt, elle a des conséquences multiples: elle est douloureuse pour les travailleurs licenciés à la suite d'une récession; elle met durement à l'épreuve les entités fortement endettées qui prévoyaient le maintien, voire même l'accélération du taux d'inflation; elle modifie les rendements des actifs physiques et financiers; elle crée un environnement plus stable et plus propice à une reprise éventuelle de l'activité économique, etc.

Nous exposerons, dans la première section de ce chapitre, les conséquences de l'inflation, tandis que nous esquisserons, dans la seconde, les avantages et les problèmes liés à la désinflation.

Section 1

Incidences de l'inflation

Les conséquences de l'inflation diffèrent selon que le taux d'inflation est parfaitement ou incorrectement prévu.

Conséquences de l'inflation parfaitement prévue

Même si, dans un monde imaginaire, les agents pouvaient prévoir parfaitement le taux d'inflation, la société serait pénalisée par l'affectation inefficace des ressources et par la réduction du taux d'accroissement du potentiel de l'appareil de production.

Affectation non optimale des ressources

Dans toutes les situations suivantes, l'affectation des ressources est non optimale :

– Les changements continuels de prix comportent inévitablement des coûts humains, financiers et matériels. C'est le cas notamment en situation de plein-emploi, puisque la réaffectation des ressources réduit la production de biens et de services socialement désirables ;

– Soucieux d'éviter l'érosion du pouvoir d'achat de leurs liquidités, les agents ne peuvent éviter les coûts liés aux déplacements physiques et aux transferts plus nombreux entre comptes de dépôts non rémunérés et comptes de dépôts portant intérêts ;

– Certains agents réduisent leur offre de travail lorsque l'inflation et la progressivité des taux marginaux d'imposition diminuent leur revenu réel disponible. C'est le cas lorsque le taux d'inflation et le salaire nominal augmentent au même rythme. Ainsi, lorsque le salaire nominal augmente de 10 %, par exemple de 10 000 à 11 000 $, et lorsque le taux d'imposition est de 50 % sur les dix premières tranches de mille dollars et de 60 % sur la onzième tranche, le salaire *nominal* disponible augmente certes de 5 000 à 5 400 $, mais le salaire *réel* disponible régresse de 5 000 à 4 909,09 $ (= 5 400/1,1). Les énergies et les ressources consacrées à la tâche ardue et complexe de réformer l'assiette fiscale (par exemple, les coûts élevés d'une commission « royale » d'enquête), dans le but de limiter les distorsions économiques liées à l'inflation, constituent une perte évidente pour la nation entière ;

– Beaucoup d'agents cherchent des modes de rémunération susceptibles de leur permettre de maintenir leur revenu disponible, tandis que l'État cherche à identifier les moyens d'évasion.

Étant donné que tous les coûts précédents sont liés à l'inflation, ils peuvent donc être éliminés, puisqu'une société peut opter pour la stabilité des prix si elle le souhaite.

Réduction du potentiel à long terme

L'inflation réduit le taux d'accroissement à long terme du stock de capital technique, parce qu'elle pénalise l'épargne des individus et des entreprises.

Épargne personnelle

L'inflation réduit l'épargne des ménages d'abord parce qu'elle diminue le revenu disponible lorsque le revenu nominal tiré du travail augmente au même rythme que les prix et est frappé par des taux d'imposition progressifs. L'inflation diminue également l'épargne parce que le fisc pénalise les revenus provenant du capital. C'est le cas, par exemple, lorsque l'État taxe le taux d'intérêt nominal plutôt que le taux d'intérêt réel. Plusieurs facteurs influencent le taux d'intérêt nominal pratiqué sur le marché (i^n) :

$$i^n = i^{ra} + \dot{P}^a + Z + Z' + Z''$$

- i^{ra} est le rendement réel « moyen » que prévoient les agents,

- $\dot{P}^a$ est le taux d'inflation prévu,

- Z reflète la crainte de sous-estimer le taux d'inflation et dépend de l'ampleur et de la fréquence des erreurs passées,

- Z' reflète le risque de non-paiement des intérêts et de non-remboursement de la somme prêtée à l'échéance,

- Z'' reflète le risque de change auquel sont confrontés les non-résidents qui placent des fonds à l'étranger (par exemple, une dépréciation prévue du taux de change du dollar canadien tendrait à faire monter les taux d'intérêt au Canada à cause de la réduction consécutive du rendement total, exprimé en monnaies étrangères, des placements en dollars canadiens effectués par les portefeuillistes étrangers).

L'équation suivante montre que le taux d'intérêt nominal est égal au taux d'intérêt réel qui est prévu, plus le taux d'inflation attendu lorsque les agents ne cherchent pas à se protéger d'une erreur possible de prévision (Z = 0) et ignorent le risque de change (Z' = 0) et de non-paiement (Z'' = 0) :

$$i^n = i^{ra} + \dot{P}^a$$

Lorsque tous les agents prévoient parfaitement le taux d'inflation et ne paient pas d'impôts, le taux d'intérêt réel[1] n'est pas affecté, car la hausse du taux d'inflation se répercute intégralement et immédiatement sur le taux d'intérêt nominal. Dans

---

1. Dans la réalité, il est très ardu de chiffrer le taux d'intérêt réel attendu, non seulement à cause de la multiplicité des taux d'intérêt nominaux, mais aussi parce qu'il n'est pas directement observable sur les marchés financiers (seuls les rendements nominaux peuvent être déterminés à partir des cours). Le taux d'intérêt réel prévu dépend donc du taux d'intérêt nominal retenu et d'une estimation des attentes d'un groupe d'individus (portefeuillistes, chefs d'entreprise, économistes, etc.).

l'exemple suivant, le taux d'intérêt réel reste inchangé ($i^{ra} = 5$), car l'augmentation du taux d'intérêt nominal de 5 à 10 % compense exactement l'accélération du taux d'inflation de 0 à 5 % :

$$i^n = i^{ra} + \dot{P}^a$$

Scénario I	5	= 5	+	0
Scénario II	10	= 5	+	5

L'équation suivante montre cependant que l'imposition du taux d'intérêt nominal réduit le taux d'intérêt réel lorsque les revenus d'intérêts sont imposables et lorsque le taux d'inflation prévu augmente comme dans les deux scénarios précédents :

$$i^{ra} = i^n (1 - \tau) - \dot{P}^a$$

En effet, si, dans le premier scénario, le taux d'intérêt réel après impôts est de $2^1/_2$ % lorsque le taux d'imposition est de 50 % ($\tau = 0,5$) :

$$2,5 = 5 (1 - 0,5) - 0$$

il est nul dans le deuxième scénario :

$$0 = 10 (1 - 0,5) - 5$$

L'interaction de l'inflation et de l'imposition du taux d'intérêt nominal réduit donc le revenu réel disponible et le volume de l'épargne, puisqu'elle pénalise le rendement réel des actifs financiers portant intérêts.

Épargne des entreprises

L'inflation affecte les sources de financement des entreprises, car elle entraîne la sous-estimation de l'amortissement, donne naissance à des plus-values sur les stocks et incite les entreprises à s'endetter.

Sous-estimation de l'amortissement

L'amortissement est calculé à partir du coût historique ; il est donc sous-estimé en période de hausse des prix, ce qui a pour effet de gonfler artificiellement les profits imposables et d'affaiblir la force financière des entreprises qui doivent faire face aux coûts croissants des investissements de remplacement.

Plus-values sur les stocks

Les plus-values sur les stocks réduisent également les sources internes de financement, car le mode de comptabilisation des stocks accepté par le fisc canadien (méthode PEPS) gonfle arbitrairement le profit imposable, la première unité enregistrée étant présumée être la première vendue. Les profits issus des plus-values sur les stocks sont en réalité des gains de capital, puisqu'ils résultent non pas d'activités normales de production, mais de la vente d'actifs dont la valeur nominale augmente avec les prix. L'impôt sur ces faux profits est donc en réalité un impôt sur un gain de capital, qui nuit à la formation du capital lorsque les chefs d'entreprise craignent que le recours aux sources externes de financement ne réduise leur contrôle (émission d'actions) ou n'accroisse leur vulnérabilité financière en période de récession (émission d'obligations).

Incitation à l'endettement

L'accélération du taux d'inflation incite les chefs d'entreprise à avoir recours à l'endettement, car les intérêts sont déductibles dans le calcul du profit imposable. Par exemple, si, initialement, le taux d'intérêt nominal, le taux d'imposition et le taux d'inflation attendu sont respectivement de 5 %, 50 % ($\tau = 0,5$) et 0 %, le taux d'intérêt réel qui est prévu est de $2^1/_2$ % :

$$i^{ra} = i^n (1 - \tau) - \dot{P}^a$$
$$= 5 (1 - 0,5) - 0$$
$$= 2,5$$

Une hausse du taux d'inflation de 0 à 5 % et du taux d'intérêt nominal de 5 à 10 % réduit le taux d'intérêt réel de $2^1/_2$ à 0 % et rend ainsi l'endettement relativement plus attrayant :

$$i^{ra} = i^n (1 - \tau) - \dot{P}^a$$
$$= 10 (1 - 0,5) - 5$$
$$= 0$$

Les entreprises qui s'endettent alors fortement et accroissent ainsi leurs coûts fixes risquent de ne pas survivre à une récession économique sévère et prolongée.

Conséquences des erreurs de prévision en matière d'inflation

Dans un monde utopique, où le taux d'inflation est parfaitement prévu, toute la société tenterait de se protéger des effets funestes de l'inflation :

– les travailleurs lieraient la croissance de leur salaire nominal à celle de l'indice général des prix pour protéger leur pouvoir d'achat,

– les agents minimiseraient leurs encaisses monétaires et s'assureraient qu'elles sont continuellement rémunérées au moyen, par exemple, de dépôts courants spéciaux,

– les prêteurs exigeraient un taux d'intérêt nominal qui leur permettrait de protéger la valeur réelle de leurs fonds et des revenus d'intérêts,

– l'État adopterait des dispositions fiscales (par exemple, des réductions d'impôts) permettant d'éviter les effets de la surestimation des profits imposables engendrée par les plus-values sur les stocks et la sous-estimation de l'amortissement,

- le fisc imposerait le taux d'intérêt réel plutôt que le taux d'intérêt nominal, afin de ne pas pénaliser l'épargne et la formation du capital et pour éviter le recours excessif à l'endettement,

- les chefs d'entreprise lieraient les prix de vente de leurs produits au taux d'inflation pour maintenir la rentabilité et assurer la continuité de la croissance du bénéfice réel par action.

Tous les agents se trompent

Dans la réalité, il est très ardu de prévoir le taux d'inflation, non seulement parce que dernier est variable et souvent instable, mais aussi parce que les agents (État, chefs d'entreprise, banque centrale et ménages) ne sont pas omniscients et éprouvent beaucoup de difficultés à lier d'une façon cohérente toutes les forces économiques et financières. Cet état de chose explique l'inquiétude et la nervosité des marchés financiers et les tentatives onéreuses, mais souvent futiles, de se protéger des effets à court terme et à plus long terme des erreurs de prévision en matière d'inflation.

Effets à court terme

Les prévisions erronées ont un impact à court terme sur l'affectation des ressources et sur la rentabilité des entreprises.

Affectation des ressources

Confrontés au problème de l'inflation, les agents tentent d'interpréter les variations des prix : résultent-elles du phénomène global de l'inflation ou reflètent-elles des changements dans les prix relatifs, c'est-à-dire dans le ratio des prix des divers biens et services ? Les variations des prix sont-elles temporaires ou permanentes ? Les réponses à ces questions sont importantes pour le fonctionnement efficace de l'appareil économique, car l'affectation des ressources dépend, dans une économie de marché, des changements courants et prévus dans les prix relatifs.

Position concurrentielle et rentabilité des entreprises

La flexibilité des prix n'est pas la même dans tous les secteurs de l'économie. Ainsi, les prix des matières premières fluctuent beaucoup plus que ceux des produits manufacturés. Dès lors, une hausse inattendue du taux d'inflation constitue une source majeure de distorsions, car elle améliore la rentabilité des industries d'extraction ou des industries qui exploitent les richesses naturelles (produits miniers, pétrole, gaz naturel, produits forestiers, etc.), mais pénalise les fabricants de produits manufacturés qui sont liés par des contrats à prix fixes avec des firmes se situant en aval dans la chaîne de production et de distribution, ou dont les prix de vente sont régis par l'État.

Effets à plus long terme

Les conséquences à long terme des erreurs de prévision en matière d'inflation sont triples : les portefeuillistes et les investisseurs altèrent leur comportement ; les avantages liés aux contrats à long terme sont sacrifiés ; les relations internationales sont modifiées.

Réactions négatives des portefeuillistes

Fréquemment victimes d'accélérations inattendues du taux d'inflation et des flambées consécutives des taux d'intérêt nominaux, les portefeuillistes réagissent de trois façons :

- ils préfèrent détenir des obligations à courte échéance, car ces dernières comportent moins de risque de cours que les créances à long terme,

- ils exigent un taux d'intérêt nominal plus élevé pour tenir compte d'erreurs de prévision et se protéger ainsi de lourdes pertes de capital,

- ils cherchent activement à identifier des placements susceptibles de protéger la valeur réelle de leur capital.

Le tableau 1 montre que le maintien du pouvoir d'achat de la fortune constitue un défi de taille pour tout portefeuilliste ou individu qui appréhende un taux d'inflation élevé et dont les revenus sont fortement imposés. Chaque élément de ce tableau indique le rendement nominal minimal qui permet à une entité d'obtenir un rendement réel *nul après impôts*, compte tenu de son taux d'imposition marginal (première colonne) et du taux d'inflation prévu (première ligne). Ainsi, confronté à un taux d'imposition marginal de 50 % ($\tau = 0,5$) et à un taux d'inflation prévu de 10 %, un individu doit

TABLEAU 1

**Taux de rendement nominaux permettant à une entité
de réaliser un rendement réel nul après impôts**

Taux d'imposition	Taux d'inflation prévu				
	6 %	8 %	10 %	12 %	14 %
0	6,00	8,00	10,00	12,00	14,00
20	7,50	10,00	12,50	15,00	17,50
30	8,57	11,43	14,29	17,14	20,00
40	10,00	13,33	16,67	20,00	23,33
50	12,00	16,00	20,00	24,00	28,00
60	15,00	20,00	25,00	30,00	35,00

identifier un placement comportant un rendement nominal de 20 % pour obtenir un rendement réel nul ($i^{ra} = 0$), donc pour rester « sur place » :

$$i^{ra} = i^n (1 - \tau) - \dot{P}^a$$

$$0 = i^n (1 - 0,5) - 10$$

$$i^n = 20$$

On constate que le rendement nominal qui permet à une entité de maintenir la valeur réelle de son capital est nettement plus élevé (35 %) lorsque les taux d'imposition et d'inflation sont respectivement de 60 % ($\tau = 0,6$) et de 14 % :

$$i^{ra} = i^n (1 - \tau) - \dot{P}^a$$

$$0 = i^n (1 - 0,6) - 14$$

$$i^n = 35$$

Cet individu devrait identifier un placement comportant un rendement nominal de 42,5 % pour être en mesure de dégager un rendement réel de 3 % après impôts :

$$i^{ra} = i^n (1 - \tau) - \dot{P}^a$$

$$3 = i^n (1 - 0,60) - 14$$

$$i^n = 42,5$$

Étant donné que les épargnants veulent au moins maintenir le pouvoir d'achat de leur capital ($i^{ra} = 0$), une hausse du taux d'inflation prévu se traduira par une augmentation proportionnellement plus forte du taux d'intérêt nominal. Par exemple, si le taux d'imposition de l'ensemble des contribuables est de 50 % ($\tau = 0,5$) et si ces derniers se contentent d'un rendement réel nul après impôts, une augmentation du taux d'inflation de 1 % se traduira par une hausse de 2 % du taux d'intérêt nominal :

$$i^{ra} = i^n (1 - \tau) - \dot{P}^a$$

$$0 = 2 (1 - 0,5) - 1$$

$$0 = 4 (1 - 0,5) - 2$$

$$0 = 6 (1 - 0,5) - 3$$

L'incertitude liée à l'inflation influence également la composition des portefeuilles et favorise les placements dont les rendements nominaux attendus sont étroitement liés à l'inflation, comme en témoigne le tableau 2, qui présente la hiérarchie des rendements nominaux constatés de plusieurs actifs américains au cours de deux périodes. La partie A révèle que si les actifs sensibles à l'inflation ont connu une forte appréciation au cours de la période 1970-1980 (pétrole, métaux précieux, etc.), ils ont été, en revanche, pénalisés au cours des années 1980-1985, alors que le taux d'inflation a ralenti. La partie B indique l'excellente performance, au cours des six premiers mois

TABLEAU 2

Rendements nominaux constatés de divers actifs aux États-Unis
(taux de variation annuels)

(A)
Périodes 1970-1980 et 1980-1985

Juin 1970 — Juin 1980			Juin 1980 — Juin 1985		
	Rendement	Rang		Rendement	Rang
Pétrole	34,7	1	Actions	15,2	1
Or	31,6	2	Obligations	13,2	2
Pièces de monnaies			Bons du Trésor	12,0	3
américaines	27,7	3	Indice des prix	5,7	4
Argent	23,7	4	Habitation	4,3	5
Timbres	21,8	5	Peintures anciennes	1,5	6
Céramiques chinoises	21,6	6	Diamants	1,2	7
Diamants	15,3	7	Céramiques chinoises	1,0	8
Terres agricoles	14,0	8	Pièces de monnaies		
Peintures anciennes	13,1	9	américaines	0,1	9
Habitation	10,2	10	Timbres	0,1	10
Indice des prix	7,7	11	Terres agricoles	− 1,7	11
Bons du Trésor	7,7	12	Pétrole	− 5,4	12
Monnaies étrangères	7,3	13	Monnaies étrangères	− 7,9	13
Obligations	6,6	14	Or	− 11,0	14
Actions	6,1	15	Argent	− 15,9	15

(B)
En 1984 et 1985

	Période se terminant			
	le 1er juin 1985		le 1er juin 1984	
	Rendement	Rang	Rendement	Rang
Obligations	42,9	1	− 7,2	14
Actions	28,7	2	− 1,2	9
Peintures anciennes	13,6	3	14,3	1
Pièces de monnaies				
américaines	11,5	4	7,4	3
Bons du Trésor	9,5	5	9,4	2
Céramiques chinoises	5,9	6	3,0	6
Indice des prix				
à la consommation	3,7	7	4,6	5
Habitation	2,5	8	5,5	4
Diamants	0,0	9	0,0	7
Pétrole	− 4,5	10	− 2,4	10
Timbres	− 9,6	11	− 4,0	13
Terres agricoles	− 10,0	12	− 0,7	8
Monnaies étrangères	− 11,3	13	− 3,0	11
Or	− 20,3	14	− 4,0	12
Argent	− 34,3	15	− 25,2	15

Source: *Barron's*, 17 juin 1985, p. 30.

de 1985, des cours des obligations (42,9 %) et des actions (28,7 %), ainsi que le recul des prix des métaux précieux (or: −20,3 % ; argent: −34,3 %) ; l'évolution des cours des valeurs mobilières était nettement moins réjouissante au cours des six premiers mois de 1984, alors les cours des obligations et des actions reculaient respectivement de 7,2 et de 1,2 %. L'expérience américaine est riche d'enseignements : les variations du taux d'inflation affectent considérablement les rendements constatés ; les actifs financiers sont fortement pénalisés par l'accélération du taux d'inflation, tandis qu'ils bénéficient de la désinflation ; les achats spéculatifs d'or, d'argent, de céramiques chinoises, de timbres rares, qui sont motivés par la recherche d'une protection contre l'inflation, ne contribuent guère au renforcement de l'appareil de production ; les changements rapides et brutaux dans les rendements des divers actifs accroissent la nervosité et l'inquiétude des portefeuillistes, qui sont alors contraints de consacrer beaucoup de ressources humaines, matérielles et financières pour tenter de prévoir non seulement le taux incertain de l'inflation, mais aussi les prévisions des autres agents et leurs réactions futures.

Réactions des investisseurs

Les réactions précédentes des portefeuillistes ne peuvent que nuire à la formation du capital : taux d'intérêt à court et à long terme plus élevés, financement accru par des emprunts à court terme, refinancements rendus plus onéreux par la montée inattendue des taux d'intérêt nominaux, etc.

L'instabilité du taux d'inflation pénalise également les investissements, car elle augmente l'incertitude et rend ainsi de plus en plus hasardeuses les prévisions en matière de rentabilité. Lorsque l'incertitude est très grande, les chefs d'entreprise préféreront les investissements à court terme et délaisseront les projets de longue haleine, qu'ils jugent alors trop risqués.

Le graphique 1 illustre l'évolution du taux d'inflation et de sa volatilité[2] aux États-Unis au cours de la période 1952-1982. On constate que l'accélération du taux d'inflation a été accompagnée, à partir de 1973, d'un accroissement de sa volatilité. Si une hausse de la volatilité du taux d'inflation n'augmente pas nécessairement l'incertitude lorsque le taux d'inflation est parfaitement prévu, la situation est tout autre lorsque les prévisions s'avèrent erronées, comme ce fut le cas aux États-Unis au cours

---

2. La volatilité du taux d'inflation est estimée par la variance du taux d'inflation, c'est-à-dire la moyenne du carré des écarts entre les taux d'inflation constatés et leur moyenne:

$$\text{Var} (\dot{P}) = 1/n \sum_{i=1}^{n} (\dot{P}_i - \bar{\dot{P}})^2$$

où $\dot{P}_i$ et $\bar{\dot{P}}$ désignent respectivement le taux d'inflation constaté au cours d'une période particulière et la moyenne arithmétique du taux d'inflation constaté:

$$1/n \sum_{i}^{n} \dot{P}_i$$

GRAPHIQUE 1

**Évolution du taux d'inflation et de sa volatilité[1]
aux États-Unis, 1952-1982
(en pourcentage)**

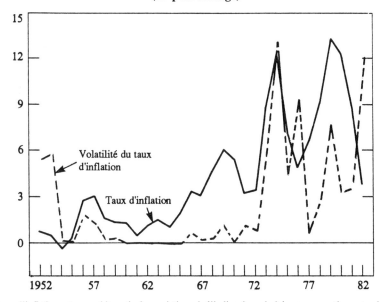

1. Le taux d'inflation est mesuré à partir des variations de l'indice des prix à la consommation entre deux mois de décembre consécutifs. Sa volatilité est mesurée à partir d'une moyenne mobile (trois ans) de la variance du taux d'inflation.

Source: L.G. KANTOR, « Inflation Uncertainty and Inflation Hedging », *Economic Review*, Federal Reserve Bank of Kansas City, vol. 68, n° 8, septembre-octobre 1983, p. 25.

de la période 1952-1982. Le graphique 2, qui illustre l'évolution de « l'incertitude »[3] liée à l'inflation, montre que le rendement réel des investissements était très incertain dans ce pays lors des deux chocs pétroliers (1973-1974 et 1979-1980).

Recours réduit aux contrats à long terme

Lorsque le taux d'inflation est variable au point où il constitue une source majeure d'incertitude, les agents (chefs syndicaux et chefs d'entreprise, producteurs et fournisseurs) évitent les ententes contractuelles à long terme pour se protéger des coûts

3. La variance des prévisions est mesurée à partir des taux d'inflation prévus sur un an. Les sondages ont été effectués en juin et en décembre par le chroniqueur financier du *Philadelphia Inquirer*, Joseph Levingston. L'erreur moyenne absolue est une moyenne mobile de la valeur absolue des erreurs de prévision, mesurées par la différence entre le taux d'inflation constaté et la moyenne arithmétique des taux d'inflation prévus par les répondants.

GRAPHIQUE 2

**Estimation de l'incertitude issue de l'inflation
aux États-Unis, 1952-1982
(en pourcentage)**

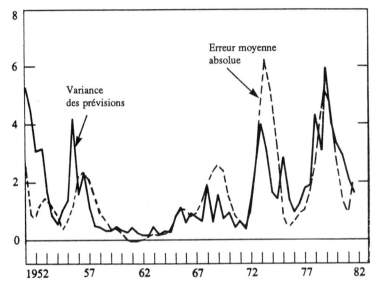

Source: L.G. KANTOR, « Inflation Uncertainty and Inflation Hedging », *Economic Review*, Federal Reserve Bank of Kansas City, vol. 68, n° 8, septembre–octobre 1983, p. 26.

liés aux erreurs de prévision, un comportement coûteux pour la société tout entière étant donné que les ententes contractuelles à long terme réduisent le nombre et les coûts des négociations.

Dimension internationale

L'inflation et l'incertitude qu'elle engendre ont également une dimension internationale:

– Les exportateurs et les importateurs de marchandises, de services et de capitaux sont confrontés à un risque de change à cause de la volatilité des taux de change (par exemple, une hausse du taux d'inflation canadien par rapport au taux d'inflation américain est susceptible de provoquer la dépréciation du taux de change du dollar canadien par rapport au dollar américain, donc d'augmenter le coût en dollars canadiens des importations libellées en dollars américains);

– Elles provoquent des exportations de capitaux, non seulement parce que les non-résidents ne veulent pas être appauvris par la dépréciation des taux de change des monnaies dans lesquelles leurs placements étrangers sont libellées, mais aussi parce que les résidents ont le même réflexe en choisissant de placer leurs fonds dans les monnaies des pays mieux gérés;

– Elles réduisent les apports des investissements directs[4] émanant de l'étranger (nouvelles technologies, nouveaux débouchés, etc.) et elles incitent les firmes nationales à s'implanter dans les pays plus disciplinés, où l'environnement est plus stable et prometteur.

Conclusion

Les agents n'étant pas omniscients, ils ne peuvent prévoir correctement le taux d'inflation et sa volatilité. Les distinctions entre les conséquences liées à un taux d'inflation parfaitement prévu et celles qui découlent d'erreurs de prévision sont donc théoriques.

Ceux qui semblent tirer profit de l'inflation, tels les débiteurs et les détenteurs de métaux précieux ou d'actions de firmes dont les prix de vente augmentent plus rapidement que le taux d'inflation, n'obtiennent que des gains temporaires (le tableau 2 en témoigne) qui correspondent souvent aux pertes d'autres agents moins astucieux : les créanciers, les retraités, les actionnaires en général, les défavorisés, etc. Non seulement l'inflation n'entraîne-t-elle pas de gain net pour la société tout entière, mais elle mine la confiance dans les dirigeants politiques et les gestionnaires de l'appareil économique.

L'inflation est une manifestation d'indiscipline généralisée qui traduit essentiellement le manque de courage des politiciens. Lorsque l'État et sa banque centrale adoptent une politique de permissivité vis-à-vis de l'inflation pendant de nombreuses années, les agents économiques deviennent sceptiques face aux restrictions budgétaires ou monétaires susceptibles d'être utilisées pour contrer la dégradation du pouvoir d'achat.

Lorsque l'incertitude issue d'une mauvaise gestion macro-économique atteint un certain seuil, les agents privés, qui opèrent sur les marchés financiers, nationaux et internationaux, ainsi que les investisseurs, imposent leur propre solution au problème de l'inflation : les chefs d'entreprise investissent moins, ce qui ralentit l'essor du potentiel du production; les portefeuillistes vendent leurs obligations à long terme, ce qui fait monter les taux d'intérêt; les spéculateurs tentent de tirer profit de l'instabilité créée par l'État ou la banque centrale en vendant massivement la monnaie du pays mal géré.

---

4. Un placement de portefeuille diffère d'un investissement direct, car ce dernier implique le contrôle d'une entité et non une participation passive.

Section 2

Conséquences d'une politique désinflationniste

La plupart des pays industrialisés ont fait l'expérience de la désinflation entre 1982 et 1986. Le ralentissement des taux d'inflation nationaux peut être rattaché fondamentalement à la récession mondiale de 1982-1983, qui a touché tous les pays, particulièrement les pays en développement fortement endettés. Le repli généralisé de la production a résulté en partie des nombreuses distorsions économiques et financières issues de l'accélération du taux d'inflation et des deux chocs pétroliers au cours des années 70. Dans certains pays, le déclin de la production a également été lié à des politiques monétaires moins permissives en matière d'inflation. C'est le cas, par exemple, aux États-Unis, où la banque centrale[5] a adopté, en octobre 1979, un train de mesures destinées à réduire le taux d'accroissement de la masse monétaire.

Qu'une récession soit induite par les forces spontanées du marché ou par une politique discrétionnaire émanant de l'État ou de la banque centrale, elle comporte presque inévitablement, à court terme, des coûts sociaux et individuels ainsi que des coûts politiques et économiques. Ceci explique que le recours à une récession économique généralisée pour ralentir durablement le rythme de l'inflation soit souvent jugé inacceptable. Dans cette section, nous comparerons d'abord les avantages de la stabilité des prix aux coûts de la désinflation, puis nous mettrons en évidence les bienfaits durables d'un ralentissement temporaire, voire même d'une baisse de l'activité économique dans certains contextes.

Les avantages de la stabilité des prix

L'élimination des coûts liés à l'inflation, prévue ou inattendue, ne peut qu'être bénéfique :

– les ressources destinées à protéger les agents de l'inflation peuvent-être utilement redéployées,

– les incitations à travailler, à épargner et à investir ne dépendent plus de l'interaction de l'inflation et de la progressivité de l'impôt ou de la sous-évaluation de l'amortissement et des plus-values sur les stocks,

– l'incertitude ne décourage plus les placements, les investissements et les ententes contractuelles à long terme, et ne paralyse plus le mécanisme des prix.

---

5. Il s'agit de la Federal Reserve Bank, souvent désignée par le sigle FED.

Les coûts de la désinflation

La persistance de l'inflation dans tous les pays suggère que la stabilité des prix ($\dot{P} = 0$) est un objectif exigeant, voire même inaccessible, dans un monde où les responsables de la gestion macro-économique ont des horizons à court terme et redoutent les conséquences économiques et politiques de l'application d'une politique de stabilité des prix. En effet, la flexibilité de l'appareil économique est difficilement prévisible, tout comme, par conséquent, les coûts inéluctables liés au repli de l'activité économique et à la hausse du chômage, lequel frappe l'individu et sa famille ainsi que les membres les plus faibles de la société, notamment les travailleurs du secteur privé qui ne jouissent pas de la sécurité de l'emploi.

Le graphique 3 permet d'analyser le déroulement et les répercussions d'une politique de désinflation. Dans la situation initiale, définie par le point V_0, le niveau de la production et le taux d'inflation atteignent respectivement 100$ et 4 %. Nous supposerons maintenant que l'État et la banque centrale décident de réduire de 4 à 0 % le taux d'accroissement de la demande globale ($\dot{DG}_1 = 0 < \dot{DG}_0 = 4$) pour supprimer l'inflation ($\dot{P} = 0$). Cette politique se traduit par le déplacement vers la gauche de la courbe de demande globale ($\dot{DG}_1 \leftarrow \dot{DG}_0$) et provoque une récession ($Q_1 = 98 < Q_0^N = 100$), une réduction du taux d'inflation constaté de 4 à 2 % (au point V_1) et une hausse du taux de chômage ($TC > TC^N$).

Les coûts de la politique de désinflation dépendent dans une large mesure de la vitesse avec laquelle les agents réagissent lorsqu'ils se rendent compte que leurs prévisions en matière d'inflation sont erronées. Au point V_1, les agents constatent que le taux d'inflation courant (2 %) est plus faible que celui qu'ils prévoyaient (4 %) initialement au point V_0. Une économie déprimée ($Q_1 < Q_0^N$) fait réfléchir les travailleurs qui ont encore un emploi et les chefs d'entreprise désireux d'assurer la survie de leurs activités. Si les agents s'adaptent au nouvel environnement, c'est-à-dire si la courbe d'offre globale à court terme se déplace rapidement vers la droite ($OG_0^{CT} \rightarrow OG_n^{CT}$), la récession et le chômage sont alors très éphémères; le déplacement vers la droite de la courbe d'offre globale à court terme résulte de la renégociation des contrats échus par les agents, qui croient au caractère permanent de la désinflation et qui sont impressionnés par les méfaits de la récession. Si, au contraire, les agents sont sceptiques ou ne prennent pas au sérieux la politique de l'État et croient ainsi que la récession sera temporaire, la baisse de la production sera plus marquée et plus prolongée, donc les coûts de la désinflation seront plus élevés. D'une façon générale, les coûts de la désinflation sont d'autant plus importants:

– que les chefs d'entreprise préfèrent, au début d'une récession, augmenter leurs stocks plutôt que réduire leur production, leur effectif de travail et leurs prix de vente,

– que les agents ont fait l'expérience, pendant plusieurs années, d'un taux d'inflation élevé et croissant, toléré par l'État et la banque centrale,

GRAPHIQUE 3

**Incidence d'une politique de désinflation
en courte et en longue période**

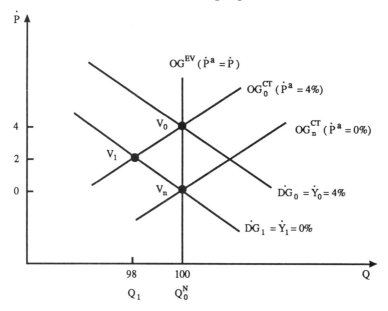

−   que les travailleurs et les chefs d'entreprise sont incrédules et doutent de la déter-
    mination des responsables de la gestion macro-économique de s'attaquer dura-
    blement à l'inflation.

Les réactions des agents à la désinflation dépendent de leurs expériences, de
leur mémoire et de la vigueur de la politique anti-inflationniste. Ils sont d'autant plus
sceptiques et incrédules qu'ils se rappellent avoir été fréquemment dupés par l'État
ou la banque centrale. Lorsque les agents ne prennent plus au sérieux les responsables
de la gestion macro-économique, il devient alors très ardu de les convaincre que cette
« fois-ci » la situation est différente. Un tel état d'esprit explique qu'une politique
anti-inflationniste appliquée de façon graduelle est vouée à l'échec et que seule une
récession brutale et inattendue, recherchée ou non par l'État, est en mesure d'impres-
sionner les agents et d'accélérer la vitesse avec laquelle ils s'adaptent à un environnement difficile (production à la baisse, chômage croissant, réduction des bénéfices, etc.).

Même si l'on ne peut que spéculer sur les réactions exactes de chaque économie
nationale à l'application d'une politique désinflationniste, l'illustration suivante suggère que l'ampleur des conséquences économiques dépend beaucoup de la sévérité
de la politique pratiquée. La partie A du graphique 4 présente l'évolution du taux
de croissance de la masse monétaire américaine (M1) au cours de la période 1969-1979

et deux politiques monétaires désinflationnistes au cours de la période de 1980-1985 : la première, qui est représentée par la verticale discontinue, est ferme puisqu'elle se traduit par le gel de la masse monétaire au niveau de 1979, tandis que la seconde, qui est représentée par la droite oblique, est appliquée graduellement puisqu'elle se traduit par le ralentissement continu du taux de croissance de la masse monétaire entre 1979 et 1985 (0 % en 1985). La partie B montre que la politique ferme réduit plus rapidement le taux d'inflation que la politique graduelle. La partie C montre que si les deux politiques provoquent une récession à court terme, la stratégie ferme engendre un recul plus accentué de la production, mais une reprise économique plus précoce et plus forte que la politique graduelle. La partie D révèle que si la politique ferme se traduit à court terme par une hausse plus précoce et plus forte du taux de chômage, elle engendre aussi une diminution plus précoce et plus marquée du taux de chômage.

GRAPHIQUE 4

**Deux approches en matière de politique monétaire désinflationniste :
rigueur ou gradualisme, un exercice de simulation
dans le contexte des États-Unis**

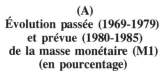

**(A)
Évolution passée (1969-1979)
et prévue (1980-1985)
de la masse monétaire (M1)
(en pourcentage)**

**(B)
Évolution passée (1969-1979)
et prévue (1980-1989)
du taux d'inflation
(en pourcentage)**

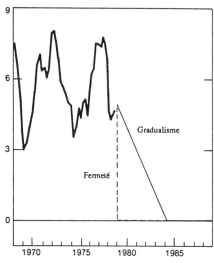

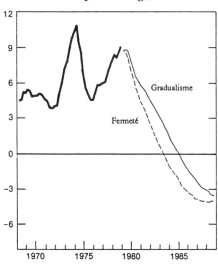

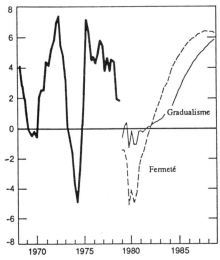

(C)
Évolution passée (1969-1979)
et prévue (1980-1989)
du taux de croissance du PNB réel
(en pourcentage)

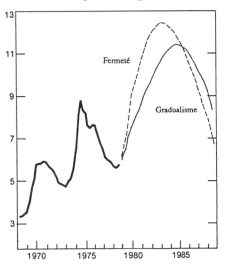

(D)
Évolution passée (1969-1979)
et prévue (1980-1989)
du taux de chômage
(en pourcentage)

Source : W.G. DEWALD, « Fast vs Gradual Policies for Controlling Inflation », *Economic Review*, Federal Reserve Bank of Kansas City, vol. 65, n° 1, janvier 1980, pp. 20-21.

L'auteur de cet exercice de simulation craignait, en 1980, que l'application d'une politique ferme ne se traduise par un taux de chômage élevé pendant environ six ans. Même si la politique monétaire restrictive appliquée par la banque centrale des États-Unis à partir de 1979 n'était certes pas aussi ferme que dans cette illustration, elle aura néanmoins contribué à ralentir le taux d'inflation et à rassurer tous ceux qui craignaient que le taux de chômage ne se maintienne durablement à un niveau élevé (ce dernier n'a cessé de diminuer au cours des dernières années, au point où plusieurs se demandaient, en 1988 et 1989, s'il n'était pas inférieur à son seuil naturel!). Le pessimisme manifesté aux États-Unis par les opposants à une politique désinflationniste empreinte de fermeté reflète leur conviction que les agents doivent faire l'expérience d'une surprise très désagréable ou d'une décélération du taux d'inflation pendant plusieurs trimestres pour changer d'idée.

La partie A du graphique 5 illustre les conséquences de deux politiques monétaires sur le taux d'inflation américain au cours de la période 1979-1995. On constate que la politique monétaire dite « permissive » se traduit par un taux d'inflation plus élevé que la politique monétaire courante, c'est-à-dire celle qui était pratiquée en 1984.

GRAPHIQUE 5

Effets de différentes politiques monétaires

(A)
Sur le taux d'inflation
(en pourcentage)

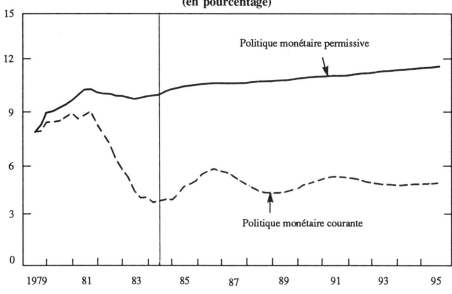

(B)
Sur la production réelle
(en milliards de dollars US)

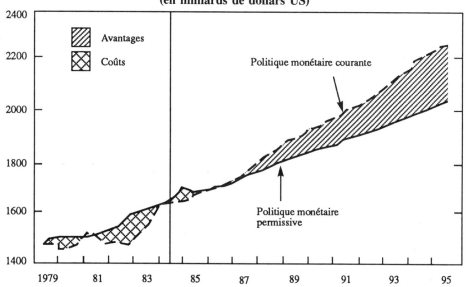

(C)
Sur le taux d'inflation
(en pourcentage)

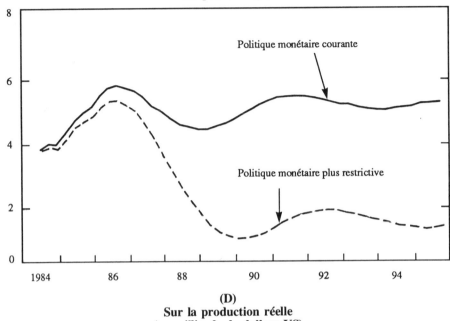

(D)
Sur la production réelle
(en milliards de dollars US)

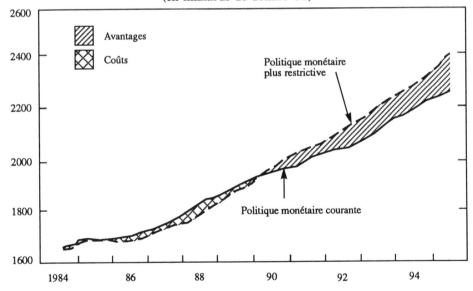

Source: C.S. KAKKIO et B. HIGGINS, « Costs and Benefits of Reducing Inflation », *Economic Review*, Federal Reserve Bank
of Kansas City, vol. 70, n° 1, janvier 1985, pp. 9-12.

La partie B illustre les répercussions sur la production réelle des deux politiques monétaires précédentes. On constate que le niveau de la production est généralement plus élevé, entre 1980 et 1983, lorsque la politique monétaire est permissive que lorsque la politique monétaire courante est maintenue. À moyen terme, c'est-à-dire à partir de 1987, le niveau de la production est toujours plus élevé lorsque la politique monétaire courante est maintenue que lorsqu'elle est permissive, comme en témoigne l'écart croissant entre les deux courbes de production.

La partie C montre que l'application, en 1984, d'une politique monétaire moins permissive, c'est-à-dire plus rigoureuse que la politique *courante*, se traduit par un taux d'inflation plus faible au cours de la période 1985-1995. La partie D révèle que la politique plus restrictive donne naissance à des coûts jusqu'en 1989, puisque le niveau de la production est alors inférieur à celui qui résulte de la politique monétaire courante. Les avantages de la rigueur monétaire apparaissent clairement après 1989, alors que la production réelle s'écarte de plus en plus du sentier tracé par la courbe de la production dans le contexte de la politique monétaire courante.

Conclusion

La nette amélioration de la performance des économies de la plupart des pays industrialisés, depuis la récession de 1982-1983, témoigne des bienfaits de la désinflation, c'est-à-dire de la réduction des coûts multiples, mesurables et non mesurables, liés à des taux élevés d'inflation. La rapidité de la désinflation a constitué une *surprise* aussi bien pour les gouvernements que pour les agents privés, à cause de l'ampleur *inattendue* du recul de l'activité économique. Cette récession d'envergure planétaire n'a pas été fortuite, car elle a résulté non seulement des tentatives tardives de la banque centrale des États-Unis de faire preuve d'un peu de discipline (octobre 1979), mais aussi des profondes distorsions économiques et financières engendrées par l'accélération des taux d'inflation au cours des années 70.

Le fait que les avantages liés à la réduction du taux d'inflation apparaissent principalement à long terme explique qu'une société démocratique éprouve beaucoup de difficultés à rechercher la stabilité des prix. Les agents croient, en effet, qu'une politique désinflationniste doit être appliquée pendant plusieurs années et que, par conséquent, aucun gouvernement « normal » n'acceptera de se sacrifier sur l'autel de la stabilité des prix, afin de laisser en héritage à l'opposition les fruits éventuels d'une politique disciplinaire qui ne peut qu'être impopulaire à court terme: le maintien du pouvoir d'achat, la baisse des taux d'intérêt, la prospérité, la réduction du chômage, l'appréciation du taux de change de la monnaie nationale, etc.

Exercices

1. L'inflation peut-elle affecter négativement le taux d'accroissement du potentiel de l'appareil de production?

2. « Les profits déclarés donnent une fausse image de la rentabilité lorsque le taux d'inflation est élevé et tend à s'accentuer. » Quels commentaires cette affirmation vous inspire-t-elle?

3. Croyez-vous que l'accélération du taux d'inflation soit susceptible d'augmenter ou de diminuer la propension moyenne à épargner des ménages?

4. Comment peut-on expliquer que les taux d'intérêt aient tendance à augmenter avec le taux d'inflation?

5. L'inflation peut-elle contribuer à affaiblir la force financière des entreprises?

6. Comment peut-on expliquer la ténacité de l'inflation au cours des récessions économiques?

7. Quels facteurs limitent le recours à une récession comme moyen de réduire le rythme de l'inflation?

8. Comment peut-on expliquer que l'ampleur des fluctuations à court terme des variables financières soit beaucoup plus accentuée que celle des variations de la production et de l'emploi?

9. Quels sont les avantages et les désavantages de l'inflation et de la désinflation pour les entreprises?

10. L'inflation peut-elle réduire l'efficacité du fonctionnement du mécanisme des prix?

11. La hausse du taux d'inflation peut-elle augmenter le risque lorsque les intérêts sont un élément des frais d'exploitation?

12. Quels sont les facteurs susceptibles d'influencer la rapidité avec laquelle l'économie réagit à une politique de désinflation?

13. Quelles sont les conséquences négatives des réactions des portefeuillistes à une hausse inattendue du taux d'inflation?

14. Le chômage augmentait quelque peu aux États-Unis en février 1982. De plus, en mars, la société GM annonçait le licenciement temporaire de 10 000 travailleurs dans plusieurs de ses usines américaines. Les taux d'intérêt à long terme aux États-Unis baissèrent dans les semaines suivantes. Peut-on lier cette réaction des marchés financiers aux deux événements précédents? Comment?

15. Le tableau suivant indique la performance économique de deux pays membres de l'OCDE en 1980:

	Taux d'inflation	Taux de chômage	Hausse de la production	Taux d'escompte de la banque centrale
Canada	10,1	7,5	0,1	17,26
Allemagne	5,5	3,2	1,7	7,50

Quels commentaires ces données vous inspirent-elles?

16. Quel serait l'impact sur les taux d'intérêt nominaux canadiens:

a) d'une forte augmentation des taux d'imposition des revenus de placements?
b) d'une accentuation de la crainte à l'étranger que le gouvernement fédéral ne fasse faillite sous le poids de la dette publique?
c) d'un accroissement de l'instabilité prévue du taux d'inflation canadien?
d) d'une forte dépression économique?
e) du durcissement prévu de la politique budgétaire de tous les gouvernements canadiens?

17. Pourquoi est-il très difficile de mesurer le taux d'intérêt réel?

18. Quelle distinction faites-vous entre le taux d'intérêt nominal et le taux d'intérêt réel attendu?

19. Quelle approche préférez-vous pour contrer l'inflation: la politique graduelle ou la politique ferme? Pourquoi?

20. Quelles sont les répercussions prévisibles d'une forte accélération du taux d'inflation sur le comportement des agents en matière de placement, d'endettement et d'investissement?

Bibliographie

COURCHÈNE, T.J., *Monetarism and Controls: The Inflation Fighters*, Montréal, C.D. Howe Research Institute, 1976.

——————— , *The Strategy of Gradualism. An Analysis of Bank of Canada Policy from mid-1975 to mid-1977*, Montréal, C.D. Howe Research Institute, 1978.

FISCHER, I., *The Rate of Interest*, New York, MacMillan, 1907.

GARFINKEL, M.R., « What is an Acceptable Rate of Inflation? A Review of the Issues », *Review*, Federal Reserve Bank of St. Louis, vol. 71, n° 4, juillet-août 1989.

HUMPHREY, T.M., « The Early History of the Real/Nominal Interest Rate Relationship », *Economic Review*, Federal Reserve Bank of Richmond, mai–juin 1983.

JANSEN, D.W., « Does Inflation Uncertainty Affect Output Growth? Further Evidence », *Review*, Federal Reserve Bank of St. Louis, vol. 71, n° 4, juillet–août 1989.

KOPCKE, R.W., « The Roles of Debt and Equity in Financing Corporate Investment », *New England Economic Review*, Federal Reserve Bank of Boston, juillet–août 1989.

MCNEES, S.K., « How Well do Financial Markets Predict the Inflation Rate? », *New England Economic Review*, Federal Reserve Bank of Boston, septembre–octobre 1989.

MILLER, G.H., « Slowdown in Economic Activity and the Rate of Inflation », *Economic Review*, Federal Reserve Bank of Kansas City, vol. 66, n° 8, septembre–octobre 1981.

WEINER, S.E., « Why Are so Few Financial Assets Indexed to Inflation », *Economic Review*, Federal Reserve Bank of Kansas City, vol. 68, n° 5, mai 1983.

WOOD, J.H., « Interest Rates and Inflation », *Economic Perspectives*, Federal Reserve Bank of Chicago, mai–juin 1981.

CHAPITRE XIII

ÉLÉMENTS D'ÉCONOMIE INTERNATIONALE

Le schéma IS-LM développé dans les chapitres IV et V faisait abstraction des relations économiques et financières internationales. Afin de combler cette lacune, nous présenterons dans ce chapitre les fondements qui nous permettront (chapitre XIV) de construire un modèle d'économie ouverte et d'analyser les problèmes relatifs à la gestion macro-économique à court terme dans un contexte international (chapitre XV).

Dans la première section, nous traiterons de la balance des paiements internationaux. Nous présenterons, dans les deux sections suivantes, des généralités et les déterminants du taux de change sur le marché au comptant, d'abord dans un système de taux de change complètement flexibles, puis dans un système de taux de change presque fixes. Nous esquisserons, dans les deux dernières sections, une théorie de la détermination à long terme des taux de change ainsi que les conditions de réussite d'une dépréciation du taux de change.

Section 1

La balance des paiements internationaux

La balance des paiements internationaux (BP) présente des estimations des transactions commerciales et financières entre les résidents d'un pays et les non-résidents au cours d'une certaine période[1].

La balance des paiements enregistre des flux, c'est-à-dire la valeur des échanges commerciaux (exportations et importations de marchandises et de services) ainsi que les mouvements de fonds au cours d'une période (un trimestre ou une année). Elle

---

1. Les données sur la balance des paiements sont publiées au Canada sur une base trimestrielle et annuelle.

diffère donc du bilan international qui, lui, présente une image instantanée de la situation financière d'un pays (par exemple, au 31 décembre), c'est-à-dire la valeur de ses éléments d'actif et de passif extérieurs.

Présentation de la balance des paiements

Le tableau 1 présente la balance des paiements du Canada pour l'année 1982. Les transactions internationales sont regroupées dans quatre parties:

- les échanges de marchandises, les services ainsi que les transferts internationaux sont enregistrés dans le compte courant,
- les mouvements nets de fonds apparaissent dans le compte capital,
- la variation nette des réserves internationales est enregistrée dans la troisième partie,
- la quatrième partie indique un montant sous la rubrique « erreurs et omissions » qui permet d'assurer l'équilibre comptable de la balance des paiements, c'est-à-dire l'égalité entre les crédits et les débits.

Le compte courant

La différence entre les exportations et les importations de marchandises porte le nom de solde commercial, tandis que l'écart entre les exportations et les importations de services porte le nom de solde des services. En 1982, le solde commercial était excédentaire (17,8 milliards de dollars), tandis que le solde des services était très déficitaire (16,5 milliards de dollars), surtout à cause du déficit lié aux paiements nets de dividendes et d'intérêts[2] aux non-résidents.

Le solde des biens et des services est la somme des deux soldes précédents (1,3 milliard de dollars). Les transferts sont constitués par les mouvements de fonds qui ne comportent pas d'obligation de paiement (aide accordée à un pays en développement, fonds transférés par un immigrant à des membres de sa famille restés dans son pays d'origine, etc.). La somme du solde des transferts nets (1,4 milliard de dollars) et du solde des biens et des services (1,3 milliard de dollars) porte le nom de solde des transactions courantes (2,7 milliards de dollars).

Les exportations de biens et de services et les transferts qui échoient à des entités canadiennes constituent des sources de monnaies étrangères et sont des crédits (les montants enregistrés sont alors implicitement précédés du signe +). Les importations

---

2. Ce déficit découle du fait que le Canada a presque toujours été un pays importateur net de capital, comme en témoigne d'ailleurs sa position financière internationale nette qui est fortement débitrice. Ainsi, au 31 décembre 1980, la valeur des actifs d'entités canadiennes à l'étranger était nettement moins élevée (87,6 milliards de dollars) que celle des entités non résidentes (166,5 milliards de dollars). La position débitrice nette du Canada atteignait donc 78,9 milliards de dollars.

TABLEAU 1

La balance des paiements internationaux du Canada, 1982
(en millions de dollars)

I. Compte courant			
Recettes		**Paiements**	
Exportations de marchandises	84 540	Importations de marchandises	66 726
Exportations de services		Importations de services	
Intérêts et dividendes	1 698	Intérêts et dividendes	10 823
Tourisme	3 724	Tourisme	5 008
Transport	3 922	Transport	3 337
Autres services	7 856	Autres services	14 551
Exportations totales de biens et services	101 740	Importations totales de biens et services	100 445
Transferts	3 168	Transferts	1 797
Recettes courantes totales	104 908	Paiements courants totaux	102 242
		Solde des transactions courantes	2 666

II. Compte capital	
Investissements directs	
Investissements directs à l'étranger	− 1 000
Investissements directs au Canada	− 1 075
Placements de portefeuille à long terme	
Titres étrangers	− 543
Titres canadiens	
Titres en circulation	− 664
Nouvelles émissions	16 549
Rachats	− 4 446
Autres capitaux à long terme	− 514
Placements de portefeuille à court terme	
Avoirs en monnaies étrangères des résidents	− 6 945
Avoirs canadiens des non-résidents	− 1 521
Autres capitaux à court terme	− 1 599
Solde du compte capital	− 1 758

III. Variation nette des réserves monétaires officielles	
Variation (une réduction)	695

IV. Équilibre comptable	
Somme des crédits nets résultant du compte courant et du compte capital, et de la réduction des réserves	1 603
Erreurs et omissions	− 1 603
Solde global de la balance des paiements	0

Source: *Revue de la Banque du Canada*, septembre 1985.

de biens et de services et les transferts qui échoient à des entités étrangères se traduisent, au contraire, par des emplois de monnaies étrangères et sont des débits (les montants enregistrés sont précédés du signe —).

Le compte capital

Contrairement aux montants enregistrés dans le compte courant, les montants qui apparaissent dans le compte capital sont nets: le signe — indique une sortie ou une exportation nette de fonds, tandis qu'une entrée ou une importation nette de fonds est implicitement précédée du signe +.

Les investissements directs se traduisent par une participation directe ou active à la gestion d'une entreprise située à l'étranger. Des exemples: la firme hollandaise qui acquiert une firme contrôlée au Canada ou qui crée une nouvelle entité effectue un investissement direct au Canada; l'acquisition d'une entreprise américaine et la création d'une firme aux États-Unis par une entité canadienne constituent des investissements directs à l'étranger.

Contrairement aux investissements directs, les placements de portefeuille ne se traduisent pas par une participation à la gestion d'une entité, mais reflètent généralement le désir des portefeuillistes de réduire le risque prévu par la diversification internationale et leur souhait de tirer profit des écarts entre les taux de rendement nationaux qu'ils prévoient.

Les placements à long terme portent sur des titres ayant une échéance supérieure à une année, tandis que les placements à court terme résultent des transactions sur des titres ayant une échéance inférieure à une année. La dernière ligne du compte capital indique le solde du compte capital, c'est-à-dire le mouvement net de fonds (−1,7 milliard de dollars).

La variation nette des réserves internationales

La troisième composante de la balance des paiements indique la variation nette des réserves monétaires officielles que détient le Fonds des changes. Le tableau 2 montre que les réserves internationales canadiennes étaient, à la fin de 1982, essentiel-

TABLEAU 2

**Bilan monétaire international officiel du Canada,
31 décembre 1982
(en millions de dollars US)**

Dollars US	2 454,9
Autres devises convertibles	120,1
Or monétaire	782,3
Droits de tirages spéciaux	70,8
Position active auprès du FMI	365,0
Réserves internationales officielles	3 793,2

Source: *Revue économique*, Ottawa, Ministère des Finances, avril 1985, p. 159.

lcment constituées d'or monétaire[3], de monnaies étrangères (principalement de dollars américains[4]), de droits de tirage spéciaux (DTS[5]) et normaux[6] (« position active auprès du FMI ») auprès du Fonds monétaire international.

Une baisse des réserves internationales est implicitement enregistrée avec le signe + (un crédit), car elle est assimilée à l'exportation d'un métal précieux, l'or monétaire ; en pratique, la baisse des réserves se traduit par une diminution des réserves de dollars américains. Une hausse des réserves est enregistrée avec le signe −, étant donné qu'elle est assimilée à une importation de métal précieux.

Les réserves officielles permettent à la Banque du Canada d'intervenir sur le marché des changes afin d'influencer le taux de change du dollar canadien par rapport à d'autres monnaies, principalement le dollar américain : elle vend des dollars américains contre des dollars canadiens lorsqu'elle souhaite renforcer le cours du dollar canadien, tandis qu'elle en achète lorsqu'elle veut limiter l'appréciation du taux de change de la monnaie canadienne. Les réserves internationales du Canada ont diminué de 695 millions de dollars US, en 1982, car la Banque du Canada a tenté de soutenir le cours du dollar canadien par rapport au dollar américain.

L'égalité comptable

La quatrième partie de la balance des paiements assure l'équilibre comptable, c'est-à-dire l'égalité entre les crédits (+) et les débits (−), par l'enregistrement d'un montant de signe opposé et égal au solde net des crédits et des débits enregistrés dans les trois premières parties. Le débit de 1 603 millions de dollars, enregistré sous la rubrique « erreurs et omissions », est donc la somme du solde du compte courant (2 666 millions de dollars), du solde du compte capital (− 1 758 millions de dollars) et de la variation nette des réserves internationales (695 millions de dollars). Ce montant est assimilable à une exportation non identifiée de capitaux vers le reste du monde.

Le fait que la balance des paiements soit toujours en situation d'équilibre sur le plan comptable ne signifie pas qu'un pays ne puisse éprouver des problèmes liés à ses relations commerciales et financières avec le reste du monde. Nous verrons, dans la section suivante, que la nature des problèmes extérieurs et le choix des moyens

---

3. Le stock d'or détenu par des entités canadiennes privées (particuliers et entreprises) est donc exclu.

4. Le dollar américain est la monnaie nationale de placement préférée par les banques centrales à cause de ses attributs recherchés : négociabilité, diversité des placements possibles, sécurité, etc.

5. Les DTS constituent un moyen de paiement créé par les membres du FMI (Fonds monétaire international).

6. Il s'agit essentiellement de la tranche dite « de réserve », c'est-à-dire de la différence entre le montant des avoirs du Fonds monétaire international en la monnaie d'un pays membre et le montant de la quote-part de ce pays. Un pays membre du Fonds peut inconditionnellement acheter des monnaies étrangères dans sa tranche de réserve.

pour les résoudre dépendent du système de taux de change en vigueur et de la politique de change pratiquée par la banque centrale.

Section 2

Généralités

Le change

Le change est une opération financière qui consiste à convertir une monnaie en une autre monnaie à un taux appelé taux de change.

Le taux de change bilatéral

Le taux de change bilatéral est le prix d'une monnaie par rapport à une autre. Ainsi, le taux de change bilatéral au comptant (TCC) de la livre sterling (£) est le prix en dollars canadiens de l'unité monétaire anglaise, par exemple 2 $:

$$TCC(\$ \text{ CAN}, £) = 2$$

Du point de vue d'une entité anglaise, le taux de change est le prix en livres sterling d'un dollar canadien :

$$TCC(£, \$ \text{ CAN}) = 0,5$$

L'équation suivante montre que le taux de change bilatéral vu par l'entité canadienne est égal à l'unité divisée par le taux de change vu par une entité anglaise :

$$TCC(\$ \text{ CAN}, £) = \frac{1}{TCC(£, \$ \text{ CAN})}$$

soit :

$$2 = \frac{1}{0,5}$$

De même, le taux de change vu par une entité anglaise est égal à l'unité divisée par le taux de change vu par une entité canadienne :

$$TCC(£, \$ \text{ CAN}) = \frac{1}{TCC(\$ \text{ CAN}, £)}$$

soit :

$$0,5 = \frac{1}{2}$$

Le marché des changes

Les taux de change bilatéraux sont déterminés sur des marchés interreliés. L'expression « marché des changes » désigne à la fois un compartiment particulier du marché (par exemple, le marché du dollar australien et du franc suisse) et le fait que les marchés des changes des principales monnaies sont interreliés (yen, dollar américain, deutsche mark, franc français, dollar canadien, livre sterling, franc suisse, etc.).

Effet de l'arbitrage international des taux de change

Sur un marché concurrentiel, le taux de change bilatéral d'équilibre est déterminé, à tout moment, par les forces de l'offre et de la demande. Ce taux est unique, si l'on fait abstraction des frais de transaction, à cause des arbitragistes, qui tentent de tirer profit d'une différence de prix en achetant une monnaie sur le marché où elle est moins coûteuse et en la revendant simultanément sur le marché où son cours est plus élevé ; l'arbitrage international des taux de change est donc une opération financière qui ne comporte aucun risque, puisque l'arbitragiste opère à partir de deux prix connus, donc certains. Dans le commerce des monnaies, le taux de vente est toujours plus élevé que le taux d'achat, la différence étant destinée à couvrir les frais de transaction et à dégager un profit.

Dépréciation et appréciation des taux de change

Le terme dépréciation[7] désigne une hausse du taux de change du point de vue d'une entité canadienne, c'est-à-dire une augmentation du prix en dollars canadiens d'une unité de monnaie étrangère ; une dépréciation se traduit donc par une réduction de la valeur externe du dollar canadien. Le terme appréciation[8] désigne, au contraire, une réduction du taux de change du point de vue d'une entité canadienne, c'est-à-dire une baisse du prix en dollars canadiens d'une unité de monnaie étrangère ; une appréciation entraîne donc une hausse de la valeur externe du dollar canadien.

---

7. Le terme dépréciation désigne une hausse du taux de change dans le contexte d'un système de taux de change complètement ou partiellement flexibles. Le terme dévaluation désigne une diminution du poids d'or de l'unité monétaire nationale dans un régime d'étalon-or. Dans le système de Bretton Woods, une dévaluation signifiait un changement dans la parité déclarée de l'unité monétaire nationale par rapport au dollar américain.
8. Le terme correspondant dans le système d'étalon-or est réévaluation. Une réévaluation se traduit alors par une hausse du poids d'or de l'unité monétaire nationale. Dans le système de Bretton Woods, une réévaluation signifiait une réduction de la parité déclarée par rapport au dollar américain, donc une diminution du poids d'or de l'unité monétaire nationale, puisqu'un dollar américain valait 1/35 d'once d'or.

Le taux de change au comptant et à terme

Les taux de change au comptant sont déterminés sur les marchés des changes au comptant; les délais de livraison des montants achetés et vendus sont courts, quelques minutes pour un touriste, une journée ou deux pour la plupart des transactions commerciales et financières.

Les taux de change à terme (TCT) sont déterminés sur les marchés des changes à terme. Les taux de change à terme sont les prix en monnaie nationale d'une unité de monnaie étrangère livrée à une date prédéterminée (par exemple dans un mois, deux mois, etc.). Sur le marché à terme traditionnel, les contrats sont personnalisés (montants, taux à terme et date de livraison), car ils résultent des négociations entre, par exemple, une banque et un importateur qui désire se protéger d'une dépréciation possible du taux de change du dollar canadien et qui doit acquitter une facture libellée en livres sterling dans six mois. Sur le marché des contrats à terme standardisés (en anglais : « futures »), chaque contrat porte sur un montant fixe qui varie d'une monnaie à l'autre; les dates de livraison sont prédéterminées; les taux de change à terme sont établis sur un marché concurrentiel à la criée, jusqu'à l'échéance du contrat; les contrats peuvent être achetés ou vendus avant leur échéance. Depuis 1972, le commerce des contrats à terme sur les monnaies de huit pays industrialisés est effectué sur l'International Monetary Market (IMM), qui est une composante du Chicago Mercantile Exchange (CME).

Fonctions du marché des changes

Le marché des changes a trois fonctions principales : la conversion des monnaies, la protection contre le risque de change et la spéculation.

La possibilité d'acheter et de vendre des monnaies étrangères contre la monnaie nationale facilite les échanges internationaux et contribue ainsi à accroître le bien-être national et mondial. Par exemple, les importateurs achètent les monnaies étrangères pour payer les marchandises vendues à des prix très attrayants par les fournisseurs étrangers.

Le marché des changes permet, en second lieu, d'éliminer le risque de change, c'est-à-dire le risque lié aux variations des taux de change bilatéraux. Ainsi, l'importateur canadien, qui ne dispose pas de lires italiennes et doit acquitter dans six mois une facture libellée en cette monnaie, peut éviter l'alourdissement de sa facture résultant d'une dépréciation possible du taux de change du dollar canadien, en intervenant sur le marché au comptant (par exemple, en achetant des lires aujourd'hui qu'il placera à court terme sur le marché monétaire de Milan) ou sur le marché à terme (par exemple, en achetant des contrats à terme personnalisés ou standardisés).

Le marché des changes au comptant ou à terme permet également aux spéculateurs de tenter de tirer profit des variations prévues des taux de change bilatéraux. Par exemple, le spéculateur canadien qui prévoit une dépréciation du dollar canadien par rapport au franc luxembourgeois sera tenté de placer des fonds en cette monnaie afin d'augmenter sa fortune.

L'indice du taux de change effectif

L'ampleur des fluctuations, au cours d'une certaine période, des taux de change bilatéraux d'une monnaie est généralement très variable, une monnaie pouvant, par exemple, s'apprécier par rapport à certaines monnaies et se déprécier par rapport à d'autres. Les variations de l'indice du taux de change effectif d'une monnaie indiquent l'évolution du taux de change de cette monnaie par rapport aux monnaies des principaux partenaires commerciaux d'un pays. L'indice du taux de change effectif est obtenu en pondérant les taux de change bilatéraux par la part des échanges commerciaux bilatéraux (par exemple, des exportations de marchandises).

Le taux de change réel

Pour évaluer l'impact des variations des taux de change sur la force concurrentielle des entreprises, il faut tenir compte des différences entre les taux d'inflation nationaux. La variation du taux de change bilatéral réel du dollar canadien par rapport au dollar américain est donc égale à la variation du taux de change nominal bilatéral, moins la différence entre les taux d'inflation constatés dans ces deux pays au cours d'une certaine période.

Dans le premier scénario (I) présenté dans le tableau 3, le taux de change bilatéral du dollar canadien par rapport au dollar américain fait l'expérience d'une *dépréciation réelle* de 1 % ($\Delta TCC^r = 1$), parce que la dépréciation du taux de change nominal est plus considérable ($\Delta TCC^n = 4$) que la différence entre les taux d'inflation nationaux ($\dot{P}_{CAN} - \dot{P}_{US} = 5 - 2 = 3$). Dans le second scénario (II), la *dépréciation réelle* est nulle, puisque la dépréciation du taux de change nominal est égale ($\Delta TCC^n = 4$) à l'écart entre les taux d'inflation nationaux (4). Dans le troisième scénario (III), le taux de change du dollar canadien fait l'expérience d'une *appréciation réelle* de 1 % ($\Delta TCC^r = -1$), puisque la dépréciation nominale est plus faible ($\Delta TCC^n = 4$) que la différence entre les taux d'inflation nationaux (5).

TABLEAU 3

Dépréciation et appréciation réelle

Scénario	Variation du taux de change réel ΔTCC^r	=	Variation du taux de change nominal ΔTCC^n	−	Écart entre les taux d'inflation nationaux $\dot{P}_{CAN} - \dot{P}_{US}$	Conclusion
I	1	=	4	−	(5−2)	Dépréciation réelle de 1 %
II	0	=	4	−	(6−2)	Aucune variation réelle
III	−1	=	4	−	(7−2)	Appréciation réelle de 1 %

La position concurrentielle des entreprises exportatrices canadiennes qui facturent leurs clients américains en dollars canadiens dépend de la variation du taux de change réel plutôt que de la variation du taux de change nominal. Elle se détériore uniquement dans le troisième scénario, puisque la réduction du prix en dollars américains d'un dollar canadien (ou, en d'autres termes, la dépréciation du taux de change du dollar canadien) est de 4 %, alors que la différence entre la hausse des prix des produits canadiens (7 %) et l'augmentation des prix des produits américains (2 %) atteint 5 %.

Étant donné qu'un pays a plusieurs partenaires commerciaux, il est fréquemment utile de calculer un indice du taux de change effectif réel. Cet indice est obtenu en pondérant les variations des taux de change bilatéraux réels par la part des échanges commerciaux bilatéraux.

Diversité des systèmes monétaires internationaux

Le mode de détermination des taux de change dépend du système monétaire international en vigueur. Le tableau 4 présente une classification des systèmes monétaires internationaux.

Système de taux de change fixes

Dans le système de l'étalon-or, la fixité des taux de change reflète la définition de la valeur de chaque unité monétaire nationale par rapport à un certain poids d'or, et le devoir de chaque gouvernement d'acheter et de vendre de l'or en quantité illimitée, afin de maintenir la « parité », c'est-à-dire l'égalité de la valeur de l'unité monétaire et de la quantité d'or qu'elle représente légalement. Le ratio des poids d'or de chaque unité monétaire détermine le taux de change dit « au pair ».

Système de taux de change presque fixes et modifiables

Dans le système de Bretton Woods, en vigueur entre 1944 et 1973, le prix du dollar américain en termes d'or était fixé à 1/35 d'once d'or et chaque pays définissait la parité de sa monnaie en termes d'or ou en dollars américains. Les interventions des États-Unis sur le marché de l'or assuraient la fixité directe du dollar en termes d'or, tandis que les interventions en dollars américains des autres pays contre leurs

TABLEAU 4

Classification des systèmes monétaires internationaux

Taux fixes	Système de l'étalon-or	(1890-1914)
Taux presque fixes et modifiables	Système de Bretton Woods	(1944-1973)
Taux complètement flexibles	Système théorique	
Taux partiellement flexibles	Système actuel	(1973-)

monnaies assuraient la fixité indirecte des prix en or de ces monnaies, donc des taux de change.

Pour intervenir sur les marchés des changes et maintenir la parité déclarée de sa monnaie par rapport au dollar américain, chaque banque centrale devait donc détenir des avoirs de réserve, principalement de l'or et des dollars américains. La marge de flexibilité permise par le Fonds monétaire international (FMI) était limitée à 1 % de part et d'autre de la parité déclarée. Un pays confronté à un « déséquilibre fondamental » de sa balance des paiements pouvait modifier, en principe après avoir consulté le Fonds, la parité déclarée de sa monnaie par rapport au dollar américain. La dévaluation du taux de change était censée éviter l'effondrement de ses réserves et les conséquences douloureuses (économiquement, socialement et politiquement) d'un assainissement radical de sa gestion économique intérieure.

Système de taux de change complètement flexibles

Dans un système de taux de change complètement flexibles, les banques centrales n'interviennent jamais sur les marchés des changes, de sorte qu'elles n'ont guère besoin d'un stock de réserves internationales. Dans ce système théorique, les taux de change sont donc déterminés uniquement par les transactions spontanées des agents, qui sont motivés par la poursuite d'un gain privé.

Système de taux de change partiellement flexibles

Dans le système actuel, les banques centrales interviennent souvent de façon massive sur les marchés des changes. Il s'agit donc d'un système de taux de change dirigés, dans lequel la flexibilité est limitée ou partielle. La plupart des gouvernements tentent également d'influencer directement ou indirectement les taux de change par le biais des taux d'intérêt et par la politique commerciale (le protectionnisme).

Le passage du système de Bretton Woods au système actuel de « flottement dirigé » a donné naissance à diverses réactions: certains observateurs jugent que la flexibilité des taux de change est une source d'instabilité économique et de désordre monétaire sur les plans national et international, tandis que d'autres soutiennent, au contraire, qu'elle est nécessaire, ou tout au moins inexorable, dans un monde où les gouvernements poursuivent des politiques économiques et financières divergentes, voire même incompatibles entre elles. Les causes des variations des taux de change ne manquent pas dans le monde actuel, caractérisé par des différences souvent importantes et durables dans les taux de croissance nationaux de la production, de la productivité et des prix.

Dans une perspective nationale, le régime de taux de change préféré est celui qui facilite la recherche des objectifs économiques, sociaux et politiques. Ainsi, une société avide de stabilité préférera le système qui augmente son autonomie en matière de gestion macro-économique. L'analyse économique (chapitres XIV et XV) suggère que la flexibilité complète des taux de change répond aux besoins des pays désireux de se protéger de l'instabilité économique émanant de l'étranger.

Déterminants des taux de change au comptant

Le graphique 1 présente le mode de détermination du taux de change bilatéral du dollar canadien par rapport à une autre monnaie (la livre sterling dans cet exemple) sur un marché concurrentiel. En situation d'équilibre, le taux de change (TCC*) atteint 2 $ au point d'intersection de la courbe de demande de livres, D(£), et de la courbe d'offre de livres, O(£). À l'instant t, la position de ces deux courbes est déterminée par une configuration particulière de tous les facteurs, internes et externes, susceptibles d'influencer les acheteurs et les vendeurs de livres sterling: l'écart entre les taux d'inflation nationaux, les différences entre les taux de croissance de la production et de la productivité, la perception du climat politique et social dans chaque pays, l'interprétation subjective des perspectives économiques à court, moyen et long termes, etc.

La courbe de demande de livres sterling

La demande de livres sterling résulte des importations canadiennes de biens et de services anglais et des exportations de capitaux canadiens.

GRAPHIQUE 1

**Détermination du taux de change bilatéral
sur un marché parfaitement concurrentiel**

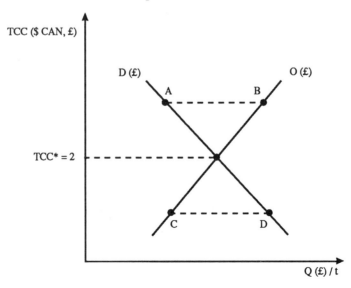

La pente négative de la courbe de demande de livres sterling reflète essentiellement le fait que plus le taux de change est favorable, plus les Canadiens sont enclins à acheter des marchandises et des services anglais.

Ainsi, dans l'exemple suivant, la baisse du taux de change de la livre sterling de 2 à 1 $ réduit le prix en dollars canadiens de 200 à 100 $ d'un produit anglais vendu à un prix fixe en livres sterling [P(£) = 10]:

$$P(\$ \text{ CAN}) = P(£) \cdot TCC(\$ \text{ CAN}, £)$$

$$200 = 100 \times 2$$

$$100 = 100 \times 1$$

La réduction du prix en dollars des produits d'exportation anglais stimule la consommation canadienne et, par conséquent, la quantité demandée de livres sterling.

La courbe d'offre de livres sterling

L'offre de livres sterling découle des exportations canadiennes de biens et de services et des importations de capitaux anglais.

La pente positive de la courbe d'offre de livres sterling reflète fondamentalement le fait que plus le taux de change est favorable, plus les Anglais sont incités à acheter des produits et des services canadiens. Ainsi, dans l'illustration suivante, la baisse du taux de change de la livre sterling de 2 à 1 £ réduit le prix en livres sterling de 20 à 10 £ d'un produit canadien vendu à un prix fixe en dollars canadiens [P(\$ CAN)=10]:

$$P(£) = P(\$) \cdot TCC(£, \$ \text{ CAN})$$

$$20 = 10 \times 2$$

$$10 = 10 \times 1$$

La réduction du prix en livres sterling des produits d'exportation canadiens tend à augmenter la consommation anglaise du produit d'exportation canadien et, par conséquent, la quantité offerte de livres sterling.

Le taux de change d'équilibre

Le taux de change est en situation d'équilibre (TCC*) lorsque les quantités demandée et offerte de livres sont égales. Un excédent de la quantité offerte de livres sterling par rapport à la quantité demandée (distance AB) entraîne une dépréciation du taux de change de la livre sterling, tandis qu'un excédent de la quantité demandée par rapport à la quantité offerte de livres sterling (distance CD) provoque une dépréciation du taux de change de la livre sterling.

Les variations du taux de change

Les variations des taux de change résultent des changements dans les facteurs qui sous-tendent la position des courbes de demande et d'offre. Par exemple, un élargissement de l'écart entre les taux d'intérêt favorisant Londres se traduirait par un déplacement vers la droite de la courbe de demande de livres, reflétant ainsi le fait que les titres anglais seraient désormais mieux rémunérés, donc plus attrayants. Autre exemple : une mauvaise récolte de blé au Canada provoquerait un déplacement vers la gauche de la courbe d'offre de livres, reflétant ainsi la réduction du volume exportable de cet important produit d'exportation.

Les interventions de la banque centrale sur le marché des changes

Dans le système de Bretton Woods, chaque pays s'engageait à limiter à 1 % de part et d'autre de la parité déclarée la variation du taux de change de sa monnaie par rapport au dollar américain. Dans le système actuel, la plupart des banques centrales interviennent massivement sur les marchés des changes pour limiter l'ampleur des variations à court terme (par exemple, quotidiennes) ou encore pour s'assurer que le cours de la monnaie nationale varie, par rapport à une autre monnaie jugée importante, à l'intérieur d'une marge de flexibilité librement déterminée. Par exemple, les Pays-Bas, la Belgique, l'Autriche et la Suisse cherchent généralement à limiter les variations de cours de leur monnaie par rapport au deutsche mark en raison de l'ampleur considérable de leurs échanges commerciaux avec l'Allemagne de l'Ouest.

Les parties B et C du graphique 2 illustrent deux scénarios dans lesquels la banque centrale doit intervenir sur le marché des changes pour limiter à 1 % de part et d'autre de la parité déclarée (1 $ CAN = 1 $ US) les variations du taux de change bilatéral du dollar canadien par rapport au dollar américain. Le segment horizontal de la courbe d'offre de dollars canadiens indique que la banque centrale est disposée à offrir ou à vendre une quantité illimitée de dollars canadiens lorsque le taux de change atteint sa limite supérieure (1,01 $ US) ; une telle intervention entraîne une hausse des réserves internationales du Canada. Le segment horizontal de la courbe de demande de dollars canadiens indique que la banque centrale est disposée à acheter une quantité illimitée de dollars canadiens lorsque le taux de change atteint sa limite inférieure (0,99 $ US) ; une telle intervention provoque une contraction des réserves internationales du Canada.

Dans la partie A, la banque centrale n'intervient pas sur le marché des changes, étant donné que le taux de change d'équilibre se situe à l'intérieur (0,997 $ US) de la marge de flexibilité prédéterminée. Dans la partie B, le taux de change d'équilibre serait plus élevé que la limite supérieure (1,02 $ US > 1,01 $ US) en l'absence d'interventions, étant donné que la quantité demandée de dollars canadiens est plus importante que la quantité offerte. La banque centrale doit donc vendre la quantité AB de dollars canadiens contre des dollars américains, ce qui entraîne une hausse des réserves internationales du Canada. Dans la partie C, le taux de change d'équilibre atteindrait 0,98 $ US en l'absence d'interventions et serait donc en deçà de la limite inférieure

GRAPHIQUE 2

**Comportement de la Banque du Canada
dans le contexte de Bretton Woods**

**(A)
Absence d'intervention**

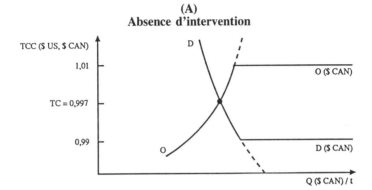

**(B)
Intervention: vente de dollars
canadiens et hausse consécutive des réserves**

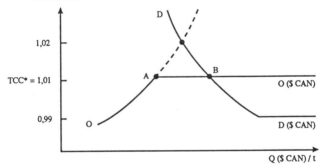

**(C)
Intervention: achat de dollars
canadiens et baisse consécutive des réserves**

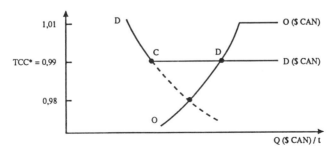

de la marge de flexibilité admise (0,99 $ US). Dans un tel contexte, la banque centrale doit acheter des dollars canadiens afin de combler l'écart (distance CD) entre la quantité offerte et la quantité demandée de dollars canadiens, ce qui a pour effet de réduire les réserves internationales du Canada.

Dans le système monétaire international actuel, les banques centrales interviennent activement sur les marchés des changes parce qu'elles prétendent connaître mieux que les agents les taux de change appropriés et parce qu'elles redoutent l'instabilité à court terme et la spéculation déstabilisatrice[9].

Une comparaison entre les taux de change flexibles et fixes

Dans un système de taux de change complètement flexibles, les taux de change pratiqués sur les marchés sont aussi des taux d'équilibre, puisqu'ils reflètent l'égalité des débits spontanés (importations de marchandises et de services ainsi que les exportations de capitaux) et des crédits spontanés (exportations de marchandises et de services ainsi que les importations de capitaux). Étant donné que les taux de change recherchés et défendus par les banques centrales diffèrent presque inévitablement des taux de change déterminés librement, les interventions des banques centrales sur les marchés des changes ont donc des répercussions économiques et financières.

Un système de taux de change complètement flexibles permet d'éviter les coûts que comportent les interventions de la banque centrale et la détention de réserves internationales (par exemple, l'or ne porte pas intérêts) ainsi que les conséquences des erreurs de jugement des fonctionnaires (par exemple, les effets néfastes de la surévaluation de la monnaie nationale sur les exportations). Par ailleurs, un système de taux de change fixes requiert une difficile convergence des politiques économiques nationales et rend ainsi plus ardue la gestion macro-économique des pays disciplinés, puisque ces derniers devraient aligner leur taux d'inflation sur ceux des pays indisciplinés pour éviter l'appréciation nominale des taux de change de leur monnaie.

Section 4

Déterminants des taux de change à long terme

La dépréciation marquée et soutenue des taux de change des monnaies des pays de l'Amérique latine par rapport au dollar américain et à d'autres monnaies (yen, deutsche mark, florin, etc.) résulte principalement de la différence chronique entre

---

9. La spéculation est stabilisatrice lorsque les agents sont enclins à vendre les monnaies dont les taux de change s'apprécient et à les acheter dans le cas contraire. Elle tend donc à réduire l'amplitude des variations des taux de change. La spéculation est déstabilisatrice lorsque les agents amplifient les fluctuations du marché.

lcs taux d'inflation des pays de ce continent et ceux des pays mieux gérés et plus performants.

La théorie de la parité du pouvoir d'achat soutient que le taux de change bilatéral reflète le pouvoir d'achat de deux monnaies. Ainsi, un taux de change d'équilibre de 0,40 $ CAN = 1 £ refléterait le fait qu'un montant de 0,40 $ CAN permet d'acheter au Canada et en Angleterre la même quantité d'un bien faisant l'objet d'échanges internationaux. Dans un tel contexte, la quantité achetée d'un bien (d'une façon générale, les quantités achetées d'un ensemble de biens) est la même lorsque les montants dépensés sont exprimés dans la même monnaie. Ainsi, un montant de 100 $ permet d'acheter la même quantité de blé dans les deux pays lorsque le taux de change atteint sa valeur paritaire :

$$\frac{100\$ \text{ CAN}}{P_{BC} (\$ \text{ CAN})} = \frac{100\$ \text{ CAN}}{P_{BA} (\$ \text{ CAN}) = P_{BA} (£) \cdot \text{TCC}(\$ \text{ CAN, } £)}$$

soit :

$$\frac{100}{4} = \frac{100}{4 = 10 \times 0,40}$$

$$25 = 25$$

où $P_{BC}(\$ \text{ CAN})$ et $P_{BA}(\$ \text{ CAN})$ sont respectivement le prix du blé canadien et celui du blé anglais en dollars canadiens.

Le taux de change paritaire dépend du ratio des indices des prix au Canada (P_{CAN}) et à l'étranger (P_{ANG}) :

$$\text{TCC}(\$ \text{ CAN, } £) = \frac{P_{CAN}}{P_{ANG}} \tag{1}$$

soit :

$$= \frac{4}{10}$$

$$= 0,40$$

Une hausse du niveau général des prix à l'étranger engendre une appréciation du taux de change du dollar canadien lorsque le niveau des prix canadiens est stable. L'équation suivante, qui exprime l'équation (1) sous forme de taux de variation proportionnelle[10], met en évidence le germe de vérité que comporte la théorie de la parité du pouvoir d'achat : l'évolution à long terme du taux de change bilatéral nominal dépend de l'écart entre les taux d'inflation nationaux :

$$\dot{\text{TCC}}(\$ \text{ CAN, } £) = \dot{P}_{CAN} - \dot{P}_{ANG} \tag{2}$$

---

10. Le taux de variation d'un ratio est approximativement égal à la différence entre le taux de variation du numérateur et celui du dénominateur.

On constate qu'un taux d'inflation durablement plus élevé au Canada qu'en Angleterre doit se traduire éventuellement par la dépréciation du taux de change du dollar canadien, tandis qu'un taux d'inflation canadien durablement plus faible provoque inéluctablement une appréciation du taux de change de la monnaie canadienne.

Les variations des taux de change en courte période peuvent différer considérablement de celles que prévoit la théorie de la parité du pouvoir d'achat, pour des raisons aussi diverses que les changements brutaux dans les perceptions du marché, la très grande mobilité internationale des capitaux, l'émergence de chocs inattendus de caractère politique ou économique, etc.

Section 5

Conditions de réussite d'une dépréciation

La dépréciation du taux de change d'une monnaie tend à déprimer les importations désormais plus coûteuses[11] et à stimuler les exportations désormais moins coûteuses en monnaies étrangères[12]. L'aptitude d'une dépréciation à réduire le déficit commercial ou le déficit du compte courant dépend, entre autres, de l'élasticité des demandes des partenaires commerciaux, du niveau de l'emploi et de la rigueur de la gestion macro-économique pratiquée par le pays déficitaire.

L'élasticité de la demande

La réduction d'un déficit commercial exige que les élasticités des demandes des résidents et des non-résidents soient suffisamment élevées. Des élasticités élevées signifient que les Canadiens réagissent à la hausse des prix des importations en réduisant considérablement les quantités importées et que les étrangers augmentent considérablement leurs importations désormais moins coûteuses en monnaie nationale (la demande est dite « élastique » lorsque la variation proportionnelle de la quantité est plus importante que celle des prix).

L'expérience montre que les élasticités sont faibles à court terme, de sorte qu'une dépréciation tend fréquemment à provoquer une hausse temporaire du déficit commercial. À long terme, les élasticités augmentent en même temps que les agents, résidents et non-résidents, tiennent de plus en plus compte (effets de substitution) de la nouvelle configuration des prix.

---

11. C'est le cas lorsque les exportateurs étrangers expriment leurs prix de vente dans leur propre monnaie et ne réduisent pas leurs prix à l'exportation afin de maintenir leur part de marché sur les marchés extérieurs.

12. Les prix en monnaies étrangères des exportations du pays déficitaire ne diminueraient pas si les prix à l'exportation étaient libellés en monnaies étrangères.

Le niveau de l'emploi

Des élasticités croissantes et suffisamment élevées entraînent éventuellement une chute des importations, une hausse des exportations et, par conséquent, une augmentation de la demande intérieure dans le pays déficitaire. Une dépréciation réussie dépend donc de la présence de ressources inutilisées (capital et travail), dotées des attributs recherchés par les employeurs.

La qualité de la gestion macro-économique

Un déficit commercial n'a pas de signification en soi et doit toujours être considéré dans le contexte global de la balance des paiements internationaux et dans une perspective à moyen ou long terme. Il devient cependant intolérable à long terme lorsqu'il résulte de la mauvaise gestion de l'appareil économique et reflète ainsi la réduction chronique de la force concurrentielle des entreprises nationales sur le marché intérieur et sur les marchés extérieurs.

Étant donné qu'une dépréciation réussie du taux de change de la monnaie nationale stimule la demande de facteurs et exerce ainsi des pressions inflationnistes en situation de plein-emploi, la réduction ordonnée d'un déficit commercial exige donc que l'État ait recours à des mesures très rigoureuses de redressement, afin d'éviter la perpétuation, voire même l'accélération, du taux d'inflation national.

Conclusion

La balance des paiements fournit des renseignements sur la valeur des échanges internationaux de marchandises, de services et de capitaux, ainsi que sur l'ampleur des interventions de la banque centrale sur le marché des changes. Elle constitue donc une source précieuse d'information pour les agents privés et les responsables de la gestion macro-économique.

Les transactions internationales se répercutent sur le marché des changes, car elles donnent naissance à des sources et à des emplois de monnaies étrangères.

Le taux de change dépend des décisions de millions d'agents qui véhiculent leur perception subjective des déterminants nombreux et complexes de la performance économique future de chaque pays. Sur un marché parfaitement concurrentiel, le taux de change dépend uniquement des transactions spontanées des entités désireuses d'acheter et de vendre une monnaie. La situation est tout autre dans le système monétaire international actuel, car les banques centrales interviennent souvent d'un façon massive. La constellation des taux de change qui en découle peut donc contribuer à maintenir, voire même provoquer des déséquilibres internationaux lorsque les fonctionnaires des banques centrales tentent d'imposer au marché des prix irréalistes et intenables, compte tenu des incompatibilités ou des divergences entre les politiques monétaires (et autres) pratiquées par chaque pays.

À long terme, la banque centrale influence le taux de change, puisque ce dernier dépend de la différence entre les taux d'inflation nationaux : si elle veut éviter la dépréciation du taux de change de la monnaie nationale, il lui suffit d'être plus disciplinée que les autres banques centrales rivales. La réussite d'une dépréciation du taux de change dépend également de la banque centrale, puisqu'elle influence le niveau de la demande globale.

Exercices

1. Parmi les transactions suivantes, quelles sont celles qui se traduisent par une demande de dollars canadiens?

   a) achat de titres américains par une entité canadienne,
   b) exportation canadienne de papier journal, le prix de vente étant libellé en dollars américains,
   c) don de lait en poudre canadien à un pays du tiers monde,
   d) prise de contrôle d'une entreprise canadienne, financée par une importation de capitaux étrangers, par une entité italienne,
   e) un transfert international de fonds effectué par un immigrant aux membres de sa famille habitant son pays d'origine,
   f) un emprunt d'Hydro-Québec sur la place financière de New York,
   g) le remboursement par une entité canadienne d'un emprunt libellé en francs suisses,
   h) les dépenses des touristes étrangers au Canada.

2. Depuis 1968, le taux de change du dollar canadien s'est déprécié par rapport au yen et au franc suisse, tandis qu'il s'est apprécié par rapport aux monnaies de tous les pays d'Amérique latine. Comment peut-on expliquer cette évolution?

3. En 1984, Statistique Canada publiait les données suivantes:

	(en millions de dollars)
Solde des marchandises	20 668
Solde des services	−19 056
Mouvement net de capitaux à long terme	2 848
Mouvement net de capitaux à court terme	−93
Mouvement net de capitaux à court et à long terme	2 755
Variations nettes des réserves officielles	1 089
Solde des transferts	940

   a) quel était le solde courant?
   b) quel montant le comptable devait-il enregistrer pour assurer l'équilibre de la balance des paiements?

4. Étant donné les éléments d'information suivants:

exportations de marchandises et de services	800
importations de marchandises et de services	−700
importations de capitaux à long terme	100
exportations de capitaux à court terme	−500

comment ce pays pourrait-il équilibrer ses comptes internationaux :

a) dans un système de taux de change fixes?
b) dans un système de taux de change complètement flexibles?
c) dans un système de taux de change partiellement flexibles?

5. De quels moyens la Banque du Canada dispose-t-elle dans son double rôle de gestionnaire de la quantité de monnaie en circulation et du Fonds des changes pour contrer, à court terme et à long terme, une dépréciation jugée excessive du taux de change du dollar canadien par rapport au dollar américain?

6. Comment peut-on expliquer que la courbe d'offre de monnaies étrangères ait une pente positive et que la courbe de demande de monnaies étrangères ait une pente négative?

7. Quel serait l'impact probable sur le taux de change bilatéral du dollar canadien par rapport au dollar US si le taux d'inflation canadien était durablement plus faible que le taux d'inflation américain?

8. Quelle distinction faites-vous entre le taux de change effectif du dollar canadien et le taux de change bilatéral du dollar canadien?

9. Comment peut-on expliquer la croissance rapide de l'endettement international du Canada?

10. Quelle distinction faites-vous entre les mouvements de fonds sous forme d'investissements directs et les mouvements de fonds sous forme de placements de portefeuille?

11. Le déficit du solde commercial des États-Unis atteignait environ 160 milliards de dollars US en 1987. Peut-on dire, à partir de cette information, que la balance des paiements des États-Unis était en situation de déséquilibre cette année-là?

12. Quelle distinction faites-vous entre la balance des paiements internationaux et le bilan international d'un pays?

13. Quels étaient les traits saillants de la balance des paiements du Canada *l'année dernière*? Consultez :

a) la *Revue de la Banque du Canada*,
b) le dernier rapport annuel de la Banque du Canada,
c) « Balance canadienne des paiements internationaux » (n° 67-201),
d) L'*Observateur économique canadien*, Statistique Canada, Ottawa.

14. Définissez les expressions suivantes :

a) taux de change au comptant,
b) taux de change bilatéral,
c) variation du taux de change effectif,

d) variation du taux de change réel,

e) taux de change à terme.

15. Le marché des changes.

    a) Représentez sur un graphique le marché du yen, le taux de change exprimant le prix d'un yen en dollars canadiens.

    b) Quelles sont les transactions internationales qui donnent naissance à une demande de yens?

    c) Quelles sont les transactions internationales qui donnent naissance à une offre de yens?

    d) Exprimez par écrit et représentez graphiquement les conséquences sur le taux de change d'équilibre:

      – d'une hausse des taux d'intérêt au Canada, les taux d'intérêt demeurant inchangés au Japon,

      – d'une réduction du taux d'inflation japonais, le taux d'inflation canadien demeurant inchangé.

16. Pour quelle raison la Banque du Canada détient-elle des réserves internationales?

17. Comment le niveau des réserves internationales évolue-t-il lorsque les forces du marché tendent à provoquer une appréciation du taux de change du dollar canadien que la Banque du Canada juge excessive?

Bibliographie

BARKEMA, A., HENNEBERRY, D. et DRABENSTOTT, M., « Agriculture and the GATT: A Time for Change », *Economic Review*, Federal Reserve Bank of Kansas City, vol. 74, n° 2, février 1989.

CONSEIL ÉCONOMIQUE DU CANADA, *Commerce sans frontières: une évaluation de l'accord de libre-échange entre le Canada et les États-Unis*, document n° 346, 1988.

FAUST, J., « U.S. Foreign Indebtedness: Are We Investing What We Borrow? », *Review*, Federal Reserve Bank of Kansas City, vol. 74, n° 7, juillet–août 1989.

FITZGERALD, B., « Point de vue sur les échanges compensés », *Finances et Développement*, Fonds monétaire international, vol. 24, n° 2, juin 1987.

FONDS MONÉTAIRE INTERNATIONAL, *Annual Report on Exchange Arrangements and Exchange Restrictions*, Washington, IMF Publications Services Unit.

———————, *World Economic Outlook.*

———————, *International Capital Markets: Development and Prospects.*

———————, *Primary Commodities: Market Developments and Outlook..*

———————, *Multilateral Official Debt Rescheduling: Recent Experience.*

———————, *Adjustment and Financing in the Developing World: The Role of the International Monetary Fund.*

———————, *Balance of Payments Manual.*

——————— , *Emerging Financial Centers: Legal and Institutional Framework.*

——————— , *The I.M.F. in a Changing World: 1945–85.*

GAUTHIER, F., *Relations économiques internationales*, Québec, Les Presses de l'Université Laval, 1988.

HAKKIO, C.S., « Interest Rates and Exchange Rates — What in the Relationship? », *Economic Review*, Federal Reserve Bank of Kansas City, vol. 71, n° 9, novembre 1986.

HAKKIO, C.S. et HIGGINS, B., « Is the United States too Dependent on Foreign Capital », *Economic Review*, Federal Reserve Bank of Kansas City, vol. 70, n° 6, juin 1985.

HELLER, R.H., « Money and the International Monetary System », *Review*, Federal Reserve Bank of St. Louis, vol. 71, n° 2, mars–avril 1989.

HOOKE, A.W., *Le Fonds monétaire international: évolution, structure et activités*, 2ᵉ édition, Washington, Fonds monétaire international, n° 37-f, 1982.

LEROUX, F., *Marchés internationaux des capitaux*, Sillery, Presses de l'Université du Québec, et Montréal, HEC/CETAI, 1988.

MARRINAN, J., « Exchange Rate Determination: Sorting Out Theory and Evidence », *New England Economic Review*, Federal Reserve Bank of Boston, novembre–décembre, 1989.

OFFICER, L.H., « The Purchasing Power-Theory of Exchange Rates: A Review Article », *International Monetary Fund Staff Papers*, mars 1970.

——————— , « Effective Exchange Rates and Price Ratios Over the Long Run: A Test of the Purchasing-Power-Parity », *Canadian Journal of Economics*, mai 1980.

OTT, M., « Is America being Sold Out? », *Review*, Federal Reserve Bank of St. Louis, vol. 71, n° 2, mars–avril 1989.

CHAPITRE XIV

UN MODÈLE D'ÉCONOMIE OUVERTE

Nous élargirons, dans ce chapitre, le modèle IS-LM pour tenir compte des relations économiques et financières internationales. Dans la première section, nous redéfinirons les courbes IS et LM, puis, dans la deuxième section, nous présenterons une nouvelle courbe, la courbe dite « BP », qui prend en considération le fait que l'appareil de production entretient des relations économiques et financières avec le reste du monde. Nous démontrerons, dans la troisième section, que le mode de correction d'un déséquilibre de la balance des paiements dépend du système de taux de change en vigueur.

Section I

Les courbes IS et LM dans le contexte international

Le marché des biens

Le volume des exportations d'un pays dépend de plusieurs facteurs reliés entre eux d'une façon fort complexe: les prix nationaux et étrangers, les conjonctures économiques nationales, les taux d'inflation nationaux, les taux de change, la gestion macro-économique, etc. Ainsi, une réduction des impôts aux États-Unis ne peut que favoriser l'économie canadienne, si l'on admet que les ménages américains affecteront une partie de l'accroissement de leur revenu disponible à l'achat de biens et de services importés du Canada. Autre exemple: une dépréciation du taux de change du dollar canadien tend à stimuler les industries exportatrices à cause de la réduction consécutive des prix en monnaies étrangères des produits d'exportation canadiens, dont les prix de vente sont libellés en dollars canadiens.

Les exportations

Par souci de simplification, nous supposerons que le volume des exportations de marchandises et de services est déterminé par des forces non prises en compte dans le modèle:

$$X_p = \overline{X} \tag{1}$$

Les importations

L'équation suivante indique que le volume des importations de marchandises et de services dépend, par hypothèse, du niveau de l'activité économique nationale:

$$Z_p = \overline{Z} + zQ \tag{2}$$

$\overline{Z}$ est un montant d'importations déterminé d'une façon exogène. Le coefficient du deuxième terme du membre droit de l'équation ci-dessus est la propension marginale à importer (z), c'est-à-dire la variation des importations découlant d'une variation de la dépense nationale:

$$\frac{d(z_p)}{dQ} = z$$

Le fait que les exportations soient un montant constant signifie qu'une hausse de l'activité économique nationale tend à réduire le surplus du compte courant (ou à élargir le déficit), puisque le volume des importations tend alors à augmenter. Dans la réalité, les variations du solde du compte courant dépendent à court terme principalement des différences entre les taux de croissance des économies nationales, car l'influence des variations des taux de change bilatéraux est généralement faible, les importateurs et les exportateurs étant peu sensibles aux changements de prix et souvent liés par des contrats à long terme.

Compte tenu des hypothèses (1) et (2) et de la définition de la condition d'équilibre ($Q=Q_p$), nous considérerons donc que la condition d'équilibre du marché des biens devient, par définition:

$$Q = C_p + I_p + G_p + X_p - Z_p$$

qui devient, par substitution:

$$Q = \overline{C} + cQ + \overline{G} + \overline{I} - bi + \overline{X} - \overline{Z} - zQ$$

Dans le contexte d'une économie ouverte, l'équation de la courbe IS s'écrit:

$$IS = i = \frac{\overline{C} + \overline{I} - c\overline{T} + c\overline{TR} + \overline{G} + \overline{X} - \overline{Z}}{b} - \frac{e + c\tau + z}{b} \cdot Q \tag{3}$$

Facteurs affectant la position de la courbe IS

La position de la courbe IS est définie pour un certain environnement international: taux de change bilatéraux, taux de croissance de la production, taux d'inflation, climat politique et social, etc. L'examen du premier terme du membre droit de l'équation (3) montre qu'une hausse des exportations ($\Delta\overline{X}$) se traduit par un déplacement vers la droite de la courbe IS, tandis qu'une augmentation des importations exogènes ($\Delta\overline{Z}$) a l'effet opposé; une dépréciation du taux de change, les autres forces étant inchangées, se traduit également par un déplacement vers la droite de la courbe IS, car les exportations sont désormais moins coûteuses en monnaies étrangères et les importations plus coûteuses en monnaie nationale; une accélération du taux d'inflation national, le taux de change restant inchangé, se traduit par un déplacement vers la gauche de la courbe IS, étant donné que les exportations sont désormais plus coûteuses à l'étranger et les importations, plus attrayantes.

Le marché monétaire

L'impact des relations internationales sur la masse monétaire et, par conséquent, sur la position de la courbe LM (équation (4)) dépend du système de taux de change en vigueur.

$$\text{LM} = i = \frac{\overline{D} - \overline{M}^O}{g} + \frac{k}{g} \cdot Q \tag{4}$$

Dans un système de taux de change complètement flexibles, les transactions internationales, donc la balance des paiements, n'affectent pas la masse monétaire et, par conséquent, la position de la courbe LM, non seulement parce que la banque centrale n'intervient pas sur le marché des changes, mais aussi parce que l'équilibre externe, c'est-à-dire l'égalité des crédits et des débits spontanés, est alors assuré par les variations des taux de change.

Dans un système de taux de change fixes, les transactions internationales peuvent affecter la masse monétaire et, par conséquent, la position de la courbe LM: un surplus externe tend à augmenter la masse monétaire, car les banques augmentent leurs réserves lorsqu'elles vendent[1] des monnaies étrangères à la banque centrale; un déficit externe tend, au contraire, à réduire la masse monétaire, car les réserves des banques diminuent lorsqu'elles achètent des monnaies étrangères auprès de la banque centrale pour répondre aux besoins de leurs clients.

Témoin de la variation de la base monétaire, la banque centrale peut rester passive ou tenter de la neutraliser: si la banque centrale est « passive », un surplus externe

---

1. Les banques vendent des monnaies étrangères lorsqu'elles jugent que les montants qu'elles détiennent sont trop considérables, compte tenu des prêts et des placements en monnaies étrangères qu'elles souhaitent effectuer.

augmente la masse monétaire, tandis qu'un déficit la réduit; si la banque centrale choisit, au contraire, de neutraliser la variation de la base monétaire, c'est-à-dire le montant des dépôts des banques auprès d'elle (par exemple, en achetant ou en vendant des titres sur le marché secondaire), la masse monétaire ne varie pas. Il s'ensuit donc qu'un déséquilibre externe influence la position de la courbe LM seulement lorsque la banque centrale est passive : un surplus se traduit par un déplacement vers la droite de la courbe LM, tandis qu'un déficit externe a l'effet opposé.

Les variations de la masse monétaire constituent un mécanisme macro-économique de correction d'un déséquilibre externe : une réduction de la quantité de monnaie en circulation tend à réduire un déficit externe, car la baisse consécutive de la demande globale intérieure déprime les importations (une politique de neutralisation tend, au contraire, à maintenir le niveau de l'activité et le déficit); une hausse de la masse monétaire tend à réduire un surplus externe, car l'animation consécutive de la demande globale stimule les importations (une politique de neutralisation tend, au contraire, à le maintenir).

Section 2

La courbe BP

Les transactions financières internationales sont motivées par plusieurs facteurs : les différences entre les taux d'intérêt nationaux; le désir des spéculateurs de tirer profit des variations prévues des taux de change et des hausses de cours des titres sur les marchés financiers; la recherche de la sécurité; la réduction du risque; l'amélioration du rendement par le biais de la diversification internationale, etc. Par souci de simplification, nous supposerons que les mouvements internationaux de fonds dépendent uniquement, dans ce modèle, de la différence entre les taux d'intérêt nationaux $(F(i))$. Dès lors, le solde net des débits et des crédits enregistrés dans la balance des paiements (BP) dépend du solde du compte courant $(S = X_p - Z_p = \overline{X} - \overline{Z} - zQ)$ et du solde du compte capital :

$$BP = S(Q) + F(i)$$

Le premier terme du membre droit de l'équation ci-dessus montre que le solde courant dépend du niveau de l'activité économique intérieure, $S(Q)$, puisque ce dernier influence le volume des importations. Le second terme, $F(i)$, indique que le mouvement net de fonds dépend du niveau du taux d'intérêt national par rapport aux taux d'intérêt pratiqués à l'étranger; une baisse du taux d'intérêt national, les taux d'intérêt étrangers étant inchangés, réduirait les entrées nettes de fonds, tandis qu'une hausse stimulerait les importations nettes de capitaux.

L'équation suivante définit la condition de l'équilibre de la balance des paiements (BP=0), c'est-à-dire l'égalité des crédits et des débits spontanés:

$$BP = S(Q) + F(i) = 0$$

L'équation ci-dessus montre qu'il existe plusieurs combinaisons de taux d'intérêt et de niveaux de production compatibles avec l'équilibre externe (BP=0), tandis que l'équation suivante[2] révèle qu'une variation du solde courant ($\delta S/\delta Q$) doit être accompagnée d'un variation égale et de signe opposé du solde du compte capital ($\delta F/\delta i$) pour assurer l'équilibre de la balance des paiements:

$$BP = \frac{\delta S}{\delta Q} \cdot dQ + \frac{\delta F}{\delta i} \cdot di = 0$$

Ainsi, une hausse du déficit courant, résultant, par exemple, de l'animation de l'activité économique nationale, doit être compensée par une augmentation des entrées nettes de fonds, ce qui requiert une montée du taux d'intérêt national. Autre exemple: un surplus courant plus élevé est compatible avec l'équilibre de la balance des paiements, à la condition qu'une baisse du taux d'intérêt national réduise les entrées nettes de fonds.

L'équation suivante montre que la pente de la courbe BP dépend d'un ratio; le numérateur est la réaction du solde courant à une variation de l'activité économique nationale[3] ($\delta S/\delta Q = z$), tandis que le dénominateur est la réaction du solde du compte capital à une variation du niveau du taux d'intérêt national ($\delta F/\delta i = f$):

$$\frac{\delta i}{\delta Q} = \frac{\dfrac{\delta S}{\delta Q}}{\dfrac{\delta F}{\delta i}} = \frac{z}{f} \qquad \text{(pente de la courbe BP)}$$

Le graphique 1 montre que la pente de la courbe BP_0 est nulle lorsque la mobilité internationale du capital est parfaite ($f = \infty$), c'est-à-dire extrêmement sensible à la variation de l'écart entre le taux d'intérêt intérieur (i^{int}) et le taux d'intérêt extérieur (i^{ext}); la mobilité parfaite des fonds découle, par hypothèse, de l'homogénéité des titres (même degré de risque, même négociabilité, etc.), du fait que les agents sont très bien informés et de l'absence de coûts de transaction. La courbe BP_1 décrit le cas exceptionnel où le capital est complètement immobile, tandis que la courbe BP_2 illustre le cas « normal » ou habituel, où la mobilité du capital est très grande, mais imparfaite.

---

2. Il s'agit de la dérivée totale de l'équation précédente.
3. La réaction du solde courant est égale à la propension marginale à importer: $S = \overline{X} - \overline{Z} - zQ$ et $\delta S/\delta Q = -z$.

Le graphique 2 illustre la courbe BP dans un contexte international caractérisé par la mobilité imparfaite du capital. Les points V_0 et V_3 indiquent deux combinaisons de taux d'intérêt et de niveaux de production compatibles avec l'équilibre externe, puisqu'ils se situent sur la courbe BP. Les points V_1 et V_2 traduisent cependant deux situations de déséquilibre. Ainsi, au point V_1, la balance des paiements enregistre un surplus puisque le taux d'intérêt est trop élevé ($i_1 > i_0$), compte tenu du niveau de la production (Q_0). Au point V_2, le déficit de la balance des paiements résulte du fait que le taux d'intérêt est trop faible ($i_1 < i_2$), compte tenu du niveau de l'activité économique (Q_1).

GRAPHIQUE 1

**La pente de la courbe BP dépend du
degré de mobilité du capital**

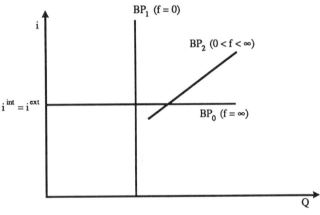

GRAPHIQUE 2

**Équilibre et déséquilibre externes
V_1 (BP > 0) et V_2 (BP < 0)**

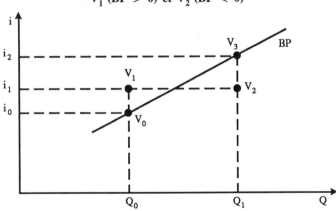

Déterminants de la position de la courbe BP

La position de la courbe BP dépend de nombreux facteurs : le taux de change ; le niveau des taux d'intérêt à l'étranger ; le niveau des prix et de l'activité économique à l'étranger et au pays ; les mouvements de fonds qui sont indépendants du taux d'intérêt, tels les mouvements spéculatifs de fonds et les investissements directs ; la constellation des facteurs sociaux et politiques qui influencent les perceptions et les prévisions des agents, etc. Par exemple, les changements suivants, dans l'environnement économique ou financier, provoqueraient un déplacement vers la droite de la courbe BP : la dépréciation du taux de change de la monnaie nationale ; une baisse des prix intérieurs, une hausse des prix à l'étranger ; une augmentation de l'activité économique à l'étranger ; une politique nationale d'accueil plus chaleureuse vis-à-vis des investissements directs sur le territoire national ; une réduction du taux d'inflation national, etc.

Section 3

Le modèle complet

Les trois parties du graphique 3 présentent le modèle IS-LM dans le contexte d'une économie ouverte. Dans la partie A, l'appareil économique est globalement en situation d'équilibre, puisque les courbes IS, LM et BP se coupent au point V_0. Dans la partie B, l'équilibre simultané sur les marchés des biens et de la monnaie au point V_0 est accompagné d'un déficit de la balance des paiements, puisque le point V_0 est moins élevé que le point V_1. Dans la partie C, l'équilibre simultané sur les marchés des biens et de la monnaie au point V_0 est accompagné d'un surplus de la balance des paiements, puisque le point V_0 est au-dessus du point V_1.

La correction d'un déséquilibre externe dépend du système de taux de change en vigueur

Le graphique 4 schématise le mécanisme de correction d'un déséquilibre externe dans le contexte d'un système de taux de change complètement flexibles. Dans la situation initiale, la production et le taux d'intérêt atteignent respectivement Q_0 et i_0, alors que les marchés des biens et de la monnaie sont simultanément en équilibre au point V_0. Le marché des changes est cependant en situation de déséquilibre, puisque la balance des paiements enregistre un surplus, le point V_0 étant plus élevé que le point V_1.

Dans le contexte d'un système de taux de change parfaitement flexibles, la monnaie du pays excédentaire s'apprécie ; les changements consécutifs dans la position des courbes BP ($BP_1 \leftarrow BP_0$) et IS ($IS_1 \leftarrow IS_0$) résultent du renchérissement des prix en monnaies étrangères des exportations nationales et de la baisse des prix en monnaie nationale des importations.

GRAPHIQUE 3

**Le modèle IS-LM dans le contexte
d'une économie ouverte: trois scénarios**

(A)
**Les marchés des biens, de la monnaie et des changes
sont simultanément en situation d'équilibre**

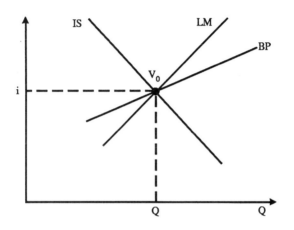

(B)
**Les marchés des biens et de la monnaie sont simultanément
en situation d'équilibre, mais un déficit externe apparaît (BP < 0)**

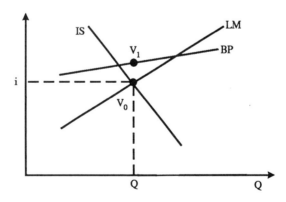

(C)
Les marchés des biens et de la monnaie sont simultanément
en situation d'équilibre, mais un surplus externe apparaît (BP > 0)

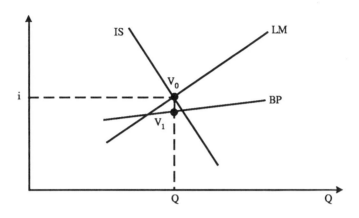

GRAPHIQUE 4

L'appréciation du taux de change élimine un surplus externe
dans un système de taux de change complètement flexibles

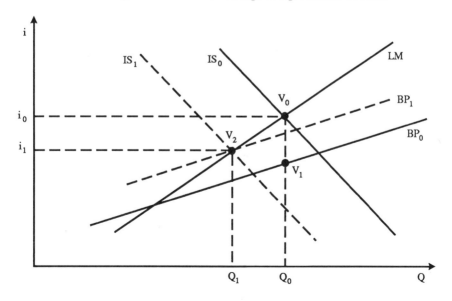

Dans la situation ultime, les marchés des biens, de la monnaie et des changes sont simultanément en équilibre au point V_2. Un système de taux de change complètement flexibles comporte donc un mécanisme automatique de correction d'un déséquilibre externe qui n'affecte pas le marché monétaire (la position de la courbe LM est donc stable) et permet ainsi à la banque centrale de pratiquer une politique monétaire indépendante.

Le graphique 5 schématise le mécanisme de correction d'un surplus externe dans un système de taux de change fixes. Dans la situation initiale, la balance des paiements enregistre un surplus, puisque le point V_0 est au-dessus du point V_1. Cet excédent est cependant temporaire, car il engendre une hausse de la masse monétaire qui se traduit par un déplacement vers la droite de la courbe LM ($LM_0 \rightarrow LM_1$).

Dans la situation ultime, illustrée au point V_2, la production et le taux d'intérêt atteignent respectivement Q_1 et i_2. Dans l'hypothèse où la banque centrale pratique la neutralisation des effets monétaires que recèle le surplus externe, ce dernier se maintient temporairement; la réévaluation éventuelle du taux de change de la monnaie du pays excédentaire contribue cependant à éliminer le surplus (les courbes BP et IS se déplacent alors vers la gauche).

GRAPHIQUE 5

**L'accroissement de la masse monétaire
élimine un surplus externe en l'absence de neutralisation
dans un système de taux de change fixes**

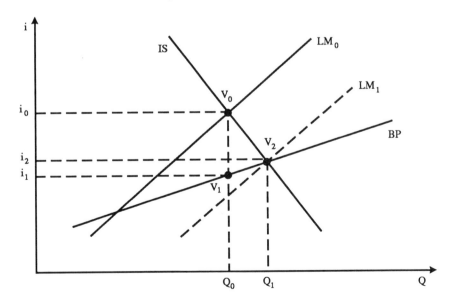

Conclusion

Le modèle présenté dans ce chapitre est nettement plus évolué ou plus réaliste que les versions précédentes du modèle IS-LM, car il tient compte de la dimension internationale, notamment des exportations et des importations de biens, de services et de fonds. Il nous permettra, dans le chapitre suivant, d'étudier les problèmes de gestion macro-économique d'un appareil de production ouvert sur le monde.

Exercices

1. Quels sont les principaux déterminants :

   a) des exportations de marchandises et de services?
   b) des importations de marchandises et de services?

2. Les transactions internationales, commerciales et financières, ont-elles une incidence sur la position de la courbe LM :

   a) dans un système de taux de change fixes?
   b) dans un système de taux de change complètement flexibles?

3. Un déficit externe peut-il influencer la quantité de monnaie en circulation?

4. Que signifient les expressions « politique passive » et « politique de neutralisation »?

5. Comment la banque centrale peut-elle neutraliser les conséquences d'un déficit de la balance des paiements internationaux?

6. Quelle est la signification de la courbe BP?

7. Quels sont les facteurs susceptibles d'affecter la position de la courbe BP?

8. Dans quel contexte la courbe BP a-t-elle :

   a) une pente nulle?
   b) une pente positive?

9. Quel est l'impact d'une augmentation de la sensibilité des fonds à une variation du taux d'intérêt national sur la pente de la courbe BP?

10. Selon vous, la pente de la courbe BP dans le contexte de l'économie canadienne est-elle faible?

11. Expliquez par écrit et par le biais de deux graphiques le mécanisme de correction d'un déficit externe dans le contexte d'un système :

    a) de taux de change fixes,
    b) de taux de change complètement flexibles.

12. Quelles sont les forces et les faiblesses du modèle d'économie ouverte présenté dans ce chapitre?

Bibliographie

DWYER, G.P. et HAFER, R.W., « Are National Stock Markets Linked? », *Review*, Federal Reserve Bank of St. Louis, vol. 70, n° 6, novembre–décembre 1988.

LEIPZIGER, D.M., « Capital Movements and Economic Policy: Canada Under a Flexible Rate », *Canadian Journal of Economics*, février 1974.

LELART, M., « Le Système monétaire européen », *Le Banquier*, janvier-février et mars–avril 1989.

RHOMBERG, R., « A Model of the Canadian Economy Under Fixed and Flexible Exchange Rates », *Journal of Political Economy*, février 1964.

CHAPITRE XV

LES PROBLÈMES DE GESTION
D'UNE ÉCONOMIE OUVERTE

Nous traiterons, dans ce chapitre, des problèmes de gestion à court terme d'une économie liée au reste du monde par les échanges de marchandises et de services ainsi que par les mouvements de fonds. Dans les deux premières sections, nous analyserons l'impact des interventions de l'État et de la banque centrale, d'abord dans le contexte d'un système de taux de change fixes, puis dans le contexte d'un système de taux de change complètement flexibles. Nous montrerons, dans la troisième section, qu'un déséquilibre externe peut être corrigé par des moyens qui influencent directement les échanges commerciaux et les mouvements de fonds. Dans la quatrième section, nous soulignerons que de nombreux délais compliquent la tâche des responsables de la gestion de l'appareil de production, tandis que nous esquisserons, dans la cinquième section, les problèmes soulevés par les tentatives de coordination internationale des politiques nationales. Dans la conclusion, nous soulignerons que la gestion macro-économique à court terme est, dans la réalité, un exercice risqué, donc une source additionnelle d'incertitude pour tous les agents qui tentent anxieusement de prévoir les politiques gouvernementales et leurs effets éventuels sur l'économie nationale.

Dans l'exposé suivant, les interventions de l'État et de la banque centrale seront jugées « efficaces » lorsqu'elles modifieront le niveau de l'activité économique, et nous supposerons que la mobilité des fonds est élevée, mais imparfaite[1]; la pente de la courbe BP étant alors positive, les mouvements de fonds ne permettent donc pas d'égaliser les taux d'intérêt nationaux.

---

1. La mobilité imparfaite des fonds peut résulter, entre autres, du fait que les risques financiers varient d'un pays à l'autre. Ainsi, une enquête publiée dans *Institutional Investor* révèle que les banques actives sur le plan international jugent que certains débiteurs présentent moins de risque que d'autres; sur une échelle notée de 0 à 100 (l'indice est d'autant plus élevé que le risque perçu de non-remboursement est faible), la hiérarchie suivante ressortait en 1986: Japon (95,7), États-Unis (95,1), Pays-Bas (87,4), Canada (87,1), France (83,9), Norvège (83,5), Autriche (83,3); l'URSS était en 23ᵉ position avec 66,7, tandis que l'Ouganda était en 109ᵉ et dernière position avec 5,1. Source: « Japan Leads Pack in Credit Rating », *Report on Business*, Globe and Mail, 23 septembre 1986.

Section 1

Gestion macro-économique dans un système de taux de change fixes

Dans cette première section, nous analyserons l'efficacité des politiques fiscale et monétaire dans un système de taux de change fixes.

Efficacité de la politique monétaire

Dans la situation initiale décrite au point V_0 (graphique 1), les marchés des biens, de la monnaie et du change sont simultanément en équilibre, mais la production est inférieure à son niveau naturel ($Q_0 < Q_1^N$) et, par conséquent, le taux de chômage plus élevé que son seuil naturel ($TC > TC^N$).

GRAPHIQUE 1

**La politique monétaire est inefficace dans un système
de taux de change fixes lorsque la banque centrale ne neutralise pas les
effets monétaires du déséquilibre externe**

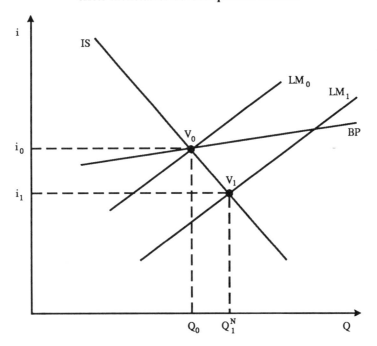

La tentative de la banque centrale de stimuler l'activité économique ($\Delta \overline{M}^O \Rightarrow LM_0 \rightarrow LM_1$) et de réduire ainsi le taux de chômage donne naissance à un déficit externe, puisque le point d'intersection (V_1) des courbes IS et LM_1 se situe sous la courbe BP. Ce déséquilibre a trois conséquences: en premier lieu, la masse monétaire diminue, car les résidents doivent acheter un montant net de monnaies étrangères contre la monnaie nationale auprès des banques; en second lieu, les réserves des banques auprès de la banque centrale diminuent, car les banques doivent éventuellement se procurer des monnaies étrangères pour répondre aux besoins de leurs clients; en troisième lieu, les réserves internationales régressent.

L'efficacité de la politique monétaire dépend de la politique pratiquée par la banque centrale: la production augmente ($Q_1^N > Q_1$) seulement si la banque centrale neutralise les effets monétaires du déficit de la balance des paiements; en l'absence de neutralisation, l'essor de la production s'avère irréalisable, car le déficit engendre une baisse de la masse monétaire, ce que reflète le déplacement vers la gauche de la courbe LM_1, qui revient à sa position initiale LM_0.

Efficacité de la politique fiscale

Dans la situation initiale décrite au point V_0 (graphique 2), une partie des ressources est sous-utilisée, puisque le niveau de la production est inférieur à son seuil naturel ($Q_0 < Q_2^N$).

Le déplacement vers la droite de la courbe IS ($IS_0 \rightarrow IS_1$) résulte, par hypothèse, du désir de l'État de stimuler la production en augmentant le montant de ses achats de biens et de services. On constate que cette initiative donne naissance à un surplus externe (le point V_1 est au-dessus de la courbe BP), à cause de la forte augmentation des importations de capitaux provoquée par la hausse du taux d'intérêt ($i_1 > i_0$). L'incidence ultime de la hausse des achats de l'État dépend des conséquences monétaires du surplus externe:

– En l'absence de neutralisation des effets monétaires du surplus, la masse monétaire augmente ($\Delta \overline{M}^O \Rightarrow LM_0 \rightarrow LM_1$), le taux d'intérêt fléchit ($i_2 < i_1$) et la production augmente ($Q_2^N > Q_1$), en même temps que le taux de chômage régresse et atteint éventuellement son niveau naturel (la passivité de la banque centrale renforce donc l'impact expansionniste de l'intervention de l'État);

– Une politique de neutralisation, qui permet de maintenir la position de la courbe LM_0, limite l'essor de la production ($Q_1 < Q_2^N$), mais crée un environnement favorable au maintien du surplus de la balance des paiements, au gonflement continu des réserves internationales et, par conséquent, à la réévaluation éventuelle du taux de change de la monnaie du pays « excédentaire ».

GRAPHIQUE 2

**La politique fiscale est efficace
dans un système de taux de change fixes**

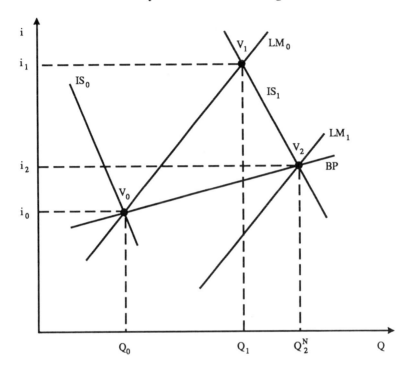

Section 2

Gestion macro-économique dans un système de taux de change complètement flexibles

Efficacité de la politique monétaire

Dans la situation initiale décrite au point V_0 (graphique 3), le niveau de la production ($Q_0 < Q_2^N$) se traduit par un taux de chômage jugé socialement inacceptable ($TC > TC^N$). La tentative de la banque centrale de stimuler l'activité économique ($\Delta \overline{M}^O \Rightarrow LM_0 \rightarrow LM_1$) donne naissance à un déficit de la balance des paiements (le point V_1 se situe sous la courbe BP_0), non seulement à cause des sorties de fonds provoquées par la baisse du taux d'intérêt de i_0 à i_1, mais aussi en raison de la hausse des importations de biens et de services engendrée par l'animation de l'activité économique ($Q_1 > Q_0$). La dépréciation du taux de change explique le déplacement vers la droite de la courbe BP ($BP_0 \rightarrow BP_1$) et de la courbe IS ($IS_0 \rightarrow IS_1$), ainsi que l'accroissement de la production ($Q_2^N > Q_1$); la flexibilité complète du taux de change tend donc à renforcer l'efficacité de la politique monétaire.

GRAPHIQUE 3

**La politique monétaire est très efficace
dans un système de taux de change complètement flexibles**

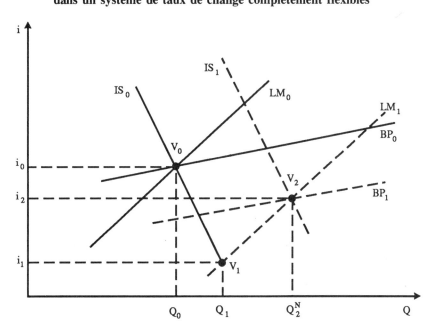

Efficacité de la politique fiscale

Le graphique 4 met en évidence la faible efficacité d'une hausse des achats de l'État dans un système de taux de change complètement flexibles. Ainsi, la hausse des dépenses de l'État ($\Delta \overline{G} \Rightarrow IS_0 \rightarrow IS_1$) anime certes l'activité économique ($Q_1 > Q_0$), mais le surplus externe consécutif, qui apparaît au point V_1, entraîne une appréciation du taux de change ($BP_1 \leftarrow BP_0$) qui se répercute sur le marché des biens ($IS_2 \leftarrow IS_1$). La position de la courbe IS_2 reflète l'impact net sur le marché des biens de la hausse des achats de l'État et de l'appréciation du taux de change. Dans la situation ultime décrite au point V_2, la production atteint, par hypothèse, son niveau naturel (Q_2^N).

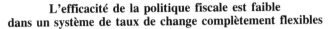

GRAPHIQUE 4

**L'efficacité de la politique fiscale est faible
dans un système de taux de change complètement flexibles**

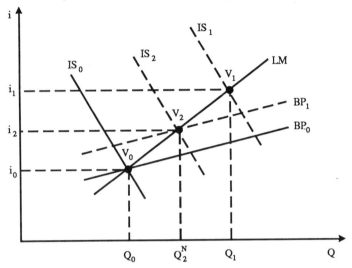

Le tableau 1 résume les conclusions de cette section. Il ressort que la politique fiscale est plus efficace dans un système de taux de change fixes que dans un système de taux de change complètement flexibles, tandis que la politique monétaire se révèle très efficace uniquement dans un système de taux de change complètement flexibles. Dans un monde où les politiques économiques nationales sont généralement divergentes et les taux d'inflation très différents, un pays discipliné et soucieux de se protéger de l'instabilité émanant de l'étranger sera enclin à choisir le régime de taux de change qui lui permette de pratiquer une politique monétaire indépendante : le régime de taux de change complètement flexibles.

TABLEAU 1

Efficacité des politiques fiscale et monétaire

Politique	Système de taux de change		
	fixes		**complètement flexibles**
	avec neutralisation	**sans neutralisation**	
fiscale	efficace	efficace	faiblement efficace
monétaire	temporairement efficace	totalement inefficace	très efficace

L'échec du système de Bretton Woods, au début des années 70, peut être rattaché au refus ou à l'incapacité des États membres d'adopter des politiques économiques nationales convergentes et de subordonner l'autonomie nationale aux règles de fonctionnement d'un système monétaire de taux de change fixes.

Section 3

Correction d'un déséquilibre externe par des moyens directs

Les pouvoirs publics peuvent tenter de corriger un déséquilibre externe non seulement en restant passifs face à ses conséquences monétaires, mais aussi en intervenant directement dans les échanges internationaux par des moyens aussi divers que les droits de douane[2], les subventions[3] accordées aux firmes exportatrices, les contingents[4] et le contrôle des changes[5]. La popularité des moyens directs peut être rattachée aux raisons suivantes : les pouvoirs publics redoutent les conséquences politiques de la dépréciation du taux de change de la monnaie nationale, étant donné que la baisse de la valeur externe de la monnaie nationale est interprétée comme un jugement universellement négatif de leur gestion macro-économique ; l'appréciation du taux de change liée à un surplus a également des répercussions politiques fâcheuses, car elle déplaît aux firmes exportatrices dont les prix de vente augmentent en monnaies étrangères ; les restrictions commerciales (droits de douane, contingents, etc.) et les stimulants (subventions, etc.) plaisent aux agents éprouvés par la concurrence internationale, souvent jugée « déloyale ».

Les graphiques 5 et 6 montrent que les interventions directes de l'État permettent de corriger un déséquilibre externe et de maintenir le taux de change à un certain niveau ou à l'intérieur d'un certain domaine de variation.

---

2. Un droit de douane est une taxe discriminatoire qui frappe les importations de marchandises et pénalise ainsi les producteurs étrangers dont les prix sont jugés trop compétitifs et les produits trop attrayants.

3. Une subvention permet de réduire le prix de revient des producteurs nationaux et, par conséquent, d'améliorer leur force concurrentielle.

4. Un contingent limite la quantité d'un bien qui peut être importée légalement au cours d'une période.

5. Le contrôle des changes vise à décourager les importations commerciales de biens et de services ainsi que les exportations de fonds.

GRAPHIQUE 5

**La production atteint son niveau naturel
alors que la balance des paiements enregistre un déficit**

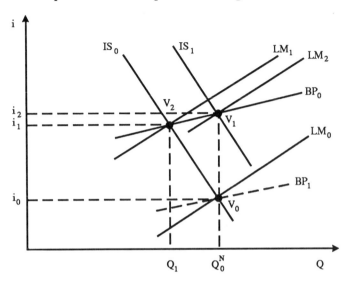

GRAPHIQUE 6

**La production atteint son niveau naturel
alors que la balance des paiements enregistre un surplus**

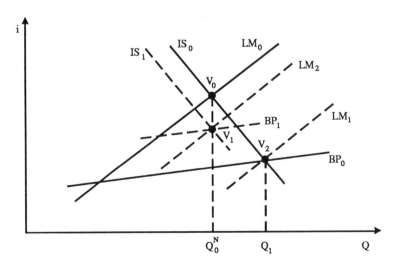

Cas d'un déficit externe

Dans le graphique 5, le pays fait initialement l'expérience d'un déficit externe au point V_0 situé sous la courbe BP_0, alors que la production atteint, par hypothèse, son niveau naturel (Q_0^N). Le déficit peut être éliminé de trois façons :

- Si les pouvoirs publics souhaitent maintenir le taux de change fixe (donc la position de la courbe BP_0) et si la banque centrale reste passive face à la baisse de la masse monétaire qui résulte du déficit ($LM_1 \leftarrow LM_0$), le déficit est corrigé au point V_2, mais, malheureusement, la production diminue ($Q_1 < Q_0^N$) et le chômage augmente ($TC > TC^N$). Une politique de neutralisation des effets monétaires du déficit externe aurait pour effet de perpétuer le problème de la balance des paiements ;

- L'État peut augmenter ses achats ($\Delta \overline{G} \Rrightarrow IS_0 \rightarrow IS_1$) en même temps que la banque centrale pratique une politique monétaire plus rigoureuse ($- \Delta \overline{M}^O \Rrightarrow LM_2 \leftarrow LM_0$), mais cette stratégie, qui conduit au point V_1 où se coupent les courbes IS_1, LM_2 et BP_0, a le démérite d'augmenter le taux d'intérêt ($i_2 > i_0$) et de pénaliser ainsi les investissements ;

- L'État peut également influencer directement les échanges internationaux : en décourageant les importations de marchandises par des contingents et des droits de douanes, en stimulant les exportations de marchandises par des subventions ou en réduisant l'imposition des profits des firmes exportatrices, en limitant les exportations de capitaux par le contrôle des changes et en favorisant les importations de capitaux par des politiques d'accueil plus chaleureuses. Toutes ces interventions directes tendent à déplacer la courbe BP vers le bas ($BP_0 \rightarrow BP_1$), de sorte qu'au point d'intersection V_0, où se coupent les courbes IS_0, LM_0 et BP_1, la production peut se maintenir à son niveau naturel[6] (Q_0^N).

Cas d'un surplus externe

Dans le graphique 6, le pays fait initialement l'expérience d'un surplus externe au point V_0 où se coupent les courbes IS_0 et LM_0, alors que la production atteint son niveau naturel (Q_0^N). Le surplus de la balance des paiements peut être corrigé de trois façons :

- Le maintien du taux de change se traduit, en l'absence de neutralisation des effets monétaires du surplus externe ($\Delta \overline{M}^O \Rrightarrow LM_0 \rightarrow LM_1$), par une hausse de la production qui est malheureusement inflationniste, puisqu'au point V_2 la production excède son niveau naturel ($Q_1 > Q_0^N$ et $TC < TC^N$) ;

---

6. Pour alléger la présentation graphique, nous ne tenons pas compte du fait que les moyens directs utilisés par l'État se traduisent par un déplacement vers la droite de la courbe IS ; ce déplacement résulte de l'essor des exportations et de la baisse des importations de marchandises et de services.

– Une appréciation du taux de change, qui se traduit par le déplacement vers le haut de la courbe BP (BP$_1$ ← BP$_0$) et vers le bas de la courbe IS (IS$_1$ ← IS$_0$), combinée à la hausse de la masse monétaire ($\Delta \overline{M}^O \Rightarrow$ LM$_0$ → LM$_2$), permet d'atteindre le point V$_1$ où les marchés des biens, de la monnaie et du change sont simultanément en situation d'équilibre; cette stratégie, même si elle est très complexe, est préférable à la précédente, car elle ne favorise pas l'inflation;

– Les pouvoirs publics peuvent également tenter de déplacer la courbe BP$_0$ vers BP$_1$ en incitant les exportateurs à réduire leurs ventes à l'étranger, en stimulant les importations par une diminution des droits de douane et en réduisant les contrôles sur les exportations de capitaux; la réduction des obstacles aux mouvements de capitaux évite de mécontenter les exportateurs et les entreprises qui fabriquent des produits substituts des marchandises importées, et contribue aussi à augmenter le prestige national en renforçant la présence à l'étranger des entités nationales désireuses de placer des fonds ou de réaliser des investissements directs. Le Japon a recouru à cette stratégie, au cours des années 80, afin de favoriser le recyclage de ses énormes surplus courants et d'apaiser ainsi les critiques émanant des États-Unis et de la Communauté économique européenne.

Section 4

Le problème des délais

La gestion macro-économique à court terme est un exercice risqué et hasardeux en partie à cause de nombreux délais dont la durée est indéterminée. Pour illustrer ce problème, nous supposerons que les pouvoirs publics essaient d'interpréter la baisse des dépenses des ménages au cours des dernières semaines: s'agit-il d'une information erronée, qui sera éventuellement corrigée lorsque les données auront été révisées, ou s'agit-il du signe précurseur d'une contraction économique générale? L'État et la banque centrale sont confrontés aux trois délais suivants:

– un délai *interne*, que nous décomposerons:

   a) en un délai d'*interprétation*, et
   b) en un délai *administratif* ou de *mise en œuvre*;

– un délai *intermédiaire*;

– un délai *externe*, que nous décomposerons:

   a) en un délai de *réaction des agents*, et
   b) en un délai de *réaction de la production*.

Le délai interne

Le *délai interne* débute au moment où l'État devrait en principe intervenir et se termine au moment où il passe à l'action. Sa durée dépend, d'une part, du temps que requiert l'*interprétation* de l'état passé et présent de l'appareil de production et, d'autre part, du temps nécessaire à la mise en œuvre de la politique retenue pour modifier la trajectoire prévue de l'activité économique.

Le délai d'interprétation résulte non seulement du fait que l'information courante est partielle, toujours entachée d'erreurs et sujette à de nombreuses révisions, mais aussi de l'existence de plusieurs théories et modèles rivaux du fonctionnement de l'appareil de production. Les responsables de la gestion macro-économique sont donc confrontés à l'incertitude et hésitent à prendre des décisions dans un climat de confusion.

Le délai administratif débute au moment où les gestionnaires de l'économie nationale jugent qu'il est opportun d'intervenir pour contrer les effets négatifs des dépenses des ménages, et se termine au moment où ils passent à l'action. Ce délai est plus court lorsque la banque centrale intervient que lorsque l'État agit par le biais de ses dépenses ou des impôts. En effet, si la banque centrale peut réduire très rapidement les taux d'intérêt, par exemple, en achetant des titres sur le marché secondaire, les législateurs ne peuvent approuver une hausse des dépenses publiques ou réduire les taux d'imposition qu'après de longs débats. Les interventions de l'État comportent des risques. C'est le cas lorsque la diminution de la pression fiscale est approuvée à un moment où la production recommence spontanément à progresser. C'est le cas également lorsque les dépenses supplémentaires prennent la forme de projets hâtivement conçus et improductifs.

Le délai intermédiaire

Le délai intermédiaire débute au moment où la politique de relance est mise en œuvre et se termine au moment où les valeurs des variables intermédiaires sont modifiées. Ici encore, la flexibilité de la politique monétaire est beaucoup plus grande que celle de la politique fiscale ou budgétaire, car les taux d'intérêt pratiqués sur les marchés sont extrêmement sensibles aux interventions de la banque centrale (ces dernières sont d'ailleurs généralement prévues par le marché!), contrairement, par exemple, au revenu disponible qui, lui, varie très lentement lorsque l'État augmente ses dépenses.

Le délai externe

Le délai externe débute au moment où les valeurs des variables intermédiaires changent et se termine au moment où la variable ultime (par exemple, la production) est modifiée.

Le *délai de réaction* à un changement dans une variable intermédiaire résulte du fait que les agents privés ne réagissent pas toujours rapidement, voire même conformément, aux attentes des pouvoirs publics! Les ménages et les chefs d'entreprise peuvent être sceptiques: les changements constatés sont-ils permanents ou éphémères? L'ampleur et la durée des changements constatés sont donc susceptibles d'influencer leurs attentes et leur comportement: une chute persistante du taux d'intérêt aura plus d'impact qu'un déclin de courte durée. Les agents peuvent également être *en désaccord* avec les interventions de l'État ou de la banque centrale s'ils jugent que les mesures retenues sont inappropriées: si, par exemple, les marchés financiers considèrent que le repli des dépenses des ménages est temporaire, les taux d'intérêt augmenteront pour faire échec aux tentatives des pouvoirs publics de stimuler l'activité économique.

Le délai de réaction de l'activité économique résulte du fait que la hausse des dépenses, privées ou publiques, se traduit principalement, à court terme, par une contraction des stocks plutôt que par une hausse de la production. Cette dernière peut d'ailleurs être différée à cause des délais d'approvisionnement en matières premières ou en biens en voie de fabrication.

Incertitude et confusion

La pauvreté de l'information, voire même la surinformation, les difficultés inhérentes à l'interprétation de cette dernière à la lumière de plusieurs modèles concurrents ainsi que les nombreux délais, dont la durée est à la fois indéterminée et changeante, expliquent que la gestion macro-économique à court terme constitue plus qu'un défi théorique.

Le graphique 7 illustre deux tentatives réussies de contrer l'instabilité sur le marché des biens, dans un monde imaginaire où la banque centrale serait omnisciente.

Dans la situation initiale, les courbes initiales IS_0 et LM_0 se coupent au point V_0, alors que le plein-emploi prévaut et que la production et le taux d'intérêt atteignent respectivement Q_0 et i_0. Le choc expansionniste, que prévoit la banque centrale, se traduirait par le déplacement vers la droite de la courbe IS ($IS_0 \rightarrow IS_1$), de sorte que la production et le taux d'intérêt atteindraient respectivement Q_1 et i_1 au point V_1. Mais, vigilante et très éclairée, la banque centrale réussit à faire échec à ce choc inflationniste en réduisant la masse monétaire ($LM_1 \leftarrow LM_0$) et en augmentant ainsi le taux d'intérêt de i_0 à i_2 (point V_2). Autre exemple: un choc négatif susceptible de déplacer vers la gauche la courbe IS ($IS_2 \leftarrow IS_0$) constitue le germe d'une récession (au point V_3, $Q_2 < Q_0$). Mais ce recul prévu de l'activité économique est heureusement contré par la banque centrale, qui augmente la masse monétaire ($LM_0 \rightarrow LM_2$) et réduit ainsi le taux d'intérêt de i_0 à i_4, ce qui permet de maintenir le niveau initial de la production (Q_0).

Dans la réalité, les agents sont nerveux et inquiets, car ils craignent que les manipulations de la masse monétaire et les interventions de l'État ne se traduisent par une répétition d'erreurs coûteuses de gestion macro-économique, notamment l'accentuation du taux d'inflation et ses corollaires: la flambée des taux d'intérêt et la baisse

GRAPHIQUE 7

**Deux tentatives réussies de stabiliser la production
lorsque la banque centrale est omnisciente**

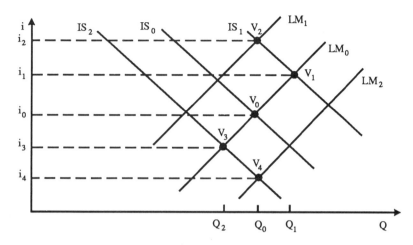

brutale des cours des obligations et des actions. L'incertitude des agents privés, résidents et non-résidents, résulte fondamentalement du fait qu'ils ne croient pas que les gestionnaires des différentes économies nationales connaissent mieux qu'eux la pente des courbes IS, LM et BP.

Section 5

Coordination internationale: un exercice difficile et risqué [7]

Plusieurs faits témoignent que nous vivons dans un monde caractérisé par l'interdépendance de plus en plus poussée des économies nationales:

–   Les fortes augmentations du prix mondial du pétrole au cours des années 70 (1973-1974 et 1979-1980) ont souvent été assimilées à des « chocs » qui ont perturbé aussi bien les pays producteurs que les pays consommateurs d'or noir: accélération du taux d'inflation, flambée des taux d'intérêt, puis récession mondiale en 1982;

---

7.   Cette section est tirée en partie de l'article suivant: F. GAUTHIER, « La coordination internationale: un exercice difficile et risqué », *Le Banquier*, n° 4, juillet–août 1989, p. 32.

–   Au cours des années 80, les « experts » ont fréquemment invoqué les deux déficits américains (le déficit budgétaire du gouvernement fédéral et le solde commercial déficitaire) pour « expliquer » le niveau élevé des taux d'intérêt aux
États-Unis, voire même à l'étranger, et les variations du dollar américain par
rapport aux autres monnaies, notamment le deutsche mark et le yen ;

–   Le problème de l'endettement international concerne non seulement les pays
débiteurs, mais aussi les gouvernements et les banques des pays industrialisés,
qui ont participé au recyclage mondial des pétrodollars accumulés sur les euromarchés par les pays producteurs de pétrole à faible capacité d'absorption[8],
notamment l'Arabie Saoudite ;

–   Les entreprises ont de plus en plus tendance à internationaliser leur production
et leur réseau de distribution, comme en témoigne, par exemple, l'exportation
au Japon de voitures fabriquées dans les filiales américaines des grands cons-
tructeurs d'automobiles japonais ;

–   Le caractère planétaire de l'effondrement des prix des actions, au mois d'octobre 1987, suggère qu'il existe, à certains moments, une communion de pensée
dans la sphère financière et que les portefeuillistes spéculent de plus en plus
sur plusieurs marchés boursiers nationaux ;

–   Les mauvaises récoltes de céréales, en 1988, aussi bien au Canada qu'aux États-
Unis, ont provoqué une hausse importante des cours mondiaux des denrées agricoles.

Les liens internationaux sont donc d'ordre économique (échanges de marchandises et de services), d'ordre financier (mouvements de fonds), d'ordre technologique
(échanges de savoir-faire et d'esprit d'entreprise par le biais des investissements directs
des firmes multinationales) et d'ordre psychologique (les attentes des agents influencent les taux de change et les cours des actions et des obligations sur les marchés
financiers nationaux). L'accroissement de l'interdépendance des économies nationales peut être rattaché aux quatre facteurs suivants :

–   La diminution des coûts de transport a favorisé l'accroissement des échanges
commerciaux et a élargi la gamme des produits et des services faisant l'objet
d'échanges internationaux ;

–   Le progrès technologique dans les télécommunications a considérablement réduit
les frais de transaction et a stimulé du même coup la mobilité internationale des
capitaux ;

---

8.   Un pays a une faible capacité d'absorption lorsque ses recettes d'exportation excèdent
largement les paiements de ses importations. La plupart de ces pays ont une faible population et un revenu élevé par habitant.

– L'internationalisation croissante des entreprises a favorisé la planification de la production dans une perspective planétaire et la mondialisation des réseaux de distribution;

– L'effacement des barrières artificielles entre les nations a contribué à l'unification des marchés nationaux et a favorisé les échanges internationaux de marchandises et de services; néanmoins, le développement de certains marchés internationaux, tels les euromarchés, a été stimulé par l'existence de certains règlements nationaux (par exemple, le Règlement américain Q, qui contrôlait les taux d'intérêt sur les dépôts en dollars américains aux États-Unis).

Pour Jacques de Larosière, ex-directeur du Fonds monétaire international, « le concept d'économie fermée a perdu toute signification dans le monde d'aujourd'hui et l'interdépendance est une force même si elle limite les possibilités d'action unilatérale[9] ». La même idée était évoquée en 1985 par le président de la Corée du Sud lors de l'ouverture de l'Assemblée annuelle du FMI et de la Banque mondiale:

> L'interaction et la spécialisation internationales accrues font de la coopération mondiale un impératif. Aucun pays ne peut gérer efficacement une économie sans prendre en considération ses relations économiques avec les autres nations[10].

Dans la première partie de cette section, nous esquisserons la raison d'être de la coopération économique internationale, puis nous indiquerons les domaines où il y a eu des efforts de rapprochement. Nous montrerons ensuite que l'harmonisation des politiques économiques nationales est confrontée à plusieurs obstacles. Dans la conclusion, nous soulignerons que la coordination internationale est acceptable seulement à certaines conditions.

Raison d'être de la coopération internationale

L'existence de nombreuses institutions internationales témoigne du désir des pays membres de se doter d'une organisation et de procédures administratives susceptibles de favoriser la coopération. Cette coopération peut prendre la forme d'un simple échange d'information entre pays, directement ou par l'intermédiaire d'un organisme intergouvernemental, concernant la situation économique et financière et les intentions politiques, ou, ce qui est beaucoup plus ambitieux, se traduire par la coordination politique, c'est-à-dire la tentative d'un groupe de pays d'assurer la cohérence des actions menées par chacun d'entre eux afin d'atteindre certains objectifs communs. Le souci de coopérer et, a fortiori, celui de coordonner découlent de la prise de conscience qu'il est plus avantageux de rechercher la poursuite des intérêts nationaux en collaborant avec d'autres États qu'en tentant de le faire isolément. Plus fondamentalement, la recherche du dialogue et de la cohérence résulte non seulement du fait que les objectifs nationaux peuvent être incompatibles entre eux, mais aussi du fait qu'une action

---

9. *Bulletin du FMI*, vol. 11, n° 7, 12 avril 1982, p. 102.
10. *Bulletin du FMI*, vol. 14, n° 20, 4 novembre 1985, p. 323.

concertée permet de renforcer les instruments d'intervention nationaux et d'éviter que les actions menées séparément par d'autres États n'aillent à l'encontre du bien-être général et du bien-être national.

Domaines de coopération

Le souci de coopérer s'est traduit par la création d'institutions internationales et de rencontres dans les domaines monétaire, financier et économique.

Dans les domaines monétaire et financier, les principales institutions sont le Fonds monétaire international (FMI), la Banque Mondiale, le Système monétaire européen (SME) et la Banque des règlements internationaux (BRI).

Créé dans le cadre des accords de Bretton Woods de 1944, le FMI avait pour objectif la stabilité des taux de change des monnaies des pays membres (environ 151 pays actuellement). Cette stabilité devait être assurée par une saine gestion macro-économique des économies nationales, plutôt que par des contrôles sur les échanges de marchandises et de services ainsi que sur les mouvements de capitaux. Le FMI dispose de ressources qui proviennent des quotes-parts des pays membres. Ces derniers peuvent obtenir des prêts remboursables à court terme lorsqu'ils sont confrontés à des difficultés temporaires de balance des paiements. Depuis l'abandon, en 1973, du système des parités fixes (il s'agissait, en réalité, d'un système de taux de change qui pouvaient être modifiés lorsque les conditions économiques et financières l'exigeaient), la vocation du FMI a évolué. Ainsi, au cours des années 80, le FMI s'est préoccupé du problème de l'endettement international et a travaillé en étroite collaboration avec les banques commerciales et les gouvernements des pays créanciers et débiteurs pour alléger le poids du service de la dette (par exemple, par le rééchelonnement de la dette) et pour redresser la cote de crédit des pays aux prises avec de sérieuses difficultés financières (par exemple, en définissant la politique macro-économique appropriée).

La Banque Mondiale[11] portait le nom, lors de sa création en 1944, de Banque internationale pour la reconstruction et le développement (BIRD). Son objectif initial était d'accélérer la reconstruction des pays industrialisés ravagés par la guerre. De nos jours, ses ressources, qui proviennent de son capital apporté par les pays membres et des emprunts qu'elle contracte, sont canalisées sous forme de prêts à long terme vers les pays en voie de développement.

Entré en vigueur en mars 1979, le SME comporte un mécanisme de change assorti de règles d'intervention, une unité monétaire, l'écu, dont la valeur est calculée à partir d'un panier de monnaies, et plusieurs facilités de crédit. Les pays participants au mécanisme de change sont l'Allemagne, la Belgique, le Luxembourg, le Danemark, l'Espagne, la France, l'Irlande, l'Italie et les Pays-Bas. L'objectif du SME est de créer une zone

---

11. L'AID (Association internationale de développement) et la SFI (Société financière internationale) lui sont associées, la première étant spécialisée dans les prêts aux pays les plus démunis.

de stabilité monétaire en Europe et de renforcer la stabilité interne et externe. Il constitue un système de taux de change fixes, mais modifiables. La monnaie de chaque pays participant est liée à chacune des autres monnaies par des cours pivots bilatéraux (un cours pivot est fixé par rapport à l'écu pour la monnaie de chaque pays participant). Les marges de fluctuation, qui sont de 2,25 % (6 % dans le cas de la lire italienne et de la peseta espagnole) de part et d'autre de la grille des cours pivots bilatéraux, déterminent les points d'intervention bilatéraux pour chaque monnaie par rapport à chacune des autres monnaies.

Créée en 1930, la BRI[12] accueille chaque mois, à Bâle, les gouverneurs des banques centrales des principaux pays industrialisés pour étudier les problèmes reliés à l'évolution monétaire internationale, notamment sur les euromarchés, c'est-à-dire les marchés sur lesquels sont prêtées les monnaies déposées hors des pays où elles ont été émises.

Dans le domaine économique et commercial, les principales institutions internationales sont l'Organisation de coopération et de développement économique (OCDE)[13], le GATT[14] et la Communauté économique européenne (CEE)[15].

L'OCDE analyse la performance économique de ses vingt-quatre pays membres et suggère des moyens susceptibles de promouvoir la croissance et la stabilité économique et financière.

Le GATT a pour objet de promouvoir la libéralisation des échanges commerciaux parmi ses membres (environ 104 aujourd'hui). À ce jour, sept grandes négociations ont eu lieu sous l'égide du GATT. La huitième négociation (Uruguay Round), qui a débuté en octobre 1986 et doit se terminer en 1990, porte sur le commerce des marchandises et sur celui des services.

---

12. La BRI avait pour mission, entre autres, de verser aux Alliés les paiements de réparation imposés à l'Allemagne par le traité de Versailles.
13. Créée en 1948 pour gérer l'aide Marshall, octroyée par les États-Unis à l'Europe, l'OCDE est devenue un carrefour de concertation et d'échange pour les vingt-quatre pays occidentaux qui en font aujourd'hui partie. Avant 1961, le sigle de cet organisme était OECE (Organisation européenne de coopération économique). Sous-groupe de l'OCDE, le Comité d'aide au développement (CAD) a pour objectif d'assurer l'expansion du volume global des ressources mises à la disposition des pays en développement et d'en accroître l'efficacité. Les membres du CAD sont l'Australie, l'Autriche, la Belgique, le Canada, le Danemark, les États-Unis, la Finlande, la France, l'Irlande, l'Italie, le Japon, la Nouvelle-Zélande, la Norvège, les Pays-Bas, l'Angleterre, l'Allemagne de l'Ouest, la Suède, la Suisse, et la Commission des communautés européennes.
14. Accord général sur les tarifs douaniers et le commerce; en anglais: *General Agreement on Tariffs and Trade*. Le GATT fut signé à Genève, en 1947, par vingt-trois pays.
15. Créée en 1957 par le traité de Rome, la CEE comptait six pays membres fondateurs. Elle compte aujourd'hui douze pays membres: France, Belgique, Luxembourg, Pays-Bas, Allemagne de l'Ouest, Italie, Espagne, Portugal, Grèce, Danemark, Irlande, Angleterre.

La CEE constitue le regroupement de pays industrialisés le plus important. Elle n'a cessé d'évoluer depuis sa création, en 1957, mais elle doit encore faire d'énormes progrès pour parvenir à un marché européen vraiment unique ou intégré (Europe 1992), compte tenu des nombreuses entraves non tarifaires qui limitent les échanges commerciaux et des contrôles sur les mouvements de capitaux.

Aux institutions internationales précédentes et aux regroupement de plusieurs pays au sein de blocs commerciaux, on peut ajouter, depuis 1975, les rencontres ou les « sommets économiques » annuels auxquels participe un nombre très limité de pays qui pèsent lourd dans les décisions économiques internationales. Cinq pays ont d'abord participé à ces rencontres (G5)[16], puis le Groupe des Cinq s'est enrichi de deux nouveaux membres[17], qui se sentaient humiliés, pour former le Groupe des Sept. Les décisions prises ou les vœux exprimés lors des sommets sont censés améliorer la performance économique des pays membres et de l'appareil de production mondial. Ainsi, lors du Sommet dit de « l'Hôtel Plaza » (New York), tenu en septembre 1985, les pays membres du Groupe des Cinq déclaraient qu'ils étaient en faveur d'une dépréciation du dollar américain (cette dernière avait débuté en mars, donc sept mois plus tôt!).

Le communiqué du Sommet économique de Toronto (juin 1988) résume assez bien les objectifs ambitieux des chefs d'État des sept plus grandes nations industrielles (G7):

–   résister au protectionnisme,

–   relever le défi du développement et alléger le fardeau de la dette internationale des pays les plus démunis,

–   s'attaquer au problème agricole mondial, notamment au problème des subventions, onéreuses pour le trésor public, et des surplus envahissants,

–   coordonner les politiques monétaires et budgétaires nationales,

–   stabiliser les taux de change,

–   promouvoir des réformes structurelles (par exemple, la conception d'assiettes fiscales favorisant l'affectation efficace des ressources).

On constate que la plupart des problèmes identifiés par les pays membres du Groupe des Sept peuvent être abordés au sein d'institutions internationales existantes (FMI, GATT, OCDE, BRI, etc.). Les sommets facilitent, en principe, la recherche des solutions à certains problèmes qui sont fondamentalement interdépendants, tels la convergence des taux d'inflation nationaux, la stabilisation des taux de change, la réduction des taux d'intérêt et l'allégement du service de la dette extérieure des pays fortement endettés. Mais il est un domaine où la coordination semble difficile, voire hasardeuse, même lorsque chaque pays a les mêmes objectifs: il s'agit de l'harmonisation des politiques budgétaires et monétaires nationales.

---

16.   France, Japon, États-Unis, Angleterre et Allemagne de l'Ouest.
17.   Italie et Canada.

Obstacles à l'harmonisation des politiques nationales à court terme

Plusieurs obstacles limitent les possibilités d'harmonisation des politiques, moné-taires et budgétaires, susceptibles d'influencer la performance à court terme des éco-nomies nationales et, par conséquent, celle de l'économie mondiale. Ces obstacles sont d'ordre politique, d'ordre technique et d'ordre socio-économique.

Les problèmes d'ordre politique résultent du fait que la discipline monétaire et budgétaire dépend du cycle dit « politique ». Ce cycle est lié aux contraintes auxquel-les sont confrontées les banques centrales qui ne jouissent pas d'une autonomie com-plète et qui doivent subir les pressions des politiciens soucieux d'assurer leur réélection, même lorsque cela doit se traduire par une hausse du taux d'inflation et une déprécia-tion des taux de change bilatéraux de la monnaie nationale. Ces pressions politiques ont également un impact sur la politique budgétaire, le déficit ayant tendance à se gonfler avant les élections dans l'espoir de créer un climat économique et social favo-rable au parti au pouvoir.

Les obstacles d'ordre technique découlent des imperfections de l'information et de la connaissance imparfaite du fonctionnement des économies nationales et, a fortiori, de celui de l'économie mondiale. L'information est imparfaite parce que les indicateurs de performance des économies nationales (production, chômage, infla-tion, déficits budgétaires, etc.) s'appuient sur des concepts (il existe plusieurs façons de mesurer le taux de chômage) et sur des pratiques (les responsabilités des divers paliers de gouvernement dépendent de la constitution nationale) qui varient d'un pays à l'autre. Le fait que la qualité et l'étendue de l'information ainsi que les définitions des agrégats soient hétérogènes signifie que les comparaisons internationales sont ardues, voire hasardeuses lorsqu'elles servent à définir une politique « mondiale ».

La connaissance très ténue du fonctionnement des appareils économiques natio-naux et de l'économie mondiale constitue un autre obstacle redoutable, car il est très difficile d'interpréter l'information disponible à la lumière des modèles économétri-ques existants. Ainsi, les deux tableaux suivants démontrent d'une façon éloquente que la coordination des politiques budgétaires (tableau 2) et monétaires (tableau 3) nationales est un exercice hasardeux et risqué. Les estimations des répercussions inter-nationales proviennent de douze modèles économétriques différents[18]. L'un d'entre eux, le modèle multipays, résulte en réalité d'un effort de regroupement des modèles de cinq économies nationales (Canada, Allemagne de l'Ouest, Japon, Angleterre et États-Unis); chaque modèle national comprend entre 150 et 250 équations, et le modèle global, plus de 850!

---

18. Les modèles ont été construits par les entités suivantes: MCM ou Multi-Country (banque centrale des États-Unis); CEE (modèle Compact de la Communauté européenne); EPA (Agence de planification du Japon); Link (projet Link); Liverpool (Patrick Minford); MSG (McKibbon-Sachs); MINIMOD (modèle réduit du modèle MCM, Han-Masson); VAR (Sims-Litterman); OCDE (modèle Interlink); modèle Taylor (John Taylor), modèle économétrique Wharton (Wharton); DRI (Data Resources, Inc.).

TABLEAU 2

Estimations des effets au bout de deux ans
d'une hausse des dépenses publiques égale à 1 % du PNB

Initiative émanant des États-Unis

Modèle	Effets sur les États-Unis					Effets sur les autres pays membres de l'OCDE			
	Production totale (%)	Indice des prix à la consommation (%)	Taux d'intérêt à court terme (%)	Taux de change (%)	Compte courant (milliards de $)	Compte courant (milliards de $)	Taux d'intérêt à court terme (%)	Indice des prix à la consommation (%)	Production totale (%)
MCM	+ 1,8	+ 0,4	+ 1,7	+ 2,8	− 16,5	+ 8,9	+ 0,4	+ 0,4	+ 0,7
CEE[1]	+ 1,2	+ 0,6	+ 1,5	+ 0,6	− 11,6	+ 6,6	+ 0,3	+ 0,2	+ 0,3
EPA[2]	+ 1,7	+ 0,9	+ 2,2	+ 1,9	− 20,5	+ 9,3	+ 0,5	+ 0,3	+ 0,9
LINK	+ 1,2	+ 0,5	+ 0,2	− 0,1	− 6,4	+ 1,9	n.d.	0,0	+ 0,1
Liverpool	+ 0,6	+ 0,2	+ 0,4	+ 1,0	− 7,0	+ 3,4	+ 0,1	+ 0,6	0,0
MSG	+ 0,9	− 0,1	+ 0,9	+ 3,2	− 21,6	+ 22,7	+ 1,0	+ 0,6	+ 0,3
MINIMOD	+ 1,0	+ 0,3	+ 1,1	+ 1,0	− 8,5	+ 5,5	+ 0,2	+ 0,1	+ 0,3
VAR[3]	+ 0,4	− 0,9	+ 0,1	+ 1,2	− 0,5	− 0,2	0,0	0,0	0,0
OCDE	+ 1,1	+ 0,6	+ 1,7	+ 0,4	− 14,2	+ 11,4	+ 0,7	+ 0,3	+ 0,4
Taylor[3]	+ 0,6	+ 0,5	+ 0,3	+ 4,0	n.d.	n.d.	+ 0,2	+ 0,4	+ 0,4
Wharton	+ 1,4	+ 0,3	+ 1,1	− 2,1	− 15,4	+ 5,3	+ 0,6	− 0,1	+ 0,2
DRI	+ 2,1	+ 0,4	+ 1,6	+ 3,2	− 22,0	+ 0,8	+ 0,4	+ 0,3	+ 0,7

Initiative émanant des autres pays

	Effets sur les autres pays membres de l'OCDE					Effets sur les États-Unis			
MCM	+ 1,4	+ 0,3	+ 0,6	+ 0,3	− 7,2	+ 7,9	+ 0,5	+ 0,2	+ 0,5
CEE[1]	+ 1,3	+ 0,8	+ 0,4	+ 0,6	− 9,3	+ 3,0	0,0	+ 0,1	+ 0,2
EPA[2]	+ 2,3	+ 0,7	+ 0,3	− 0,7	− 13,1	+ 4,7	+ 0,6	+ 0,3	+ 0,3
LINK	+ 1,2	+ 0,1	n.d.	− 0,1	− 6,1	+ 6,3	0,0	0,0	+ 0,2
Liverpool	+ 0,3	+ 0,8	0,0	+ 3,3	− 17,2	+ 11,9	+ 0,8	+ 3,1	− 0,5
MSG	+ 1,1	+ 0,1	+ 1,4	+ 2,9	− 5,3	+ 10,5	+ 1,3	+ 0,6	+ 0,4
MINIMOD	+ 1,6	+ 0,2	+ 0,9	+ 0,6	− 2,2	+ 3,2	+ 0,3	+ 0,2	+ 0,1
VAR[3]	+ 0,5	− 0,3	− 0,2	− 2,4	+ 1,7	− 2,6	+ 0,2	− 0,1	+ 0,3
OCDE	+ 1,5	+ 0,7	+ 1,9	+ 0,9	− 6,9	+ 3,3	+ 0,3	+ 0,2	+ 0,1
Taylor[3]	+ 1,6	+ 1,2	+ 0,6	+ 2,7	n.d.	n.d.	+ 0,4	+ 0,9	+ 0,6
Wharton	+ 3,2	− 0,8	+ 0,8	− 2,4	− 5,5	+ 4,7	+ 0,1	0,0	+ 0,6
DRI	n.d.	n.d.	n.d.	n.d.	n.d.	n.d.	n.d.	n.d.	0,0

1. Taux d'intérêt américains à long terme.
2. Le solde du compte courant des autres pays: Japon, Allemagne de l'Ouest, Angleterre et Canada.
3. Dégonfleur du PNB.
n.d. Non disponible.

Source: J.A. FRANKEL, « Obstacles to International Macroeconomic Policy Coordination », Working Paper 187/29, Washington D.C., International Monetary Fund, 21 avril 1987, p. 13. Ce tableau apparaît dans: N.S. FIELEKE, « International Interdependance Between Nations: Reason for Policy Coordination », New England Economic Review, Federal Reserve Bank of Boston, mai–juin 1988, p. 31.

TABLEAU 3

Estimations des effets au bout de deux ans d'une hausse de 4% de la masse monétaire

Initiative émanant des États-Unis

Modèle	Effets sur les États-Unis					Effets sur les autres pays membres de l'OCDE			
	Production totale (%)	Indice des prix à la consommation (%)	Taux d'intérêt à court terme (%)	Taux de change (%)	Compte courant (milliards de $)	Compte courant (milliards de $)	Taux d'intérêt à court terme (%)	Indice des prix à la consommation (%)	Production totale (%)
MCM	+ 1,5	+ 0,4	– 2,2	– 6,0	– 3,1	– 3,5	– 0,5	– 0,6	– 0,7
CEE[1]	+ 1,0	+ 0,8	– 2,4	– 4,0	– 2,8	+ 1,2	– 0,5	– 0,4	+ 0,2
EPA[2]	+ 1,2	+ 1,0	– 2,2	– 6,4	– 1,6	– 10,1	– 0,6	– 0,5	– 0,4
LINK	+ 1,0	– 0,4	– 1,4	– 2,3	– 5,9	+ 1,5	n.d.	– 0,1	– 0,1
Liverpool	+ 0,1	+ 3,7	– 0,3	– 3,9	– 13,0	+ 0,1	– 0,1	0,0	0,0
MSG	+ 0,3	+ 1,5	– 0,8	– 2,0	+ 2,6	– 4,4	– 1,2	– 0,7	+ 0,4
MINIMOD	+ 1,0	+ 0,8	– 1,8	– 5,7	+ 2,8	– 4,7	– 0,1	– 0,2	+ 0,2
VAR[3]	+ 3,0	+ 0,4	– 1,9	– 22,9	+ 0,5	+ 5,1	+ 0,3	+ 0,1	+ 0,4
OCDE	+ 1,6	+ 0,7	– 0,8	– 2,6	+ 4,9	+ 3,1	– 0,1	– 0,1	+ 0,3
Taylor[3]	+ 0,6	+ 1,2	– 0,4	– 4,9	– 8,4	n.d.	– 0,1	– 0,2	– 0,2
Wharton	+ 0,7	0,0	– 2,1	– 1,0	n.d.	+ 5,3	– 1,3	– 0,1	+ 0,4
DRI	+ 1,8	+ 0,4	– 2,3	– 14,6	– 1,4	+ 14,5	– 1,1	– 1,3	– 0,6

Initiative émanant des autres pays

	Effets sur les autres pays membres de l'OCDE						Effets sur les États-Unis		
MCM	+ 1,5	+ 0,6	− 2,1	− 5,4	+ 3,5	+ 0,1	− 0,2	− 0,2	0
CEE[1]	+ 0,8	+ 1,0	− 1,1	− 2,3	− 5,2	+ 1,9	0,0	+ 0,1	+ 0,1
EPA[2]	0,0	0,0	− 0,1	− 0,1	− 0,1	+ 0,1	0,0	0,0	0,0
LINK[4]	+ 0,8	− 0,6	n.d.	− 2,3	− 1,4	+ 3,5	0,0	0,0	+ 0,1
Liverpool	+ 0,4	+ 2,8	− 0,9	− 8,4	+ 7,1	− 8,2	− 1,1	− 3,4	+ 1,6
MSG	+ 0,2	+ 1,5	− 0,7	− 1,4	− 15,9	+ 12,0	− 1,2	− 0,6	+ 0,3
MINIMOD	+ 0,8	+ 0,2	− 1,8	− 4,8	+ 3,6	− 1,4	− 0,6	− 0,5	− 0,3
VAR[3]	+ 0,7	− 0,5	− 3,0	− 5,5	+ 5,2	− 10,0	+ 0,6	− 0,7	+ 1,2
OCDE	+ 0,8	+ 0,3	− 1,3	− 2,1	− 1,6	+ 2,3	− 0,2	− 0,1	+ 0,1
Taylor[3]	+ 0,8	+ 0,7	− 0,3	− 3,5	n.d.	n.d.	− 0,2	− 0,5	− 0,1
Wharton	+ 0,2	− 0,1	− 0,8	+ 0,2	+ 2,6	+ 0,5	0,0	0,0	0,0
DRI	n.d.	n.d.	n.d.	n.d.	n.d.	n.d.	n.d.	n.d.	n.d.

1. Taux d'intérêt américains à long terme.
2. Le solde du compte courant des autres pays: Japon, Allemagne de l'Ouest, Angleterre et Canada.
3. Dégonfleur du PNB.
4. Dépréciation du dollar.
n.d. Non disponible.

Source: J.A. FRANKEL, « Obstacles to International Macroeconomic Policy Coordination », Working Paper 187/29, Washington, D.C., International Monetary Fund, 21 avril 1987, p. 13. Ce tableau apparaît dans: N.S. FIELEKE, « International Interdependence Between Nations: Reason for Policy Coordination », *New England Economic Review*, Federal Reserve Bank of Boston, mai-juin 1988, p. 32.

Le tableau 2 présente plusieurs estimations des répercussions, au bout de deux ans, d'une hausse des dépenses publiques égale à 1 % du PNB sur plusieurs variables aux États-Unis et dans les autres membres de l'OCDE (dans la partie supérieure, l'initiative provient des États-Unis, tandis qu'elle émane des autres pays membres de l'OCDE dans la partie inférieure). Les effets prévus par les différentes constructions sont très différents. Ainsi, la hausse de la production américaine (partie supérieure) varie entre 1,8 et 0,4 %, tandis que le taux d'intérêt à court terme peut augmenter *ou* diminuer. Autre exemple: le solde du compte courant dans les « autres pays » peut s'accroître *ou* décliner. Dans la partie inférieure du tableau 2, l'essor des dépenses publiques peut engendrer *aussi bien* l'appréciation *que* la dépréciation des monnaies des autres pays, et stimuler *ou* déprimer la production américaine.

L'examen attentif des estimations des effets d'une hausse de 4 % de la masse monétaire (tableau 3) révèle qu'elles sont également très différentes et, comme dans le tableau précédent, fréquemment divergentes. Si un élément doit émerger des exercices précédents, c'est bien l'idée que les chefs d'État des pays membres du Groupe des Sept ne peuvent s'engager que prudemment dans la coordination internationale des politiques macro-économiques à court terme.

Les obstacles d'ordre socio-économique découlent du fait que les objectifs nationaux peuvent être différents, ou encore du fait que leur hiérarchie peut différer même lorsque les buts poursuivis sont identiques. Ainsi, l'expression « stabilité des prix » a une signification qui varie d'un pays à l'autre. L'Allemagne, par exemple, qui a souffert d'hyperinflation au cours des années 20, a été, au cours de l'après-guerre, beaucoup plus soucieuse de maintenir le pouvoir d'achat de la monnaie nationale que l'Italie et le Canada. Autre exemple: les causes d'un taux de chômage élevé sont généralement si diverses qu'il peut être dangereux de tenter de le réduire en adoptant, de concert avec d'autres pays, une politique axée sur la stimulation de la demande globale de biens et de services.

Le communiqué du Sommet économique de Toronto (juin 1988) avançait que l'inflation était « maîtrisée », même si le taux d'inflation chez les Sept s'accélérait et que les taux d'intérêt étaient à la hausse, notamment aux États-Unis.

Lorsque le taux d'inflation jugé acceptable varie d'un pays à l'autre, l'harmonisation devient impossible, car les pays plus disciplinés refuseront d'aligner leur taux d'inflation sur celui d'un pays moins discipliné. Il y a plus: dans un tel cas, non seulement l'harmonisation n'est pas souhaitable, mais les pays disciplinés doivent résister aux pressions exercées par les pays indisciplinés, même si ces derniers ont une position dominante. L'harmonisation comporte des risques d'envergure planétaire lorsque le pays dominant ne donne pas le bon exemple et tente d'inciter ses partenaires à accélérer leur taux d'inflation afin d'éviter les conséquences politiquement gênantes d'un redressement pourtant nécessaire de ses propres politiques.

Conclusion

La recherche d'une solution à certains problèmes d'envergure planétaire exige la coopération internationale. C'est le cas, par exemple, du problème de la pollution de l'eau et de l'air qui ignore les frontières politiques. Autre exemple: l'allégement du poids de l'endettement international dépend de la gestion des économies des pays créanciers (croissance soutenue de leurs importations, faibles taux d'inflation et d'intérêt, etc.) et de celle des pays débiteurs (finances publiques saines, comportement responsable des banques centrales, etc.)

La plupart des problèmes auxquels sont confrontés les pays industrialisés peuvent être résolus au sein des institutions internationales existantes: c'est le cas des problèmes relatifs au commerce (GATT), aux questions monétaires ou financières (FMI, BRI, Banque mondiale) et économiques (OCDE). Le principal avantage des sommets économiques réside dans le fait que les réunions d'un nombre limité de pays favorisent les échanges d'information et sont susceptibles d'amener les participants les plus importants (États-Unis, Japon et Allemagne) à prendre davantage conscience des conséquences mondiales de leurs actions dans un monde interdépendant. La coordination des politiques macro-économiques nationales à court terme est cependant hasardeuse, compte tenu de tous les obstacles que nous avons soulignés, notamment le risque que les pays ayant le plus de poids n'adhèrent à un schéma erroné du fonctionnement des appareils économiques ou n'alignent leurs objectifs sur le pays le plus puissant et le plus indiscipliné du groupe, ainsi que le risque que certains pays ne diffèrent l'adoption des politiques nationales appropriées en espérant que d'autres pays résoudront leurs propres problèmes, ou ne soient tentés d'expliquer leur manque de courage politique en invoquant le refus d'autres pays de pratiquer la coopération internationale.

La définition de politiques nationales conçues séparément s'avère préférable à la coordination internationale lorsque certains pays, à cause de leur sagesse ou de façon purement fortuite, utilisent des modèles qui reflètent bien, ne serait-ce que temporairement, le fonctionnement de l'appareil de production national et prennent ainsi des décisions éclairées; en d'autres termes, une, deux ou trois économies nationales bien gérées valent mieux qu'une « économie mondiale » (celle des Sept et des autres pays « satellites ») mal conçue et mal gérée par quelques chefs d'État pourtant bien intentionnés!

Pour toutes les raisons précédentes, les efforts de coordination devraient porter uniquement sur la recherche de la convergence à moyen terme (deux ou trois ans) des politiques nationales et devraient *rechercher uniquement la stabilité des prix* en s'appuyant sur le principe que toute politique qui entraîne une baisse des taux d'intérêt à long terme est une « bonne politique » (ces derniers peuvent baisser seulement si les portefeuillistes sont convaincus que le taux d'inflation diminuera durablement). Les mérites de cette règle sont nombreux et importants: elle constitue une invitation à la discipline pour les politiciens et les gouverneurs des banques centrales; elle évite les risques reliés à la manipulation à court terme des dépenses publiques et du volume

du crédit et, de ce fait, elle élimine une source majeure de soucis aussi bien pour
les gestionnaires de l'appareil économique que pour les portefeuillistes; elle favorise
la stabilité éventuelle des taux de change et contribue ainsi à assainir le système monétaire international; elle favorise la baisse des taux d'intérêt tant recherchée par les
pays débiteurs et, surtout, elle impose des contraintes aux pays les moins disciplinés
plutôt qu'à ceux qui sont avides de stabilité et désireux de conserver *la maîtrise de
la stabilité du prix*, un objectif certes ambitieux, mais plus transparent que la « maîtrise » de l'inflation.

Conclusion

Dans une économie ouverte, le nombre d'acteurs augmente considérablement
puisqu'il faut également tenir compte des agents étrangers: ménages, chefs d'entreprise, gouvernements, banques centrales et institutions internationales. Ainsi, dans
le système monétaire actuel de flottement dirigé, les taux de change bilatéraux d'une
monnaie sont influencés non seulement par les politiques nationales, mais aussi par
les interventions des banques centrales étrangères sur les marchés des changes. Autre
exemple: le niveau des investissements dans un pays dépend non seulement de l'épargne intérieure, mais aussi de la mobilité internationale du capital et de la perception
qu'ont les résidents et les non-résidents des perspectives à long terme de la rentabilité
du capital dans plusieurs pays. À l'élargissement du nombre des acteurs, il faut ajouter
l'accroissement du nombre des facteurs susceptibles d'influencer la position et la pente
des courbes IS, LM, et BP.

La courbe IS

Dans une économie ouverte, la position et la pente de la courbe IS varient avec
le taux de change, le rapport entre le niveau général des prix au pays et à l'étranger
et tous les autres facteurs qui influencent les importations et les exportations de marchandises et de services (élasticités de la demande et de la production, apparition de
nouveaux produits, délais de livraison, service après vente, protectionnisme, ampleur
des récoltes, goûts des ménages, état de la technologie de la production et de la distribution, etc.). Des exemples: l'accroissement des barrières aux échanges décrété par
un pays tend à déplacer la courbe IS vers la droite à cause de la contraction des importations, si, bien entendu, ses partenaires commerciaux n'adoptent pas des mesures
de représailles (une telle passivité est une illusion dans la réalité); une grève prolongée
dans une industrie exportatrice se traduirait par un déplacement de la courbe IS vers
la gauche à cause de la contraction du volume exportable; la création de produits dotés
d'attributs exclusifs favorise les exportations et provoque ainsi le déplacement vers
la droite de la courbe IS; une récession économique émanant de l'étranger provoque
le recul des exportations et se traduit donc par un déplacement vers la gauche de la
courbe IS.

La courbe LM

Les relations internationales n'affectent pas la position de la courbe LM dans le système théorique de taux de change complètement flexibles. Dans un système de taux de change fixes, les conséquences d'un déséquilibre externe (surplus ou déficit) dépendent de la politique pratiquée par les pouvoirs publics: la position de la courbe LM est stable lorsque la banque centrale réussit à neutraliser les effets monétaires, tandis qu'elle change lorsque la banque centrale choisit d'être passive; à long terme, un déséquilibre externe affectera la position de la courbe BP, étant donné que la neutralisation des conséquences monétaires d'un déséquilibre externe ne peut être pratiquée indéfiniment.

La courbe BP

La position de la courbe BP dépend de nombreux facteurs. Ainsi, l'adoption d'une politique plus accueillante vis-à-vis des investissements directs provenant de l'étranger ou la décélération du taux d'inflation national par rapport aux taux d'inflation étrangers tendent à déplacer vers la droite la courbe BP. Autre exemple: une hausse jugée inflationniste du déficit budgétaire de l'État peut stimuler les exportations spéculatives de capital et provoquer ainsi un déplacement vers le haut de la courbe BP.

Le problème des délais

Trois raisons expliquent que le problème des délais a une acuité plus grande dans le contexte d'une économie ouverte que dans celui d'une économie fermée: en premier lieu, les gestionnaires de l'économie doivent tenir compte des délais qui apparaissent au sein des économies des principaux partenaires commerciaux; en second lieu, certains délais sont propres aux relations commerciales; en troisième lieu, un système de taux de change fixes renforce l'efficacité des instruments qui ont un délai administratif considérable (la politique fiscale ou budgétaire) et réduit l'efficacité de l'instrument dont le délai de mise en œuvre est le plus court (la politique monétaire).

Les délais à l'étranger

Dans le modèle utilisé dans ce chapitre, les exportations de marchandises et de services ont une valeur précise et prédéterminée ($X_p = \overline{X}$). Dans la réalité, les exportations d'un pays dépendent, entre autres, du niveau de l'activité économique à l'étranger, notamment des politiques macro-économiques pratiquées par les principaux partenaires commerciaux. Ainsi, face à un assainissement de la politique budgétaire des États-Unis, les responsables de la gestion macro-économique canadienne feraient face à un défi de taille, car ils devraient tenter de prévoir non seulement l'ampleur et la vitesse de réaction de l'économie américaine à une augmentation substantielle des impôts, mais aussi le moment où les répercussions seraient ressenties au Canada. La définition de la politique économique canadienne repose donc sur la connaissance très imparfaite des liens économiques et financiers entre ces deux pays.

Les délais propres aux relations internationales

L'effet d'une dépréciation ou d'une appréciation du taux de change sur les échanges commerciaux dépend des élasticités changeantes des demandes des résidents et des non-résidents. Ainsi, une dépréciation du taux de change réduit les importations et stimule les exportations seulement après un délai dont la durée est difficilement prévisible. L'expérience américaine révèle, par exemple, que la dépréciation du dollar américain, entre le mois de février 1985 et l'automne 1986, a été accompagnée d'un élargissement du déficit du solde des échanges de marchandises, en dépit de la baisse substantielle des importations de pétrole de ce pays. L'impact d'une dépréciation est difficile à mesurer à cause de la myriade de facteurs qui agissent sur les échanges commerciaux (beauté des produits, stockage par anticipation des produits importés, baisse des prix en monnaies étrangères des importations, etc.) et de la valeur changeante des élasticités. Les gestionnaires de l'économie doivent donc déterminer le dosage approprié des politiques nationales à partir d'éléments d'information qui sont très incertains, même lorsqu'ils peuvent être quantifiés.

La gestion macro-économique à long terme

Nous avons démontré que l'efficacité de la politique monétaire dépendait du système de taux de change en vigueur et nous avons exprimé notre préférence pour le système de taux de change flexibles. Cette préférence s'appuie à la fois sur le fait que ce régime de change permet à la banque centrale de pratiquer une politique monétaire indépendante et de rechercher la stabilité des prix (si elle ne subit pas les pressions des politiciens), et sur le fait que les délais administratif et intermédiaire de la politique monétaire sont plus courts que ceux de la politique fiscale.

Le modèle suivant, qui repose sur la théorie quantitative de la monnaie et sur la théorie de la parité du pouvoir d'achat, met en évidence le fait que le pays avide de stabilité des prix est confronté à un sérieux dilemme dans un système de taux de change fixes et que seule la flexibilité des taux de change bilatéraux lui permet de pratiquer une politique monétaire indépendante et, s'il le désire, la stabilité des prix. L'équation (1) exprime la théorie quantitative de la monnaie:

$$\dot{M}^O + \dot{V} = \dot{P}_{CAN} + \dot{Q} \tag{1}$$

qui devient, lorsque la vélocité de la monnaie est constante ($\dot{V} = 0$);

$$\dot{M}^O + 0 = \dot{P}_{CAN} + \dot{Q} \tag{2}$$

et

$$\dot{P}_{CAN} = \dot{M}^O - \dot{Q} \tag{3}$$

L'équation (3) montre que l'inflation apparaît au Canada ($\dot{P}_{CAN} > 0$) lorsque le taux d'accroissement de la masse monétaire ($\dot{M}^O$) est plus élevé que celui du potentiel de l'appareil économique ($\dot{Q}$).

Selon la théorie de la parité du pouvoir d'achat (équation (4)), le taux d'inflation national est influencé à long terme par les variations du taux de change et par le taux d'inflation à l'étranger (en Angleterre dans cette illustration):

$$\dot{P}_{CAN} = T\dot{C}C(\$ \text{ CAN}, \pounds) + \dot{P}_{ANG} \tag{4}$$

L'équation (5) révèle que le taux d'inflation canadien tend à s'aligner, en longue période, sur le taux d'inflation du reste du monde lorsque le taux de change est fixe ($T\dot{C}C(\$ \text{ CAN}, \pounds) = 0$):

$$\dot{P}_{CAN} = 0 + \dot{P}_{ANG} \tag{5}$$

En substituant le membre droit de l'équation (3) au membre gauche de l'équation (4), on constate (équation (6)) que la stabilité des prix au Canada exige non seulement la discipline monétaire ($\dot{P}_{CAN} = \dot{M}^O - \dot{Q} = 0$) dans ce pays, mais aussi une variation du taux de change d'ampleur égale et de signe opposé au taux d'inflation étranger:

$$\dot{M}^O - \dot{Q} = T\dot{C}C(\$ \text{ CAN}, \pounds) + \dot{P}_{ANG}$$

qui devient, lorsque $\dot{M}^O - \dot{Q} = 0$:

$$T\dot{C}C(\$ \text{ CAN}, \pounds) = - \dot{P}_{ANG} \tag{6}$$

Le schéma précédent, qui complète l'étude des problèmes de gestion macro-économique à court terme, a de nombreux mérites: il est beaucoup plus simple que les modèles d'inspiration keynésienne ou que le modèle IS-LM-BP (dans la réalité, personne ne connaît la position changeante de ces trois courbes); il situe le problème de la gestion macro-économique dans la bonne perspective, c'est-à-dire dans une perspective à long terme, ce qui libère l'État et la banque centrale d'une tâche (la gestion macro-économique à court terme) que ces deux entités ne peuvent accomplir; il met en évidence la cause ultime de l'inflation (la permissivité de l'État et de la banque centrale qui, malheureusement, est harcelée et, plus souvent encore, contrôlée par les politiciens dans la plupart des pays; il attire l'attention sur le moyen par excellence de réduire l'instabilité économique et financière, nationale et internationale, et de contribuer à l'émergence d'un climat propice à la croissance économique, soit la stabilité des prix.

Le graphique 8 montre que la performance économique de plusieurs pays a été liée, au cours de la période 1973-1986, au degré d'indépendance dont jouissait la banque centrale. Le degré d'indépendance varie, le chiffre 1 étant attribué à la banque centrale la plus dépendante et le chiffre 4 à la banque centrale la plus indépendante. Le degré de liberté ou d'autonomie est déterminé en prenant en considération les liens entre la banque centrale et le gouvernement: contraintes légales, contacts informels

GRAPHIQUE 8

**Degré d'indépendance de la banque centrale et performance économique
(en pourcentage; moyenne de la période 1973-1986)**

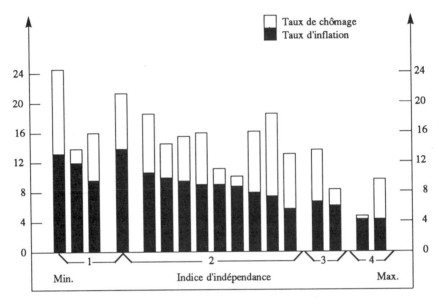

Source :   A. Alesina, « Politics and Business Cycles in Industrial Democracies », *Economic Policy*, avril 1989. Ce
graphique a été présenté dans : *The Economist*, 28 octobre 1989, p. 84.

et certaines règles, par exemple l'obligation de participer au financement des déficits
budgétaires par la création monétaire. Fait intéressant mais guère surprenant, les banques centrales qui ont obtenu « quatre étoiles » sont celles des pays à faible taux d'inflation
et de chômage : Allemagne de l'Ouest, Suisse, Japon, etc. ; il est également intéressant
de souligner que l'Allemagne de l'Ouest et le Japon dégagent des excédents chroni-
ques de leur solde commercial, malgré la vigueur de leur monnaie sur les marchés
des changes. Il ne faut guère s'étonner, compte tenu de l'emprise des politiciens sur
la banque centrale, que l'Australie ait eu un taux d'inflation beaucoup plus élevé que
la plupart des pays industrialisés et une monnaie chancelante, en dépit de taux d'intérêt très élevés (le taux préférentiel était de 20,5 % en octobre 1989).

Une politique macro-économique éclairée doit aller au-delà de la poursuite d'objectifs à court terme (plein-emploi, stabilisation des fluctuations conjoncturelles de l'activité économique, etc.) et se préoccuper surtout des objectifs à long terme qui sont
beaucoup plus fondamentaux : le développement économique, la croissance continue
de la production, l'augmentation du niveau de vie et l'amélioration de la qualité de
la vie. Le dernier chapitre de cet ouvrage esquisse ces préoccupations.

Exercices

1. Les délais constituent des embûches en matière de stabilisation économique à court terme. À cet égard, la politique monétaire constitue-t-elle un meilleur moyen d'intervention que la politique fiscale (variation des dépenses publiques et des impôts)?

2. Quelles dimensions nouvelles les relations économiques et financières internationales ajoutent-elles au problème de la gestion macro-économique à court terme?

3. Quels sont les désavantages et les avantages respectifs d'une politique de stabilisation économique basée sur une variation des taux d'imposition ou des dépenses publiques?

4. Si vous deviez choisir un système de taux de change pour le Canada, quel système préféreriez-vous? Pourquoi?

5. Que signifient l'expression « efficacité de la politique fiscale » et l'expression « efficacité de la politique monétaire » dans le contexte de ce chapitre?

6. Dans quel contexte la politique fiscale est-elle:

   a) efficace?
   b) inefficace?

   Expliquez par écrit et par le biais de deux graphiques.

7. Dans quel contexte la politique monétaire est-elle:

   a) efficace?
   b) inefficace?

   Expliquez par écrit et par le biais de deux graphiques.

8. À quels moyens directs l'État peut-il avoir recours pour corriger:

   a) un déficit externe?
   b) un surplus externe?

9. Pourquoi la pratique d'une politique monétaire discrétionnaire est-elle susceptible d'énerver les agents, notamment les portefeuillistes, et de plaire aux spéculateurs?

10. Selon vous, les politiques macro-économiques canadiennes actuelles sont-elles appropriées, dans le contexte mondial actuel?

11. Quels risques la coordination internationale des politiques nationales comporte-t-elle?

12. Le Canada a-t-il intérêt à faire partie du Groupe des Sept?

13. Quelles sont les répercussions sur la position des courbes IS, LM et BP:

    a) d'une dépréciation du taux de change de la monnaie d'un pays?
    b) d'une augmentation du niveau de l'activité économique à l'étranger?
    c) d'une décélération du taux d'inflation au pays?

Bibliographie

BANQUE DES RÈGLEMENTS INTERNATIONAUX, *Rapports annuels*, Bâle.

BATTEN, D.S., « Five Common Myths About Floating Exchange Rates », *Review*, Federal Reserve Bank of St. Louis, vol. 65, n° 9, novembre 1983.

BELONGIA, M.I., « Prospects for International Policy Coordination », *Review*, Federal Reserve Bank of St. Louis, vol. 70, n° 4, juillet-août 1988.

FIELEKE, N.N., « Economic Interdependence Between Nations: Reason for Policy Coordination », *New England Economic Review*, Federal Reserve Bank of Boston, mai–juin 1988.

FONDS MONÉTAIRE INTERNATIONAL, « Le Système monétaire européen à la veille de l'unification du marché », *Bulletin du F.M.I.*, 18 décembre 1989.

————— , *Economic Policy Coordination*, Washington, 1988.

FRENKEL, J.A. et JOHNSON, H.G., *The Monetary Approach to the Balance of Payments*, London, Allen and Unwin, 1976.

FRIEDMAN, M., « The Lag in the Effect of Monetary Policy », *Journal of Political Economy*, octobre 1961.

KAHN, G.A., « International Policy Coordination in an Interdependent World », *Economic Review*, Federal Reserve Bank of Kansas City, vol. 72, n° 3, mars 1987.

KHAN, M.S. et UL HAQUE, N., « La Fuite des capitaux des pays en développement », *Finances et Développement*, Fonds monétaire international, vol. 24, n° 1, mars 1987.

KNIGHT, M. et MASSON, P.R., « Répercussions des conséquences des politiques budgétaires des pays industrialisés », *Finances et Développement*, Fonds monétaire international, vol. 24, n° 1, mars 1987.

MODIGLIANI, F., « The Monetarist Controversy or, Should We Forsake Stabilization Policies? », *American Economic Review*, mars 1977.

MUNDELL, R.A., « Capital Mobility and Stabilization Policy Under Fixed and Flexible Exchange Rates », *Canadian Journal of Economics and Political Science*, novembre 1963.

MYRDAL, G., *Economic Theory and Under-Developed Regions*, London, Duckworth, 1959.

TANZI, V., « Politique budgétaire; croissance et programmes de stabilisation », *Finances et Développement*, Fonds monétaire international, vol. 24, n° 2, juin 1987.

WILL, R.M., « The Time Lags of Fiscal Policy », *Conference on Stabilization Policy*, Conseil économique du Canada, Ottawa, Imprimeur de la Reine, 1965.

CHAPITRE XVI

L'APPAREIL DE PRODUCTION
DANS UNE PERSPECTIVE À LONG TERME

Dans les chapitres précédents, nous avons analysé essentiellement les moyens d'infléchir la trajectoire à court terme de quelques agrégats, par exemple, la production, le taux de chômage et le taux d'inflation. Nous avons certes esquissé les conséquences à long terme de quelques phénomènes étudiés (par exemple, les répercussions négatives de l'incertitude liée à l'inflation sur l'accumulation du stock de capital), mais nous avons presque ignoré les déterminants du potentiel de l'appareil économique qui sous-tend l'accroissement à long terme du niveau de vie. Nous analyserons maintenant les facteurs qui influencent la performance à long terme de l'appareil de production.

Nous définirons, dans la première section de ce chapitre, quelques concepts clés: croissance économique, niveau de vie, qualité de vie et développement économique. Dans la deuxième section, nous présenterons l'évolution de quelques indicateurs de la croissance économique canadienne au cours de l'après-guerre. Dans les deux sections suivantes, nous esquisserons deux théories de la croissance économique, puis nous évoquerons, dans la dernière section, les causes du ralentissement de la croissance du niveau de vie et de la productivité au Canada entre 1973 et 1982.

Section 1

Les concepts clés

Croissance économique

L'expression *croissance économique* désigne généralement le phénomène de l'accroissement à long terme de la production réelle, c'est-à-dire la valeur nominale de la production corrigée des effets de l'inflation. Plusieurs agrégats peuvent être utilisés pour évaluer l'ampleur de la croissance économique. L'agrégat approprié dépend du but poursuivi: le produit national brut (PNB) mesure la valeur de la production découlant uniquement de l'emploi de facteurs nationaux; le produit intérieur brut (PIB) mesure la valeur de la production résultant de tous les facteurs appartenant à des entités nationales et étrangères, et utilisés sur le territoire national; le revenu national net aux coûts des facteurs (RN) est une mesure plus étroite de la production puisqu'elle fait abstraction de l'amortissement et des impôts indirects (moins les subventions); le revenu personnel disponible mesure le flux de ressources monétaires (revenu et paiements de transfert) dont disposent les ménages après impôts pour satisfaire leurs besoins courants (dépenses personnelles) et futurs (épargne personnelle); les achats privés et publics de biens et de services de consommation constituent, dans une perspective à long terme, un agrégat plus approprié que le produit national brut, puisque le but ultime de l'activité économique réside dans la satisfaction des besoins courants de la population. Bien entendu, toutes ces mesures excluent la production illégale, notamment celle de l'économie souterraine.

Niveau de vie

Le *niveau de vie* d'une société est généralement évalué à partir de la production réelle par habitant. Le taux d'augmentation du niveau de vie dépend donc du taux de croissance de la production réelle et du taux d'accroissement de la population totale. La faiblesse du niveau de vie dans la plupart des pays en développement résulte donc fondamentalement des facteurs, économiques et non économiques, responsables de l'essor démographique élevé et du faible taux d'accroissement du potentiel de l'appareil de production.

Qualité de vie

La notion de *qualité de vie* est plus riche que celle de niveau de vie, car elle tient compte non seulement de l'enrichissement matériel, mais aussi d'éléments aussi divers que la répartition des revenus, la qualité des emplois créés, la santé de la population, la qualité de l'environnement (protection des milieux naturels, degré de pollution, congestion urbaine, etc.). La qualité de vie d'une population est donc difficilement quantifiable, puisque ce concept fait intervenir des éléments non mesurables (par exemple, la beauté des paysages) et dépend des valeurs fondamentales d'une société (par exemple, le souci de la justice et la conception du beau et du bon).

Développement économique

La notion de *développement économique* a une extension plus large que celle de niveau de vie, car elle prend en considération les changements évolutifs dans les structures mentales, sociales et économiques d'une société. Ainsi, l'expression « pays sous-développé », à laquelle on a poliment substitué l'expression moins péjorative « pays en voie de développement », suggère que le décollage de l'appareil économique et la croissance consécutive du niveau de vie dépendent de certaines conditions : recherche de l'efficacité, volonté et capacité d'épargner, présence d'un nombre suffisant d'entrepreneurs audacieux et d'infrastructures adéquates (routes, installations portuaires, équipements hospitaliers et scolaires, etc.), un degré minimal de diversification des activités agricoles et manufacturières, etc.

Lorsqu'un pays a dépassé le seuil critique de son envol économique, la continuité de la croissance économique favorise d'heureuses transformations : le goût de la réussite et du risque se renforce ; les structures sociales s'assouplissent grâce à la réduction des tensions et à l'accroissement de la mobilité verticale des individus ; les structures économiques se métamorphosent et enrichissent le tissu industriel et les liens interindustriels, etc. Le développement économique renforce également l'efficacité des politiques traditionnelles de stabilisation économique, car les effets de la politique monétaire sont mieux transmis par des marchés financiers bien structurés, et l'État est plus en mesure de dépenser utilement et de prélever des revenus.

Section 2

Croissance économique canadienne : rétrospective

Le tableau 1 présente l'évolution de quelques indicateurs de la croissance économique canadienne au cours de la période 1947-1984 (année de référence : 1971 = 100). On constate, par exemple, que le revenu national net, le revenu personnel et le revenu personnel disponible par habitant ont augmenté respectivement de 38,3, de 46,5 et de 44,8 % entre 1971 et 1984 ; la progression de ces trois indicateurs par ménage et par personne employée a également été substantielle. Le tableau 2 présente les variations annuelles en pourcentage de plusieurs agrégats.

Le graphique 1 révèle que le rythme de croissance économique de la production par habitant a été très variable au cours de la période 1931-1982 ; il atteignait, par exemple, seulement 1 % au cours de la période 1974-1982, soit beaucoup moins qu'au cours des trois années qui ont précédé le premier choc pétrolier (environ 5¹/₂ %).

Le graphique 2 présente les taux de croissance de quelques variables au cours de trois sous-périodes (1951-1960, 1961-1970 et 1971-1982) : la population totale, le produit national brut, l'indice des prix du produit national brut, le taux de chômage et le déficit de l'État[1] exprimé en pourcentage du produit national brut. Il ressort que le ralentissement du taux de croissance de la production, entre les périodes 1971-1982

---

1. Il s'agit du déficit de tous les paliers de gouvernement.

TABLEAU 1

Évolution de quelques indices du revenu réel, 1947-1984
(1971 = 100)

Année	Revenu national net réel			Revenu personnel réel			Revenu personnel disponible réel		
	Par habitant	Par ménage	Par employé	Par habitant	Par ménage	Par employé	Par habitant	Par ménage	Par employé
1947	50,9	56,0	49,1	50,2	55,3	48,4	56,6	62,3	54,6
1948	51,1	54,0	50,0	49,9	52,7	48,7	56,6	59,8	55,3
1949	50,8	53,7	51,7	48,8	51,5	49,6	55,8	58,9	56,7
1950	52,8	59,6	54,1	49,5	55,8	50,6	56,9	64,3	58,3
1951	55,4	61,8	56,6	51,7	57,6	52,8	58,7	65,4	60,0
1952	59,5	67,6	61,8	54,3	61,7	56,4	61,0	69,4	63,4
1953	60,0	67,3	63,2	55,7	62,5	58,6	62,4	70,0	65,7
1954	57,4	64,6	62,1	54,0	60,8	58,5	60,5	68,2	65,5
1955	61,2	68,2	66,5	56,7	63,3	61,6	63,7	71,1	69,3
1956	65,4	72,8	69,9	60,3	67,1	64,4	67,5	75,1	72,1
1957	63,9	72,0	68,7	60,6	68,3	65,2	67,6	76,2	72,7
1958	63,1	71,0	70,1	60,8	68,4	67,5	68,5	77,1	76,1
1959	64,0	71,5	70,7	61,9	69,1	68,4	69,2	77,4	76,5
1960	64,4	71,9	71,7	63,2	70,5	70,3	70,1	78,2	78,0
1961	64,8	72,1	72,4	62,5	69,6	69,9	69,1	76,9	77,2
1962	68,2	75,4	75,5	66,0	72,9	73,1	73,0	80,7	80,9
1963	70,7	77,6	77,9	67,8	74,4	74,7	75,0	82,3	82,6
1964	74,4	81,0	80,5	70,3	76,6	76,1	77,0	83,9	83,4
1965	78,4	84,7	83,2	74,6	80,6	79,2	81,4	88,0	86,5
1966	83,6	89,8	86,8	79,5	85,4	82,6	85,1	91,4	88,4
1967	85,3	90,3	87,7	82,9	87,8	85,2	87,3	92,5	89,8
1968	88,5	92,4	90,7	86,2	90,0	88,3	89,6	93,5	91,8
1969	93,1	95,7	93,8	90,8	93,4	91,5	92,5	95,1	93,1
1970	94,1	95,3	95,1	93,2	94,4	94,2	93,4	94,6	94,4
1971	100,0	100,0	100,0	100,0	100,0	100,0	100,0	100,0	100,0
1972	107,2	105,2	105,2	107,6	105,6	105,6	108,1	106,1	106,1
1973	117,3	112,8	110,8	115,8	111,4	109,5	116,6	112,2	110,2
1974	124,9	118,0	115,0	122,5	115,7	112,8	122,5	115,7	112,8
1975	126,9	117,9	116,6	127,3	118,2	116,9	128,2	119,1	117,7
1976	132,4	120,5	120,7	132,3	120,4	120,6	132,0	120,2	120,4
1977	131,4	117,5	119,0	133,7	119,6	121,1	133,3	119,2	120,7
1978	134,9	118,6	119,3	137,2	120,7	121,4	138,2	121,6	122,3
1979	140,2	120,9	120,3	139,9	120,7	120,1	141,2	121,9	121,2
1980	142,1	120,7	119,8	141,8	120,4	119,6	143,1	121,5	120,7
1981	140,4	117,2	116,7	147,8	123,3	122,8	147,7	123,3	122,8
1982	130,2	106,9	113,2	144,9	119,0	126,0	144,5	118,6	125,6
1983	134,6	108,9	117,3	143,9	116,5	125,4	142,6	115,4	124,2
1984	138,3	108,0	118,7	146,5	114,3	125,8	144,8	113,0	124,3

Source: *Revue économique*, Ottawa, Ministère des Finances, avril 1985, p. 86.

TABLEAU 2

Variations de quelques indices du revenu réel, 1948-1984
(en pourcentage)

Année	Revenu national net réel			Revenu personnel réel			Revenu personnel disponible réel		
	Par habitant	Par ménage	Par employé	Par habitant	Par ménage	Par employé	Par habitant	Par ménage	Par employé
1948	0,5	−3,6	1,8	−0,6	−4,7	0,6	0,0	−4,0	1,3
1949	−0,6	−0,7	3,4	−2,1	−2,2	1,9	−1,4	−1,5	2,6
1950	3,9	11,1	4,6	1,3	8,3	2,0	2,1	9,1	2,8
1951	4,9	3,6	4,6	4,5	3,2	4,2	3,1	1,8	2,9
1952	7,3	9,4	9,2	4,9	7,0	6,8	3,9	6,0	5,8
1953	0,9	−0,4	2,3	2,6	1,3	4,0	2,2	0,9	3,6
1954	−4,4	−4,0	−1,7	−3,0	−2,6	−0,3	−3,0	−2,6	−0,3
1955	6,6	5,6	7,0	5,0	4,0	5,4	5,3	4,3	5,7
1956	6,9	6,7	5,1	6,3	6,1	4,5	5,8	5,6	4,1
1957	−2,3	−1,0	−1,7	0,5	1,8	1,2	0,2	1,4	0,8
1958	−1,3	−1,4	2,0	0,3	0,2	3,6	1,4	1,2	4,7
1959	1,4	0,6	0,9	1,8	1,1	1,3	1,0	0,3	0,5
1960	0,7	0,6	1,3	2,1	2,0	2,7	1,3	1,1	1,8
1961	0,5	0,2	1,1	−1,0	−1,3	−0,5	−1,4	−1,7	−0,9
1962	5,3	4,6	4,3	5,5	4,8	4,5	5,6	4,9	4,7
1963	3,7	3,0	3,1	2,8	2,1	2,2	2,8	2,1	2,2
1964	5,2	4,3	3,4	3,7	2,9	1,9	2,7	1,9	0,9
1965	5,4	4,6	3,3	6,1	5,3	4,1	5,7	4,9	3,7
1966	6,7	6,0	4,3	6,6	6,0	4,2	4,5	3,9	2,2
1967	2,0	0,6	1,0	4,2	2,7	3,1	2,6	1,2	1,6
1968	3,8	2,2	3,4	4,0	2,5	3,7	2,6	1,1	2,3
1969	5,1	3,7	3,4	5,3	3,8	3,6	3,2	1,7	1,5
1970	1,1	−0,4	1,4	2,7	1,1	3,0	1,0	−0,5	1,3
1971	6,3	4,9	5,2	7,2	5,9	6,1	7,0	5,7	5,9
1972	7,2	5,2	5,2	7,6	5,6	5,6	8,1	6,1	6,1
1973	9,4	7,3	5,4	7,6	5,5	3,6	7,9	5,8	3,9
1974	6,5	4,5	3,7	5,8	3,8	3,0	5,0	3,1	2,3
1975	1,6	−0,0	1,4	3,9	2,2	3,7	4,7	2,9	4,4
1976	4,3	2,2	3,5	3,9	1,8	3,1	3,0	0,9	2,2
1977	−0,8	−2,5	−1,4	1,1	−0,7	0,5	0,9	−0,8	0,3
1978	2,7	0,9	0,3	2,6	0,9	0,2	3,7	2,0	1,3
1979	3,9	2,0	0,8	1,9	0,0	−1,1	2,2	0,3	−0,9
1980	1,3	−0,2	−0,4	1,4	−0,2	−0,4	1,3	−0,3	−0,5
1981	−1,2	−2,9	−2,6	4,2	2,4	2,7	3,3	1,4	1,7
1982	−7,3	−8,8	−3,0	−1,9	−3,5	2,6	−2,2	−3,8	2,3
1983	3,4	1,9	3,6	−0,7	−2,1	−0,5	−1,3	−2,7	−1,1
1984	2,7	−0,9	1,2	1,8	−1,8	0,3	1,6	−2,0	0,1

Source: *Revue économique*, Ottawa, Ministère des Finances, avril 1985, p. 87.

GRAPHIQUE 1

**Évolution de la production réelle canadienne par habitant, 1931-1982
(en pourcentage)**

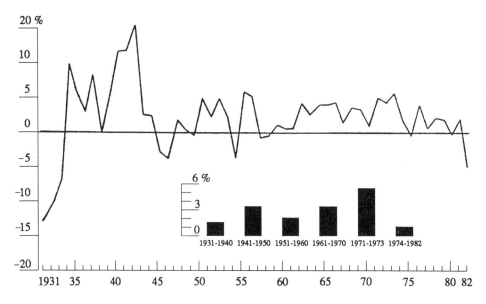

Source: *Vingt-deuxième Exposé annuel du Conseil économique du Canada*, Ottawa, Approvisionnement et Services
Canada, 1985, p. 21.

et 1961-1970, a été accompagné de l'accélération du taux d'inflation, d'une forte progression du taux de chômage et de la montée du déficit de l'État exprimé en pourcentage du produit national brut. Certains observateurs ont tenté d'expliquer la décélération
de la croissance canadienne en invoquant l'évolution défavorable de la productivité
globale[2] des facteurs (graphique 3).

---

2. La variation de la productivité globale des facteurs au cours d'une année est mesurée
   en calculant la différence entre la variation de la production et la variation nette des quantités des facteurs utilisés par une entité de production (l'économie nationale, une industrie, une firme, une usine).

GRAPHIQUE 2

Évolution de quelques agrégats canadiens, 1951-1982
(en pourcentage)

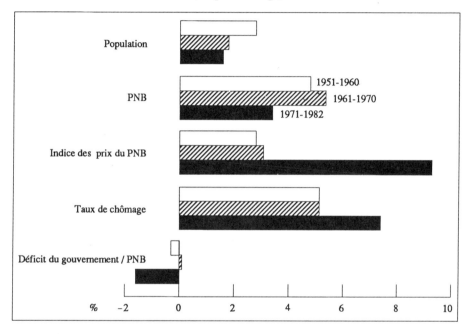

Source: *Vingt-deuxième Exposé annuel du Conseil économique du Canada*, Ottawa, Approvisionnements et Services Canada, 1985, p. 22.

Section 3

Continuité de la croissance

Dans une perspective à long terme, l'accroissement de la production dépend à la fois de l'augmentation du potentiel de l'appareil économique et de l'essor des dépenses. Le modèle suivant met en évidence certaines conditions de la continuité de la croissance économique dans un contexte fort simple.

GRAPHIQUE 3

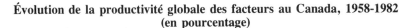

**Évolution de la productivité globale des facteurs au Canada, 1958-1982
(en pourcentage)**

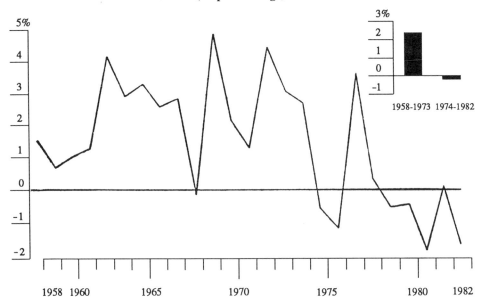

Source : *Vingt-deuxième Exposé annuel du Conseil économique du Canada*, Ottawa, Approvisionnements et Services Canada, 1985, p. 26.

Essor du potentiel

Par souci de simplification, nous admettrons que le potentiel de production (Q^P) dépend, à un certain moment, de la productivité[3] moyenne du capital (σ) et du stock de capital existant[4] (K) :

$$Q^P = \sigma K \tag{1}$$

Dès lors, le potentiel augmente avec le stock de capital :

$$\Delta Q^P = \sigma \Delta K \tag{2}$$

---

3. La productivité moyenne du capital est le ratio production/quantité de capital technique, c'est-à-dire le volume de la production par unité de capital.

4. Nous supposerons également que les facteurs capital technique (K) et travail (L) sont homogènes et utilisés dans une proportion fixe (K/L = constante). Ceci signifie, d'une part, que le capital technique est sous-utilisé (et la dépense d'investissement menacée) lorsque la quantité de travail augmente moins rapidement que le capital, et, d'autre part, que le chômage s'accroît lorsque la quantité de travail augmente plus rapidement que la quantité de capital.

Étant donné que tout investissement net accroît le stock de capital, nous pouvons écrire:

$$\Delta Q^P = \sigma I_p \tag{3}$$

Essor de la dépense

Nous admettrons également que la dépense projetée par les ménages et les chefs d'entreprise est exprimée, dans le présent contexte d'une économie privée et fermée, par l'équation suivante:

$$Q_p = cQ + I_p \tag{4}$$

Compte tenu de la définition de la condition d'équilibre de l'appareil économique ($Q = Q_p$), le *niveau* d'équilibre de la production (ou de la dépense) devient, par définition:

$$Q = \frac{I_p}{e} \tag{5}$$

Il ressort que la hausse de la production ou de la dépense nationale dépend, dans ce modèle, de l'augmentation de la dépense d'investissement:

$$\Delta Q = \frac{\Delta I_p}{e} \tag{6}$$

Conditions de la continuité de la croissance

Dans le contexte de ce modèle, la production augmentera *continuellement* seulement si la hausse du potentiel (équation (3)) est *constamment* égale à celle de la dépense (équation (6)):

$$\Delta Q^P = \Delta Q \tag{7}$$

qui devient, par substitution:

$$\sigma I_p = \frac{\Delta I_p}{e}$$

et

$$\frac{\Delta I_p}{I_p} = \sigma e \tag{8}$$

Étant donné que le volume de l'épargne projeté ($E_p = eQ$) est égal, en situation d'équilibre, au volume de l'investissement projeté (I_p), l'équation ci-dessus devient:

$$\frac{e\Delta Q}{eQ} = \sigma e$$

ou

$$\frac{\Delta Q}{Q} = \sigma e \tag{9}$$

La croissance « harmonieuse » dépend de conditions très exigeantes, puisqu'il faut que le volume de la production ou de la dépense nationale (équation (9)) et des investissements (équation (8)) augmente d'une période à l'autre à un rythme très précis (σe), qui est déterminé par la productivité du capital et la propension à épargner. Dans la réalité, on voit mal comment un objectif aussi ambitieux peut être atteint:

– Le progrès technologique augmente la productivité du capital ($\sigma_1 > \sigma_0$), de sorte qu'il est de plus en plus difficile de maintenir la continuité de la croissance, étant donné que le taux de croissance « requis » est désormais plus élevé ($\sigma_1 e > \sigma_0 e$);

– La part des revenus des ménages affectée à l'épargne (e) peut varier d'une période à l'autre et le volume de l'épargne dégagée par des millions d'individus différera vraisemblablement du volume des investissements projetés par une « poignée » de chefs d'entreprise;

– La dépense d'investissement ne peut échapper aux influences conjoncturelles: elle diminue plus que la production globale lors des récessions, tandis qu'elle se gonfle rapidement lorsque l'appareil de production fonctionne presque à pleine capacité;

– Les chefs d'entreprise font souvent des erreurs de prévision en matière d'investissement: leur optimisme, souvent exagéré en période de haute conjoncture, donne naissance à une surcapacité de production, tandis que leur pessimisme, parfois démesuré lorsque la conjoncture est déprimée, peut les conduire à sous-estimer la demande future et à réduire leur investissements, ce qui est de nature à créer des pénuries lorsque la demande globale redevient vigoureuse;

– Étant donné que les déterminants de la quantité de travail et du stock de capital sont très différents, le plein-emploi du capital ne peut être assuré lorsque la croissance de la quantité de travail est plus faible que celle du stock de capital, de sorte que la dépense d'investissement ne peut que fléchir.

Dans la réalité, la continuité de la croissance économique est heureusement moins contraignante que le modèle précédent ne porte à le croire:

– Dans une économie mixte et ouverte, il existe d'autres sources de dépenses permettant d'absorber l'accroissement de la capacité de production engendré par les investissements privés, par exemple, les dépenses de l'État et les exportations de biens et de services;

– Les chefs d'entreprise peuvent utiliser les facteurs de production dans des proportions variables, ce qui confère une certaine souplesse à l'appareil de production. Ainsi, une société n'est pas condamnée au chômage chronique lorsque la quantité de travail augmente plus rapidement que le stock de capital, car les chefs d'entreprise, témoins de la réduction consécutive du coût du travail par rapport à celui du capital, seront enclins à choisir des techniques de fabrication requérant relativement plus de travail (le ratio capital/travail diminuera). De même, une société n'est pas menacée d'une baisse ininterrompue des investissements lorsque la quantité de travail augmente moins rapidement que le stock de capital, car les chefs d'entreprise, sensibles à la hausse du prix du travail par rapport à celui du capital, utiliseront des techniques de fabrication nécessitant relativement plus de capital (le ratio capital/travail augmentera).

Section 4

Une théorie de la croissance du potentiel de production

Le modèle suivant des déterminants de la croissance à long terme du potentiel de l'appareil de production repose sur les hypothèses suivantes : les prix des biens, des services et des facteurs sont parfaitement flexibles ; la concurrence est parfaite sur tous les marchés ; tous les facteurs sont toujours pleinement utilisés (le niveau de la production, Q, est donc égal, à tout moment, au niveau du potentiel, Q^P), la technologie est souple (la substitution des facteurs est donc possible), les rendements d'échelle[5] sont constants, le seul produit fabriqué (Q) et les facteurs de production sont homogènes.

L'équation (10) indique les déterminants ou les sources du potentiel :

$$\frac{\Delta Q^P}{Q^P} = \frac{\Delta A}{A} + b\,\frac{\Delta K}{K} + (1-b)\,\frac{\Delta N}{N} \qquad (10)$$

ou

$$\dot{Q} = \dot{A} + b\dot{K} + (1-b)\,\dot{N} \qquad (11)$$

Le premier terme du membre droit ($\dot{A}$) de l'équation ci-dessus est le progrès technologique qui est indépendant du taux d'accroissement du stock de capital ($\dot{K}$) et de la quantité de travail *employée* ($\dot{N}$) ; le coefficient b mesure à la fois l'élasticité de la production par rapport au capital et la part du revenu total qui échoit au capital ; le coefficient (1 − b) mesure à la fois l'élasticité de la production par rapport au travail et la part du revenu total qui échoit au travail.

---

5. Les rendements d'échelle sont constants lorsqu'une variation de x % des quantités utilisées de chaque facteur se traduit par une variation de x % de la quantité produite dans un certain état de technologie.

Signification des coefficients b et (1 − b)

Pour mettre en évidence la signification des coefficients b et (1 − b), nous utiliserons l'équation suivante qui montre que l'impact d'une variation du capital (ΔK) et du travail (ΔN) sur le potentiel (ΔQ) dépend, dans un certain état de la technologie ($\dot{A} = 0$), de la productivité marginale de ces deux facteurs (P_{mK} et P_{mN}):

$$\Delta Q = (P_{mK} \cdot \Delta K) + (P_{mN} \cdot \Delta N)$$

qui devient, en divisant chacun des termes de l'équation précédente par Q:

$$\frac{\Delta Q}{Q} = \left(\frac{P_{mK}}{Q} \right) \Delta K + \left(\frac{P_{mN}}{Q} \right) \Delta N$$

qui devient, en multipliant et en divisant le premier terme du membre droit par K, puis en multipliant et en divisant le second terme par N:

$$\frac{\Delta Q}{Q} = \left(\frac{P_{mK} \cdot K}{Q} \right) \frac{\Delta K}{K} + \left(\frac{P_{mN} \cdot N}{Q} \right) \frac{\Delta N}{N}$$

Chaque facteur étant rémunéré, en situation de concurrence parfaite, selon sa productivité marginale, les ratios:

$$\frac{P_{mK} \cdot K}{Q} \quad \text{et} \quad \frac{P_{mN} \cdot N}{Q}$$

sont donc les parts du revenu total (Q) qui échoient respectivement au capital et au travail. Si b et (1 − b) désignent ces deux ratios, nous pouvons écrire:

$$\frac{\Delta Q}{Q} = \left(b \frac{\Delta K}{K} \right) + \left((1 - b) \frac{\Delta N}{N} \right)$$

Pour démontrer que le coefficient b représente aussi l'élasticité de la production par rapport au capital, il suffit de calculer l'impact d'une variation du stock de capital sur la production lorsque la quantité de travail ne change pas ($\Delta N/N = 0$):

$$\frac{\Delta Q}{Q} = \left(b \frac{\Delta K}{K} \right) + \left((1 - b) \cdot 0 \right)$$

et

$$b = \frac{\dfrac{\Delta Q}{Q}}{\dfrac{\Delta K}{K}}$$

Par exemple, b = 0,40 lorsqu'une augmentation de 1 % du stock de capital entraîne une hausse de 0,40 % de la production.

De même, on démontre que le coefficient (1 − b) est l'élasticité de la production par rapport au travail, en calculant l'effet d'une variation de la quantité de travail ou de l'emploi sur la production lorsque le stock de capital est fixe (ΔK/K = 0):

$$\frac{\Delta Q}{Q} = (b \cdot 0) + \left((1 - b) \frac{\Delta N}{N} \right)$$

et

$$1 - b = \frac{\dfrac{\Delta Q}{Q}}{\dfrac{\Delta N}{N}}$$

Déterminants de l'essor de la productivité du travail

Le rythme d'accroissement de la productivité du travail, c'est-à-dire le taux d'augmentation de la production par personne employée[6], est obtenu en soustrayant le taux d'accroissement de la quantité de travail ($\dot{N}$) des deux membres de l'équation (11):

$$\dot{Q} - \dot{N} = \dot{A} + b(\dot{K} - \dot{N}) \qquad (12)$$

L'équation (12) indique que l'essor de la productivité du travail ($\dot{Q} - \dot{N}$) dépend du progrès technologique indépendant ($\dot{A}$), du coefficient b et du rythme d'accroissement du capital par travailleur ($\dot{K} - \dot{N}$). En l'absence de progrès technologique ($\dot{A} = 0$), la croissance de la productivité du travail est plus lente, puisqu'elle dépend alors uniquement du taux d'accroissement du capital par travailleur.

Les deux équations suivantes, obtenues en soustrayant $\dot{K}$ des deux membres de l'équation (11) et en posant que $\dot{A} = 0$, montrent que le progrès technologique ($\dot{A} > 0$) joue un rôle très important car, en son absence ($\dot{A} = 0$), l'accumulation du capital par travailleur ($\dot{N} - \dot{K} < 0$) réduit la productivité du capital ($\dot{Q} - \dot{K} < 0$).

$$\dot{Q} - \dot{K} = b\dot{K} + (1 - b)(\dot{N} - \dot{K}) \qquad (13)$$
$$= (1 - b)(\dot{N} - \dot{K})$$

et

$$\dot{Q} - \dot{K} < 0 \text{ puisque } 1 - b > 0 \text{ et } \dot{N} - \dot{K} < 0$$

L'inégalité ci-dessus montre que la productivité moyenne du capital ($\sigma = Q/K$) ne peut que fléchir à long terme en l'absence de progrès technologique, étant donné

---

6. Et du niveau de vie lorsque la population totale augmente au même rythme que la quantité de travail.

que le numérateur de σ augmente alors moins rapidement que le dénominateur. Une telle évolution peut difficilement persister, car une baisse continue de la productivité du capital réduit inexorablement sa rentabilité et compromet ainsi la croissance des investissements et du stock de capital. Le fait que la productivité du capital et que la quantité de capital par travailleur aient augmenté à long terme dans les pays industrialisés ($\dot{Q} - \dot{K} > 0$ et $\dot{K} - \dot{N} > 0$) témoigne du rôle joué par le progrès technologique. L'équation suivante, obtenue en soustrayant $\dot{K}$ des deux membres de l'équation (11), indique l'évolution à long terme de la productivité du capital:

$$\dot{Q} - \dot{K} = \dot{A} + (1 - b)(\dot{N} - \dot{K}) \tag{14}$$
$$= x\% + (-y\%)$$

Étant donné que le membre gauche de l'équation ci-dessus est positif lorsque la productivité du capital s'accroît et que le deuxième terme du membre droit est négatif lorsque la quantité de capital par travailleur augmente, il s'ensuit que la productivité du capital peut augmenter seulement si le progrès technologique ($\dot{A} = x\% > 0$) est plus rapide que l'accumulation du capital par travailleur, c'est-à-dire que le rythme de déclin du deuxième terme ($\dot{N} - \dot{K} = -y\%$).

Le progrès dépendant et indépendant

Dans ce modèle, le progrès technologique se manifeste indépendamment des variations des quantités des facteurs. En effet, l'équation suivante montre que le potentiel de production peut augmenter même lorsque les quantités des facteurs sont fixes ($\dot{K} = \dot{N} = 0$):

$$\dot{Q} = \dot{A} + b\dot{K} + (1 - b)\dot{N}$$

qui devient, par substitution:

$$\dot{Q} = \dot{A}$$

Le progrès « indépendant » résulte essentiellement d'une meilleure affectation des ressources. Par exemple, l'adoption d'une politique commerciale libre-échangiste améliore l'affectation des ressources parce qu'elle favorise les industries dotées d'avantages comparatifs et contraint les industries confrontées à une concurrence plus vive à devenir plus efficaces. Autre exemple: de meilleurs modes de gestion améliorent le rendement des ressources humaines.

Contrairement au progrès « indépendant », le progrès technologique « dépendant » est intimement lié aux variations des quantités de facteurs. Ainsi, les bienfaits économiques liés à l'utilisation de machines plus efficaces, à une formation scolaire mieux adaptée aux besoins des employeurs, ou encore des moyens de distribution et de transport plus avancés sont souvent inséparables de l'accumulation du capital et de l'emploi de nouveaux travailleurs. Un modèle plus complet de la croissance devrait donc prendre en compte le fait que l'insertion du progrès technologique dans l'appareil de production dépend de l'accroissement des quantités de facteurs. Négliger de considérer que le capital remplacé chaque année incorpore le progrès technique des années antérieures conduit à surestimer le rôle du progrès technologique indépendant, et donc à sous-estimer le fait que l'accumulation du capital véhicule le progrès technique. La faible importance souvent attribuée statistiquement à l'accumulation du capital dans l'explication de la croissance peut être rattachée à cette méconnaissance. Par exemple, selon une étude[7] des déterminants de la croissance américaine, seulement 15 % du taux d'accroissement annuel moyen de la production aurait résulté, au cours de la période 1929-1976, de l'accumulation du capital, tandis que l'importance des contributions à la croissance d'autres facteurs aurait été plus marquée (emploi, 36 % ; progrès des connaissances, 24 %) ou presque aussi marquée (instruction et formation professionnelle, 14 % ; économies d'échelle, 9 %).

D'une façon générale, les estimations du rôle joué par les différents facteurs explicatifs dépendent du modèle retenu du fonctionnement de l'appareil de production, du nombre et de la nature des déterminants jugés importants, de la qualité des données disponibles, des méthodes d'estimation utilisées et du jugement du chercheur. Le modèle précédent a l'évidente faiblesse d'ignorer le progrès technologique dépendant et de considérer que le stock de capital et le travail sont des agrégats regroupant des entités homogènes. Une fonction de production réaliste serait cependant d'une grande complexité, étant donné qu'elle devrait tenir compte des apports externes de facteurs (mouvements migratoires nets, importation de savoir-faire, etc.), des changements dans l'environnement commercial international, de l'hétérogénéité du capital et du travail, et des forces immatérielles, non mesurables ou tout au moins difficilement mesurables, qui constituent les fondements de la croissance (recherche de l'enrichissement matériel, goût du risque et de l'expérimentation des nouveaux biens et services, amour du travail bien fait, etc.). Un modèle fiable de la croissance aurait l'évident mérite de faciliter la définition d'une politique axée sur le long terme, car il permettrait d'identifier et de chiffrer le rôle des plus importants déterminants (libre-échange, conséquences de la réduction du degré de concentration industrielle, effets d'un système d'instruction favorisant l'adaptation des travailleurs au changement, etc.). La section suivante met en évidence la diversité et la complexité des facteurs qui influencent la croissance à long terme de la productivité.

---

7. E. DENISON, *Accounting for slower Economic Growth, the United States in 1970's*, Washington, D.C., The Brookings Institution, 1979.

Section 5

La productivité et l'expérience canadienne

Mesures de la productivité

La productivité moyenne[8] d'un facteur est, par définition, le rapport entre le volume de la production et la quantité utilisée de ce facteur: par exemple, le ratio production/travail définit la productivité moyenne du travail, tandis que le ratio production/capital définit la productivité moyenne du capital. Les calculs de productivité sont généralement très ardus à cause de l'hétérogénéité de la production et des facteurs. Ainsi, pour mesurer la productivité moyenne du capital de l'ensemble de l'économie, il faudrait d'abord convertir le stock hétérogène de capital en « unités de services du capital », ce qui constitue une tâche redoutable.

La productivité dite « globale des facteurs » (PGF) est la production par rapport à l'ensemble des facteurs utilisés (capital, travail, énergie, matières premières, etc.). Elle est donc beaucoup plus difficile à chiffrer que la productivité d'un seul facteur utilisé dans une usine fabriquant un produit unique et homogène (nombre de mètres cubes de béton produits dans une cimenterie, nombre de boisseaux de maïs par acre de terre cultivée, volume des ventes par mètre carré, etc.).

Certaines études canadiennes[9] ont utilisé le concept de productivité du travail (production par personne employée) à cause des contraintes liées aux données[10] et parce que Statistique Canada publie uniquement des estimations de la productivité du travail[11]. Dans une étude des causes du ralentissement de la croissance de la productivité canadienne, le Conseil économique du Canada[12] (CEC) a utilisé le concept

---

8. La productivité moyenne se distingue donc de la productivité marginale qui, elle, est définie comme étant le rapport entre la variation du volume de la production et la variation de la quantité d'un facteur.

9. Par exemple: *Changements récents dans le profil de la croissance de la productivité au Canada*, Ottawa, Ministère des Finances, avril 1980.

10. Selon les auteurs de l'étude citée dans la note précédente, les activités économiques pour lesquelles des estimations acceptables de la productivité du travail peuvent être effectuées représenteraient à peine 50 % du produit intérieur réel. Les estimations de la productivité doivent être fréquemment révisées à la lumière d'informations nouvelles. Les estimations de la productivité du travail sont sujettes à des erreurs importantes lorsque la production globale (par exemple, le PNB ou la DNB) est prise en considération, car environ 20 % de la production provient du secteur non commercial et est évaluée en grande partie par le travail (par exemple, la valeur de la production dans le secteur public).

11. Les indices de productivité du travail sont obtenus à partir de deux indices: un indice du produit intérieur réel et un indice du facteur travail.

12. *Vingt-deuxième Exposé annuel du Conseil économique du Canada*, Ottawa, Approvisionnements et Services Canada, 1985.

de productivité générale des facteurs (PGF), c'est-à-dire le rapport entre la production et un indice du volume de l'ensemble des facteurs (cet indice n'est pas influencé par les substitutions des facteurs[13], contrairement à la productivité moyenne d'un facteur).

Évolution de la productivité générale des facteurs au Canada

Le graphique 3 et la troisième colonne du tableau 3 présentent l'évolution de la productivité générale des facteurs au cours de la période 1958-1982. Quatre faits retiennent l'attention:

- Les variations de la productivité ont été très irrégulières. Ainsi, la productivité générale des facteurs s'est accrue à un rythme annuel moyen de 2,5 % entre 1958 et 1973, puis elle a régressé à un taux annuel moyen d'environ 0,2 % au cours de la période 1974-1982. Fait non surprenant, la productivité globale a fortement fléchi lors des deux chocs pétroliers des années 70 et au cours de la forte récession de 1982;

- Les variations du volume des facteurs ont été également irrégulières (colonne 2 du tableau 3): par exemple, une hausse de 3,43 % en 1967 contre seulement 1,09 % en 1968; une augmentation de 3,27 % en 1981 suivie d'une baisse de 2,79 % en 1982;

- La contribution des facteurs a été très variable[14]: 35 % en 1958, 18,7 % en 1968 et 113,5 % en 1979;

- La contribution de la croissance de la productivité à l'essor de la production a également été très variable: 65 % en 1958, 81,3 % en 1968, 3 % en 1980, et elle était même souvent négative (1967, 1974, 1975, etc.).

La dernière colonne du tableau 4 révèle que le ralentissement de la croissance de la productivité a été général entre 1974 et 1982, et que même les secteurs où la productivité avait antérieurement progressé de façon vigoureuse (manufactures, transport, communications et commerce) n'ont pas échappé à cette évolution défavorable.

Les données présentées dans la partie inférieure du tableau 4 sont illustrées dans le graphique 4. La hauteur des colonnes indique le taux annuel moyen de changement de la productivité générale des facteurs, de la productivité du travail, du ratio capital/travail et des variations intersectorielles au cours de trois périodes (1958-1966, 1967-1973 et 1974-1982). Il ressort, en premier lieu, que le taux de croissance de la productivité du travail a ralenti d'une façon spectaculaire: 3,25 % entre 1958 et 1966, 3,46 % entre 1967 et 1974, mais seulement 0,8 % entre 1974 et 1982; cette évolution défavorable a résulté du ralentissement de la croissance de la productivité

---

13. Les proportions dans lesquelles les facteurs sont utilisés peuvent varier, le travail pouvant être substitué au capital ou à l'énergie.

14. Les chiffres suivants sont obtenus en divisant les données de la deuxième colonne par celles de la première colonne.

TABLEAU 3

**Variations annuelles de la production, du volume des facteurs,
de la productivité globale et de la productivité du travail
au Canada, 1958-1982**

	Variations annuelles (en pourcentage)			Apport du ratio capital/travail[4] (en points de pourcentage)	Variations de la productivité du travail[5] (en pourcentage)
	de la production[1]	des facteurs[2]	de la PGF[3]		
1958	2,31	0,81	1,50	2,26	3,76
1959	3,80	3,09	0,71	0,70	1,41
1960	2,89	1,85	1,04	1,03	2,07
1961	2,84	1,56	1,28	1,00	2,28
1962	6,82	2,75	4,07	0,43	4,50
1963	5,15	2,30	2,85	0,74	3,59
1964	6,70	3,48	3,22	0,84	4,06
1965	6,66	4,17	2,49	0,85	3,34
1966	6,95	4,17	2,78	1,43	4,21
1967	3,34	3,43	− 0,09	1,05	0,96
1968	5,84	1,09	4,75	1,50	6,25
1969	5,33	3,22	2,10	0,64	2,74
1970	2,51	1,28	1,23	1,31	2,54
1971	6,86	2,50	4,36	0,85	5,21
1972	6,14	3,15	2,98	0,56	3,54
1973	7,55	4,91	2,64	0,32	2,96
1974	3,59	4,14	− 0,56	0,78	0,22
1975	1,19	2,34	− 1,15	1,43	0,28
1976	5,85	2,28	3,56	1,13	4,69
1977	1,99	1,69	0,30	1,01	1,31
1978	3,57	4,10	− 0,53	0,09	− 0,44
1979	3,18	3,61	− 0,43	0,67	0,24
1980	1,01	2,89	− 1,88	1,23	− 0,65
1981	3,37	3,27	0,10	1,07	1,14
1982	− 4,44	− 2,79	− 1,65	2,02	0,37

1. Taux annuel moyen de croissance du PNB.
2. Somme pondérée des taux de croissance du capital et du travail.
3. Croissance de la production moins croissance des facteurs.
4. Croissance du ratio capital/travail multipliée par la part du capital dans le revenu national.
5. Somme de la croissance de la PGF et de l'apport du ratio capital/travail.

Source: P.S. RAO et S.R. PRESTON, « Inter-Factor Substitution and Total Factor Productivity Growth: Evidence from Canadian Industries », Ottawa, Conseil économique du Canada, Document n° 242, octobre 1983. Tableau présenté dans le *Vingt-deuxième Exposé annuel du Conseil économique du Canada*, Ottawa, Approvisionnements et Services Canada, 1985, p. 141.

TABLEAU 4

Évolution de la productivité par industrie au Canada et taux annuel moyen de changement de la productivité générale des facteurs, de la productivité du travail, du ratio capital/travail et des variations intersectorielles, 1958-1966, 1967-1973, 1974-1982

	Apport à la croissance de la PGF[1]		
	1958-1966	1967-1973	1974-1982
	(en points de pourcentage)		
Agriculture, pêche et piégeage	0,10	− 0,05	− 0,03
Forêts	0,07	0,02	− 0,01
Mines	−	0,09	− 0,25
Construction	0,11	0,08	− 0,03
Fabrication — biens durables	0,28	0,40	− 0,04
Fabrication — biens non durables	0,24	0,27	− 0,07
Transport, entreposage et communications	0,28	0,38	0,16
Finances, assurances	− 0,35	− 0,02	− 0,18
Commerce	0,24	0,38	0,04
Autres services	0,05	0,15	− 0,09
Services publics	0,08	0,04	−
	(en pourcentage)		
Taux annuel moyen de changement :			
de la PGF sectorielle[2]	1,10	1,74	− 0,50
des variations intersectorielles[3]	1,12	0,83	0,25
de la PGF	2,22	2,57	− 0,25
du ratio capital/travail	1,03	0,89	1,05
de la productivité du travail	3,25	3,46	0,80

1. Croissance de la PGF de chaque industrie multipliée par son facteur de pondération (ratio de la production brute au PNB).
2. Somme des apports de tous les secteurs.
3. Différence entre la croissance globale de la PGF et la somme pondérée des taux de croissance de la PGF de chaque secteur.

Source : P.S. Rao et S.R. Preston, « Inter-Factor Substitution ». Tableau présenté dans le *Vingt-deuxième Exposé annuel du Conseil économique du Canada*, Ottawa, Approvisionnements et Services Canada, 1985, p. 142.

générale des facteurs, puisque la croissance du rapport capital/travail a même été plus rapide qu'antérieurement[15]. On constate, en second lieu, que la contribution à la croissance des transferts de ressources vers les industries où leur productivité était plus élevée a eu tendance à jouer un rôle de moins en moins important (1,12 % en 1958 et 1966 ; 0,83 % entre 1967 et 1973 ; 0,25 % entre 1974 et 1982). Par exemple, si

15. Selon le CEC, environ les deux tiers de la croissance de la productivité du travail peuvent être rattachés à l'accroissement de la productivité générale des facteurs, entre 1958 et 1966, l'autre tiers découlant de la hausse du ratio capital/travail ; ces pourcentages atteignaient 75 et 25 % au cours de la période 1967-1973.

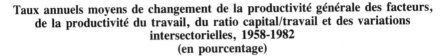

GRAPHIQUE 4

Taux annuels moyens de changement de la productivité générale des facteurs, de la productivité du travail, du ratio capital/travail et des variations intersectorielles, 1958-1982
(en pourcentage)

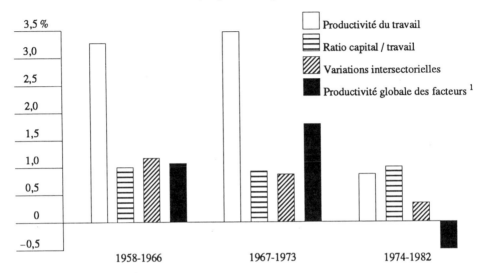

1.   La productivité globale des facteurs à l'échelle nationale tient compte des variations intersectorielles et des change-ments dans le ratio capital/travail, pour donner la croissance globale de la productivité du travail.

Source :   *Vingt-deuxième Exposé annuel du Conseil économique du Canada*, Ottawa, Approvisionnements et Services Canada, 1985, p. 27.

environ 50 % de l'accroissement de la productivité générale des facteurs pouvait être rattaché, entre 1958 et 1966, aux transferts intersectoriels, cette proportion atteignait à peine 32 % au cours de la période 1967-1973.

Esquisse des causes du ralentissement de la croissance de la PGF

Les facteurs susceptibles d'influencer la croissance de la productivité peuvent être répartis en cinq catégories: le degré d'utilisation du potentiel de production, les économies d'échelle, le progrès technologique, la qualité des facteurs et l'affectation des ressources.

Degré d'utilisation de la capacité de production

Selon certains observateurs, les deux chocs pétroliers (1973-1974 et 1979-1980) ont eu des effets néfastes sur la productivité parce que les chefs d'entreprise, jugeant alors que la chute de la demande globale de biens et de services serait temporaire,

auraient préféré stocker le facteur travail, plutôt que de procéder au licenciement potentiellement coûteux à long terme de travailleurs compétents et biens formés. Dans un
tel contexte, la productivité du travail ne pouvait que diminuer puisque la production
fléchissait et que la quantité de travail rémunéré était sous-utilisée.

La baisse de l'activité économique a pu également ralentir la croissance de la
productivité en déprimant les bénéfices et en créant ainsi un climat moins propice
à l'innovation, à l'investissement, aux transferts intersectoriels de ressources et à l'exploitation des bienfaits liés aux économies d'échelle.

Des chercheurs[16] ont estimé qu'environ 75 % du ralentissement de la croissance
de la productivité canadienne pouvait être rattaché aux facteurs conjoncturels. Le
tableau 5 présente une tentative d'explication du ralentissement de la croissance de
la productivité générale des facteurs dans le secteur manufacturier de dix pays de
l'OCDE[17]. Il semble (troisième colonne) que le ralentissement de la croissance de
la demande ait été un facteur très important dans les dix pays, ce facteur expliquant,
par exemple, 27 % (0,71/2,66) du ralentissement de la croissance de la productivité
canadienne entre la période 1955-1973 et la période 1974-1980.

Économies d'échelle

Une étude[18] révèle que la taille des usines manufacturières canadiennes tend
à augmenter avec le degré de spécialisation. Le fait que seulement 20 % d'entre elles
avaient une taille optimale en 1979 (17 % en 1970) montre que la plupart des entreprises n'exploitaient pas pleinement les économies d'échelle, à cause principalement de
la faiblesse de la concurrence, de l'étroitesse du marché intérieur et de la diversification trop poussée de la production. L'effacement progressif des barrières tarifaires
sur les échanges canado-américains au cours de la prochaine décennie devrait renforcer la position concurrentielle des entreprises canadiennes, car elles seront contraintes
de se spécialiser et de rechercher l'excellence.

Progrès technologique

Le progrès technologique dépend du flux des inventions et de la vitesse de diffusion des innovations.

---

16. J.F. HELLIWELL, M.E. MACGREGOR et T. PADMORE, « Economic Growth and Productivity in Canada, 1955-1990 », Département de science économique, Université de
Colombie-Britannique, 1984.

17. Cette organisation internationale dont le siège social est situé à Paris regroupe 24 pays
industrialisés.

18. J.R. BALDWIN et P.K. GORECKI, « Trade, Tariffs and Relative Plant Scale in Canadian
Manufacturing Industries, 1970-1979 », Ottawa, Conseil économique du Canada, document de travail n° 232, mai 1983.

TABLEAU 5

**Facteurs explicatifs du ralentissement de la croissance
de la productivité des facteurs dans le secteur manufacturier,
dans dix pays de l'OCDE,
1955-1973 et 1974-1980**

Pays	Ralentissement de la PGF (en pourcentage[1])	Facteurs explicatifs (en points de pourcentage[1])		
		Prix des facteurs	Ralentissement de la demande	Résidu inexpliqué
Allemagne de l'Ouest	− 0,95	− 0,40	− 0,66	0,11
Belgique	− 1,96	− 1,05	− 0,58	− 0,33
Canada	− 2,66	− 1,20	− 0,71	− 0,75
États-Unis	− 1,34	− 0,69	− 0,61	− 0,04
France	− 1,84	− 1,11	− 0,87	0,14
Italie	− 2,37	− 2,31	− 0,92	0,86
Japon	− 3,30	− 1,11	− 2,19	—
Pays-Bas	− 1,79	− 1,55	− 0,83	0,59
Royaume-Uni	− 2,05	− 1,34	− 0,66	− 0,05
Suède	− 3,38	− 1,64	− 0,65	− 1,09
Moyenne	− 2,16	− 1,24	− 0,87	− 0,05

1. Ces estimations ont été calculées au moyen d'une équation de régression, où la variation de la croissance des prix relatifs des facteurs, décalée d'un an, ainsi que celle du taux de croissance de la capacité d'absorption (représentant la demande), figuraient comme variables indépendantes. L'équation de régression employée comportait dix observations, une pour chaque pays.

Source : *Vingt-deuxième Exposé annuel du Conseil économique du Canada*, Ottawa, Approvisionnements et Services Canada, 1985, p. 155.

Le pourcentage du produit intérieur brut affecté à la recherche et au développement (RD) est une mesure de l'ampleur des ressources consacrées au progrès technologique. Le tableau 6 montre que le ratio RD/PIB a augmenté dans tous les pays considérés entre 1963 et 1981. On constate également que la part du produit intérieur brut consacrée à la recherche appliquée par les entreprises canadiennes était plus élevée en 1981 (0,8 %) qu'en 1973 (0,6 %), mais elle était modeste par rapport à celle des autres pays industrialisés, compte tenu de la générosité de la fiscalité canadienne[19].

L'évolution de la spécialisation dans les échanges de produits de haute technologie mesure indirectement la liaison entre la diffusion des technologies nouvelles et la productivité. Le tableau 7 indique l'évolution d'un indice de spécialisation dans onze pays de l'OCDE, c'est-à-dire le rapport entre la part que détient un pays dans les exportations mondiales de produits de haute technologie et sa part des exportations mondiales de produits manufacturés. Le fait que cet indice et que la productivité (mesurée

19. D.G. McFetridge et J.P. Wanda, *Canadian R & D Incentives: Their Adequacy and Impact*, Toronto, Association canadienne d'études fiscales, 1983.

TABLEAU 6

**Pourcentage du PIB affecté à la recherche et au développement
dans l'industrie de dix pays de l'OCDE**

	1963[1]	1973	1979	1981
Allemagne de l'Ouest	0,9	1,5	2,1	2,2
Canada	0,5	0,6	0,7	0,8
Danemark	—	0,6	0,7	0,8
États-Unis	2,1	1,9	1,8	2,0
France	0,8	1,3	1,4	1,5
Italie	0,4	0,5	0,6	0,7
Japon	0,8	1,3	1,4	1,6
Norvège	0,4	—	0,8	0,8
Pays-Bas	1,1	1,4	1,3	1,3
Suède	0,9	1,5	2,0	2,3

1. Données de 1964 dans le cas des Pays-Bas, de la Suède et de l'Allemagne de l'Ouest.

Source: STATISTIQUE CANADA et OCDE, « Indicateurs de la science et de la technologie », Paris, mars 1983. Tableau présenté dans le *Vingt-deuxième Exposé annuel du Conseil économique du Canada*, Ottawa, Approvisionnements et Services Canada, 1985, p. 155.

TABLEAU 7

**Évolution d'un indice[1] de spécialisation dans les échanges
de produits de haute technologie dans onze pays de l'OCDE**

	1963	1970	1978	1981
Allemagne de l'Ouest	1,20	1,06	0,99	1,00
Belgique	0,65	0,72	0,81	0,80
Danemark	0,65	0,70	0,63	0,60
États-Unis	1,27	1,18	1,27	1,19
France	0,93	1,00	0,96	0,88
Grèce	0,07	0,07	0,16	0,20
Irlande	0,42	0,61	0,92	1,07
Italie	0,83	0,87	0,65	0,60
Japon	0,72	1,07	1,27	1,37
Pays-Bas	1,10	0,85	0,68	0,64
Royaume-Uni	1,02	0,94	0,92	1,00

1. L'indice est fondé sur le rapport entre la part que détient un pays dans les exportations mondiales de produits de haute technologie et sa part des exportations mondiales de produits manufacturés.

Source: B. CARDIFF, « Innovation and Trade in High-Technology Products », *European Economy*, n° 16, juillet 1983. Tableau présenté dans le *Vingt-deuxième Exposé annuel du Conseil économique du Canada*, 1985, p. 155.

par la production horaire dans le secteur manufacturier) aient progressé très rapidement au Japon entre 1963 et 1981 est révélateur de la rapidité de la diffusion du progrès technologique dans ce pays. On constate que l'évolution de l'indice de spécialisation est parfois différente de celle de la productivité (par exemple, l'indice de spécialisation de la France fléchissait entre 1963 et 1981, en dépit de la forte progression de la productivité).

Le CEC ne réussit guère à expliquer le ralentissement de la croissance de la productivité canadienne, entre 1974 et 1982, par la faiblesse de la diffusion du progrès technologique ; le CEC observe cependant que l'adoption des ordinateurs dans le secteur des services[20], notamment dans les assurances, les hôpitaux et les bibliothèques universitaires, aurait été tardive et que les entreprises canadiennes contrôlées à l'étranger auraient adopté les nouvelles technologies plus rapidement que les firmes nationales[21].

Qualité des facteurs de production

La productivité est fortement influencée par la qualité du travail qui dépend à son tour de facteurs aussi divers que le degré d'instruction, la formation et l'expérience professionnelle, la motivation, l'état de santé, la gestion des ressources humaines, etc.

Formation

Selon le CEC, le ralentissement de la croissance de la productivité canadienne entre 1974 et 1982 n'aurait pas résulté d'une dégradation générale de la qualité de l'instruction. Mais le CEC attribue la persistance de pénurie de travailleurs dans certaines industries aux erreurs de prévision et à la faible faculté d'adaptation des établissements d'enseignement, plutôt qu'à l'insensibilité des étudiants aux conditions changeantes du marché du travail.

Motivation des travailleurs

La conjoncture économique influence la productivité non seulement à cause des fluctuations de la production, mais aussi en raison de ses effets sur la motivation et

---

20. S. GLOBERMAN, *L'informatique dans les compagnies d'assurance*, Ottawa, CEC, Approvisionnements et Services Canada, 1984 ; S. GLOBERMAN, *L'informatique dans le secteur tertiaire*, Ottawa, CEC, Approvisionnements et Services Canada, 1981 ; voir aussi CEC, *Les Enjeux du progrès — Innovations, commerce et croissance*, Ottawa, Approvisionnements et Services Canada, 1983, chap. 5.

21. CEC, *Les Enjeux du progrès*, pp. 64-65, et S. GLOBERMAN, « Canadian Science Policy and Technological Sovereignty », *Analyse de politiques*, vol. 4, n° 1, hiver 1978, pp. 34-35.

sur les perspectives d'avancement des travailleurs et des gestionnaires. Ainsi, la prospérité économique élargit le nombre et la gamme des emplois disponibles, ce qui favorise la mobilité intra- et inter-industrielle des personnes les plus dynamiques désireuses d'effectuer un travail plus intéressant et mieux rémunéré.

La motivation des travailleurs dépend également de la façon dont ils perçoivent leur rôle dans la marche quotidienne et la finalité de l'entreprise. Ainsi, les travailleurs seront plus efficaces s'ils participent aux prises de décision que s'ils ont l'impression d'être des étrangers dans une organisation dominée par des bureaucrates. Une étude consacrée au rôle des syndicats dans l'évolution de la productivité canadienne dégage des résultats peu concluants[22], les effets favorables et défavorables ayant été d'égale importance.

Gestion des ressources humaines

La gestion des ressources humaines influence également la productivité. Il semble[23] qu'un constat d'échec se dégage de la planification, de la formation et du perfectionnement des ressources humaines au Canada. Ainsi, les gestionnaires des entreprises canadiennes auraient intérêt à repenser l'organisation du travail et à rechercher une collaboration plus étroite avec les travailleurs, en ayant recours, par exemple, à des programmes de qualité de vie au travail (rotation, développement et enrichissement des tâches, etc.) et de participation aux bénéfices; les expériences en ce domaine ont été positives, principalement dans les industries jouissant d'une croissance rapide[24].

Stock de capital

Nous avons démontré dans la section 4 (équation (12)) que l'accroissement de la productivité du travail pouvait résulter du progrès technologique indépendant et de l'augmentation de la quantité de capital par travailleur. Nous avons également souligné que l'investissement net et l'investissement de remplacement permettaient de véhiculer le progrès technologique et, par conséquent, de rajeunir le stock de capital et de moderniser l'appareil de production.

Selon le CEC, le ralentissement de la croissance de la productivité canadienne peut être expliqué par les changements dans la quantité ou dans la qualité du capital. Cette appréciation se fonde sur le fait que l'augmentation du ratio capital/travail a été plus rapide entre 1973 et 1979 qu'au cours de la période 1960-1973 et sur le fait que les entreprises canadiennes ont eu tendance à augmenter la part de leurs investissements dans les éléments d'actif qui étaient les plus susceptibles de véhiculer le progrès technologique (équipements et machinerie).

22. D. MAKI, « The Effects of Unions and Strikes on the Rate of Growth of Total Factor Productivity in Canada », *Applied Economics*, vol. 15, n° 1, février 1983, pp. 29-42.

23 H. JAIN, « Management of Human Resources and Productivity », Hamilton, document de travail n° 160, Faculté d'administration, Université McMaster, 1980.

24. D. NIGHTINGALE, « Profit Sharing: New Nectar for Worker Bees », *Canadian Business Review*, vol. 11, n° 1, printemps 1984, pp. 11-14.

La CEC a écarté l'hypothèse selon laquelle une partie du stock de capital serait devenue économiquement désuète à la suite des deux chocs pétroliers, même si certaines entreprises, sensibles au renchérissement du prix de toutes les formes d'énergie, ont éprouvé des difficultés et ont été contraintes de modifier les proportions dans lesquelles les facteurs capital, travail et énergie étaient utilisés; cette conclusion découle d'un sondage effectué en 1981 par le ministère de l'Industrie et du Commerce, et d'une étude portant sur les industries fortement utilisatrices de capital et d'énergie.

Affectation des ressources

Les distorsions issues de l'inflation et des politiques gouvernementales (tableau 8) affectent négativement la productivité.

L'inflation influence l'affectation des ressources de plusieurs façons: elle engendre l'incertitude et paralyse ainsi les investissements productifs; elle dérègle le mécanisme des prix; elle contraint les agents soucieux de maintenir le pouvoir d'achat de leur fortune à effectuer des placements comportant un degré élevé de risque; elle stimule l'endettement et augmente ainsi la vulnérabilité de l'économie en période de récession économique; elle entraîne une redistribution arbitraire et socialement injuste des revenus et de la fortune nationale, etc.

TABLEAU 8

Origine et nature des distorsions engendrées par les politiques gouvernementales au Canada

	Nature de la distorsion	Caractère	Palier de gouvernement
Distorsions dans le mouvement des biens			
Politiques d'approvisionnement des gouvernements provinciaux	Préférence accordée aux entrepreneurs de la provinces	Explicite	Provincial
Politiques relatives à l'achat et à la fixation des boissons alcoolisées	Politiques d'achat et de prix des régies provinciales favorisant les fournisseurs de la province	Explicite	Provincial
Offices de commercialisation	Établissement de prix et de contingents pour les produits agricoles	Implicite	Surtout provincial
Droits de douane, restrictions commerciales et normes	« Protection » de l'économie nationale ayant une incidence sur le commerce interprovincial	Implicite/explicite	Fédéral et provincial
Taxes	Effets limités, dans les régions limitrophes, des différences de taux de la taxe de vente provinciale; répercussions des taxes d'accise et de la taxe de vente à la fabrication du gouvernement fédéral	Explicite/implicite	Fédéral et provincial

	Nature de la distorsion	Caractère	Palier de gouvernement
Distorsions dans les mouvements de capitaux			
Programmes d'investissement provinciaux	Traitement fiscal avantageux offert aux investisseurs de la province	Explicite	Provincial
Fonds du patrimoine provinciaux	Accumulation de recettes provinciales dans un fonds en grande partie réinvesti dans la province	Explicite; distorsion compensée par les marchés financiers privés	Provincial
Subventions aux entreprises	Subventions et prêts à coût modique liés aux investissements dans la province	Explicite	Surtout provincial
MEER	Financement sélectif de certains investissements régionaux	Explicite	Fédéral
Sociétés de la Couronne provinciales	Exonérées des taxes et impôts fédéraux	Implicite	Fédéral et provincial
Distorsions dans les mouvements de travailleurs			
Assurance-chômage	Subventions pour la recherche d'un emploi, contribuant à faire monter le taux de chômage; aspects régionaux du programme	Implicite et élément d'importance mineure	Fédéral
Péréquation	Transferts en espèces pour « équilibrer » les différentes assiettes fiscales des provinces	Explicite	Fédéral
Octroi de permis de pratique professionelle	Restrictions s'appliquant aux pratiques d'embauche dans les provinces	Explicite	Provincial

Source : *Vingt-deuxième Exposé annuel du Conseil économique du Canada*, Ottawa, Approvisionnements et Services Canada, 1985, p. 158.

Conclusion

La productivité est importante pour tous les agents. En effet, elle influence la localisation des usines, les prix de vente des produits, la politique salariale des entreprises, les demandes syndicales, la gestion macro-économique, etc.

La vogue persistante du concept de la productivité du travail découle en partie du fait qu'il est moins difficile d'estimer la quantité du facteur travail que celle des autres facteurs de production. Cette mesure partielle de la productivité n'a cependant pas de pouvoir explicatif, puisque plusieurs facteurs agissent simultanément, dans des proportions diverses et variables, dans les différentes branches de l'économie.

Identifier et mesurer les déterminants de la productivité à l'échelle nationale constituent un défi presque insurmontable à cause du caractère inextricable des liaisons entre les nombreux facteurs, mesurables et non mesurables, susceptibles d'influencer le comportement de la production par travailleur : les transferts intersectoriels ; le dynamisme de la demande ; le rythme d'adoption des nouvelles technologies ; les prix de l'énergie ; le capital ; l'âge ; le sexe et le niveau d'instruction et de formation de la population active ; le niveau des dépenses consacrées à la recherche appliquée ; le moral des travailleurs ; les pratiques de gestion ; le climat syndical ; l'inflation ; les interventions multiples de l'État dans l'économie, etc.

GRAPHIQUE 5

**Produit intérieur brut potentiel et observé, de 1978 à 1988
(en milliards de dollars)**

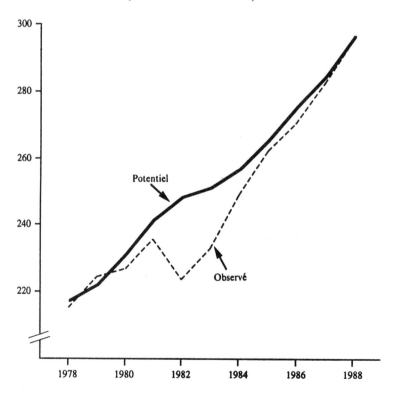

Source : *Perspectives économiques du Canada dans les années 90, Budget 89,* 27 avril 1989.

Quels sont les moyens appropriés pour ranimer l'économie et renforcer la croissance de la productivité? Le CEC préconisait, en 1985, une gestion macro-économique stimulante et l'adoption de mesures susceptibles d'améliorer l'efficience des marchés. Ces deux recommandations doivent être situées dans le contexte des deux dernières décennies: en premier lieu, l'adoption d'une politique économique favorisant l'essor de la demande globale était censée réduire l'écart considérable entre le produit intérieur brut et le potentiel de production de l'économie canadienne au début des années 80 (graphique 5); en second lieu, l'évolution défavorable de la croissance de la productivité canadienne (graphique 6) par rapport à celle de la plupart des pays industrialisés (les États-Unis sont une exception) semblait justifier la remise en question des politiques gouvernementales fédérales aussi bien que provinciales, qui étaient à l'origine de nombreuses distorsions sur les marchés des biens et des facteurs (tableau 8).

GRAPHIQUE 6

Croissance de la productivité totale des facteurs dans les pays du Groupe des Sept, 1960-1977 et 1979-1985

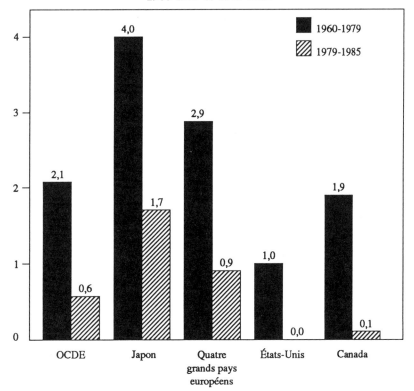

Sources: *Perspectives économiques du Canada dans les années 90, Budget 89*, 27 avril 1989.

Les changements susceptibles d'affecter directement ou indirectement l'efficacité des marchés sont lents et souvent douloureux, parce qu'ils nécessitent une transformation des mentalités, des comportements et des structures organisationnelles. Ainsi, la conclusion de l'accord de libéralisation des échanges bilatéraux entre le Canada et les États-Unis, en 1989, a été le fruit d'une remise en question de la politique commerciale passée et a donné naissance à de vives contestations dans les milieux politiques et économiques. Autre exemple : la réforme du système fiscal canadien, entraînée par l'initiative américaine en cette matière, vise à inciter les agents à prendre leurs décisions en fonction de critères économiques (par exemple, la rentabilité de l'avoir des actionnaires) plutôt qu'en tenant compte des dispositions de l'assiette fiscale.

Exercices

1. Quelles distinctions faites-vous entre les concepts suivants:

   a) croissance économique,
   b) développement économique,
   c) niveau de vie,
   d) qualité de vie.

2. Comment peut-on expliquer la faiblesse du niveau de vie dans plusieurs pays?

3. Quels facteurs retiendriez-vous pour comparer le niveau de vie des habitants de deux pays?

4. « La continuité de la croissance économique constitue un grand défi. » Quels commentaires cette assertion vous inspire-t-elle?

5. Quelle distinction faites-vous entre le progrès technologique « indépendant » et le progrès technologique « dépendant »?

6. À quelle condition le taux d'accroissement du niveau de vie des habitants d'un pays est-il égal au taux d'accroissement de la productivité du travail?

7. En l'absence de progrès technologique, à quelle condition la productivité du travail pourrait-elle augmenter? Quelles seraient les répercussions de cet état de choses sur l'appareil de production?

8. Expliquez les difficultés que soulève la mesure de la productivité.

9. Dressez une liste des facteurs susceptibles d'influencer l'évolution à long terme de la productivité du travail. Quels sont les plus importants selon vous?

10. La performance de la productivité est-elle importante pour l'individu, le chef d'entreprise, la nation tout entière?

11. Quelles sont, selon vous, les distorsions présentées dans le tableau 8, qui nuisent le plus à la productivité canadienne?

Bibliographie

BANMOL, W.J. et OATES, W.E., *Economics, Environmental Policy and the Quality of Life*, Englewood Cliffs, NJ, Prentice-Hall, 1979.

CONABLE, B., « Développement et environnement, un équilibre à l'échelle du globe », *Finances et Développement*, Fonds monétaire international, vol. 26, n° 4, décembre 1989.

CONSEIL CONSULTATIF SUR L'ADAPTATION, *S'adapter pour gagner*, Ministère des Approvisionnements et Services Canada, 1989.

GARNER, C.A., « How Fast Can the U.S. Economy Grow », *Economic Review*, Federal Reserve Bank of Kansas City, vol. 74, n° 10, décembre 1989.

HANNA, N., « Planification stratégique et gestion du changement », *Finances et Développement*, vol. 24, n° 1, mars 1987.

HELLIWELL, J.F., STURN, P.H. et SALON, G., « International Comparison of the Sources of Productivity Slowdown 1973–1982 », *European Economic Review*, juin–juillet 1985.

HERZ, B., « Comment associer les femmes au développement économique », *Finances et Développement*, Fonds monétaire international, vol. 26, n° 4, décembre 1989.

HIRSCHMANN, A.O., *Stratégie du développement économique*, Paris, Éd. ouvrières, 1964.

KOHLI, H. et SOOD, A., « Promouvoir le développement des entreprises », *Finances et Développement*, Fonds monétaire international, mars 1987.

MUNNELL, A.H., « Why Has Productivity Growth Declined? Productivity and Public Investment », *New England Economic Review*, Federal Reserve Bank of Boston, janvier–février 1990.

TATOM, J.A., « Potential Output and the Recent Productivity Decline », *Review*, Federal Reserve Bank of St. Louis, vol. 64, n° 1, janvier 1982.

WARFORD, J. et PARTOW, Z., « Évolution de la politique environnementale de la Banque mondiale », *Finances et Développement*, Fonds monétaire international, vol. 26, n° 4, décembre 1989.

INDEX ANALYTIQUE

Abstraction : 3-4, 90
Accumulation des stocks : 70-71, 110
Achat de biens et de services de l'État
– définition : 41, 43
– incidences : 78-80, 85-87, 134-136, 156-167, 482-483
Actions : 194-195, 225-226
Administrations
– définition : 26
– production : 28
Agrégats : 1, 15-17
AID : 440
Ajustement de la valeur des stocks : 33-34
Amortissement : 34, 36, 41
Arbitrage international des taux de change : 393
Autoconsommation : 27

Balance des paiements internationaux : 41, 387-392
Banque centrale : 238-280, 413-414, 426-437, 452-454
Banque des règlements internationaux : 440-441
Banque du Canada
– critiques : 257-280
– généralités : 238-239
– et taux de change : 400-402
Banque mondiale : 440-441
Banques privées : 240-257
Bénéfice
– brut : 100
– des corporations avant impôts : 33

– net : 100
– non réparti : 40
– par action : 224-226
Biens de production : 34, 203
Bretton Woods : 396-397, 400-402, 440

CAD : 441
CEC : 472-486
CEE : 440-450
Change : 392
Changements de prix : 46-49
Chocs : 119-123
Chômage
– conjoncturel : 339-340
– constaté : 342
– et gestion macro-économique : 344-346
– frictionnel : 340-341
– naturel : 342-346
– structurel : 341-342
Coefficient de réserve : 255
Comptes de la Nation : 26-45
Comptes des flux financiers : 25
Concepts et mesures de l'activité économique : 27-38
Condition d'équilibre : 5
Contingent : 12, 482
Contrôle des changes : 12, 431-434
Coopération : 440-450
Coordination internationale : 437-450
Courbe
– BP : 414-417
– de demande d'un facteur : 291-293

– de demande globale de biens et de
  services : 285-290
– d'offre d'un facteur : 293-295
– d'offre globale de biens et de services : 291-301
– de production marginale : 291-293
– de production totale : 291-293
– IS : 108-109, 111-114
– LM : 109-111, 114-115
Croissance économique : 164-167, 457,
459-486

Déficit
– budgétaire : 43
– du solde du compte courant : 44
Déflation : 308
Dégonfleur : 48, 50
Délais : 434-437, 451-452
Demande
– de biens de consommation : 187-199
– de biens de production : 211-230
– de facteurs : 291-298
– de monnaie : 101-107, 146-153
– globale de biens et de services : 285-
  290
Dépense nationale brute : 31, 41
Dépenses d'investissement : 203-230
Dépenses personnelles de consommation
– comportement conjoncturel : 178-181
– définition : 35-36, 41
– déterminants : 182, 199
– généralités : 174
– rétrospective : 174-182
Dépenses publiques courantes en biens et
  services : 36
Dépréciation : 34, 393
Déséquilibre : 70-73, 116-118
Désinflation
– définition : 308
– conséquences : 371-383
Désinvestissement : 40, 42
Désuétude : 34
Développement économique : 458-459
Distorsions : 482-483
Dividendes versés aux non-résidents : 33

Économie
– mixte et fermée : 43, 61-68, 78-87
– ouverte : 44, 411-421
– privée et ouverte : 87-91
Économie d'échelle : 477
Emploi : 328-333
Emprunt : 160-163
Endettement : 367
Entreprises
– définition : 26
– production : 28
Environnement : 25, 44
Épargne
– constatée : 39, 70
– induite : 65-68
– intérieure brute : 39, 42-43
– négative : 43, 64-68
– nette des sociétés : 40
– personnelle : 39-40
– projetée : 64-68
– publique : 41, 43
– totale : 64-68
Épuisement : 34
Équation : 4-5
Équilibre macro-économique : 69-73, 116-
118, 463-467
Erreur résiduelle d'estimation : 10
État
– définition et raison d'être : 10
– place dans l'économie : 12-15, 129-
  167, 482-483
Éviction
– définition : 123
– incidence : 119, 123
Exportations de biens et de services
– balance des paiements : 388-392
– définition : 37, 41
– incidences : 87-88

Facteurs
– de production : 291-298, 467-471
– saisonniers : 49-51
FIFO : 34
FMI : 396-397, 439-442

Fonction
- de consommation : 65
- d'épargne induite : 65
- d'épargne totale : 65
- d'exportation : 87, 411-412
- de taxation : 78-87, 136-141
- d'importation : 87, 412
- d'investissement : 62-63, 98-101
Fonction de consommation
- à court terme : 182-199
- à long terme : 182-199
- non proportionnelle : 65, 183-185
- proportionnelle : 185-187
Fonds des changes : 40, 400-402
Formation brute de capital fixe : 36, 39
Fortune : 192-195

GATT : 441-450
Grande Dépression : 13-14
Groupe
- des Cinq : 442
- des Sept : 442, 449-450

Hyperinflation : 307

Identité : 5, 41-44
Importations de biens et de services
- balance des paiements : 388-392
- définition : 37, 41
- incidences : 88-90
Impôts
- fixes : 83-84
- incidences : 82-87, 136-141, 163-167
- indirects : 34
- proportionnels : 84-87
- recettes nettes de l'État : 42
Incertitude : 372-374
Indice
- de productivité : 26
- de spécialisation : 478-480
- des prix : 313
- des prix à la consommation : 47
- des prix de la production totale : 48

- des prix de Laspeyres : 46
- des prix de Paasche : 47
- du produit intérieur réel : 25
- du taux de change effectif : 395
- saisonnier : 50
Inflation
- causalité ultime : 312-320
- conséquences : 363-375
- définition : 307
- déterminants : 313-316
- et chômage : 346-359
- généralités : 23-53, 307-312
Information : 23-53, 436
Instrument de réserve de valeur : 234-235
Interdépendance internationale : 437-450
Intermédiaire des échanges : 234
Intérêts et revenus divers de placement : 33
Investissement
- brut : 36
- constaté : 69-73
- définition : 203
- de modernisation : 205
- de remplacement : 205-218
- déterminants : 211-229
- directs : 375, 389-390
- extérieur : 39
- fixe : 204
- intérieur : 41
- net : 36
- projeté : 62-63, 70-73
- rétrospective : 205-211
- total brut : 39-40

Liquidation des stocks : 71-73, 110

Macro-économie
- autonomie : 2
- emprunts : 2
- complémentarité : 3
- objet : 1
Marché
- des biens : 108-109
- du travail : 295-298
- monétaire : 109-111

Ménages
 – définition : 26
 – production : 28
Méthodologie de la science économique :
 3-4
Micro-économie : 2
Modèle économique
 – choix : 4
 – classique : 147-150, 295-297, 301-303
 – éléments d'un modèle mathématique : 4-6
 – guide : 8
 – keynésien : 151-156, 297-298, 301-303
 – test : 9
 – théorie : 3
Modèle IS-LM
 – conséquences de perturbations : 119-
   123
 – déséquilibre : 117-118
 – équilibre : 108-118
 – hypothèses : 97-108
 – structure : 108-116
Modèles de l'investissement
 – accélération : 218-222
 – chronologique : 226-230
 – financement : 224-230
 – néo-classique : 222-224, 227-230
 – niveau de la production : 217-218
 – taux d'intérêt : 212-216
Monnaie
 – base monétaire : 245-248
 – contrôle : 253-257
 – création : 240-252
 – définition : 234-235
 – demande : 101-107
 – fonctions : 234-236
 – incidences : 141-144
 – mesure : 235-237
 – motifs de détention : 101-107, 234-
   235
 – nominale et réelle : 101
 – rétrospective : 236-237
 – vélocité : 263-272
Monétarisme : 262-272
Moyens
 – directs : 11-12
 – indirects : 11-12

Multiplicateur : 73-78, 90-91, 119, 122-123,
 145

Niveau de vie : 458, 460-461
Non-résidents : 27

Objectifs : 10-11
Obligations : 102-107, 212-214, 224-226,
 367
OCDE : 441-449
Offre globale de biens et de services : 291-
 301
Open market : 253

Paiements de transfert
 – définition : 42
 – incidences : 79-82
Particuliers : 26
Pays en développement : 458-459
PGF : 472-486
Piège de la liquidité : 105, 151-153
Placement : 106, 203, 212, 224, 375
Plus-values sur les stocks : 40
Politique économique : 10-12
Population
 – active : 325-328
 – en âge de travailler : 324
Portefeuillistes : 104-107, 278, 369-372
Potentiel : 464-488
Pouvoir d'achat : 312-313
Prévision
 – erreurs : 18-19
 – ex ante : 9
 – ex post : 9
Production
 – finale : 28, 31
 – marginale : 291-292
 – nationale : 31
 – totale : 31, 292
Productivité : 164-167, 464-486
Produit intérieur brut : 37-38
Produit national brut : 31-35, 42
Produit national net : 36

Progrès technologique : 34, 467-471, 477-480
Propension marginale
– à consommer : 65-68
– à épargner : 65-68
– à importer : 88-90
– à taxer : 84-87, 139-141
Propension moyenne
– à consommer : 66-68, 181-182
– à épargner : 66-68, 181-182
Protectionnisme : 442

Qualité de vie : 44, 438

Ratio cours/bénéfice : 225-226
Recettes nettes de l'État : 42
Rémunération des salariés : 32
Rendement : 99-101, 214-216
Réserves
– bancaires : 240
– excédentaires : 240
– internationales : 390-391, 400-402
– légales : 240
– primaires : 255
– secondaires : 255
– volontaires : 256
Revenu
– national net aux coûts des facteurs : 34
– net des agriculteurs : 33
– net des entreprises individuelles : 33
– permanent : 195-199
– personnel : 38
– personnel disponible : 38-39
– transitoire : 196
Révolution keynésienne : 14-15, 24

Salaire : 291-301
SFI : 440
SME : 440-441
Solde du compte courant : 41, 87
Solde extérieur : 39, 41, 44
Sommet économique : 442

Sources internes de financement : 224-226
Stabilité des prix
– avantages : 376-383
– généralités : 307-313
Stock de capital : 36, 205, 481-482
Subvention : 34, 483
Surplus
– budgétaire : 43
– du compte courant : 44
Système d'information macro-économique : 23-53
Systèmes monétaires internationaux
– généralités : 396-397
– et gestion macro-économique : 417-421, 425-434, 452-454

Tableau d'entrées-sorties : 26
Taux
– annuel : 49-51
– de chômage : 334-339
– de changement : 51-53
– de chômage et d'inflation : 338-359
– de participation : 325
– d'escompte : 254
– d'imposition : 84-87, 223, 225, 365-366, 369-370
Taux d'intérêt
– définition : 99, 365
– déterminants : 107-108, 365
– rôle : 101
Taux de change
– appréciation : 393, 395-396
– au comptant : 392, 394
– à terme : 394
– bilatéral : 392
– dépréciation : 393, 395-396, 404-406
– déterminants : 398-404
– dévaluation : 393
– fixes : 396
– flexibles : 396-397
– nominal : 395
– réel : 395-396
Théorie
– définition : 3-4

– de la parité du pouvoir d'achat : 402-404
– de l'investissement : 211-230
– du cycle de vie : 192-195
– du revenu absolu : 187
– du revenu permanent : 195-200
– du revenu relatif : 187-191
– et politique économique : 12
– quantitative de la monnaie : 262-264
Titres : 104-107, 224-226, 369-372
Traité de Rome : 441

Unité de compte : 235

Valeur
– actualisée : 102, 212-214
– ajoutée : 30
– au marché : 31
– nominale : 41, 46-51
– de la variation des stocks : 37, 40
– réelle : 31, 46-51
Variable
– endogène : 5
– exogène : 6
Variations des stocks : 206-209
Variations saisonnières : 49-51
Vélocité de la monnaie : 263-272